社会主义新农村建设实务丛书

县域现代农业规划与案例分析

主编 张天柱

中国轻工业出版社

图书在版编目（CIP）数据

县域现代农业规划与案例分析/张天柱主编. —北京：中国轻工业出版社，2021.1

（社会主义新农村建设实务丛书）

ISBN 978-7-5019-9945-3

Ⅰ.①县… Ⅱ.①张… Ⅲ.①县-区域农业-农业发展规划-研究-中国 Ⅳ.①F327

中国版本图书馆 CIP 数据核字（2014）第 229104 号

责任编辑：伊双双　秦　功

策划编辑：伊双双　　责任终审：劳国强　　封面设计：锋尚设计
版式设计：王超男　　责任校对：吴大鹏　　责任监印：张　可

出版发行：中国轻工业出版社（北京东长安街6号，邮编：100740）

印　　刷：三河市国英印务有限公司

经　　销：各地新华书店

版　　次：2021年1月第1版第6次印刷

开　　本：720×1000　1/16　印张：22.5

字　　数：450千字

书　　号：ISBN 978-7-5019-9945-3　　定价：48.00元

邮购电话：010-65241695

发行电话：010-85119835　　传真：85113293

网　　址：http://www.chlip.com.cn

Email:club@chlip.com.cn

如发现图书残缺请与我社邮购联系调换

201569K1C106ZBW

本书编委会

主　编：张天柱

主　审：吴卫华

顾　问：王顺清　张希三　张德纯　张　锐　李　桦

副主编：王　栅　白春明　杜名扬　刘彩霞　何小凡

编　委：胡晓立　贺红霞　柴多梅　杨明亮　宋　懿
　　　　王念帅　薛欣艳　高　源　王昕洵　朱丽君
　　　　米志强　廖　海　杜程程　张　杰　张　萌
　　　　李晶晶　李　静　李诗楠　王　萍　杨文丽
　　　　李伟平　郭　峰　李国新　潘　丽　李东洁
　　　　李利霞　张曼曼　李　曦

序

党的"十八大"提出为全面建成小康社会而奋斗。十八届三中全会进一步提出全面深化改革，并明确提出，城乡二元结构是制约城乡发展一体化的主要障碍。而以人为本地发展县域经济，正是城乡协调发展中重要的环节和着力点。

县域经济作为国民经济的基础层次，是国民经济中具有综合性的基本单元，发挥着承上启下、连接城乡的作用。农业是县域经济的基础和重要组成部分。县域囊括了占全国人口60%的农民，加快发展县域农业经济是全面建设小康社会、繁荣农村经济、推动城乡经济协调发展的关键。发展县域农业经济就是要采取多种措施，如加大对农业政策性扶持力度、调整农业结构、增加农业投入、挖掘农业增产潜力、拓宽就业门路等，改善"三农"问题。

对县域农业进行科学规划，是推动县域农业经济沿着可持续道路发展，维护、改善生态环境的根本保证，可用全新的理念经营农业、提升农业，逐步实现传统农业向特色农业、品牌农业、设施农业的转变，为县域农业经济发展提供强有力支撑。

由中国农业大学农业规划科学研究所张天柱主编的《县域现代农业规划与案例分析》一书，结合了他们多年进行的规划案例，阐述了有关县域农业经济基本理论、概念和规划方法，以及我国县域农业发展过程中遇到的瓶颈及解决途径。他们从实践中总结、归纳、提高的这些内容，对当前我国县域农业经济的发展和规划工作都会产生积极、有益的作用。

书中所选县域农业规划案例分别来自我国东、南、西、北、中部，具有县域经济区域性和特色性，其阐述和分析过程生动翔实，均是立足县域实际，以推动壮大当地县域经济总量、推进城乡一体化为目标，用现代工业的理念谋划农业发展，把现代工业的经营理念、生产方式、营销手段等引入农业。这些案例内容涉及县域农业发展战略规划、产业规划、生态景观规划、基础设施规划、新农村规划等方面，具有很高的应用价值。

总之，无论在理论方面或实践方面，本书对推进农业现代化以致构建和谐社会的进程，都具有重要的辅导和参考意义。对广大的农村干部，特别是县级领导干部来说，堪称为一本开卷有益的好书，故乐为之做简要介绍如上。

是为序。

原国务院农村发展研究中心　副主任

吴象

前言
PREFACE

中国自汉代就认识到"郡县治、天下安"的道理，一直以来，县域农业，作为国之根基，其发展决定着国家的命运。"十八大"提出实现全面建成小康社会，走中国特色新型工业化、信息化、城镇化、农业现代化道路，县域现代农业的作用被提升到一个新的高度。科学引导县域尺度的现代农业发展，不仅影响着2020年的建设目标，更关乎国家能否持续健康发展。

目前，我国有2800多个县，其中农业县、半农业县约有1500个，工商业县约1300个。各地的社会经济发展水平存在差异，农业生产科技水平高低不一，自然资源条件更是千差万别。因此，各县的现代农业发展，也必须因地制宜寻找方法。

按照中国农业大学"顶天立地"的要求，十多年来，中国农业大学农业规划科学研究所，致力于研究各种局面下县域现代农业的规划方法。在为全国百余个县制定现代农业规划的工作中，我们和全国各地的农业工作者一起，和各涉农领域的专家学者一道，讨论、研究、实践和不断改进，形成了一套自有的思路和方法。现在汇编成书，供各位关心县域现代农业发展的同志们参考。

本书在综述全球可比地区现代农业发展的历史、现状和趋势的基础上，对我国县域现代农业发展的现状、趋势和主要影响因子进行了分析，并介绍了研究县域现代农业规划的方法，框架和成果形式。在探讨理论的基础上，我们选择了十五个全国各地的案例，由直接负责项目的主要成员亲自精编，力争最大限度地展示出我们在研究过程中的思路和方法。

由于县域现代农业规划涉及的学科门类庞杂，研究时间和深度要求苛刻，我们能力有限，难免有误，敬请斧正。

中国农业大学农业规划科学研究所　所长

张天柱　教授

目 录
CONTENTS

第一章　基本概念 ·· 1
　第一节　县域 ··· 1
　第二节　县域经济与县域农业经济 ··· 1
　第三节　传统农业与现代农业 ·· 4
第二章　全球可比地区农业发展历史、现状和趋势 ······································· 13
　第一节　世界农业历史阶段 ·· 13
　第二节　世界农业发展现状 ·· 14
　第三节　世界农业发展概况 ·· 25
　第四节　国际农业发展趋势 ·· 55
第三章　县域现代农业发展现状与趋势 ·· 63
　第一节　我国县域现代农业发展现状 ·· 63
　第二节　影响县域现代农业发展的主要因素 ·· 93
　第三节　县域农业发展趋势 ··· 121
第四章　县域现代农业规划研究的基本思路 ··· 124
　第一节　县域农业规划的意义 ·· 124
　第二节　县域农业规划的定义、依据与特点 ··· 125
　第三节　县域现代农业规划的分类 ··· 131
　第四节　县域现代农业规划的指导思想 ··· 138
　第五节　县域现代农业规划的原则 ··· 139
第五章　县域现代农业规划研究的方法探讨 ··· 142
　第一节　县域现代农业规划研究流程 ·· 142
　第二节　县域农业规划研究团队 ·· 150
　第三节　发展动力类型与机制 ·· 155
　第四节　基础研究框架 ··· 161
　第五节　县域农业规划成果形式 ·· 182
第六章　县域现代农业发展规划案例 ·· 184
　第一节　河南中牟：郑州新区（中牟）都市型现代
　　　　　农业示范区概念性规划（2011—2020年） ································ 184

第二节　山西运城：盐湖区国家现代农业示范区总体
　　　　规划（2012—2020 年） ·· 194

第三节　山东邹城：邹城市现代农业发展总体
　　　　规划（2013—2020 年） ·· 202

第四节　黑龙江宁安：G11 沿线旅游观光农业示范区
　　　　总体规划（2012—2020 年） ··· 214

第五节　新疆哈密：哈密现代农业园区总体
　　　　规划（2011—2020 年） ·· 224

第六节　海南乐东：海南尖峰热带农业风
　　　　情园规划（2011—2020 年） ··· 233

第七节　西藏左贡：左贡县葡萄产业示范园总体
　　　　规划（2013—2020 年） ·· 243

第八节　北京市通州区：潞城镇都市型现代农业产业发展总体
　　　　规划（2007—2017 年） ·· 250

第九节　河北玉田：河北省玉田县现代农业示范区总体
　　　　规划（2010—2020 年） ·· 262

第十节　安徽涡阳：涡阳县国家现代农业示范区总体
　　　　规划（2011—2020 年） ·· 270

第十一节　湖北掇刀：荆门喜民园现代多功能农业示范区总体
　　　　　规划（2009—2020 年） ··· 284

第十二节　福建南平：海峡两岸（南平）现代农业合作示范区
　　　　　概念性规划（2008—2020 年） ······································ 297

第十三节　贵州遵义：乐意蔬菜现代高效农业园
　　　　　区规划（2013—2017 年） ··· 305

第十四节　四川南充：营山县现代农业示范园区总体
　　　　　规划（2012—2020 年） ··· 316

第十五节　内蒙古乌兰察布：乌兰察布现代农业科技产业示范园
　　　　　总体规划（2011—2015 年） ·· 339

第一章
基本概念

第一节 县　　域

"县"是地方行政区划名称。在中国,"县"作为行政区划名称始于春秋时期。春秋时期,最初设置在边疆之地,当时的秦、晋、魏等诸侯大国把新兼并的地方设置为县;到了春秋后期,各国才把县制推广到其内地,渐渐地在边疆之地设郡,郡的面积比县大,但是地广人稀,所以地位要比县低。战国时期,边疆逐渐繁荣起来才在郡下设县,逐渐产生郡、县两级制。秦始皇统一六国建立秦王朝后,确立郡、县二级制,全国分为36郡,郡下设县。

秦朝时期,采取郡县制;汉朝时期,郡县制和封国制并行;隋唐以后,各个时期、各个地方或同一辖域因行政区划制度的不同,县相继为郡、府、州或军、监、厅所辖;国民政府时期,之初为道所辖;之后撤道制,直接隶属于省(特别行政区);之后改隶属于行政督察区、直辖市或特别行政区。

1949年新中国成立以后,随着行政督察区名称的变更,"县"隶属于专区(行政督察专区)、地区或地级行政区。根据《2011年中国统计年鉴》,截至2010年年底,全国行政区划中县级区划的数量为2856个,其中市辖区853个,县级市370个,县1461个,自治县117个。县域是以县为行政区划的地理空间范围。

第二节　县域经济与县域农业经济

2002年11月,中国共产党第十六次全国代表大会报告首次从党和国家的层面提出了"县域"的概念,并发出了"积极推进农业产业化经营,提高农民进入市场的组织化程度和农业综合效益。发展农产品加工业,壮大县域经济"的号召。2003年10月,十六届三中全会又进一步强调"要大力发展县域经济"。

2012年,中国共产党第十八次全国代表大会报告明确了到2020年实现全面建成小康社会的宏伟目标。从十六大报告中的"全面建设"到"全面建成",标志着我国经济社会发展进入新阶段。县域占据了全国80%以上的人口，其中包括8亿~9亿的农民或兼业农民，如何在这个尺度上建成小康社会，是迫切需要解决的问题。

2013年11月，党的十八届三中全会指出，对实现全面建成小康社会的目标而言，县域农业与地方社会经济生态的关系，有着十分重要的基础作用。从保证粮食和食品的安全，到缓解人口流动带来的社会稳定问题，再到地方的文化传承，生态建设等。众多关系国家民族长远发展的重大问题，都和县域的农业发展有着千丝万缕的联系。

一、县域经济

县域经济是指以县级行政区划为地理空间的区域内，以县级政权为调控主体的区域经济。相对开放，功能既相对完善又非"小而全"，基于各县的地域特色和历史背景而逐步形成的区域经济体。随着市场经济的发展，县域经济开始在更广的区域内调配资源，差异化竞争，产业一般既涉及一、二、三产业各部门，又包含生产、流通、消费和分配等各环节。

在管理体制上，许多省，如辽宁、河南、湖北、安徽、浙江、福建均实行了"扩权强县"的改革尝试，其主要途径是将原本权属地级市的经济、社会管理权力直接下放给县级政府。同时，一些省份为推动县域经济发展、缓解日益突出的市县矛盾，突破县域经济发展的体制障碍，突破20世纪80年代以来的"市管县"体制，实行"直管县"，这意味着"农业支持工业，为工业提供积累"的区域经济发展的传统模式将逐渐实现转向，县域经济将成为推动区域经济发展的中心。

二、县域农业经济

县域农业经济，是在一个独立的行政县区域内，由相对独立又相互联系的各农业经济单元构成的、具有整体功能的全部农业经济活动的总和。它由农林牧副渔等不同部门和产业组成，它们之间是一个有机整体，各经济单元又具有相对独立性。

县域农业经济具有明显的县域内区域经济特征，即：

（1）县域农业经济是以县城为中心、乡镇为纽带、农村为腹地的具有"三农"特征的农业经济，农业、农村和农民是县域农业经济发展的主要问题，发展县域农业经济是解决"三农"问题的切入点。发展县域农业经济，是繁荣农村经济、发展现代农业、增加农民收入的县域经济发展的必由之路。

（2）县域农业经济以农业和农村经济为主体，是县域经济的重要组成部分。

（3）与县域工业经济相比，县域农业经济自成体系。我国两千多个县域，其人口数量和自然条件差异很大，县域农业经济可以依赖本区域的农业资源建立比较完整和相对独立的产业结构体系，它一般具有自我发展、自我调控能力和明显的地域特色以及发展的非均衡性的特征。县域内特定的农业资源、人文和历史因素，决定了县域农业经济发展模式的差异。

按经济性质划分农业县和半农业县。农业县指在县级经济中第一产业（农业）GDP的比重超过40%（含），农业人口占全部人口超过65%（含）的县。在全国2856个县（市）中，约有1000个。半农业县指农业GDP比重超过15%（含），农业人口超过25%的县，约为500个。超过此标准的为工商业县。

在我国2200个县市中，（半）农业县约有1500个，它们大多分布在内陆，因地理条件等限制而不适宜发展工商业，在将来较长的时间内，农业在其区域经济中的地位仍然较高。在工商业相对较发达的省市和地区，随着近年来国家级开发区和城市群的发展，在新型城镇化的推动作用下，许多靠近大城市的农业县也开始探索向都市农业的方向发展的方式，农业的生产方式、组织方式也随之悄然而快速地发生了变化。

传统意义上的县域农业是县域社会经济的重要组成部分，但自2006年取消农业税以来，县域经济中的财政税收结构受到了较大的影响，许多农业县占较大比重的农业税取消后，其地方财政税收结构也随之面临变革，这不但促使和影响着区域经济结构、社会结构乃至宏观经济结构的深刻变革，而且也影响着县域农业对地方社会经济发展的作用方式。

农业对地方经济和财政的直接贡献率降低的同时，农村和农民的问题日益突出。"三农"问题最终是农民的问题，新型工业化和城镇化，催生了农民进城的浪潮，但由于发展中出现的制度及工业化程度和城市化进程不匹配等原因，农民进入城市后，尤其是新生代农民，在经济上对原来从事的农业生产活动已经没有了以往的重视和投入。最终，导致县域农业的发展开始出现缺乏动力的情况。

县域，作为具有经济中心、经济腹地、经济网络的基本经济区域，具备开展县域现代农业发展规划的空间基础和行政基础。在我国跨行政区域的经济规划日趋成熟的背景中，县域经济尤其是县域中农业的发展必将引起各级政府的高度重视。科学选择县域农业的发展方式，提高县域农业的核心竞争力，全面促进县域农业的持续发展，有助于解决"三农"问题，有助于农民增收致富、社会稳定发展和生态环境建设。

据此，可以认为县域农业是指以行政县为经济规划单位，聚集社会要素、经济要素、生态要素，充分发挥地域资源优势，突出区域特色，形成独特的、不易被其他地区所模仿的农业经济发展优势的水平和能力。它既包括农业自身创造财富的能力，也包括通过对农业和其他产业的嫁接和融合，提高农业产值的能力。

我国地域广阔，发展差异较大，农业与地方社会经济生态的关系相对复杂，不能一概而论地讨论各地县域农业的发展。宏观地来讲，县域农业与县域社会经济文化发展之间的关系，主要包括对经济发展和危机缓冲的作用、对社会稳定的贡献作用、对地方文化的承载与传承作用，对生态文明建设的促进作用等。经济发达的地区，农业在经济方面的贡献相对较小，更多是表现在社会和生态方面，进而影响区域社会经济文化的发展。

第三节 传统农业与现代农业

学术上认为，传统农业（traditional agriculture）是在工业化社会前，完全没有现代科技投入的前提下，主要依靠人力、畜力和当地自然资源的农业。现代农业（modern agriculture）是向农业大量输入机械、化肥、燃料、电力等各种形式的工业辅助能，用现代科技武装，以现代管理理论和方法经营，生产效率达到现代先进水平的农业。

随着时代的变化，更多的科技和理论正在改变我们对现代农业的理解，对现代农业的要求不再停留在生产效率的层面，开始更多注重环境友好和交易公平等更加综合的层面。而对农业输入的辅助能，也扩展到文化、信息、资本等领域。

从规划的角度而言，推测未来的趋势，深刻理解学科的定义只是个基本条件，更重要的是如何了解并尝试解决与时代并存的实际问题。

一、传统农业

（一）概念

传统农业是以农户为基础单位独立进行的，农户的生产与种植计划主要根据上一年供求情况及价格确定。这种由单个农户进行生产并直接面向市场销售的生产方式，不仅规模小、效率低、质量参差不齐，更难以规避市场价格波动带来的冲击。

（二）特点

传统农业的生产要素：金属农具和木制农具代替了原始的石器农具，铁犁、铁锄、铁耙、耧车、风车、水车、石磨等得到广泛使用；畜力成为生产的主要动力；系统的农业技术措施逐步形成，如选育良种、养殖家畜、积肥施肥、兴修水利、防治病虫害、改良土壤、改革农具、利用能源、实行轮作制等。

传统农业由粗放经营逐步转向精耕细作，由完全放牧转向舍饲或放牧与舍饲相结合，利用改造自然的能力和生产力水平等较原始农业均有大幅度提高。传统农业的特点是精耕细作，农业部门结构较单一，生产规模较小，经营管理和生产技术仍较落后，抗御自然灾害能力差，农业生态系统功效低，商品经济较薄弱，基本上没有形成生产地域分工。基本特征是技术状况长期保持不变；

农民对生产要素的需求长期不变；传统生产要素的需求和供给处于长期均衡状态。

传统农业从奴隶社会起，经封建社会一直到资本主义社会初期，甚至现在仍广泛存在于世界上许多以农业为主的国家。中国是一个历史悠久的农业古国，中国传统农业也持续了很长的时间。大约在战国、秦汉之际以后已逐渐形成一套以精耕细作为特点的传统农业技术和原则；在其后的发展过程中，持续注重精耕细作，大量施用有机肥，兴修农田水利发展灌溉，实行轮作、复种，种植豆科作物和绿肥以及农牧结合等。生产工具和生产技术尽管有很大的改进和提高，但就其主要特征而言，没有根本性质的变化。中国传统农业技术的精华，曾对世界农业的发展有过积极的影响。在欧洲，传统农业是从古希腊、古罗马的奴隶制社会（约公元前5—公元前6世纪）开始，直至20世纪初叶逐步转变为现代农业为止。

如何重视、继承和发扬传统农业技术，使之与现代农业技术合理地结合，并对加速发展农业生产，建设农业现代化，具有十分重要的现实意义。在发展现代农业的同时，仍需保持和发扬中国传统农业特点，逐步走"生态农业"和"现代农业"的道路，建设优质、高产、低耗的农业生态系统，提高农业生产水平。

二、现代农业

（一）现代农业的概念和特点

现代农业发展方向是"生态农业""可持续农业"。现代农业是依靠现代物质条件装备农业，应用现代科学技术改造农业，建立现代产业体系提升农业，采取现代经营形式推进农业，树立现代发展理念引领农业，通过培养新型农民发展农业，最终达到提高资源利用率、劳动生产率和改善生态环境，提升农业综合生产能力，实现农业现代化的目标。

国际上较为认同的现代农业指标为：科技对农业的贡献率在80%以上；农产品商品率在95%以上；农业投入占当年农业总产值的比重在40%以上；农业劳动力占全国劳动力总数的比重低于20%。

现代农业的特点：

（1）形成了一整套以现代自然科学为基础支撑的农业科学技术体系。农业科学技术体系的形成和推广，促使农业生产技术由经验转向科学，如在植物学、动物学、遗传学、物理学、化学等科学发展的基础上，育种、栽培、饲养现代农业、土壤改良、植保畜保等农业科学技术得到迅速提高和广泛应用。

（2）现代机器体系的形成和农业机器的广泛应用，使农业由手工畜力农具生产转变为机器生产，如技术经济性能优良的拖拉机、耕耘机、联合收割机、农用汽车、农用飞机以及林、牧、渔业中的各种机器，成为农业的主要生产工具，使投入农业的能源显著增加，生物技术、分子生物技术、生物信息技术、电子、原子能、激光、遥感技术以及人造卫星等也开始运用于农业；良好的、高效能的生态系统逐步形成。

（3）农业生产的社会化程度有很大提高，如农业企业规模的扩大，农业生产的地区分工、企业分工日益发达，"小而全"的自给自足生产被高度专业化、商品化的生产所代替，农业生产过程同加工、销售以及生产资料的制造和供应紧密结合，产生了农工商一体化。

（4）经济数学方法、电子计算机、互联网等现代科学技术在现代农业企业管理和宏观管理中的运用越来越广泛，促进了管理方法的显著改进。

（5）现代农业的产生和发展，大幅度地提高了农业劳动生产率、土地生产率和农产品商品率，使农业生产、农村面貌和农户行为发生了重大变化。

（二）现代农业的内涵

现代农业是一个动态的和历史的概念，它不是一个抽象的东西，而是一个具体的事物，它是农业发展史上的一个重要阶段。

第二次世界大战之后，部分国家开始进入早期农业现代化中。从1945—1970年，在工业化国家开始了"绿色革命"。在这段时期，主要通过使用农药、化肥、农业机械以及更新作物品种，如小麦、水稻、玉米，从而实现农产品生产的惊人增长。但是，这种方式同样造成了严重的环境污染。

从发达国家的传统农业向现代农业转变的过程看，实现农业现代化的过程包括两方面的主要内容：一是农业生产的物质条件和技术的现代化，利用先进的科学技术和生产要素装备农业，实现农业生产机械化、电气化、信息化、生物化和化学化；二是农业组织管理的现代化，实现农业生产专业化、社会化、区域化和企业化。

（1）现代农业的本质内涵可概括为现代农业是用现代工业装备的，用现代科学技术武装的，用现代组织管理方法来经营的社会化、商品化农业，是国民经济中具有较强竞争力的现代产业。

（2）现代农业是以保障农产品供给，增加农民收入，促进可持续发展为目标，以提高劳动生产率，资源产出率和商品率为途径，以现代科技和装备为支撑，在家庭经营基础上，在市场机制与政府调控的综合作用下，农工贸紧密衔接，产加销融为一体，多元化的产业形态和多功能的产业体系。

（3）现代农业广泛应用现代科学技术、现代工业提供的生产资料和科学管理方法的社会化农业，主要指第二次世界大战后经济发达国家和地区的农业。在按农业生产力的性质和状况划分的农业发展史上，是最新发展阶段的农业。其基本特征是：技术经济性能优良的现代农业机器体系广泛应用，因而机器作业基本上替代了人畜力作业。

（三）现代农业的主要类型

1. 有机农业

2005年9月在澳大利亚阿德莱德国际有机农业运动联盟大会通过了一项关于有机农业定义的议案。议案诠释了有机农业的内涵，认为"有机农业是一种能够维持土壤、生态系统和人类健康的生产系统"。它依赖于生态过程、生物多样性，需要适应当地的环境条件，拒绝使用会带来不利影响的生产资料。有机农业继承了传统农业的优点，融合了创新和科技，能够保护公共生态环境，并为所有的参与者提供公平的关系和良好的生活质量。

2. 可持续农业

联合国粮农组织对可持续农业表述：管理保护自然资源，调整技术与机构方向，保证获得和持续满足人类世世代代需要，能够保护土壤、水资源、植物和动物遗传资源，而且不会造成环境退化，同时技术上适应、经济上有效。

可持续农业在保护、改善农业生态环境的前提下，遵循生态学、生态经济学规律，运用系统工程方法和现代科学技术，集约化经营的农业发展模式，运用现代科学技术成果和现代管理手段，以及传统农业的有效经验建立起来的，能获得较高的经济效益、生态效益和社会效益的现代农业。具有综合性、多样性、高效性和持续性的特点。

可持续农业包括三个方面的内容：
(1) 使用可更新资源（如土壤）的速度不能高于系统的再生速度；
(2) 使用不可再生资源（如石油）的速度不能高于可替代资源的速度；
(3) 产生污染（废物）的速度不能高于系统分解（或同化）的速度。

可持续农业有四条原则：
(1) 充分利用太阳能；
(2) 最适宜地使用自然循环；
(3) 阻止过量消费和过量人口增长；
(4) 促进生物多样性。

3. 循环农业

循环农业是以资源的循环高效利用为核心的资源节约型农业。以"四R"为原则［减量化（Reduce）、再使用（Reuse）、再循环（Recycle）和再思考（Rethink）］；以低消耗、低排放、高效率为基本特征，并将这一原则贯穿从生产到消费的整个过程。在农业资源投入、生产、产品消费及其废弃的全过程中，以"资源—产品—再生资源"的方式发展的经济，将不同的农业生产环节组成一个物资能量回流环，以达到资源多次利用和减量化。

4. 休闲农业

休闲农业（又称观光农业或旅游农业）是指利用田园景观、自然生态及环境资源，结合农林渔牧生产、农业经营活动、农村文化及农家生活，提供民众休闲、增进民众对农业及农村之生活体验为目的之农业经营。休闲农业是以农业活动为基础,也是深度开发农业资源潜力,农业和旅游业相结合的一种新型的交叉型产业,与现代旅游业相结合的一种高效农业。休闲农业的基本属性是以充分开发具有观光、旅游价值的农业资源和农业产品为前提,把农业生产、科技应用、艺术加工和游客参加农事活动等融为一体,供游客领略在其他风景名胜地欣赏不到的大自然情趣。

5. 工厂化农业

工厂化农业是设计农业的高级层次,是综合运用现代高科技、新设备和管理方法而发展起来的一种全面机械化、自动化技术(资金)高度密集型生产,能够在人工创造的环境中进行全过程的连续作业,从而摆脱自然界的制约。

6. 特色农业

特色农业是发挥本区域内独特的农业资源比较优势,发展特而专、新而奇、精而美的各种特色农产品。这些产品品质独特,功能特殊,有一定认知度;产业可延伸性强,经济开发价值高;目标市场相对明确,现实市场竞争优势明显或具有潜在市场需求。如中华人民共和国农业部2007年发布的《特色农产品区域布局规划(2006—2015)》,在规划期内重点发展10类114个特色农产品。

开发区域内特有的名优产品,转化为特色商品的现代农业。特色农业的"特色"在于其产品能够得到消费者的青睐和倾慕,在本地市场上具有不可替代的地位,在外地市场上具有绝对优势,在国际市场上具有相对优势甚至绝对优势。

7. 都市农业

都市农业是现代农业的一种具体形式,也称都市型现代农业。在西方,都市农业是经济高速发展,农业领域承接工业化和城市化发展的产物,功能和形态都表现出了新的特征。随着城市居民基本生活需要得到满足,收入水平提高、闲暇时间增加、城市工作压力的增加和交通条件的改善,人们对生活质量和生存环境质量提出了更高的需求,开始要求更新鲜更安全的食品,优美的环境和丰富的休闲活动,传统的城郊型农业开始往兼具"生产、生态、生活"的都市农业方向发展。

8. 立体农业

立体农业又称层状农业,着重于开发利用垂直空间资源的一种农业形式。立体农业的模式是以立体农业定义为出发点,合理利用自然资源、生物资源和人类生产技能,实现由物种、层次、能量循环、物质转化和技术等要素组成的立体模式的优化。当前食品供应安全成为政府首要关心的问题,城市作为人口的集中区域,食品供应问题更是成为城市能否健康运行的头等大事。对此,立体农业作为一个降低城市食品供应压力的解决方案,能够更好地实现农业可持续发展和食品安全可追溯性,此外还能够降低城市的碳排放水平。因此,可以预见立体农业将会在城市内部和周边区域得到快速发展。

9. 订单农业

订单农业又称合同农业、契约农业，是近年来出现的一种新型农业生产经营模式。所谓订单农业，是指农户根据其本身或其所在的乡村组织同农产品的购买者之间签订订单，组织安排农产品生产的一种农业产销模式。订单农业很好地适应了市场需要，避免了盲目生产，减少了农民的销售风险。

10. 设施农业

设施农业是具有一定设施，能在局部范围改善或创造环境气象因素，为植物生长提供良好的环境条件而进行有效生产的农业。设施农业也可以理解为可控制环境的农业（CEA），其中涉及影响动植物正常生长的主要的环境参数均是可以进行控制的，如光照、温度、湿度、空气成分等。

设施农业的代表是智能化温室，现代化温室是实现作物优质高效生产的重要设施。完整的现代化温室由温室框架结构、温室材料、通风系统、灌溉施肥系统等组成。温室通风的目的有三个：一是排除温室内的余热，二是排除温室内的水分，三是调整温室内空气成分。温室通风有自然通风和强制通风两种，加热系统是实现蔬菜反季节生产的重要措施，与通风系统相结合，形成良好的小气候生态条件。

设施农业属于高投入高产出，资金、技术、劳动力密集型的产业。它是利用人工建造的设施，使传统农业逐步摆脱自然的束缚，走向现代工厂化农业、环境安全型农业生产、无毒农业的必由之路，同时也是农产品打破传统农业的季节性，实现农产品的反季节上市，进一步满足多元化、多层次消费需求的有效方法。

11. 精准农业

精准农业是当今世界农业发展的新潮流，是由信息技术支持的根据空间变异，定位、定时、定量地实施一整套现代化农事操作技术与管理的系统，其基本含义是根据作物生长的土壤性质，调节对作物的投入，即一方面查清田块内土壤性质与生产力空间变异；另一方面确定农作物的生产目标，进行定位的系统诊断、优化配方、技术组装、科学管理，调动土壤生产力，以最少的或最节省的投入达到同等收入或更高的收入，提高农产品质量、降低成本、减少环境污染、节约资源及保护生态环境，高效地利用各类农业资源。精准农业是一种把科学的精确性引进农业生产的方法。

精准农业核心技术是由全球卫星定位系统、农田地理信息系统、农田遥感技术系统、农业专家系统，智能化农机具系统、环境监测系统、自动化控制系统、计算机信息管理系统、网络化管理和培训系统等组成。

（四）我国现代农业主要运作模式

在中国建设现代农业过程中，由于农业生态类型、自然资源条件和社会条件等差异，全国各地在现代农业的建设和运作上分别进行了不同模式的探索。下面简要归纳各地在探索建设现代农业的四种运行模式，即外向型创汇农业模式、龙头企业带动型现代农业开发模式、农业科技园辐射型模式和山地园艺型农业模式。

1. 外向型创汇农业模式

外向型创汇农业的模式，是指利用地理区位优势、自然气候优势，采取相应政策吸收、扶持龙头企业，重点发展优质种苗、特色蔬菜、优质花卉、名优水果、优质家禽和特种水产等资金技术密集型的农业产业，通过生产和加工优质农副产品，产品出口创汇增收，带动区域经济发展。

2. 龙头企业带动型现代农业开发模式

龙头企业带动型的现代农业开发模式，是指由龙头企业作为现代农业开发和经营主体，本着"自愿、有偿、规范、有序"的原则，采用"公司+基地+农户"的产业化组织形式，向农民租赁土地使用权，将大量分散在千家万户中农民的土地纳入到企业的经营开发活动中。这种由龙头企业建立生产基地，在基地进行农业科技成果推广和产业化开发的运行模式，称为龙头企业带动型的现代农业开发模式。

3. 农业科技园辐射型模式

农业科技园辐射型模式，是指由政府、集体经济组织、民营企业、农户、外商投资兴建，以企业化的方式进行运作，以农业科研、教育和技术推广单位作为技术依托，引进国内外高新技术和资金、各种设施，集成现有的农业科技成果，对现代农业技术和新品种、新设施进行试验和示范，形成高效农业园区的开发基地、中试基地、生产基地，以此推动农业综合开发和现代农业建设的运行模式。

4. 山地园艺型农业模式

山地园艺型农业是立体型、多层次、集约化的复合农业，在充分考虑市场条件和资源优势的基础上，确定适宜当地发展水平产业和项目，引进先进的技术成果与传统技术组装配套，待引进技术和品种试验成熟后，采取各种有效措施在当地推广。这是我国的一些山区在发展林果产业，促进农民增收的实践上总结出来的一种农业模式。

(五) 现代农业的主要特点

1. 农业内涵丰富

我国科学技术部（原国家科学技术委员会）发布的中国农业科学技术政策，对现代农业的内涵分为三个领域来表述：产前领域，包括农业机械、化肥、水利、农药、地膜等领域；产中领域，包括种植业（含种子产业）、林业、畜牧业（含饲料生产）和水产业；产后领域，包括农产品产后加工、贮藏、运输、营销及进出口贸易技术等。

从上述界定可以看出，现代农业不再局限于传统的种植业、养殖业等农业部门，而是包括了生产资料工业、食品加工业等第二产业和交通运输、技术和信息服务等第三产业的内容，原有的第一产业扩大到第二产业和第三产业。现代农业成为一个与发展农业相关、为发展农业服务的产业群体。这个围绕着农业生产而形成的庞大的产业群，在市场机制的作用下，与农业生产形成稳定的相互依赖、相互促进的利益共同体。

2. 技术密集

传统农业主要依赖资源的投入，而现代农业则日益依赖不断发展的新技术投入，新技术是现代农业的先导和发展动力。这包括生物技术、信息技术、耕作技术、节水灌溉技术等农业高新技术，这些技术使现代农业成为技术高度密集的产业。这些科学技术的应用，一是可以提高单位农产品产量，二是可以改善农产品品质，三是可以减轻劳动强度，四是可以节约能耗和改善生态环境。

新技术的应用，使现代农业的增长方式由单纯地依靠资源的外延开发，转到主要依靠提高资源利用率和持续发展能力的方向上来。另外，传统农业对自然资源的过度依赖使其具有典型的弱质产业的特征，现代农业由于科技成果的广泛应用已不再是投资大、回收慢、效益低的产业。相反，由于全球性的资源短缺问题日益突出，作为资源性的农产品将日益显得格外重要，从而使农业有可能成为效益最好、最有前途的产业之一。

3. 产业功能多样

相对于传统农业，现代农业正在向观赏、休闲、美化等方向扩延，假日农业、休闲农业、观光农业、旅游农业等新型农业形态也迅速发展成为与产品生产农业并驾齐驱的重要产业。传统农业的主要功能是提供农产品的供给，而现代农业的主要功能除了农产品供给以外，还具有生活休闲、旅游度假、生态保护、文明传承、科普教育等功能，满足人们的精神需求。

生活休闲的功能是指从事农业不再是传统农民的一种谋生手段，而是一种现代人选择的生活方式；旅游度假的功能是指出现在都市的郊区，以满足城市居民节假日在农村进行采摘、餐饮休闲的需要；生态保护的功能是指农业在保护环境、美化环境等方面具有不可替代的作用；文化传承则是指农业在我国五千年农耕文明中是文化的承载者，在科普教育、发扬传统等方面可以发挥积极重要的作用。

4. 以市场为导向

与以自给为主和环境相对封闭的传统农业相比，现代农业中，农民的大部分经济活动则被纳入市场交易，农产品的商品率很高。完全商业化的"利润"成了评价经营成败的主要准则，生产完全是为了满足市场的需要。适应市场取向是现代农民采用新的农业技术、拓展农业新功能的动力源泉。从发达国家的情况看，无论是种植经济向畜牧经济转化，还是分散的农户经济向合作化、产业化方向转化，以及新的农业技术的使用和推广，都是在市场的拉动或挤压下自发产生的，政府并无过多干预。

5. 贯穿生态环保

现代农业在突出现代高新技术的先导性、农工科贸的一体性、产业开发的多元性和综合性的基础上，还强调资源节约、环境零损害的绿色性。现代农业因而也是生态农业，是资源节约和可持续发展的绿色产业，担负着维护与改善人类生活质量和生存环境的使命。目前可持续发展已成为一种国际性的理念和行为准则，在土、水、气、生物多样性和食物安全等资源和环境方面均有严格的环境标准，这些环境标准，既包括产品本身，又包括产品的生产和加工过程；既包括对某地某国的地方环境影响，也包括对相邻国家和相邻地区以及全球的区域环境影响和全球环境影响。

6. 强调组织化

传统农业是以土地为基本生产资料，以农户为基本生产单元的一种小生产。在现代农业中，农户广泛地参与到专业化生产和社会化分工中，加入到各种专业化合作组织中，农业经营活动实行产业化经营。其中，合作组织包括专业协会、专业委员会、生产合作社、供销合作社、公司加农户等各种形式。它们活动在生产、流通、消费、信贷等各个领域。

第二章
全球可比地区农业发展历史、现状和趋势

为了更好地明确我国各县的现代农业在世界范围内的发展地位和水平阶段，本章从世界农业发展阶段、世界农业发展的现状、世界各国"与县域同等规模、人均 GDP、农业单位面积产值等类似"的可比地区农业概况和世界农业发展趋势等方面进行阐述。

第一节 世界农业历史阶段

农业生产的形成和发展在世界各地经历了不同的过程，其基本特点是由几个农业起源中心，通过引种和农耕方法的传播，沿不同的路线向世界各地扩散，并与各地的自然和社会经济条件相结合，逐步发展成为各具特色的农业生产面貌和农业类型。

从历史的角度，世界农业发展大体可分为原始农业、传统农业、近代农业和现代农业四个时期，近代农业是传统农业向现代农业的过渡。每个时期农业的特点不同，生产力水平互异，其内部结构与外部联系以及对整个世界经济的影响也有很大差别。纵览世界农业发展的历史进程，探求其形成演变的线索，对于深入认识世界农业的现状特点和发展趋向，有着十分重要的意义。

世界范围的农业现代化进程是从 20 世纪初随着工业革命和科学技术革命的迅猛发展而全面启动的。尤其是在第二次世界大战结束后的大半个世纪，以西方发达国家为代表的世界农业在既有现代化成就的基础上又获得了新的更大的发展，农业产业体系已成为高新技术的生长点、资本和知识的汇聚点、城乡居民生活福利水平提高的贡献点。

从农业现代化发展的角度，可把农业发展阶段分为原始农业阶段、传统农业阶段，现代农业阶段，同时现代农业阶段可以分为初级现代农业和高级现代农业阶段。

在 18—21 世纪，世界农业的发展过程包括两个阶段，从传统农业向初级现代农业的转型时期，大致时间是 1763—1970 年，其主要特点包括农业的市场化、工业化、机械化和化学化，农业比例下降等。从初级现代农业向高级现代农业转型的时期，大致时间是 1970—2100 年，其主要特点包括农业的知识化、信息化、生态化、多样化和国际化等。

第二节　世界农业发展现状

农业的核心是生产力，其中占绝对优势的是第一性生产力，即作物生产力，而自然资源条件从根本上限定了第一性生产力的大小。光、热、水、土、地形地势是主要的自然资源条件；光、热、水、土是影响自然资源生产潜力的代表因素，地形地势条件限制了自然资源潜力的可利用性以及农业生产的耕作条件等。

不同的农业资源和发展基础影响了各地农业生产的情况，同时受经济发展及产业情况的影响，世界各地的区域农业发展政策也有较大的差异。本节主要从农业资源、农业生产情况和区域农业政策等方面对世界农业发展现状进行研究阐述。

一、农业资源

过去的 20 年中，农田飞速扩张减缓，但集约化生产发展迅速，灌溉面积增加，农田限制时间减少，新技术应用明显增加，新产品数量也在增加，每公顷的产出更高。从全球范围看，农业资源分布与人均资源变化具有很强的关联性。

（一）土地资源

2011 年世界各国耕地和多年生作物用地总面积为 15.53 亿 hm^2，占世界各国土地面积的 11.94%（图 2-1、图 2-2）。当前世界永久性草场和牧场总面积为 33.59 亿 hm^2，占比 25.82%，世界森林总面积为 40.27 亿 hm^2，占比 30.97%。

图 2-1　2011 年世界可耕地分布

农业用地主要包括耕地及 30%~40% 的草地和森林，约覆盖了全球土地面积的 1/4 以上，但其中约 3/4 的土地贫瘠，约 1/2 的土地地形险峻，不利于生产。虽然农田粮食产量大幅提升，但是约 2/3 的农用土地在过去的 50 年中遭遇侵蚀、盐渍化、营养耗竭而退化，约 40% 的农用土地严重退化。如何合理利用土地进行农业生产成为目前的一个难题。①

---

① 许世卫，信乃诠. 当代世界农业[M]. 中国农业出版社，2010.

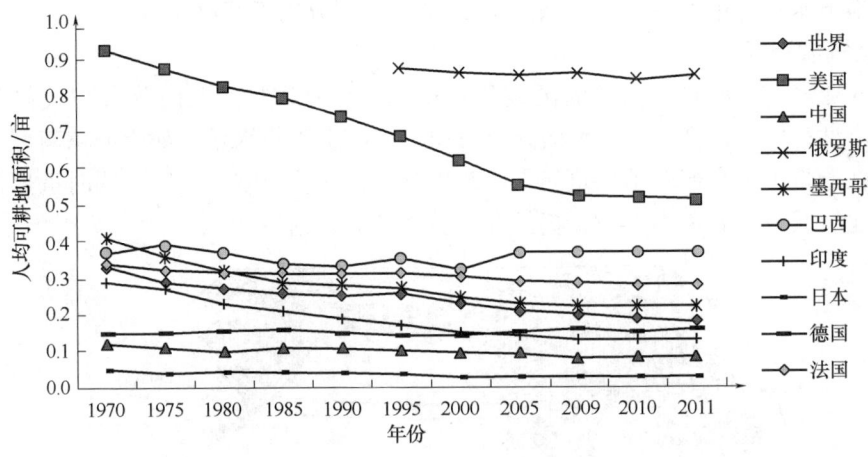

图 2-2　1970—2011 年人均可耕地面积

（二）水资源

水是生命之源、生产之要、生态之基。全球水资源分布很不均衡，从地区分布看，巴西、俄罗斯、加拿大、中国、美国、印度尼西亚等 9 个国家的淡水资源占世界淡水资源的 60%，而全世界约有 1/3 人口处于中度和高度缺水地区（表 2-1）。到 2020 年，水的使用量将会提高 40%，其中 17% 以上的水将要用于满足人口增长所进行的食品生产。

表 2-1　2011 年部分国家用水比例和降水量（WDI 数据库）

国家	农业用水/%	工业用水/%	平均降水量/(mm/年)
美国	40.22	46.1	715
澳大利亚	73.78	10.6	534
俄罗斯	19.94	59.8	460
英国	9.9	33	1220
法国	12.41	69.3	867
德国	0.2508	83.9	700
日本	63.13	17.6	1668
中国	64.61	23.2	645
印度	90.41	2.23	1083
墨西哥	76.69	9.27	752
巴西	54.59	17.5	1782
以色列	57.78	2.23	435

20 世纪，人口增长、工业发展和灌溉农业的扩张是引起水需求增加的 3 个主要因素，过去的 20 年，农业消耗了经济发展中的大部分淡水，全球湖泊、河

流和地下水资源中的70%为农业所用,其中大部分用于灌溉。

(三) 气候资源

农业气候资源具有明显的区域分布规律,世界作物产区的分布与气候条件的适宜性有关(图2-3)。水稻分布面积主要决定于降水量,如亚洲东南部小麦集中在温带玉米高产要求热量充足而温度又不能过高(图2-4)。同时世界范围内农业气候资源利用不平衡,仍然存在较大的开发潜力。[①]

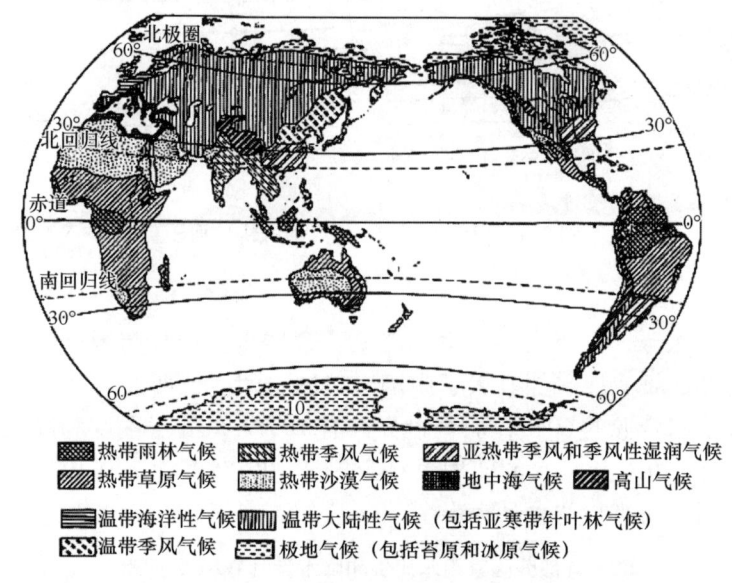

图2-3 世界各地气候类型分布图

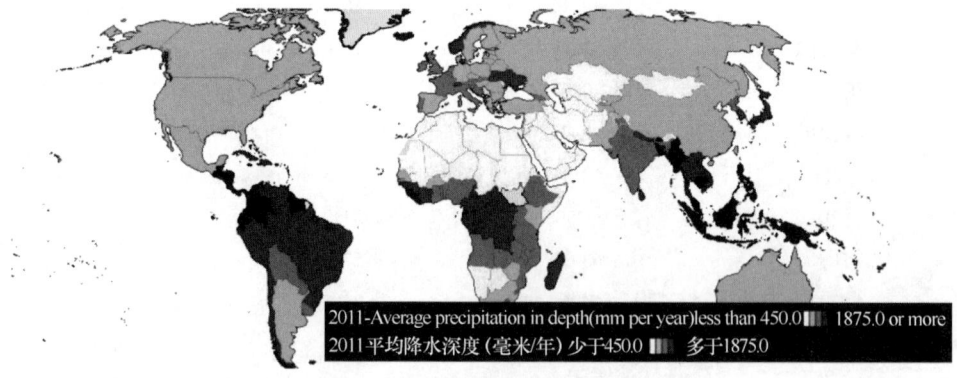

图2-4 2011年世界降水量分布(WDI数据库)

同时,由于人口数量和人均能源消耗的不断增长,全球大气二氧化碳已从

---

① 许世卫,信乃诠. 当代世界农业[M]. 中国农业出版社,2010.

工业化前的约 280mL/m³，增加到 2005 年的 379mL/m³，未来几年将突破 400mm 这一阈值。过去一个世纪，平均温度约升高了 0.74℃，全球海洋在至少 3000m 深处的海水的平均温度都有所上升。全球陆地的降水量增加了 2% 左右，但在分布上都不均匀，许多地区出现旱涝交替和极端气候的现象。如中国长江流域 20 世纪 90 年代的年平均降水量不变，但降水集中于 6~8 月的汛期，造成洪涝灾害增多，而春季和秋季的降水减少。

（四）人力资源

2012 年，世界总人口达到 70.52 亿人，其中农业总人口为 26.21 亿人，占世界人口总量的 37.17%。亚洲拥有最为丰富的农业人力资源总量，2012 年为 19.49 亿人。而从表 2-2 中反映出，农业人力资源分布与社会经济发达程度密切相关。欧洲、美洲等地区的农业人口比重较小，而大多数国家为发展中国家的亚洲和农业最不发达的非洲农业人口比重较大。同时可以看出，随着经济发展，农业人口不断向城市转移，各地均呈现出农业人口比重逐渐下降的趋势。

表 2-2　　　　　　　　世界和各大洲农业人口比重　　　　　　　　单位:%

年份	世界	亚洲	非洲	美洲	欧洲	大洋洲
2000	42.20	52.57	55.10	13.59	8.48	20.98
2005	40.09	49.79	52.66	11.97	7.05	20.64
2010	37.98	46.97	50.22	10.59	5.89	20.01
2011	37.57	46.41	49.75	10.34	5.69	19.89
2012	37.17	45.86	49.27	10.10	5.50	19.79

农业人力资源是农业生产活动的决定性因素，对农业生产能力的提高和农业科技的应用发挥着重要作用。各国农业的发展与农业人力资源质量密切相关。

发达国家普遍重视农业人力资源的开发和利用，十分强调教育的基础性、全局性和先导性作用。并且形成了教育、科研和推广紧密结合的农业人力资源开发模式，政府对农业人力资源开发的投入力度大。

美国高度重视农业职业教育和成人继续教育，各高中和高校都提供农业教育，农村也较早普及了义务教育制度和农村职业教育制度。大部分农场主都具有大学以上的文化水平。法国法律规定农民必须接受职业教育和培训。荷兰的农业教育分成预备农业职业教育、中等农业教育、高等农业学院、农业大学和农业成人教育 5 个层次。

发展中国家农业人力资源开发虽然起步较晚，但发展很快。发展中国家农业人口比重一般较发达国家要高，农业科技推广在提高农民科技素质和加快农业科技成果转化方面发挥重要作用，其农业教育也主要依靠政府资金的资助。中国和印度对农业科研和教育的实际投资在总体上都呈上升趋势。中国和墨西哥等发展中国家对于研究和发展的投资仍然与美国、法国、荷兰等国家有很大差距。以色列和日本的农业生产依靠密集的科技为支撑，投入和科研人员数量处于最高的水平。

二、农业生产情况

在耕地面积等资源增加不多的状况下，农业的发展基本上养活了全球人口，世界主要农产品都出现了成倍增长。从种植业产品的总产量来看，1961—2011年，谷物总产从8.77亿t增长到25.89亿t，增长了195.21%，纤维作物、油料作物、蔬菜和瓜类分别增长了107.75%、597.70%、390.05%（图2-5）。

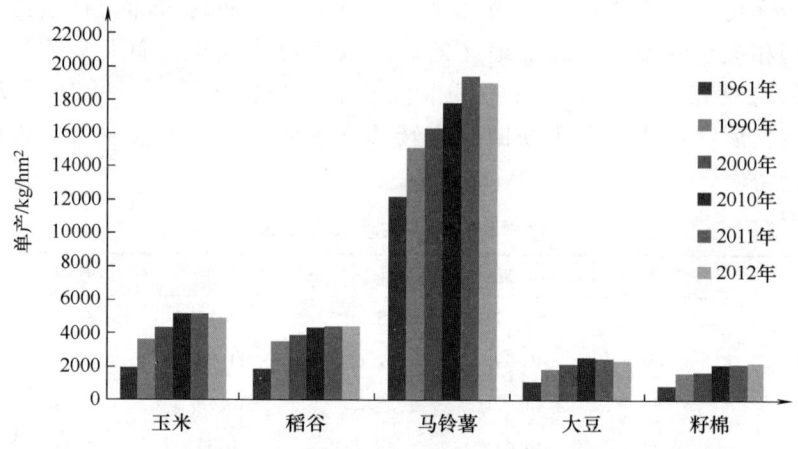

图2-5 世界主要作物品种单产变化（1961—2012年）（FAO数据库）

得益于全球绝大部分地区政局稳定，更依赖于科技的发展和应用推动，从20世纪60年代至今的主要农作物和产品单产呈现大幅提高（表2-3）。除了主要农产品占有量的国家和地区不平衡因素外，种植业的发展基本满足了人口增长和生活水平提高的需要。受购买能力和够买渠道方面的问题限制，全世界仍有8.42亿左右（FAO，2013）的饥饿人口。[①]

种植业在全球经济中的比例呈逐年降低趋势，种植业生产总值在农业生产总值的比例一直维持在60%左右，但随着农业生产在社会经济中比例的降低，种植业产值在全球经济中的比例也在降低。种植业发展的不平衡导致世界食物差距的扩大。一些发达国家受经济效益的影响，对种植业生产积极性较低，而一些欠发达国家受资源条件等限制不能发挥其生产积极性，一些发展中国家存在动力和资源技术优势，因而能较快地发展种植业，1961—2011年欧盟和美国一些国家的谷物产值增长为134.67%和124.99%，中国和墨西哥的谷物产值增

---

① 程序. 当今世界农业发展状况与中国农业发展（上）[J]. 中国职业技术教育，2004,(26):14~17.

长率分别达到360.57%和218.35%，而南非为96.79%。

表2-3 世界农业的产业结构和产值变化（按2004—2006年购买力平价百万美元计算）

单位：%

项目		产值比例					1961—2011年产值变化率
		1961年	1980年	2000年	2005年	2011年	
世界	作物	66.61	63.85	62.88	63.28	63.47	195.01
	牲畜	33.39	36.15	37.12	36.72	36.53	238.73
	谷物	21.79	23.27	20.65	20.09	19.60	178.39
	作物/牲畜	1.99	1.77	1.69	1.72	1.74	
欧盟	作物	56.55	51.77	52.47	52.12	51.40	36.15
	牲畜	43.45	48.23	47.53	47.88	48.60	67.61
	谷物	7.91	10.38	11.59	12.15	12.39	134.67
	作物/牲畜	1.30	1.07	1.10	1.09	1.06	
美国	作物	46.50	50.61	51.12	51.64	50.06	113.95
	牲畜	53.50	49.39	48.88	48.36	49.94	85.56
	谷物	15.79	18.82	16.92	17.58	17.87	124.99
	作物/牲畜	0.87	1.02	1.05	1.07	1.00	
日本	作物	88.95	73.13	67.93	67.73	63.04	-41.80
	牲畜	11.05	26.87	32.07	32.27	36.96	174.59
	谷物	42.55	27.25	28.78	28.86	24.93	-51.89
	作物/牲畜	8.05	2.72	2.12	2.10	1.71	
印度	作物	84.50	83.45	78.84	76.69	76.66	264.51
	牲畜	15.50	16.55	21.16	23.31	23.34	504.93
	谷物	35.46	39.08	34.72	32.48	29.31	232.17
	作物/牲畜	5.45	5.04	3.73	3.29	3.28	
中国	作物	89.90	81.60	68.76	67.77	68.59	559.92
	牲畜	10.10	18.40	31.24	32.23	31.41	2591.09
	谷物	42.05	49.02	26.79	23.34	22.39	360.57
	作物/牲畜	8.91	4.43	2.20	2.10	2.18	
墨西哥	作物	57.21	53.23	50.16	48.91	46.22	239.11
	牲畜	42.79	46.77	49.84	51.09	53.78	427.64
	谷物	15.70	16.13	14.33	13.43	11.91	218.35
	作物/牲畜	1.34	1.14	1.01	0.96	0.86	
南非	作物	48.36	56.84	56.84	55.51	47.52	164.36
	牲畜	51.64	43.16	43.16	44.49	52.48	173.32
	谷物	16.82	20.07	16.72	15.15	12.31	96.79
	作物/牲畜	0.94	1.32	1.32	1.25	0.91	

另外，现代农业已经超越了传统的范畴，为能源行业提供了大量原材料，

利用玉米、甜高粱、木薯等加工生产乙醇和液体柴油。巴西从1975年开始实施"燃料乙醇计划",以甘蔗为原料,已形成超过1000万t的生产能力,取代1/3的汽车燃料。美国提出到2022年前,生物质燃料要在本国的能源消耗中占25%的目标。这种趋势也将影响农业的发展方向和未来的格局。

(一) 农业科技

1900年以来,全球的农用耕地面积只增加了1/3,而农作物的单产水平提高了4倍多,总产量提高了6倍,与此同时,用于制造化肥、农药、农业机具,以及农机、灌溉设施运行的商品化能源的投入量,则增加了8倍。这一切都伴随基于农业科学及技术创新的农业革命。

1900年前后的50年里,发生了一系列具有里程碑意义的重大事件:

(1) 1900年前后,蒸汽拖拉机出现,其后又演变为功率更大的柴油拖拉机;

(2) 1914年博施发明工业合成氨技术,带动了化肥工业的兴起;

(3) 1930年前后单产能够数倍提高的玉米杂交种问世;

(4) 1940年前后具有高效杀灭农业害虫的合成农药(如六六六、DDT诞生);

(5) 20世纪40年代起,全世界化肥使用量猛增,出现了高效的尿素、复合肥等剂型;

(6) 20世纪60年代培育成功一批半矮秆型、较抗病、耐肥水、高产的小麦和水稻优种("绿色革命")。

这些重大成果的基础都可以追溯到19世纪中后期的一系列突破性的基础理论和发现。20世纪初,农业科学还没有发展形成一项独立的社会实践,农业生产增长中依靠科技进步的贡献份额仅占5%左右。20世纪70年代,一些发达国家将农业生产的科技贡献份额提高到70%~75%。

同时,基础科学对农业科学的渗透也促进了新的分支学科的诞生和农业科学的多方向拓展。国际上提出"分子农业"的新概念,它的深远影响已远远超过20世纪的"绿色革命",成为新的农业科技革命的重要组成部分。

农业信息技术的发展大致经历了三个阶段:第一阶段是20世纪50—60年代应用以科学计算为主的农业计算机;第二阶段是70—80年代开展数据处理、模拟模型和知识处理研究;第三阶段是90年代以来互联网、"3S"、职能控制等应用的全面信息化。90年代以后,精准农业和生物信息技术等专业技术自成一体,传感网和物联网将是未来农业信息技术发展的关键。

水资源供需矛盾日益加剧,节水农业已是当今世界农业的热点问题。农田节水技术在工程、农艺和管理方面都有研究拓展,喷灌、微灌的灌溉水利用率平均可达90%。以色列、美国、澳大利亚、西班牙等国家自1990年以来都很重视微灌系列配套产品的研发及应用,技术先进的一些国家一直致力于喷头的改进和研究。另外农业水资源的优化配置是实现区域用水的重要环节。

工业化以后，设施农业由普通塑料温室发展到具有人工控制环境设施的现代化大型温室和植物工厂。农业工厂化技术收到了显著的社会经济效益。温室管理与控制的智能化水平不断提高。为节能减排，温室节能工程技术在多个方面取得进展。主要为大幅度提高覆盖材料透光率，防止温室内长波外射，热能回收利用，节能光源 LED 的应用等。

农业机械化工程技术方面，基于 100 年来农业机械的应用使得农业生产方式发生根本变革，提高了农业劳动生产率和土地产出率，并且促使农业人口比重下降，促进社会生产的大分工。大多数发达国家在 20 世纪 60 年代先后实现了农业机械化，许多发展中国家近年来农业机械化也得到迅速发展。

农机产品快速向自动化、大功率、大型化和复式作业的发展，也为满足降低农产品成本和土地规模经营的需求提供了条件。不但欧美国家的现代农用拖拉机采用了输出的功率超过 400kW 大功率的柴油发动机，连日本、韩国等国家的农机也从过去的 52kW 一下逐步向 100kW 发展；并采用高速、宽幅、复式作业与联合作业机组，充分利用功率，把田间作业速度普遍提高到 8~10km/h，提高了功效。农用机械的功率提高也为实现各环节的机械化提供了基础，各类农机应运而生，产品超过万种，仍有发展空间。发展中国家为提高自主创新能力，与各大企业和发达国家合作，生产出更多具有当地特色的农机具。

（二）农产品贸易

1990 年以来，中国加入世界贸易组织的"乌拉圭回合谈判"逐步深入开展；并于 1994 年取得成功。同时，世界经济高速发展和贸易自由化程度进一步提高，农产品进出口贸易得到了迅速发展（表 2-4）。

表 2-4　　　　2011 年世界主要农产品贸易情况

项目	进口额/亿美元	份额/%	出口额/亿美元	份额/%
农产品总量	13507.33	100	13139.40	100
谷物及制品	1842.36	13.64	1769.71	13.47
蛋乳制品	761.79	5.64	766.54	5.83
饲料	658.83	4.88	627.91	4.78
水果蔬菜	2087.00	15.45	2034.03	15.48
麻类	3.47	0.03	3.11	0.02
肉类及制品	1280.64	9.48	1320.90	10.05
天然橡胶	375.69	2.78	372.58	2.84
糖类	393.45	2.91	368.42	2.80
油籽	744.64	5.51	668.56	5.09

资料来源：FAO 数据库。

当前，世界农产品已形成了相对稳定的格局：一是以发达国家（日本除外）特别是美国、欧盟各国、加拿大、澳大利亚等为核心，加上巴西和阿根廷这两个土地资源丰富、人口相对较少的发展中国家，成为农产品的垄断性出口集团。全世界每年约 2.5 亿 t 的粮、豆，以及近 2000 万 t 的肉类，绝大部分出自它们。二是中国、印度、孟加拉、巴基斯坦等一批人口众多的发展中国家，已经不同程度地实现了农产品的基本自给或略有盈余。三是一大批发展中国家，有的是本国食物生产能力还不足，如墨西哥、印度尼西亚和埃及等，有的则主要是靠种植经济作物出口，换取粮食等，他们都需要进口相当数量的食物。

各国的农业生产大多以粮食安全为关键，同时各国的粮食自给率一直维持在 95% 以上，保证了粮食的基本供给，其他农产品的进口量逐渐放大。日本和荷兰主要生产经济作物出口为主，其粮食自给率都有所降低，2011 年的粮食自给率分别为 27% 和 15%（图 2-6 和图 2-7）。

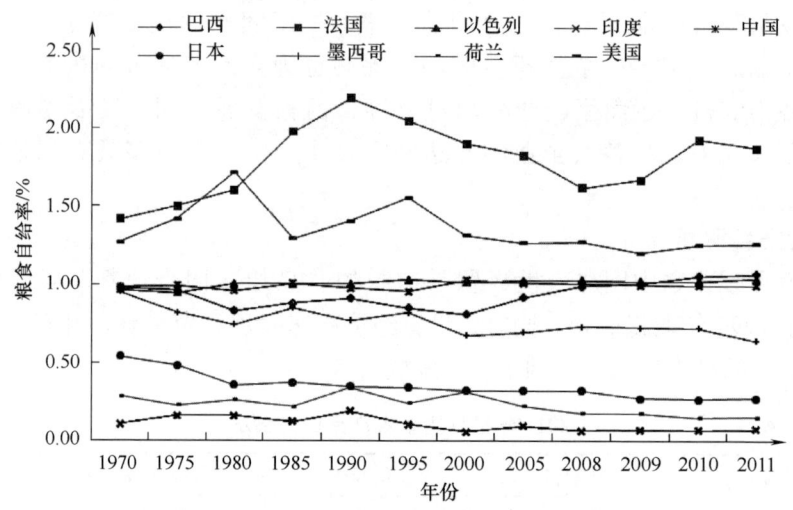

图 2-6　各国粮食自给率（FAO 数据库）

注：粮食自给率 = [粮食产量/(产量 + 进口量)] × 100%。

三、区域农业政策

（一）欧盟

欧盟共同农业政策始于 1962 年，由一系列欧盟农业补贴项目和对市场的干预机制组成。现在政策的优先领域是：确保食品质量和安全；保护环境和动物福利；在不扭曲世界贸易的条件下增强欧盟农产品的对外贸易竞争力；促进地区农村的可持续发展。

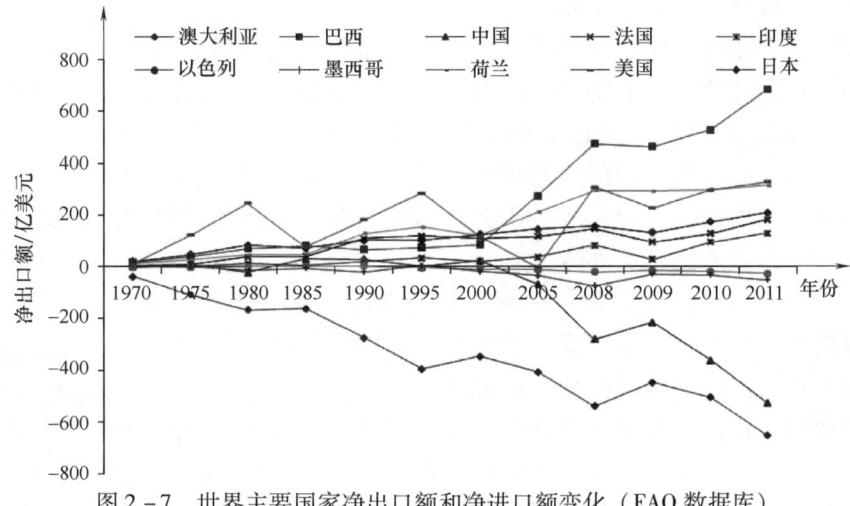

图 2-7 世界主要国家净出口额和净进口额变化（FAO 数据库）

注：负值为净进口额。

欧盟共同农业政策的重要组成部分为以单一支付计划为主的直接支付，单一支付计划根据农民管理和拥有的土地支付补助，农民每年提交支付请求，所有的农民最低有 5000 欧元的保证，但确定后的补贴额与当年种植的作物种类和面积无关。受惠农民要满足一系列条件和遵守一系列规则，包括维持土地的环保和农业经营条件。

欧盟 2007—2013 年农村发展政策的主轴有 3 个：提高农业和林业部门的竞争能力、提高农村地区的发展水平和自然环境、提高农村地区的生活质量和促进农村经济的多元化。

重视职业培训和人力资本开发，欧盟提出为农民提供农业技能培训、传播农业创新经验、强化农业新信息的获取能力、为农民提供必要的咨询服务和重点培养年轻农民。

欧盟建立了一体化的系统进行管理，该系统控制欧盟农业财政资金的 90% 开支。包括：农业资产的统计数据库，农业片区的分类系统和补贴申请和管理系统等。

（二）亚洲

亚洲地区农业人口和主要农产品产量都位居前列，是世界农产品市场上主要的进出口方。亚洲农业政策的取向根据农业特点的不同而有较大差异。

农业资源匮乏国家，对进口依存度高，实行农业高保护政策，以日本和韩国为代表。20 世纪 80 年代以来，日本每年的农业补贴总额都超过了农业本身的产值。虽然本国的生产能力不是很强，日韩仍高度重视大米为主的粮食安全。在贸易自由化进程中，日本、韩国通过设置高关税、配额、通关壁垒、贸易保障措施等实现对本国农产品的高度保护。

以中国和印度为代表的传统农业国家，重视农业改革，努力推动农业现代化。中国在20世纪70年代推行农村改革，极大地调动了农民生产的积极性。印度在20世纪中期以后实行土地改革政策，使土地得到较为公平的分配，调整了农业生产关系，行使有力的宏观调控手段，开放并规范了国内市场，实现近年来的粮食连续增产。在国际市场上允许自由贸易，但仍然通过政府调控确保国内粮食安全和农产品稳定供给。

东南亚新兴经济体，包括马来西亚、泰国、菲律宾和印度尼西亚等国家，积极发展外向型农业，在保障国家粮食安全的政策前提下，大力倡导自由贸易，农业投入重点倾向于稳定市场供应和价格。

中亚国家积极开发农牧业资源优势，以多种优惠政策吸引外资，发展本国农产品加工业。在保障国家粮食安全的基础上，着力提高农产品的出口竞争力，农产品贸易政策措施逐步与世界贸易组织规则接轨，但许多隐形壁垒增加了农产品贸易的不确定性。

（三）北美

在区域经济一体化潮流下，北美地区的一体化特色比较明显。北美区域农业政策可以追溯到1988年的美加自由贸易协定，随后美国、加拿大和墨西哥三国于1993年签订了《北美自由贸易协定》(NAFTA)。

农业是北美自由贸易协定中涉及的重要领域，三个国家的农业政策、农产品价格和要素市场均存在趋同趋势，农业贸易相互依赖程度比较高，农产品进出口、投资和农业劳动力流动量都相互占有较大比例。NAFTA签署后，这种一体化趋势得到进一步加强。

NAFTA对有关农业的问题作了详细规定，包括关税和非关税壁垒、特别保护、农业国内支持、农产品出口补贴、农产品定级和营销标准、农产品贸易争端的解决机制等。15年来，三个国家农业政策的一体化趋势越来越强，每个国家单独的农业政策出现了收敛趋势，如每个国家都为农民提供了反周期收入支持补贴。美国和加拿大采取了同样的以收入为基础的支持计划。

NAFTA带来了比较明显的贸易创造效应。在1995年美国对加拿大农业出口58亿美元中，CFTA（加拿大自由贸易协定）/NAFTA贡献了25%。1993—2005年，加拿大对美国农产品出口增长了163%。2007年，墨西哥成为美国肉牛、大米、大豆粉等的第一大出口市场。1993—2005年，墨西哥对美国农产品出口增长了207%。美国对加拿大和墨西哥食品加工业的投资额有较大增长。但NAFTA对弱势成员国家的冲击效应逐渐显著，墨西哥在1995年以来对美国的农业贸易均呈逆差，出现自由贸易区内就业排挤效应，农业吸纳的就业人数比例在1993—2002年逐渐下降。

第三节 世界农业发展概况

从自然资源、农业生产、农产品贸易、农业科学技术、农业政策等方面，对美国、荷兰、日本、以色列、法国、西班牙、丹麦、新加坡、巴西、印度等国家和地区的农业发展历程、阶段进行分析研究，以期能够给我国的县域现代农业的发展提供新的思路和经验借鉴。

一、美国农业概况

（一）自然资源

美国位于北美洲南部，东临大西洋，西濒太平洋，北接加拿大，南靠墨西哥及墨西哥湾。美国国土面积937万km^2。由于幅员辽阔和广泛的地理特征，美国几乎有着世界上大部分的气候类型。美国的东北部沿海地区和北部的五大湖区属温带湿润大陆性气候，冬季较冷，夏季温和多雨；东南部为亚热带湿润性气候，冬季温暖，夏季暖热，降水丰富；中部属大陆性半湿润、半干旱与干旱气候；西部大部分地区属半干旱和干旱气候；太平洋沿岸北段为温带海洋性气候，南段属地中海型气候；阿拉斯加属亚寒带大陆性气候，终年气温低，降水少；夏威夷则属热带海洋性气候，全年温暖湿润。

美国河流湖泊众多，水系复杂，从总体上可分为三大水系：密西西比河、康乃迪克河和哈得森河。其中密西西比河全长6020km，居世界第三位。北美洲中东部的五大湖，包括苏必略湖、密西根湖、休伦湖、伊利湖和安大略湖，总面积24.5万km^2，为世界最大的淡水水域，素有"北美地中海"之称，其中密西根湖属美国，其余四湖为美国和加拿大共有。

美国自然资源丰富，矿产资源总探明储量居世界首位。

（二）农业生产

1. 种植业

美国发达的种植业已形成了重要的种植带，主要有：

（1）东北部和"新英格兰"的牧草和乳牛带 这个农业带包括西弗吉尼亚以东的12个州。这个地区的特点是雨量充足，但是气温较低，土壤欠肥沃，比较适合于青贮玉米和牧草的生长。该地区的优势是消费市场集中，拥有美国工业最为集中的大城市群；因此该地区的乳牛业发展较好。同时，该地区的马铃薯、苹果、葡萄生产在全国占有重要的位置。

（2）中北部玉米带 美国农业分区中所指的"中北部"是指大湖区附近的8个州，东起俄亥俄州、密歇根州，西北到明尼苏达州，西南到密苏里州。这是美国最著名的作物生产带，也是世界上最大的玉米生产区，因此有"玉米带"之称。

(3) 大平原小麦带　位于美国中部和北部地区，北起与加拿大接壤的北达科他州和蒙大拿州，南至俄克拉荷马州以及得克萨斯州的北部，共跨越9个州。这是个海拔500m以下的高平原，地势平坦，土壤肥沃，通称"大平原"。这个地区的小麦播种面积约占全国的70%，但近年来其比重有所下降。

(4) 南部棉花带　传统的棉区东起大西洋沿岸，西至得克萨斯州东部。第二次世界大战以后，棉花生产逐步向西发展。该棉花带位于平原地区，主要是北纬36°以南，密西西比三角洲的5个州，这里集中了全国大约1/3的棉花农场，播种面积超过160万hm^2，产量占全国的36%。

(5) 太平洋沿岸综合农业区　受太平洋暖流的影响，气候温和湿润，宜于多种农作物的生长。北部的华盛顿州、俄勒冈州是小麦的主产地，约占全国小麦产量的13%。加利福尼亚州是美国农业最发达的州，也是最大的"菜篮子"，为国家提供了51%的水果和干果，32%的蔬菜。其谷物种植则更为突出，占全国的15.54%，均名列全国第一。这个州的水稻生产也很重要，产量占全国的18%左右；单产居美国的首位，近9000kg/hm^2，比全国水平高40%左右。

2. 畜牧业

美国的畜牧业是高度发达的产业，也是资金和技术密集的产业。畜牧业的分布与种植带虽有一定的关系，但并不十分明显。美国的东北地区饲养的乳牛头数约占全国的1/3，生产的牛乳和乳制品几乎占全国的一半，肉鸡生产也占重要的地位。

玉米带提供玉米、豆饼等饲料，为当地养猪业提供了良好的条件。因此玉米带也是美国最大的猪肉生产基地。美国西部的"草原带"以放牧为主，可以饲养牛、羊、马等。美国的肉牛在集约化育肥之前，通常是先在草原带放牧，"搭好架子"，先形成骨架，后期集中育肥。因此可以节省大量的饲料粮和其他费用。

3. 林业

美国的森林资源面积为304万km^2。由于地理纬度、海拔高度、雨量、气候和土壤质地等的不同，森林资源的分布也有明显的不同。

历史上，美国的森林资源较为丰富，自1600年以来，已有1.24亿hm^2的森林转为农用。到1920年，大规模的弃林耕农活动才被终止。20世纪60年代以来，美国的森林资源状况才得以改善，从1963年起才扭转了森林面积的下降趋势。1987年以来，森林面积有所增长，林木质量也有明显的改善。1987—1992年，森林面积增长了0.1%。

(三) **农产品贸易**

美国是世界最大的粮食出口国之一。其小麦产量远高于其国内消费量，有近一半出口国外。美国是世界最大的玉米出口国，近十年出口量占世界出口总量的50%以上；2003年降至4100万t，占当年世界出口量的52%。美国不但是世界最大的大豆生产国，也是最大的大豆出口国。每年大豆产量的40%用于出口，年出口量在2400~2800万t。美国有相当数量的农场主专门为出口而种植大豆，国际市场的需求和行情变化直接影响美国大豆的生产。

（四）农业科学技术

美国农业科技资源的布局具有自身的特色。自由市场经济的美国分散式科技资源配置模式决定了美国农业科技发展模式具有市场导向下科技创新的竞争性、需求导向下科技创新的公益性和增长导向下科技创新的宏观战略性特点。

美国农业科技体制具有投入主体多元化、组织形式灵活性、成果转化快捷等特点。实力强大且组织完善的国家农业科研机构体系、政府对农业科技的高度重视、私人部门对农业科技的热情参与等因素，是美国农业科技投入资金充足、农业科技实力总体水平国际领先、农产品国际竞争力名列世界前茅的有力保障。

在美国，资本与生产的集中和垄断带来技术的垄断。因此许多经济部门的研究和技术改良工作，大部分在私人企业进行。只有农业行业中有一个由联邦一级的农业部和州一级的农业站组成的公共研究系统。农业科研、教育和技术推广构成了美国富有特色的"三位一体"合作机制，其是由联邦政府统一按照生态区域和作物产区进行布局，科研机构布局合理，科研体制比较健全。

美国农业研究系统由农业部、州农业实验站和私人企业三部分组成。农业部在全国设立有科研中心，科研中心在全国不同生态区域分别设有地区研究站。在州一级，州立大学（含赠地大学）内设有农业实验站，州立大学农业实验站的经费来自州政府和农业部的农业研究局，主要为本州的农业发展提供研究和实验，也与联邦研究中心合作。研究人员既从事研究，也从事教学和推广工作。农业公司和非营利机构也扮演重要角色，美国的私人企业对农业科研的投入积极性高，力度也大。一些大型种子公司、农业机械公司、农业化学公司等大多都设有研究中心、实验站或试验站，从事技术研发、新产品试制等方面的研究。

多层次的研究工作之间相互补充并不断完善，使得农业科研成果丰硕。美国的农业科技投入力度大。美国农业科技投入的力度不仅远远高于发达国家的平均水平，而且也高于国内非农业部门科技投入的平均水平，这主要得益于美国政府对农业科技的高度重视、完善的农业科技体制以及对私人农业科技投资的有效诱导。

美国联邦政府对农业研究、教育和推广的投入比例一直比较稳定,研究投入占农业部总预算的2%~4%,这一投入高于世界平均水平。同时,美国对农业科技成果转化与产品开发的投入也相当重视。[①]

(五) 农业政策

美国的农业政策主要从三个方面来促进农业的稳定持续发展:对农业生产要素市场的培育和促进;注重引进、发明先进良种和生产技术,极力推广农业教育与科研;对水土、生态环境的保养与保护。

(六) 发展借鉴

美国的产业带、集聚区及整个农业的发展过程,实行的是"以工补农"政策,发达的工业和高科技产业、农业产业体系不断延伸、完善、升级的过程综合扶持起了一个发达的农业。其农业生产资料的生产、供应体系,农产品加工、销售体系,农业科研、教学、技术推广体系,农作物种子、家禽畜种的培育、繁殖、加工、销售体系,农产品质量检测、监督体系,农业信息服务体系都很健全。这些体系与农业生产体系密切相联,共同作用,形成了一个庞大的农业产业体系。这一体系的形成和完善,有力地支撑着农业生产,促进了农业的发展。

科技在美国农业生产中之所以贡献率高,除了政府对农业科研、教育的重视,农民自身文化素质高外,还有一个很重要的原因是美国农业技术推广的体系比较健全,作用发挥得好。

我国的农业产业体系正在形成,而且农业科技及推广体系的逐步健全也必将有力推进我国的现代农业发展。对于县域行政层面的现代农业而言,可以明确的是,通过局部的体系完善和实用适用的农业科技推广,有利于促进区域现代农业的发展。

二、荷兰农业概况

(一) 自然资源

荷兰国土总面积为4.15万km^2,位于欧洲西北部,东面与德国为邻,南接比利时。西、北濒临北海,地处莱茵河、马斯河和斯凯尔特河三角洲,海岸线长1075km。全境为低地,1/4的土地海拔不到1m,1/4的土地低于海面,沿海有1800km长的海坝和岸堤。13世纪以来共围垦约7100km^2多的土地,相当于荷兰全国陆地面积的1/5。

荷兰的气候属温带海洋性气候,冬温夏凉,月平均气温:1月2~3℃;7月

[①] 杨传喜,杨俊飚. 美国、日本农业科技资源配置的经验分析及借鉴[J]. 农业经济与管理,2012 (4): 24~28.

18～19℃。由于地低土潮，荷兰人接受了法国高卢人发明的木鞋，并在几百年的历史中赋予其典型的荷兰特色。年降水量650～700mm。有天然气、石油和煤等蕴藏。

（二）农业生产

1. 园艺

荷兰园艺种植业以科技为先导，以花卉园艺为龙头，产品绝大部分供出口。荷兰高度重视花卉园艺新品种、新产品的培育，平均每年推出1000多个新品种。

荷兰花卉园艺产业以鲜花拍卖市场为中心，以一流的海、陆、空物流体系为纽带，把种植企业和消费市场紧密联系在一起，创造了世界鲜花交易的奇迹。2007年，花卉出口额达65亿欧元，占欧盟花卉出口总额的70%，球茎出口占比更高达93%。在世界最大的鲜花拍卖市场Flora Holland，鲜切花年销量达50.73亿支，盆栽植物年销量达1.91亿株。2006年，该市场营业额达21.36亿欧元。

2. 蔬果

荷兰蔬菜种植品种多、产量高，其中，番茄、黄瓜、胡萝卜、甜椒、蘑菇、白菜等除满足国内市场需求外，还能大量出口，仅番茄、黄瓜、蘑菇出口就占据了欧盟同类产品出口总额的25%。2007年，荷兰马铃薯、甜菜、玉米、洋葱、小麦产量分别达687万t、551万t、331万t、105万t和102万t。荷兰自产水果以苹果和梨为主，也生产草莓、葡萄、樱桃、李子等。

3. 畜牧业

荷兰的畜牧业以专业化和规模化为特点。2007年，养殖场生猪平均存栏2150头、牛平均存栏150头。截至2007年4月，全国生猪存栏1166.3万头，羊存栏169.3万只，牛存栏376.3万头（其中乳牛259.8万头），鸡存栏9276.3万只。2007年，全国肉产量236.3万t，产乳1073.7万t，产蛋57.8万t。

（三）农产品贸易

农业产值占荷兰国内生产总值的2.6%，占就业人数的3%。农业高度集约化，以畜牧业、园艺业为主，其中花卉植物主要供出口，约占世界市场的43%。

2006年荷兰农产品和食品出口额超过540亿欧元，仅次于美国，为出口导向型。重要的出口农产品有花卉、肉类、乳制品、蔬菜、马铃薯等。其中，鲜花、干酪和马铃薯种子的出口量居世界第一，蘑菇出口量居世界第三。

（四）农业科学技术推广

1. 农业推广内容广泛，政府、农协和私人机构共同参与

荷兰的农业推广具有综合性、多层次等特点，内容包括农业技术推广、农

场经营管理、农村社会经济生活等。其农业推广体系实行政府与地方或农民合办，由国家推广机构、农协组织及私人咨询服务组织组成。在这个推广体系中，国家起主导作用，统一协调其他方面的力量。

2. 农业推广管理规范化，为农技推广工作奠定了基础

荷兰对农业推广的管理主要包括经费管理、体系建设、推广项目管理等。经过长期的实践，总结出了一些规范的管理措施和经验。由于推广体系构成的复杂性，决定了其经费来源渠道的多元性。推广体系的经费由国家和农协各付50%，主要用于支付推广人员的工资、组织各种推广活动、试验示范等。

3. 实行项目管理，提高推广效率

地区推广站根据本地需要，拟定和实施地方推广计划。科技成果由科研部门、大学和联络办传到推广部门，再推广到农民中去。农民创造的经验和成果也由推广部门进行推广。鼓励农民参与合作推广管理，农民一方面资助农业推广，另一方面也参与农业推广的管理。

4. 农业科研、教育和推广密切结合，解决相互脱节问题

荷兰农业部领导的科研、教育和推广部门，由部长进行协调工作，并且三部门的领导互相兼职，理顺了关系。在研究机构内设有联络办公室，组织专家经常共同商讨科研，推广教育计划。科研内容来自于农民，研究的成果解决生产实际问题，符合农户的需要，解决了科研和生产的脱节问题。[①]

（五）农业政策

（1）以市场为导向，注重提高应变能力。

（2）以家庭为基础，组建农民合作社 荷兰农业合作社遍及生产环节的各个领域，主要的合作社大致分为：信贷合作社、采购合作社、销售加工合作社、拍卖合作社等。

（3）以教育为先导，重视提高农民素质 在荷兰，全国各类农业院校和培训中心多达342所，这些高等农业学府或是农业专科学校一个始终不变的宗旨就是为农民服务、为生产服务。[②]

（六）发展借鉴

荷兰农业的发展也主要得益于其生产管理标准化、科技创新体系和推广的网络化。尤其是科技创新体系和推广体系，面向实际、面向农民，分布在全国各地，可以连通每个农户；知识和信息的开放交流；组织结构层次分明、职责明确，适合农业生产需要等；这些特点有效地促进了荷兰农业的发展。

对于我国不同气候、地形的区域，发展现代农业可以借鉴荷兰发展的经验，

---

① 钟俊. 荷兰农业科技推广概况及对我国的启示［J］. 边疆经济与文化，2005（8）：30~32.
② 张竹. 荷兰农业的成功秘诀［J］. 新农村，2006（5）：5.

根据地域的特色，找出利于当地发展的思路和具体措施，包括品种设施引进、技术设备创新、科技推广教育、特色品牌建设、市场营销推广等。

三、日本农业概况

(一) 自然条件和农业资源

日本国总面积37.793万km^2，陆地面积36.45万km^2。日本的耕地资源比较贫乏，山地和丘陵约占总面积的80%，多火山、地震。沿海平原狭小分散，以关东平原为最大。日本的林地面积有2486.5万hm^2，占国土面积的2/3以上，森林覆盖率达到70%，是世界上森林覆盖率最高的国家之一。

日本分布较多的山地和河流，有600多个大小湖泊，但是水资源仍较紧缺，可更新的水资源总量4300亿m^3。随着人口的不断增加，人均水资源占有量在不断下降。

日本属温带海洋性季风气候，终年温和湿润，冬无严寒、夏无酷暑。6月多梅雨，夏秋季多台风。1月平均气温北部-6℃，南部16℃；7月北部17℃，南部28℃。大部分地区年降水量为1000～2000mm。

(二) 人口及农业生产

1. 农业人口现状

2006年之后，日本人口增长速率在减慢，基本稳定在1.275亿的人口线上，同期，日本的农业劳动力数量也在不断变化。1980年以来，日本劳动力总量在不断增加，但是农业及工业就业人口比例均呈下降趋势；服务业就业人口比例不断增长（图2-8）。

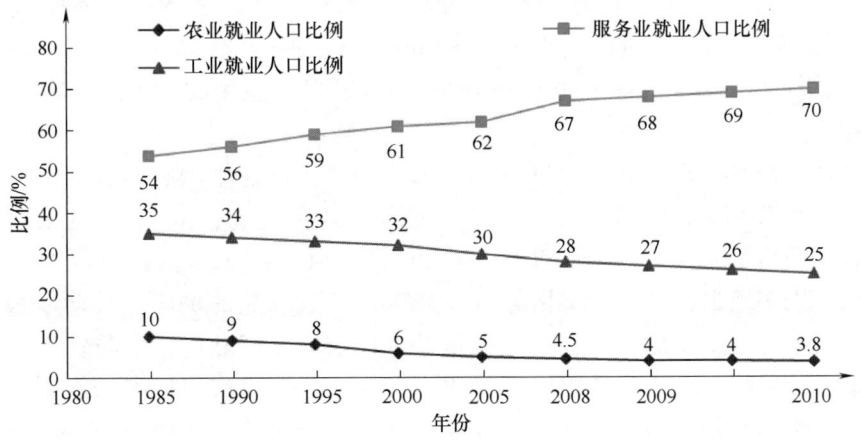

图2-8 日本三大产业劳动力就业趋势

2. 农业生产现状

日本农业年用水量552亿m^3，占总用水量的62%；2011年，农业生产用水量为900.4亿 m^3，占总用水量的63.1%；日本农业生产中单位面积的施肥量不断减少，体现了现代农业发展的理念（表2-5和表2-6）。

表2-5　　　　　　　　　　　　农机使用情况

指标	1990年	1995年	2000年	2005年	2008年	2010年
农机使用量（每100平方公里）/台	2142210	2123000	2027674	2027674	2032439	2037316
拖拉机使用量（每100平方公里）/台	4492.89	4394.05	4532.12	4382.39	4392.68	4403.23

表2-6　　　　　　　　　　　单位面积农地施肥量情况

指标	2005年	2008年	2009年	2010年	2011年
单位面积施肥量 kg/hm^2	347.97	278.23	239.59	261.44	—

（1）农作物生产从总体来看，1990—2012年以来，日本的作物生产指数和农业增加值都呈下降的趋势，反映出日本农业总产量及农业产值逐年下降的现状。

（2）畜牧业方面，日本主要畜禽品种有猪、牛、羊、鸡等。从1990—2007年，除马之外，日本所有畜禽品种的存栏量均有所下降。同期，蛋类产量有所增长，肉类和乳类总产量均有所下降。2005年以后，畜牧产量以较小的变化率上升并保持在325万t左右的水平。

（3）渔业发展情况日本海岸线曲折，多优良港湾，渔业资源十分丰富。

（三）农产品贸易

日本绝大多部分农产品都不能自给，需要依靠进口满足国内需求。日本的农业贸易额不断上升，贸易逆差不断扩大，但占总贸易额的比重不断下降。日本主要进口农产品为玉米、猪肉、去骨牛肉等。玉米是日本饲料生产的主要原料，占国内饲料消费总量的80%（其中包括大麦、玉米、燕麦、黑麦、高粱和小麦）。日本也有少量农产品出口，主要是预制食品、香烟、糕点等。

分地区来看，日本玉米的进口来源国主要是美国、中国、南非等国。畜产品中，2005年猪肉的进口来源国主要为美国、墨西哥与加拿大；而罐装鸡肉来源于智利和西班牙；去骨牛肉和小牛肉进口来源国为阿根廷、荷兰与意大利。

由于人多地少，日本主要依靠进口来保证其农产品的供应，长期以来，日本农业政策的最主要的目标：一是维持基本的农业生产基地，以防发生农产品难以进口的风险；二是支持国内农民收入和农村经济发展。日本的农业发展中制定了一系列的农业政策，主要包括以农林中央金库为典型的农业金融政策、农业出口补贴政策、农产品价格政策、以及关于食品安全方面的政策，并且以法律的形式加以规范，使政策的执行更加有力。

（四）农业科技推广及信息服务

日本是把科技创新作为国家发展战略的创新型国家。日本对科技的投入及其将科研运用于农业生产的思想非常成熟。日本的农业科研体系主要由三大系统组成，包括国立和公立科研机构、大学、民间（企业）等。但政府的科研投入是最大的，农林水产省的 29 所国立研究机构是研究开发工作的骨干力量，并与地方和民间机构紧密结合进行。

近些年来，大学、民间机构的研究人员与科研经费增长迅速。农业技术的推广服务主要通过政府的农业改良普及事业和农协进行，从中央到地方形成了一套完整的体系。政府对技术推广和科研不断加大拨款支持力度，还通过各种传播媒介开展推广工作。

日本农业信息化程度较高，具有完善的农业统计和产量预测系统。主要农作物的生产状况及产量预报由不同农业部门独立进行操作，主要包括日本农产品产量的预测体系、运作程序、结果发布程序，以便中央政府依托这些信息发布农产品生产状况和产量。

日本也十分重视环保，制定许多法律政策及通过宣传生态农业，开发新的环保种植技术，改良新品种并加以宣传与运用，从而减少农业生产中的污染及其对生态环境的破坏，坚持农业的可持续发展。

（五）发展借鉴

日本的农业发展与其经济的快速发展密不可分，而且是相辅相成的过程。在农业发展过程中，农业为日本国民提供了优质安全的农副产品，同时也为久居城市的人员提供了一种休闲体验和放松的优美环境。这是农业从生产功能向休闲服务、观光体验等三产服务功能拓展的有效模式。这也为我国部分发达县市的发展提供了方向和方式的借鉴。

四、以色列农业概况

以色列是世界上唯一建在沙漠上的发达国家。农业生产的自然条件恶劣，通过优先发展高效节水农业，用几十年时间，发展大棚温室、滴灌系统和国家输水工程，在大部分是荒漠、水资源极度匮乏的条件下创造了高效农业。

（一）自然条件与农业资源

以色列位于亚洲西部，地处地中海东南角，西临地中海，北连黎巴嫩，东与约旦河西岸接壤，东北与叙利亚为邻，东南和南面以亚喀巴湾与埃及西奈半岛为界，是亚、非、欧三大洲结合处。沿海为狭长平原，东部有山地和高原，属地中海型气候。年日照数达 3200~3300h，可终年进行农业生产活动。降水主要集中在冬季的 12 月至来年 3 月，6、7、8 三个月基本无雨。降水量由东北往西南递减，年均降水量仅约为 435mm。①

以色列国土面积 2.207 万 km^2，其中，土地面积 2.164 万 km^2，内陆水域面

---

① 李波. 简述以色列的农业现状 [J]. 河南畜牧兽医，2013，34（2）：32~33.

积 4.3 万 hm²。2011 年农业用地面积 52.1 万 hm²，可耕地面积为 30.2 万 hm²，林业用地面积为 15.4 万 hm²，灌溉土地面积为 31.7 万 hm²。

2012 年，以色列人口总数为 769.5 万人，其中城镇人口 707.5 万人，占人口总数的 92.0%。农业从业人员数 12.2 万人，占总人口数的 1.6%。

（二）农业生产

以色列的种植业主要由田间作物和园艺作物两大部门构成，其中田间作物又分为冬季田间作物（主要是粮食作物）和夏季田间作物（主要是经济作物），而园艺作物则主要是水果、蔬菜和花卉。其主要产品有小麦、玉米、棉花、水果、蔬菜、花卉等，其果蔬、花卉大量出口，占领了欧洲 40% 的市场份额，有"欧洲冬季厨房"之称。棉花单产世界第一，水果和蔬菜单产水平位居世界前列。

以色列蔬菜和水果的产量及品质都很高。2011 年的种植面积为 2.0 万 hm²，产量为 15.66 万 t，单产为 7830.4kg/hm²。水果收获面积 0.61 万 hm²，产量 8.22 万 t；单产 13475.4kg/hm²。

2011 年乳牛存栏量达到 43.2 万头；以色列是世界上人均家禽消费较高的国家之一，这种消费习惯同时带动了家禽业的发展，使其成为世界上家禽养殖技术最发达的国家之一，2011 年鸡存栏量达到 4071.7 万只。

（三）农产品贸易

1990 年进口额为 11.8 亿美元，之后一直保持增长，至 2002 年突破 20 亿美元，此后一直到 2011 年进口额始终保持在 20 亿～23 亿美元；2007—2011 年始终保持在 10 亿～12 亿美元。

进口以粮食为主，2000 年进口额突破 1 亿美元的有小麦、其他食品、牛肉、大豆和砂糖；2011 年进口额排名前十的几乎都过亿美元。小麦的进口量 2011 年与 2000 年相比基本持平，但进口额却增加了 1.6 倍（表 2-7）。

表 2-7　　　　2000 年和 2011 年以色列主要进口农产品

2000 年			2011 年		
项目	进口量/万 t	进口额/万美元	项目	进口量/万 t	进口额/万美元
小麦	150.2	19108.2	小麦	155	49770.1
其他食品	9.0	15819.6	牛肉	7.3	44460.2
牛肉	5.7	12955.5	玉米	112.2	34684.6
大豆	55.5	11961.3	其他食品	4.6	28792.1
砂糖	41.0	11138.4	大豆	42.3	22752.7
香烟	0.4	9411.3	香烟	0.7	19203.5
玉米	79.0	9091.2	离心糖原料	26.5	18232.7
大麦	33.3	4000.1	砂糖	19.5	14691.8
巧克力制品	0.9	3705.2	巧克力制品	1.8	10963
咖啡豆	1.8	2954.8	大麦	32	9534.8

资料来源：FAO。

主要出口产品为蔬菜、水果。2000年出口额过亿美元的产品是其他食品，其出口量和出口额分别是7.1万t和1.2亿美元；2011年出口额过亿美元的有其他食品、青辣椒、其他鲜蔬菜以及马铃薯（表2-8）。

表2-8　　　　　　2000年和2011年以色列主要出口农产品

2000年			2011年		
项目	出口量/万t	出口额/万美元	项目	出口量/万t	出口额/万美元
其他食品	7.1	12216.0	其他食品	5.9	21693.1
皮棉	3.8	5475.7	青辣椒	10.2	21266.5
葡萄柚（包括柚子）	11.0	4987.9	其他鲜蔬菜	5.7	10588.4
其他水果	3.6	4720.6	马铃薯	26	10570.6
鳄梨	4.5	4225.6	大枣	1.5	8586.9
青辣椒	2.1	4032.6	鳄梨	3.6	7148.7
其他鲜蔬菜	1.4	3352.3	胡萝卜、萝卜	15.8	6946.5
罐装肉、鸡	0.6	3005.1	面点	1.9	6606.5
橘子	6.3	2660.0	葡萄柚（包括柚子）	6	6067.7
番茄	1.3	2539.8	其他新鲜水果	2.4	6058

资料来源：FAO。

（四）农业政策

以色列建国后曾追求实现粮食等农副产品的自给，忽视了自身资源条件的恶劣现实，结果是农产品大量进口，财政负担沉重。20世纪70年代后，政府及时改变了战略，较大规模地缩减粮棉的种植面积，同时加大适宜本国气候条件、经济收入高的出口产品，如水果、蔬菜、花卉等。这种调整弥补了自然资源的先天不足，发展了优势产品，由出口带动了农业的发展。

以色列农业和自然条件很差，缺水、干旱、沙漠化。但通过采用先进的农业灌溉技术和建立发达的灌溉系统，使其耕地大部分实现了水利化。在农业技术体系中，灌溉技术始终居于核心地位。

高素质的农民是现代农业和现代社会的基本保证。以色列历来重视教育，认为教育投资是最根本的经济投资。各农业推广中心经常举办培训班，农民受教育的程度普遍达到大专水准，能较快掌握农业新技术。

（五）农业科技

1. 节水灌溉技术

针对自然条件恶劣，水资源严重匮乏的现状，以色列科研人员研制出了世界上最为先进的灌溉技术和装备，农业用地面积的72%实施了喷灌、滴灌。主要包括压力灌溉方法、滴灌技术、埋藏式灌溉技术、喷洒式灌溉技术和散布式灌溉技术等。

2. 育种技术

以色列集中了大批优秀的遗传学家、工程学家，他们利用生物遗传基因和其他手段，不断培育出品质优良，抗病抗虫、适宜当地自然条件的种子和种苗，还以先进的栽培技术指导农民种植。

3. 精准农业技术

计算机出现以后，以色列科研人员将其广泛用于滴灌、温室、种子、育苗、栽培、植保、收割、加工、贮藏、保鲜等环节，实行计算机精准控制，使农业成为一个具有高度社会化分工的知识密集型产业。

（六）发展借鉴

以色列农业的快速发展与其对农业政策、科技研发推广等各方面的重视密切相关。尤其在育种技术、节水灌溉技术、精准农业技术等方面，以色列有着非常领先的技术和先进的设施设备。对于我国县域现代农业的发展建设，可以根据各地县市的自然气候、地形土壤等条件，主动与国内外相关领域的农业科研院所及农业产业体系专家对接，引进适用的先进设施设备、优良的品种和种子资源。一方面弱化自然条件对发展的影响，另一方面，通过技术和设备的投入，强化自身的优势，做出特色、形成品牌。

五、法国农业概况

（一）农业历史

法兰西共和国位于欧洲西部，国土面积约 55 万 km^2，是欧洲国家中面积仅次于俄罗斯的第二大国，也是世界上农业最发达的国家之一。2012 年人口达 6346 万人，人口密度较高，115 人/km^2。

法国农业是战后才走在世界前列的，直到 20 世纪 50 年代以前一直是发达资本主义国家中农业落后的国家，从未摆脱农业净进口国的局面。第二次世界大战后法国政府开始注重土地规模效益，从 50 年代起实行土地集中政策，1960 年成立了"土地整治与农村安置公司"，专门负责收购小片农地，转卖给大农场主，以加速土地集中过程，使农场数目减少，平均规模扩大。到 2007 年，全国农场总数在 1988 年 101.7 万个原基础上减少为 50.7 万个。农业生产的集中，使大农场和大合作社逐步取代了小农经济，成为法国农村经济的支柱，大大加快了现代化步伐。

2000～2012 年，农业经济活动人口从 198 万降到 116 万。

（二）农业资源

2011 年，法国农业用地占 2909 万 hm^2，其中可耕地面积 1837 万 hm^2，占国土面积的 33%；林地 1600 万 hm^2，占农业用地的 55%。平均每个农业经济活动人口耕地 30.5hm^2。

法国地形东南高、西北低，海拔 250m 以下的平原占国土总面积的 60%，500m 以下的丘陵占 20%；境内最大的平原是中北部的巴黎盆地，面积约 1400 万 hm^2，地势低平，平均海拔 178m，四周有海拔约 300m 的丘陵、高原。巴黎盆地号称法国面积最广阔、土壤最肥沃的平原，是法国最先进的农业生产地区之一。境内河流纵横交错，水资源丰富。

法国处于中纬度地带，全境基本平坦，不受大山阻隔，大西洋海风可顺掠全国，使纬度位置适中、临海区域辽阔、地形条件良好的这三个因素和谐地结合在一起，温度与降雨量珠联璧合。全年平均降雨量 700~800mm，蒸腾量不超过 800mm，温度与湿度都正好适宜作物生长。

法国西部和北部的土壤为棕色的灰壤土，面积广，属于潮湿地区；地中海沿岸的土壤为红色。适中的纬度、辽阔的临海区域、适宜作物生长的温度与湿度环境，充足的水源，这一切为法国农业的稳定发展提供了得天独厚的重要条件。

农业机械化的重要标志是拖拉机应用程度。目前，法国机械化已超出种植业，在水利灌溉、水果植收、畜牧养殖及加工运销等大农业范畴全部实现了现代化。作业难度程度很大的如玉米、甜菜、菠菜、苹果、葡萄、马铃薯等收获都由机械代替了手工。并且，与农业机械化相适应地，在若干农场之间建立了农业机械合作社。它是一种灵活而有效的组织形式，向农场提供一切农业机械服务。

法国加速实现农业机械化的主要措施是：

（1）政府通过制定法令、扶植大农户（或大农场）、增加投资、提供贷款等一系列经济措施，推动农业机械化迅速发展 法国政府利用工业发展的有利条件，以工业化和科学研究带动了农业现代化。政府还对购买农业机器的农场实行价格优待和补贴政策。在税收方面，实行农用燃油免税 15% 的政策，以促进农机销路的增加。所有这些，都推动了农业机械化的发展。

（2）及时把战时工业转向生产农业机械，发展本国农机工业 法国农机工业主要是第二次世界大战以后发展起来的。主要农机产品由麦赛—福格、雷诺、索米卡和万国四大公司垄断，它们的总产量约占全国总产量的 95%。这些大农机公司之间的竞争很剧烈，都很重视新产品的设计与推销，一般都设有配套齐全的设计研究中心。

（3）抓农机具的配套生产，搞好备件供应和服务工作 从耕地、播种到收获进仓，各种作业都有适当的农机具可以应用。近年来新发展的农机具有加速整地用的旋转耙、往复耙、自动调节喷雾器、厩肥撒播机、适应坡地使用的能调整水平的联合收割机，以及大型高效的甜菜联合收获机和蔬菜移栽机等。

在使农艺适应农机要求方面，也有不少成就。如采用篱笆型栽培葡萄，用矮株主干结果法生产苹果等。做到既有较好的光照和通风，又便于拖拉机进入行间松土、施肥、喷药和收摘。还设计制造了一种高架式葡萄联合收割机，成功地解决了酿酒用葡萄的收获问题。法国农机具的备件供应和服务工作做得十分周到。备件的供应和农机维修的商业网点遍布各地，且不断改进服务质量。

（4）严格实行农机产品标准化、系列化、通用化　法国农机企业的专业化程度很高，外协件一般都在60%以上，这就大大有助于提高生产效率并保证产品的高质量。不少工厂的工人不多，面积不大，厂龄较老，厂房和设备都已比较陈旧，但产品却很先进，行销国内外。

随着专业化和协作水平的不断提高，法国很重视农业机械的标准化、系列化、通用化的工作，制定了国家标准。国家标准的制定，一般由政府主管部门主持，或委托民间团体制定方案，经过政府审批后公布施行。

（5）重视引进先进技术和农机科研工作　法国政府非常重视引进先进技术，广泛进口先进农机具，并由"国立农机试验研究中心"进行试验比较，择优进口。这样就有助于农机的革新和质量的迅速提高。

（6）全面实现农业电气化　农业电气化是实现农业现代化的一个重要内容，是发展农业、提高农业劳动生产率和减轻劳动强度的重要手段。实现农业电气化主要有两个方面：一方面是向农村供电，另一方面是推广农业用电。

（三）农业生产

以畜牧业为主，农林牧并举，三者紧密结合，是现代法国农业生产结构的基本特征。在历史上，法国的传统农业也是以种植业，尤其是以谷物生产为主。近年来，由于世界粮食的短缺，价格上升，畜牧业比重才略有下降。1978年仍占53.9%。

法国农业生产结构的特点，不仅表现在农牧业都很发达，而且在畜牧业和种植业内部都得到较全面地发展。

（四）农业政策

在西欧各国中，法国是历来比较重视农业发展的国家。第二次世界大战后，由于法国丧失了原有殖民地，同时因加入了欧洲共同体，在共同体内法国农产品居于优势，因此法国对农业的发展越来越重视。所采取的主要政策和措施包括：

1. 土地集中政策

第二次世界大战后，法国政府制定了土地改组政策，通过建立"土地整治和乡村企业公司"等手段，加速了土地的集中，促进了资本主义大农场的发展。全国农户平均拥有的耕地面积由1955年的14km^2增至1975年的21.3km^2。同时，垄断资本通过农工商综合体和农业合作社，把几乎所有的农场控制在自己的手中。这样，法国农村经济的主体，已改由大农场、大企业和合作社所组成。所以法国农业现代化政策，实质上是扶植大农、排挤和消灭小农的政策。广大中小农户纷纷破产。

在这种情况下，为了防止阶级矛盾的尖锐化，为了避免社会动荡，第二次世界大战后，通过一系列政策，使农村社会福利事业得到较快发展。例如，对被排挤的农民给予一定的赔偿和补助；对离开农业的青壮年农民给予从事新职业的培养费；对老年农民实行退休金制度；对医疗实行大部分免费等。这对农业生产的发展起了一定作用。

2. 农业信贷政策

法国政府采取了一系列的农业信贷政策，为农业现代化提供必要的资金。

在第二次世界大战以前，法国农业资金的来源几乎全是私人企业。第二次世界大战后，政府才把农业投资正式纳入国家预算，每年国家农业事业费的支出约占国家预算的13％。法国政府对农业的投资以贷款为主。贷款期限分短期、中期和长期三种。

法国政府为了贯彻土地改组政策，扩大农场经营规模，鼓励机械化生产，促进农业专业化和农工商一体化，对上述农业资金实行低利贷款政策。为了使这种贷款有利于实现农业现代化，从1960年开始，法国政府规定对所谓"不生利的农户"（主要是指中小农户）停止发放这类贷款，而仅发放给有许可证的合作社和大户。1970年起对享受畜舍现代化贷款的农户，规定了牲畜饲养最低头数。

法国在实现农业现代化的过程中，农场自筹资金所占比例很小，而借入资金的比例则不断扩大，国家贷款已成为法国农业现代化所需资金的主要来源。一些生产规模较大的农具合作社，国家贷款竟占其投资总额的80％左右。

3. 价格干预政策

为了防止农产品价格暴跌，以及利用价格来调节农业结构的改革，法国政府对农产品价格实行干预政策。其基本办法是事先规定农产品的目标价格和干预价格，当市场价格下跌时，采取一定的政策。其一，当市场价格下跌时，国家予以价格补贴。其二，当市场价格下跌至干预价格时，国家或有关机构按干预价格大量购进；当市场价格上涨至目标价格时，按目标价格抛售，其亏损由国家补贴。其三，鼓励农产品廉价出口，其与世界市场价格的差额，由国家予以津贴。至于价格水平和具体办法，根据共同体的共同农业政策的规定实施。

4. 加强农业科学研究和农业教育工作

培训具有现代化农业知识和技术的人才，是促进农业现代化的先决条件。法国政府十分重视农业教育工作。在法国除大量设立高等农业院校外，还在乡村普遍设立农业中学，为有继承权的农场主的子女进行免费教育。

法国政府对农业经营者规定了应具备的资格和条件，凡是申请经营农场的青年，都必须受过九年制的中等学校义务教育，然后进农业基础学校学习3个月，再到农场当3年学徒（其中必须有一年到别人的农场劳动，有半年到一年从事畜牧业劳动）。学徒费用由国家开支，期满经考试合格才算毕业。毕业后有的还要到省或市（县）办的农业学校学习半年农场管理知识，才算取得从事农业经营的资格，领到毕业证书，凭这张证书才有资格向政府申请低息或无息贷款，经营农场。为了避免由于多子女引起的土地、农机具等分散，国家还规定农场主的继承人只许选择一个，一般都是根据掌握农业科学知识的水平进行择优选定的。农场主普遍具备经营农业的科学技术知识和组织管理才能，是发展农业最基本的一个条件。

（五）农业科技

在农业科学研究方面，法国建立了完整的科研体系，法国国家农业研究院（INRA）是法国本土也是欧洲最大的从事农业、食品以及环境科学的综合性农业科研机构，隶属于法国高等教育研究部和农业部。该院成立于1046年，经过多次调整和改组，从1984年起正式成为法国农业领域最具权威性和影响力的公里农业科研机构。其任务不仅包括农业、牧业和渔业，还包括林业和食品加工业，承担着法国85%的农业研发任务。

除INRA外，法国各大学农学院也是重要的农业科研力量，对法国农业的进步发挥着重要作用。法国其他从事于农业科研工作有关的公共机构还有国家农业机械、乡村土建、水利和林业研究中心（CEMAGREF），其主要任务是开展农业科技推广和技术培训方面的工作。

（六）发展借鉴

法国经过不到70年的时间，从农业纯进口国转变到农业产品出口大国，主要受益于农业生产的集中和农业机械化的发展。在土地资源逐步集中的过程中，农业科技、农业机械的不断发展，为广泛地推动法国农业现代化的发展提供了最好的资源。

我国县域现代农业发展，受地形地势的影响，尤其是西部丘陵山地地区，对农业机械化推进有较大的限制。但是在条件较好的地区，仍需要相关部门和组织进行机械化的示范推广。同时对于已发展到一定规模的中小企业，提供资金、科技等方面的服务支持。

六、西班牙农业概况

（一）农业资源

西班牙位于欧洲西南部伊比利亚半岛，国土面积50.537万 km^2，占据整个半岛85%的面积。与周围许多国家濒临接壤，海岸线长约7800km。境内多山，且高原与山地相间，高原地形范围很广，约占全国领土面积的3/5。沿海平原多狭小，仅东北埃布罗河和南部瓜达尔基维尔河中下游有较大的平原。沿海的巴伦西亚平原、穆尔西亚平原和瓜达尔维基尔合股平原是西班牙富饶的农业区。

西班牙主要河流多向西、南、东三个方向流入大西洋和地中海。对流经地区的农业生产产生影响。这些河流对灌溉农业的发展起着重要的作用。地中海沿岸的河流也是沿海平原灌溉农业的水源之一。

西班牙由于地处西北风带南缘，并受西风和副热带高压交替控制的影响，雨热不同季，且自北向南域呈明显差异，北部和西北部沿海属海洋性气候，湿润多雨，年降水量可达 1000mm，季节分配均匀。月平均气温从北到南：1 月 9.4～10.3℃，7 月 19.1～28.1℃。从全国来看，约 70%的地区比较干旱，大部分地区的农业生产需要灌溉。

西班牙农业生产根据自然条件和农业发展状况，大体上可以分为西北部混作农业区、中部高原粗放耕作和牧羊区、地中海沿岸农业区和南部谷物、经济作物区等 4 个农业区。

(二) 人口与农业生产

根据 FAO 的统计数据，近十年来，西班牙农业人口在不断减少，且农业经济活动人口也呈下降趋势（表 2-9）。

表 2-9 农业人口指标 （单位：万人）

项目	2000 年	2005 年	2008 年	2009 年	2010 年	2011 年	2012 年
总人口	4026	4340	4591	4607	4617	4622	4026
农业人口	2930	2470	2210	2120	2040	1954	1870
农业经济活动人口	1339	1205	1093	1055	1015	975	934

农业生产的情况可以通过一些定量的总体发展指标及农业各产业发展关系反映出来。农业农业用地面积、可耕地面积、农业灌溉设备配置面积、优势农作物面积、永久性草场和牧场面积变化程度不大，较为稳定；经有机认证的农业用地面积及正在转换为有机农地面积等指标值呈增长趋势。西班牙生产各种谷物、豆类、油料、水果和蔬菜，种植业类型丰富。

农机的使用程度、农作物的单产等也是衡量作物生产状况的重要指标，农机覆盖率越高，表明农业的机械化程度越高，有利于提高农业生产效率；作物的单产越高，说明各种农业投入的收益比越高。化学肥料的使用量增减可以反映出本国生态农业理念及农业可持续发展的意识强弱。

西班牙畜牧业发展较快，猪、牛、禽饲养量不断增长，肉、蛋、乳产量增加，主要畜产品能够自给。西班牙的肉类总产量增加，2011 年达到 553.2 万 t。西班牙肉类构成中，猪肉占 64%；鸡肉次之，占 20%；牛羊肉占 15%。西班牙是南欧渔业发达的国家，近年来为保护日趋萎缩的渔业资源，欧盟国家执行共同渔业政策，西班牙也不断削减捕捞量与渔船数量。

西班牙的林业也较发达，林业面积 1851 万 hm^2，基本上是国家或地方政府所有。

(三) 农产品贸易

西班牙是欧洲的农业生产大国，粮食、肉、蛋等多数农产品基本自给，橄榄油、蔬菜、酸性水果以及葡萄酒等自给有余，为主要出口产品，玉米、大豆、干酪等自给率低，需大量进口。近几年，农业的进口量不断增加，出口也在增加，但是出口额仍不能抵偿进口所花费的资金总额（表 2-10）。

表 2-10　　　　　　　　　　农产品进出口情况　　　　　　（单位：美元）

项目	2007 年	2008 年	2009 年	2010 年	2011 年
农业出口总额	253389185	281493323	227338313	254417738	306550790
农业进口总额	389667469	420803234	293217785	327015583	376605981
农业逆差	-136278284	-139309911	-65879472	-72597845	-70055191

欧洲国家是西班牙农产品对外贸易的主要伙伴，2008 年西班牙 85% 农产品出口到欧洲，5% 出口到亚洲，非洲和北美洲各占 3.5% 左右。农产品进口有一半以上来自欧洲，2008 年占进口总值的 59.5%，21.3% 来自北美洲，亚洲和非洲各占近 7%。

(四) 农业政策

西班牙是世界农业和园艺业强国，但与以旅游和金融为主的服务业及工业相比，农业在国民经济中的份额很小，西班牙政府采取了很多措施强有力地推动农业发展。作为欧盟成员国之一，其农业政策和计划都与欧盟的功用农业政策紧密相连。主要有以下几个方面。

(1) 农业补贴政策　西班牙政府对于农民的补贴对农民的收入有着重要的影响。由于西班牙的农业补贴主要来自于欧盟的支持，其中 75% 的农业补贴是由欧盟提供的，西班牙政府和大区政府各提供 12.5% 的补贴。

(2) 农业税收政策　西班牙与其他发达国家一样，不单独设立农业税税种，农业税制享受优惠于其他行业的税收政策。

(3) 农业保险政策　西班牙的农业保险政策比较成熟，不仅险种齐全，而且管理机制完善，政府支持有力，保险公司发展健康，为农业创新体系发展起到重要的保障作用。

(4) 农业合作社发展政策　西班牙的农业合作社（包括农业协会）是由农户组织起来，为共同的社会目标聚集在一起，以更好地开发农业资源，推动农业发展。

(五) 农业科技推广与信息服务

西班牙农业技术的推广，主要是在社员的土地上进行试验，这样方便就近进行农技推广及农作物病虫害防治体系的培训指导。西班牙政府在农业部门设有专门的农作物病虫害防治机构，但具体到市镇基层，农作物病虫害防治则是由农业作社来负责，要求农业合作社设专人负责病虫害防治，资金由政府提供，发现疫情及时向政府下属办事机构或农业部门进行报告。

(六) 发展借鉴

西班牙的农业经济产值在其国民经济总收入中的比例很小，但是其作用非常重要，并对旅游业、服务业具有很强的辅助支撑作用。同时，西班牙农业的保险政策、农业合作社发展政策、农业技术推广应用等措施都为农业的综合可持续发展提供了必要条件。

在我国部分经济较发达的区县，也已经出现农业产值在国民经济总收入中的比例减小的发达县市，但是小比例却关系着大民生，而且维系着很大比例的劳动人口的工作生活。这也是为什么北京、上海、广州、深圳等经济发达的地区仍然发展现代农业的原因之一，而且我们可以从西班牙的发展路径中找出一定的发展经验供我们借鉴。

七、丹麦农业概况

（一）自然条件与农业资源

丹麦王国位于欧洲北部波罗的海至北海的出口处，南同德国接壤，西濒北海，北与挪威、瑞典隔海相望，是西欧、北欧陆上交通的枢纽，被人们称为"西北欧桥梁"。丹麦是欧洲的低地国家之一，全境是一个波浪起伏的冰迹平原，平均海拔约30m，全国最低点海拔-4m，最高点海拔173m。

丹麦纬度较高，大体上在北纬54.5°～57.5°，由于大西洋、北冰洋和东欧来的气团在此相遇，致使冬暖夏凉，降水丰富，属于温带海洋性气候。1月平均气温-2.4℃，最热7月平均温度17℃，无霜期仅有160多天，年平均降水量450～750mm，大致由西向东递减。但是气候多变，春夏两季降水偏少，经常发生干旱；雨水多集中在8月作物收获季节。全年日照数1700h。

丹麦国土面积4.3万km^2（不包括格陵兰和法罗群岛），其中2011年农业用地269.0万hm^2，耕地面积为249.9万hm^2，森林覆盖面积54.6万hm^2；总灌溉面积为43.5万hm^2，占农业用地面积的16.2%。

2012年，丹麦人口总数559.3万人，其中城市人口487.9万人，农村人口71.4万人，分别占总人口数的87.2%和12.8%。2012年丹麦农业从业人员数7万人，占总人口比例为1.25%。

丹麦不同区域土质相差很大，也种植了各种不同的农作物。全国最肥沃的黏壤土集中分布在西兰岛的东南部和南部，东部和中部为棕色森林土，西部为灰化土，除此之外还有滨海盐土和流沙。

（二）农业生产

丹麦的农业生产是农牧结合，以牧为主，畜牧业产值远高于种植业，农业人口比重小，农产品商品率高，在国际市场上有很强的竞争力。农田耕作全面实现了机械化，畜牧业实现了机械化和自动化。

丹麦的主要农作物是小麦、大麦、甜菜、马铃薯和牧草。2011年谷物种植面积占全国农用地的55.2%，人均谷物占有量为1565.54千克，因此丹麦人均谷物占有量居世界首位。

2011年畜牧业总产值54.88亿美元，种植业总产值21.56亿美元，分别占农牧业总产值的71.8%和28.2%。畜牧业在丹麦农业中占主导地位，产值约占农业总产值的3/4。发展谷物种植业的主要目的就是为畜牧业服务。

丹麦是欧盟主要渔业国之一，也是世界的渔业大国。20世纪八九十年代，丹麦年均捕鱼量都要超过170万t，约占欧盟的1/3。主要产品有鳕鱼、比目鱼、鲭鱼、鳗鱼和虾等，大部分用于生产鱼油和鱼肉。近十几年来，受欧盟及国际渔业政策的影响，尤其是2002年12月欧盟公布的大幅度削减商业配额政策，对丹麦渔业产生了很大影响，渔业产量和产值大幅下降。

（三）农产品贸易

丹麦是世界上重要的农产品出口国，农业的净出口额从2000年的55.83亿美元上升到2011年的69.01亿美元，名列世界前列。

丹麦的农产品约有2/3销往国外，其中最主要的是畜产品，有75%~80%用于出口。在丹麦出口的肉及肉制品中，以猪肉产品为主。丹麦的养猪及猪肉产业经过100多年的发展，已经成为丹麦国民经济的支柱产业之一。

（四）农业政策

1. 土地政策

以前，丹麦的土地占有极不平均，地块零碎，浪费严重，因而农地改革一直进行了90多年。1899年丹麦政府颁布了《小农户法》，规定凡少地且欲购买土地者，可向政府申请极为优惠的贷款。为防止小农户将农地分割得过于零碎，立法规定土地所有者有权要求与他人交换地块，化零为整，交换后受损的一方由获益者给予补偿。

丹麦保护耕地、限制占用农田的措施十分严格。政府制定了将全国土地划分为城市和农村两大地区的《区划法》，规定农村地区的土地只能用于农业生产和造林，禁止在农村地区开发修建住宅区。如果城市的发展确需利用农村地区的土地，经过法定的审批手续和缴纳高额特别税，才能将农村地区的土地转为城市用地。

2. 财政金融支持政策

丹麦农业的高度发达得益于发达的农业合作组织，农业合作组织的巨大成就来自许多方面，其中一个很重要的因素是先进的农业科技。丹麦是个出口导向型国家，2/3的农产品用于出口，具有很强的国际市场依赖性，因此政府巨额投资于农业科研来增强其农产品的核心竞争力。在农业教育方面，政府也是大力投入资金支持农民的继续教育。除此以外，政府还巨额投资于农业生产环节，包括为保持农业可持续发展的多项补贴，对粮食种植实行专项补贴等。

丹麦农业合作社的最大特点是拥有庞大的咨询和培训体系，它们构成农业合作社充满活力的"两翼"。丹麦的农业咨询服务驰名于世，被称为"丹麦模式"。政府也对这些咨询机构投入资金补贴。[①]

[①] 于细婷，谢元态，易欢. 丹麦农业合作社的财政金融支持政策及启示[J]. 海南金融，2011 (2): 61~65.

（五）农业科技

丹麦在国家和地方设有农业科学院，且有万人以上的专业技术人员从事农产品的生产、加工、销售和农业新技术的推广研究，从品种到生产到加工，处处显示出其高科技含量，先进的农业科技是丹麦农业发展的后天优势。政府非常重视农业科技的研究和推广，投入大量的资金于农业科技及农业新产品的开发当中，其中90%以上的农业研究经费源于政府投入。

丹麦现在农田耕作全面实现了机械化，畜牧业实现了机械化和自动化，而这离不开大量科技研发的投入。

（六）发展借鉴

丹麦虽然面积很小，但是其农业发展程度很高，并且农田耕作、畜牧养殖都实现了机械化、自动化。这是规模化带来的效果。同时，丹麦庞大的咨询和培训体系，为生产一线的农业合作社充当了充满活力的"两翼"，坚实的农业科研系统为农业发展提供了创新后盾。

对于我国县域现代农业发展，虽然一时难以达到极其完善的社会化服务体系和很强的科研创新体制。但是，通过与科研机构形成密切紧密的合作关系，充分利用科研机构专业研究人员的研究成果和先进技术，发展决策前进行咨询、规划、研讨等必要环节是非常有效的手段。

八、新加坡农业概况

（一）自然条件及农业资源

1. 良好的地理及气候条件

新加坡位于马六甲海峡东口，由本岛和63个小岛组成，国土总面积682.7km^2（2003年），人口416万，是一个以华人社会为主的国家。其地形起伏不大，多数地方海拔不到15m。本岛中部有花岗岩和其他火成岩构成的圆形的山岳、平缓的山脊和山谷。新加坡有数条小河，最大的是实时达河，约15km长。如今，在房屋林立的河谷，河水已经不是在自然环境中流淌了。河堤用混凝土筑成，两岸树木成行。

新加坡属赤道气候，常年高温潮湿，全年气候湿热昼夜温差小，平均温度在23~34℃，年均降雨量在2400mm左右，湿度介于65%~90%。新加坡11月底至次年3月为雨季，受较潮湿的东北风影响，基本上每天都会有部分降雨。通常是下午的雷阵雨，平均低温徘徊在24~25℃。6~9月则吹西南风，最为干燥。

印度尼西亚每到干旱季节会有火耕活动，当地林火造成的跨境烟雾，会影响新加坡的空气质量，通常烟雾情况会持续几天才会好转。在这两个季风期，间隔着季候风交替月，那就是4~5月，以及10~11月。在这几个季候风交替月里，地面风弱多变，阳光酷热，岛内最高温度可以达到35℃。

2. 耕地资源

拥有可耕地面积 5900hm^2，占国土面积的 9.5%，且土地又是土质贫瘠的红土和黏土，生产能力很差。

3. 水资源

新加坡建有 17 个蓄水池储存淡水。其中，中央集水区自然保护区占地将近 3000hm^2，该区包括了四个主要的水库。其土地除了用来收集雨水，并发挥着重要的城市"绿肺"功能。新加坡正透过大型蓄水计划，以及海水淡化和循环再利用等技术，使得水源供应更加多元化，逐步迈向水供自给自足的目标。该计划当前可提供 60% 的用水，预计第二座海水淡化厂完工后，将提升至 70%。

(二) 人口及经济发展

1. 人口概况

据统计，2011 年新加坡国内目前有 518 万人，截至 2013 年 6 月，新加坡常住总人口临时数字为 540 万。

2. 经济发展概况

由于外需疲软，2012 年新加坡经济仅增长 1.3%，低于 2011 年的增长 5.2%；对外贸易增长 1.1%，远低于前一年的增长 8%。2012 年 GDP（国际汇率）预计将达到 2700 亿美元，人均 GDP 为 50323 美元。

新加坡农业在国民经济中所占的比例不到 1%。农业园区位于林厝港，拥有可耕地面积约 2000hm^2，农业中保存高产值出口性农产品的生产，如种植兰花、热带观赏鱼批发养殖、鸡蛋牛乳生产、蔬菜种植等。

新加坡现有 130 家沿海和陆地渔场，专门饲养虱目鱼、金目鲈、石斑鱼等鱼类供应给本地消费市场。新加坡农粮局也定下自供量目标，希望在不久的将来本地蛋类能占总市场需求的 30%，鱼类为 15%，蔬菜为 10%。

服务业在新加坡经济扮演更重要的角色，占 GDP 约 3/4，主要产业包括批发零售业（含贸易服务业）、商务服务业、交通与通信、金融服务业、膳宿业（酒店与宾馆）、其他共六大门类。

3. 农业生产概况

种植业、饲养业、渔业是新加坡大农业的主要组成部分。新加坡的气适宜多种植物生长，现有植物 200 多种。新加坡根据可耕地少的特点，在种植业结构上，大力发展果树、蔬菜、花卉等经济作物。以花卉业为例，著名的热带花卉——胡姬花（兰花）在新加坡到处都有种植；新加坡的国花——卓锦万代兰，花朵芬芳艳丽，每年大量销售到西欧、日本、澳大利亚等国，为新加坡创造了大量外汇。

种植业也和渔业一样起了重要的变化，即观赏用的花卉生产迅速增长，而食用蔬菜在种植业中的地位则在逐步下降。值得注意的是，新加坡主要是通过建立农业科技园的形式，进行生产观赏花、观赏鱼、家禽、蔬菜和水果。农业科技园中的高科技引进农业生产后，使农业生产效益提高十分明显，并已形成了一些有特色的专业生产基地。新加坡的自给率也因此不断提高。

（三）农产品贸易

新加坡的粮食全部依靠进口，80%的蔬菜从马来西亚、中国、印度尼西亚和澳大利亚进口。新加坡农业中仅保存了具有高产值、出口性强等性质的农产品生产经营，如种植热带兰花、饲养观赏用的热带鱼，种植一些传统的热带经济作物等。

（四）农业发展方式

由于新加坡农业土地与水资源非常有限，几乎没有农村，农业在三大产业中所占比重极低（不到1%），所需食品的90%均需从国外进口。新加坡主要是通过发展都市农业来提高农业的自给率。

目前，新加坡的农业型态一方面是大城市的郊区农业，主要为本城市的消费服务，另一方面又尽量利用港口、国家航运贸易的优势地位，发展出口。这种独特的农业类型可以称之为港口城市国家的郊区农业。

新加坡主要是在城内小区和郊区建立小型的农、林、牧生产基地。新加坡都市农业主要是现代集约的农业科技园，其发展以追求高科技和高产值为目标，并吸引着大量的来自世界各地的游客。科技园既为城市提供了部分时鲜农产品，又取得了非常可观的观光收入。

目前，新加坡建有6个农业科技园。不但可观赏到一些农作物种植场景，而且还可观赏到一些观赏鱼、珍稀动物、名优花卉和果树。科技园应用最新、最适用的技术，以取得比常规农业系统更高的产量。新技术包括自动化、工厂化，通过集约选育达到遗传性状改良以及饲料的基本分析及选择和水处理再循环系统等。

在现代化集约的农业科技园的基础上，新加坡大力兴建科学技术公园。目前，国内设立许多农业技术学校和农业研究所，进行大量的人才投资。新加坡科学技术公园兴办十几年，已成为工业研究和开发活动及推广普及的中心，是世界十大科技公园之一。公园内兴建大型集约农场，采用最新的适用技术，已取得比常规农业更高的产量和收益，动物学家、微生物专家遗传专家、昆虫专家、农业专家和蚕桑学家在内的科技专业人员都参与了公园的组建和管理。

（五）发展借鉴

新加坡的农业发展有其独特性，这也让我们从另外一个角度认识了发展现代农业的可能性。尤其是对于经济特别发达，并追求品质生活的城市、地区更加注重生活体验和休闲观光活动，这也为城郊县市发展具有特色的都市农业提供了成功的宝贵经验。

新加坡发展农业科技园为主的都市农业，为市民和来旅游的外国游客提供了旅游观光的场所，同时通过适用实用的高新技术生产高附加值和出口性为主的农产品，增加了科技园区的运营盈利能力。

九、巴西农业概况

（一）自然条件与农业资源

巴西，全称为巴西联邦共和国，为南美洲面积第一大的国家。巴西国土面积约851km^2，国土面积约占南美洲总面积的46%，仅次于俄罗斯、加拿大、中国和美国，为世界第五大国。

巴西地形主要分为两大部分，一部分是海拔500m以上的巴西高原，分布在巴西的南部，另一部分是海拔200m以下的平原，主要分布在北部的亚马逊河流域和西部。全境地形分为亚马逊平原、巴拉圭盆地、巴西高原和圭亚那高原，其中亚马逊平原约占全国面积的1/3。

巴西水资源丰富，有亚马逊、巴拉那和圣弗朗西斯科三大河系，为巴西农业生产提供了天然灌溉水源。巴西大部分地区属热带气候，南部部分地区为亚热带气候。亚马逊平原年平均气温25~28℃，南部地区年平均气温16~19℃。巴西日照充足，降水量充沛，全国大部分地区年降水量为1500~2000mm。

巴西的耕地多为肥沃的红土，可以种植多种多样的经济作物。森林资源丰富，森林覆盖率为52.2%，居世界第四。亚马逊地区拥有世界最大的原始热带雨林，总面积达330万km^2，是世界上最大的动植物基因宝库。

（二）农业生产

1. 种植业

巴西农业生产是以经济作物为主，粮食作物为辅的生产结构。东南部和南部经济发达的农业区以生产大豆、甘蔗、咖啡、可可等重要的出口农产品为主，赚取了大量的外汇。中部较发达的稀树草原地区多种植瓜果、蔬菜、花卉、棉花以及发展畜牧业。东北部干旱、半干旱地区以杧果、甜瓜、菠萝、棉花等热带经济作物为主（表2-11）。

在巴西主要农作物中，甘蔗产量最高，2011年达到73400万t；谷物、大豆、水果、可可的产量有上升的趋势。

表2-11　　　　　巴西主要农作物产量　　　　（单位：万t）

年份	谷物	大豆	甘蔗	水果	可可	咖啡	木薯
2000	4589.3	3273.5	32770.5	3698.7	19.7	190.4	2333.6
2001	5712.5	3905.8	34594.2	3405.5	18.6	182.0	2257.7
2002	5087.9	4276.9	36439.1	3653.1	17.5	265.0	2306.6
2003	6746.8	5191.9	39601.2	3545.1	17.0	198.7	2196.1
2004	6396.4	4955.0	41520.6	3688.4	19.6	246.6	2392.7
2005	5566.9	5118.2	42295.7	3658.6	20.9	214.0	2587.2
2006	5914.9	5246.5	47741.1	3801.2	21.2	257.3	2663.9
2007	6944.2	5785.7	54970.7	3924.9	20.2	224.9	2654.1

续表

年份	谷物	大豆	甘蔗	水果	可可	咖啡	木薯
2008	7975.2	5983.3	64530.0	3879.0	20.2	279.7	2670.3
2009	7091.4	5734.5	69160.6	3715.5	21.8	244.0	2440.4
2010	7516.1	6875.6	71746.4	3879.3	23.5	290.7	2496.7
2011	7758.6	7481.5	73400.6	4099.7	24.9	270.0	2534.9

资料来源：FAO。

2. 畜牧业

近十几年来，巴西的畜牧业得到了长足发展。2004年牛的存栏量突破2亿头，此后保持平稳增长；羊和鸭的存栏量也保持了平稳增长；猪的存栏量近年来保持了较高的增长速率；而鸡的存栏量在2006年突破10亿只后保持了平稳增长（表2-12）。

表2-12 巴西畜牧业结构变化情况

年份	牛/万头	羊/万只	猪/万头	鸡/万只	鸭/万只
2000	17097.8	2413.2	3156.2	84274.1	340.0
2001	17750.8	2417.6	3260.5	88288.8	340.0
2002	18646.2	2371.6	3201.3	90802.2	350.0
2003	19670.0	2413.8	3230.5	92132.3	355.0
2004	20564.6	2510.5	3308.5	94429.8	355.0
2005	20833.0	2589.5	3406.4	99904.1	355.0
2006	20704.3	2642.1	3517.4	101151.6	360.0
2007	20088.4	2569.0	3594.5	112765.8	360.0
2008	20345.3	2598.5	3681.9	120201.7	360.0
2009	20644.3	2597.5	3804.5	123386.4	370.0
2010	21072.6	2669.3	3895.7	123891.2	370.0
2011	21409.3	2705.4	3930.7	126820.9	375.0

资料来源：FAO。

3. 林业

巴西是世界上森林资源最为丰富的国家之一，森林面积居世界第二位，其天然林面积约为4亿 hm^2，占全国森林面积的80%，主要分布在亚马逊森林、大西洋森林、热带高原森林、沼泽林、海岸红树林等。

（三）农产品贸易

巴西的基本国策是"以农立国""以农富国"，农业是巴西国民经济三大支柱产业之一。近十年来，巴西谷物的出口额一路飙升，从2000年的0.2亿美元到2011年的40.3亿美元，增长约200倍；巴西是世界最大的烟叶出口国，2000年烟叶出口额为8.4亿美元，而2011年为29.4亿美元，增长了2.5倍；巴西的牛肉出口额近年也是猛增，从2000年的5.0亿美元，增加到2011年的41.6亿美元，增长了7倍多，已跃居世界第一位；巴西也是咖啡净出口国，2011年出口额相比2000年增长了4倍多（表2-13）。

表 2-13　　　　　　　　巴西主要农产品出口额变化情况　　　（单位：亿美元）

年份	谷物	烟叶	牛肉	咖啡
2000	0.2	8.4	5.0	15.6
2001	5.1	9.4	7.4	12.1
2002	2.8	10.1	7.8	12.0
2003	4.2	10.9	11.5	13.2
2004	8.3	14.3	19.6	17.6
2005	2.0	17.1	24.2	25.3
2006	6.1	17.5	31.3	29.5
2007	20.4	22.6	34.8	34.1
2008	19.3	27.5	39.9	41.7
2009	16.4	30.5	30.2	37.9
2010	26.0	27.6	38.5	52.0
2011	40.3	29.4	41.6	80.3

资料来源：FAO。

（四）农业政策

为了支持农业的发展，巴西政府制定了一系列行之有效的法律、政策和相关措施。就国内来说，主要包括信贷政策、农业保险政策、价格政策和投入政策；就农产品出口来说，主要包括出口补贴政策和关税以及进口管理政策。

巴西农业信贷的发放依据是土地占有面积、农业产值、农业生产率和农业现代化水平；巴西的农业保险计划由巴西政府农业部、财政部、巴西银行等组成管理委员会，政府每年从财政预算中投入一笔资金作为该计划的基金。同时参加该计划的农民向该基金交纳保险费，但费率较低。价格政策是指巴西政府制定农产品最低保护价格，以保护农民的积极性。投入政策是指巴西政府设立地方开发银行和特别基金，以增加开发区的资金供应。

（五）农业科技

巴西政府非常重视依靠科学技术来促进农业发展，对动植物品质改良、农业生物技术研究、精细农业和农业机械化等的投入不断增加，努力推广先进实用技术。为了得到适应国际需求的新型、质优、价廉的农产品，巴西致力于对农业科学技术的研发与利用，并逐步建立了以生物技术为基础的农业科技研究体系。

目前取得的重大科技成果包括基因技术、胚胎移植技术、燃料乙醇和生物柴油技术、大豆生物固氮技术以及甘蔗综合利用技术。

（六）发展借鉴

巴西农业发展迅速，并且农业产值在国民经济产值中占据重要位置。这与巴西的土地所有制及国际跨国集团对巴西农业的投资是有密切关系的。丰富的水土资源和气候条件为作物耕种、动物生长提供了不可多得的自然条件；同时，由规模化生产配套的机械化和智能化设施设备的使用，为低成本、高效的生产提供了极具竞争力的低成本生产模式。对于我国的县域现代农业发展，需要利用区域的特色资源，结合先进的设施设备和技术手段，提供优质农副产品，并形成规模和品牌优势。

十、印度农业概况

（一）自然条件和农业资源

1. 雨热同期

印度属于典型的热带季风气候，热量资源相当充足，几乎没有霜期，全年均可生长农作物。印度的降水很丰沛，且集中在夏季。全国平均年降水量高达1170mm，其中多雨区和湿润区各占总面积1/3，半湿润半干燥区占1/4，干燥区仅占8%。在这种雨热的良好搭配下，使得印度绝大部分土地具有较高的生产潜力。

2. 土地资源优厚

印度总面积为295万km^2，不到中国的1/3，而耕地面积却比中国大，为114亿hm^2，人均占有耕地0.116hm^2，约为中国的2倍（表2-14）。全国大致可分为四大地形区即北部高山区、南部高原区、中部平原区和海岸岛屿区。印度国土的43%为平原，其他为山地和高原，且大部分海拔也均不超过1000m。由此，印度绝大部分土地均可供农业利用，印度的土壤条件较好。在丘陵和平原地带，可生长各种类型的农作物。中部平原区是印度主要农作物的集中产区；水稻、小麦、大豆等都生产在这一地区。

表2-14　　　　　　　印度农业用地部分指标

年份	2005	2006	2007	2008	2009	2010	2011
可耕地面积/万 hm^2	436.0	—	—	—	429.4	428.2	425.4
人均可耕地面积/km^2	0.141	—	—	—	0.132	0.130	0.1288
农业灌溉面积/百万 hm^2	36.3	—	—	35.1	35.2	35.4	34.5
装备灌溉设施的农地面积/hm^2	64646	65209	65771	66334	66700	66735.08	66750
有机农业面积	185.9	432.3	1030.3	1018	1180	—	1084.3

3. 水资源丰富，灌溉条件好

印度境内河流众多，主要河流有恒河，流域面积106万km^2。印度的湖泊和水库也比较多，池塘和其他蓄水池更是分布于全印各地，总面积达320多$hm^2$①。丰富的水资源为农业生产和农业灌溉提供了有利条件。

（二）人口及经济概况

1. 劳动力资源丰富

---

① 樊红平，冯忠泽，杨玲等. 可追溯体系在食品供应链中的应用与探讨 [J]. 生态经济，2007（4）：63~65.

印度总人口居世界第二位。印度庞大的人口规模且又以农村人口占绝大部分，这为农业的发展提供了众多劳动力，特别是需要精耕的水稻种植业。同时，印度政府十分重视教育事业的发展，印度人口受教育者的比重和水平在上升。近些年来，国家人口及农村人口不断增长，而从事农业生产的劳动力在不断减少，农业就业比例在降低（表2-15）。

表2-15　　　　　　　　　　印度农业发展人口指标

年份	2005	2006	2007	2008	2009	2010	2011
人口/亿	11.40	11.57	11.74	11.91	12.08	12.10	12.50
农村人口/亿	8.13	8.31	8.40	8.49	8.57	—	8.65
农业劳动力/亿	5.78	5.82	5.84	5.87	5.90	5.92	5.94
农业就业比例/%	55.8	—	—	—	—	51.1	—

2. 经济发展概况

近些年来，印度经济发展速度非常快，年增速仅次于中国，经济发展引起世界关注。同时，印度的三产结构也在不断地变化。印度是一个农村人口众多的国家，农业在经济总量中的比例较高。

由于受气候的影响较大，农业增长波动很大，农业增长的波动直接导致了宏观经济的波动。与农业形成鲜明对比的是服务业，服务业在经济总量中的比重不断上升。目前，印度服务业处于加速发展阶段。与大部分国家不同，印度的工业在三产中占的比重较低。2005—2006年，工业比重进展26.1%。印度三产的比重如表2-16所示，农业比重最大，服务业比重其次，工业比重最低，但是从2005年到2010年，农业就业率在不断下降，服务业比重在不断增长，工业比重有所增长，但仍是比重较低的产业，农业依然是印度经济发展中占比最高的产业。

表2-16　　　　　　　　　　印度三产结构变化

年份	人口数/亿	农业就业比例/%	工业就业比例/%	服务业就业比例/%
2005年	11.4	55.8	19.0	25.2
2010年	12.1	51.1	22.4	26.6

3. 农业生产概况

印度农业生产结构以种植业为主，种植业又以粮食作物为主。种植业内部结构是：粮食产值占种植业总产值的48.3%，油料占12.7%，蔬菜和水果占10.4%，棉花占3.8%，烟草占0.5%。主要农作物有大米、小麦、玉米、高粱、小米、大麦、油籽等。从1970年到现在，谷物、粗粮、纤维食物及蔬菜等农作物的单产呈现增长趋势（表2-17）。

表 2-17　　　　　　　　印度主要粮食类作物单产　　　　　单位：Hg/Ha

年份	2005	2008	2009	2010	2011	2012
谷物单产	24115.7	26378.72	25808.3	26763.54	28638.31	29536.08
粗粮单产	11422.83	14586.6	12519.95	14978.33	15680.69	15861.79
纤维作物单产	5321.33	5516.81	5547.88	6323.94	6059.89	—
蔬菜单产	122328.14	134883.55	134251.12	138370.16	139745.44	—

注：谷物等的单产单位为 Hg/Ha（百克/公吨）。

（三）农产品对外贸易

印度对主要农产品实施的进出口政策有两种形式：一类是一般准许贸易（open general license, OGL），所涉及的产品可以不受任何贸易、价格和数量等形式的限制，自由进出口；另一类是贸易限制，包括禁止贸易、限制贸易（进出口受到许可证、价格和配额的限制）和专营贸易（即由政府指定的机构进行贸易）。

就农业贸易政策而言，印度的农产品进口政策经历了专营贸易、自由贸易、限制贸易再到自由贸易的转变过程。印度的贸易自由化改革，尤其是进口贸易自由化并不意味着允许所有农产品自由进口。表面上看印度农产品进口的保护程度在不断下降，但是为了保证粮食安全和维持农产品价格的稳定，政府采取了相应的进口贸易政策工具。这些政策工具主要有进口关税、关税配额和进口垄断。

对配额内的进口产品征收较低的关税，对超出配额部分的进口产品征收很高的关税，国内同类产品市场受到冲击。以避免印度的贸易自由化改革，进口贸易自由化并不意味着允许所有农产品自由进口；同样的，农产品出口贸易也不意味着无限制的出口以获取外汇，保障粮食安全具有非常重要的战略意义。实践证明，印度对于主要农产品的进出口政策在不同阶段的搭配使用，很好地起到了确保粮食安全的作用。

（四）农业政策

1. 农业科技及教育

近几十年来，印度政府十分重视农业生产，在农业发展上实行了农业新战略，即绿色革命、白色革命、蓝色革命和金色革命。印度农业取得了令人瞩目的成就主要原因在于印度农业科技的进步。20世纪60年代以后，印度大力实施"农业新战略"，积极发展高等农业教育，重点开发智力资源，使之成为农业科技进步的重要推动力。经过几十年的探索与发展，印度逐步建立了一个比较完善而庞大的集教学、科研与推广为一体的高等农业教育体系。

目前，印度有35所国立农科大学（含林业、渔业、兽医、园艺及乳业技术专业等），有农科类院、校、所205个，其中农学院60个、农业工程学院18个、动物科技学院35个、园艺学院13个、林学院18个、家政学院19个、乳业技术学院10个、渔业学院16个、食品技术及农业经营类学院16个。目前，农业院校已成为各邦科学种田的中心，不仅培养高等农业人才，研发农业新品种、新技术、新设备，还积极向农民推广农业科学技术，提供农业培训、咨询和交流服务，对印度农业科技进步和农业发展有着至关重要的作用。

印度逐步建立起了研究系统、推广系统、应用系统和支持系统一体化农业发展系统。印度农业科研系统由中央、地方和高等院校组成，比较完整。支持系统包括农业信贷系统，价格支持系统和农业产前、产中和产后服务的合作社系统。

印度政府对高等农业教育在农业科技进步中的作用非常重视，不仅在财政上大幅度增加了对农业科技与农业基础设施建设方面的投入，给予高等农业教育强力的支持，同时还制定了一系列有效的高等教育政策、法规来支持农业高等院校的教学、科研和推广3项职能，保障并提升了高等农业教育对农业科技的推动力。

2. 农业保险政策

印度农业保险自1947年首次提出，到今天的国家农业保险计划的顺利实施，其经历了60多年的发展历程；分为早期的农业保险、过渡时期的农业保险及新时期的农业保。新时期国家农业保险计划（National Agricultural Insurance Scheme，NAIS）是印度在1999年开始实施并持续至今的一项综合性、国家层面上的农业保险计划，旨在为农民的农业生产提供保险保障和资金支持，同时帮助农民稳定收入。

NAIS是由印度政府牵头组建的农业保险公司——印度农业保险有限公司负责运营的。NAIS允许任何农民参保。在保险标的上，NAIS明确将保险标的划分为粮食作物、油料作物、园艺作物和经济作物等四大类，规定所有的粮食作物和油料作物、13类园艺作物和经济作物为保险标的，并且严格按照上述标的划分标准来确定保费。

对于保费补贴，NAIS实施动态调整政策，规定一个5年的淘汰期，即根据NAIS的运行情况每5年调整一次保费补贴，目前参保农民可以获得高达90%的保费补贴。NAIS是印度有史以来规模最大、保险金额最高、参保人数最多的农业保险计划。

可以说，NAIS成为了印度农业和农村经济发展过程中不可或缺的重要一环。此外还有一些保险，如农业收入保险、牲畜保险和降雨指数保险也相继出现，对政府主导的政策性农业保险起着补充作用，丰富着印度的农险市场。目前，印度的农业保险已经发展得非常成熟，形成了一套以国家支持的国家农业保险计划为核心，多种商业农业保险为补充的多层次、全面化的农业保险体系。

3. 价格补贴政策

价格补贴是支撑印度农业生产的基点。通过规定农产品（主要是粮食）的购销价格、配售制度、缓冲库存等措施来实现稳定农业收入和保护消费者利益。粮食价格补贴主要是经营补贴和缓冲库存补贴。

价格补贴的对象主要是小麦、大米、玉米等粮食作物，在20世纪70年代中期实现粮食基本自给之后，价格补贴的对象逐渐扩大到黄麻、大豆、油料等20多种农产品。印度政府每年都按照最低支持价格向农民收购食用粮食，以补贴价格向最贫困人民分配粮食，并且还建立起最低程度的缓冲库存。

印度农业成本与价格委员会每年根据生产成本、市场价格趋势、各种作物价格平衡、供求关系、对生活费用和国际价格的影响、农民的交易条件等因素，确定最低支持价格。

4. 合作社发展政策

农业合作社是印度政府实现农业发展规划的重要手段。农民通过合作社，组织起来保护自己的利益。合作社的类型很多，主要的有农业信用、销售、耕种、乳业、渔业、农产品加工、消费以及住宅合作社等。例如，经营生产资料供应的合作社向社员提供信贷、种子、化肥、农药等，销售合作社的主要目标是保证合作社成员的农产品能在市场上以较高的价格售出。

印度的农业合作社有以下特点：①入社自愿，民主管理。理事会由社员大会选举产生，每届任期多为5年，大会通常每年召开一次，审议合作社的工作。②民办官助。政府对合作社十分重视，在组织上和经济上给予支持，包括培训、补贴和资金援助，帮助合作社发展生产、加工、销售等事业。③以加工企业为核心，发展农村工业，取得良好的效果。其原因主要是加工的利润丰厚，同时还得到政府的重点扶持。牛乳的收购、加工和分配系统也很有特色，在推进发展乳业的"白色革命"、提高人民营养水平中起到了积极作用。

（五）发展借鉴

印度的基本国情和农业发展情况与我国部分地区的情况有很多类似的地方，比如人多地少、农业经济产值占经济总产值比重大、经济水平总体偏低等。但是，印度的发展案例也为我们部分县域现代农业的发展提供了可供借鉴的经验，尤其是在农业政策中的农业保险政策和农业合作社发展政策等方面。

第四节　国际农业发展趋势

一、农业生产要素的发展趋势

（一）农民与农村

农民素质将会进一步提高，发达国家农民将普及高等教育；农民收入会保持逐步提高的趋势，农民收入的构成仍将是多元的。农业合作性质的经济组织成为农民走向市场、传统农业走向现代农业的桥梁。在过去，无论是美国的农产品销售合作社，还是日本的农协、法国的合作社均在各自实现现代农业过程中发挥不可替代的作用。

为农民的多样化需求，未来这种农业合作性质的经济组织的规模将进一步扩大，功能也趋于多元化发展，一体化程度不断提升，目前国外的一些农民合作组织也从政策、法律、信贷、技术等多方面提供服务。同时，农民合作组织将会更加受到国家政府的重视和依赖。

国家对于农民合作组织的专注和扶持可能会体现在税收的减免、信贷优惠政策、立法保护等方面。20世纪以来，各国农村农业人口比例下降的现象比较普遍，农村绝对贫困人口比例下降。21世纪，世界农村人口比例和农村农业人口比例会继续下降；农村基础设施会继续发展和完善（图2-9）。①

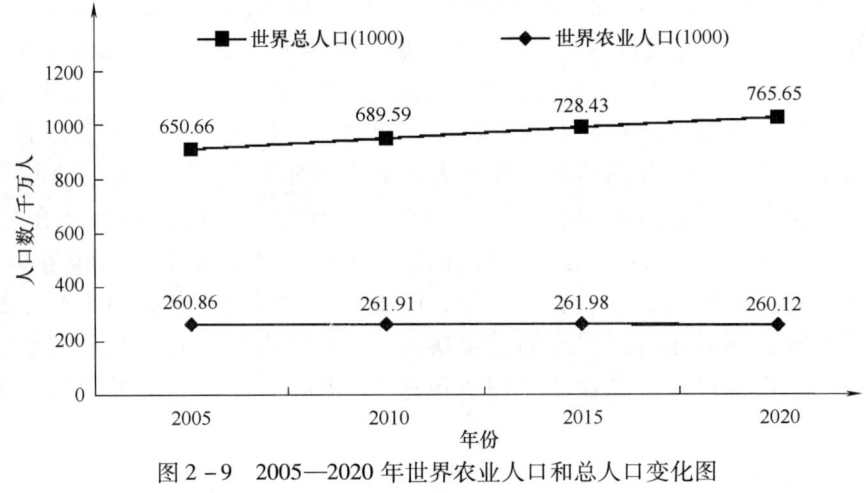

图2-9　2005—2020年世界农业人口和总人口变化图

资料来源：FAO。

（二）农业环境

气候变化是近十年人们讨论最多，也是世界面临的最紧要的问题之一。气候变暖对世界农业将带来正负两方面的影响。气候异常、极端事件的发生频率及强度将成为最主要的影响因素。

到2030年，气候变化预测将使全球平均温度升高1.5～4.5℃，降水及径流量增加1.5%～3%。气候的变化对于农业产品的生产有巨大的影响，特别是在一些地区和区域农作物生产对气候变化特别敏感，因为作物产量在很大程度上取决于温度和降雨等气候条件。气候变化所引发的气温升高、温度曲线变化频繁、干旱、极端降水、台风都将对农作物的生产造成巨大的直接的影响。海平

---

① 何传启. 世界农业现代化的发展趋势和基本经验［J］. 农业与现代化——第十期中国现代化研究论坛论文集，2013，5，29（5）：33～37.

面的升高将导致在沿海和低纬度地区的农田受到海水的侵蚀，灌溉用水被海水侵染。

同时，害虫和疾病、平均温度较高和更少的低温天数可能会引发病虫害在数量和种类双方面的增加，这种影响将可能导致作物产量的下降和种植成本的进一步上升。

（三）农业科技

农业科技的发展一直以来是制约和推进农业发展的最主要因素，未来农业科技关注的主要问题包括：农作物单产水平的提升对策，实现环境友好型可持续农业的途径，针对长期贫困的发展中国家的科技成果推进。农业的发展依赖于政府的干预，各国，尤其是发展中国家，需要加强农业教育、科研和推广的投入。

从技术层面，农业生物技术为满足农业买方市场需求而不断更新，以转基因技术为核心的一系列生物技术的研发和推广促进了现代农业的增产增效。正处于热点研究阶段的新一代转基因作物，如富含维生素的水稻和保健功能的蔬果都大大提高了农产品的附加值。国际上大批跨国集团对农业生物技术表现出惊人的热情，纷纷通过各种方式投资于农业，抢占知识产权和专利权，更快地促进了农业的产业化进程，但对发展中国家却形成了一定的技术壁垒。

农业信息技术包括以"3S"技术为核心的精准农业，数字农业和农业物联网。未来农业信息技术将集成应用多种数据库、技术和信息系统，实现多项技术和信息资源的综合开发利用。农业信息技术会使农业活动中对某一种具体对象的经营管理实现智能化，并为未来重大农业科技创新和基础工程技术提供支持。

未来农业机械化向自动化、大功率、大型化和复式作业方向发展。机电一体化技术和电子计算机技术逐步覆盖农业机械的各方面，改善了劳动条件和提升了生产效率。并且精准农业机械和环境保护性农业机械是未来发展的重点，包括田间自动导航、水循环与高效利用设施、节能环保型动力机械等。农业信息技术的渗透可以为农业机械的发展提供网络化、智能化的控制支持。

二、世界农业生产的发展趋势

（一）农业资源变化趋势

由于世界人口数量的上升趋势将在未来一段时间内延续，这就直接导致了人均耕地面积的减少，后备耕地资源不足。这种变化将呈现出总体缓慢下降，但人均保有量变化较快的趋势。又由于发达国家人口增长放缓或停滞，发展中国家人口的快速增长，世界人均农业资源，各个国家之间的人均资源保有量的差异将进一步扩大。这一变化可能导致各国农业大发展的道路由于人均土地面积的差异而持续分化。

水资源短缺和能源价格上涨是未来农业生产必须面临的两个问题。

每公斤小麦种植需要用水1000L，每公斤大米种植需要用水2000～5000L，1kg牛肉生产所需用水是16000L（MEA，2005）。农业用水占世界总用水量的70%，在一些发展中国家这一数字甚至达到了95%，绝大多数的份额都是用来灌溉农田的（FAO，2007）。

根据FAO预测，未来30年全球粮食产量需要增加60%，同期农业用水量将增加约14%，年增长率为0.6%。基于人口增长、城市扩张和产业化等影响，用水量总数预期还将不断攀升；在很多地方，可用水资源和水资源供应之间的缺口还将不断扩大。以现在的食品生产和环境情况来看，在未来，水资源的短缺有可能成为限制世界农业发展，特别是干旱地区农业发展的最重要的限制因素（MEA，2005）。使用抗旱作物，提高水资源管理水平和生产工艺将成为缓解水资源危机最受关注的途径。

在石油储量不断下降的今天，生物能源是未来唯一足以替代石油资源的可再生能源（MEA，2005）。近年，石油价格的不断走高为可再生的生物能源创造了新的市场。在巴西，50%左右的蔗糖都用来生产燃料乙醇，生产的乙醇不仅用于国内使用，同时也用于出口。未来十年，预计乙醇产量将增加67%，生物柴油产量增长更快，但基数较小。预计到2022年，生物燃料产量预计将分别消耗世界甘蔗、植物油和粗粮产量的28%、15%和12%（FAO，2012）[①]。越来越多的国家将目光投向生物能源的开发，而世界农业将会是生物燃料原料的主要提供者，生物能源原料需求量的持续增加将会成为引发粮食保障吃紧的又一诱因，由此引起森林砍伐和农业用地扩张等一系列问题。

（二）农业投入的变化趋势

18世纪以来，农业劳动力总量从上升到下降；农业劳动力比例不断下降，目前发达国家农业劳动力比例在1%左右，19世纪以来，农业土地集约化程度提高，但国别差异比较大；农业资本投入持续增加，包括机械化肥农药和能源等；农业科技投入在增加，农业良种应用扩大，作物单产持续提高等。20世纪，农业劳动力比例与农业劳动生产率负相关，土地集约程度与农业劳动生产率正相关，农业资本投入与农业劳动生产率、土地生产率和谷物单产正相关。21世纪，农业劳动力总量和比例会继续下降；农业土地的集约化程度可能继续提高；农业资本投入继续增加，但结构发生变化，农药和化肥使用密度可能下降。

未来几年，农业生产物资投入的增长将逐步放缓。

首先，从农药和化肥的投入方面来看，鉴于发达国家对于食品安全和环境

---

① 何传启. 世界农业现代化的发展趋势和基本经验 [J]. 农业与现代化——第十期中国现代化研究论坛论文集，2013，5，29（5）：33～37.

保护的高度关注,其农药和化肥使用量和密度将会在未来几年持续降低。就单位面积化肥施用量而言,不同国家和地区的消费量不同,2001—2002年世界平均消费量为99kg,其中发达国家为82kg,工业化国家仍维持较高的水平,而转型国家只有31kg。发展中国家的单位面积化肥施用量增长较快,已经超过了发达国家,且这种增长的趋势可能在未来几年内继续保持。

农业机械的增长速度将明显下降。20世纪60年代以来,世界农业机械化发展很快,发达国家1961年农用拖拉机的数量为1063万台,2002年增长到1941万台,占世界总量的73%。发展中国家虽然增长较快,从1961年到2002年期间农用拖拉机的数量增长了9.7倍,但是占世界总量的比例要小于发达国家,只有27%。发达国家和发展中国家仍存在较大的差距。由于发展中国家的一些地区,农业机械化的水平较低,基本上还是手工或依靠畜力来完成;使得这些区域成为未来农业机械投入的主要聚集地。而发达国家的农业机械则可能保持动态平衡或小幅波动,兼并和出口可能会成为其农业机械制造企业未来的生存和发展方向。[①]

(三) 农业生产效率与需求

未来农业生产的增速将放缓。FAO 2013—2020年农业展望报告显示:其统计涵盖的全部农作物和畜产品的产量增速都将放缓。2013—2020年全球农产品产量预期年均增长1.5%,而过去10年的增长速度为2.1%(图2-10、图2-11)。这些趋势反映预期成本上涨、资源约束加剧和环境压力加大等一系列的作用效果。但是,由于新兴经济体已经开始投资农业部门,发展中国家农业投入的持续增加和农业科技水平的提升,发展中国家农业产量将增加。未来十年,发展中国家生产量在世界产量中所占份额会持续提高,为其缩小与发达经济体的单产差距提供了良好机遇。

但另一方面,发展中国家对农业产品的需求增长却可能更加强劲。受人口增长、收入提高、城镇化和饮食习惯变化等因素影响,尽管增长放慢,但是,发展中国家对大部分农产品的消费都将增加。预计人均食物消费量在东欧和中亚增长最快,其次是拉丁美洲和亚洲其他地区。

世界人口的增长将会引起食品需求的增加。世界人口将会继续增长,专家预测,从长期来看人口的增长将会在2050年之后开始减缓,预计将2050年世界人口将从现在的67亿人口增加到92亿(联合国数据,2007)。从2050年世界人口的增速将维持在每年3000万人左右。

发展中国家,尤其是欠发达地区,无疑是未来人口增长的主力军。

农业生产的增长速度将减缓。过去40年间,世界农业生产的增长率为2.1%~2.3%,其中发展中国家的增速更高,达到3.4%~3.8%,其中尤以中

---

① 信乃诠. 走向2020年的世界农业和农业科技(上). 世界农业,2008(2):25~27.

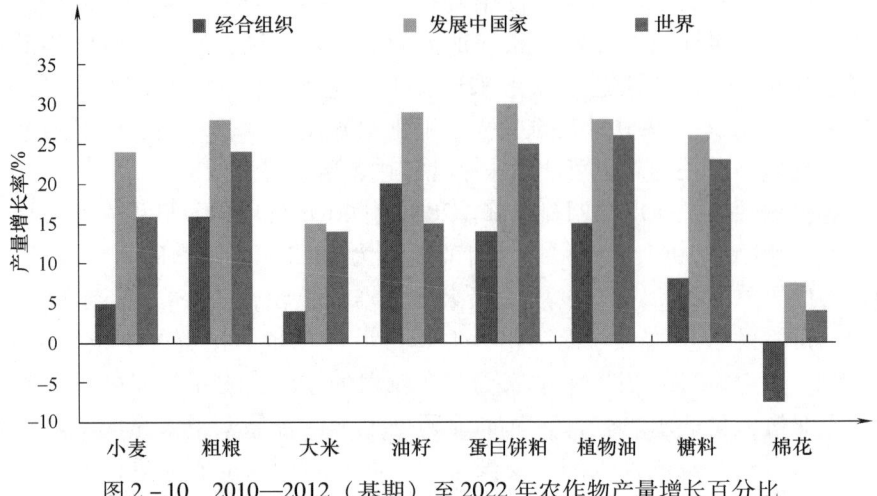

图 2-10　2010—2012（基期）至 2022 年农作物产量增长百分比

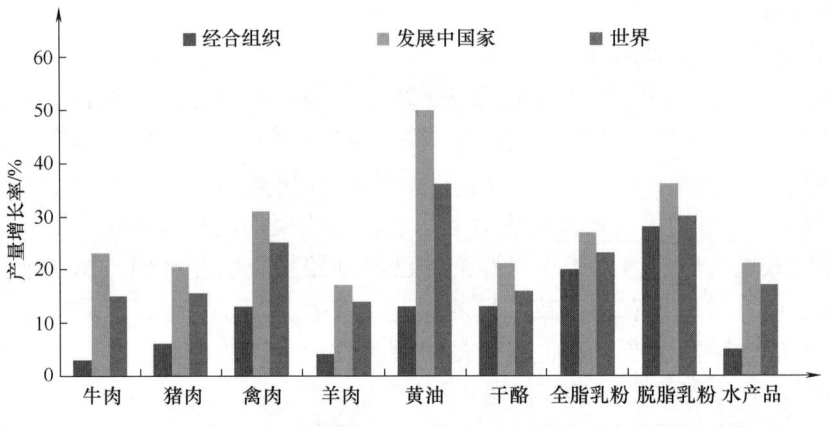

图 2-11　2010—2012（基期）至 2022 年动物性产品产量增长百分比

国这样的大国增速最快。如果不将中国计算进去，剩下的发展中国家的农业生产增速在 2.8%~3.0%。同时，随着发展中国家生活水平的提高，畜牧产品等高价商品的需求量在总需求中的份额将会扩大。在未来，世界农业生产总量增长率可能会有较大的波动（表 2-18）。

表 2-18　21 世纪世界主要农产品供求预测

项目		1960 年	2000 年	2050 年	2100 年	2000—2005 平均比重	2000—2100 平均比重
人口/亿	（预测一）	30.2	60.8	68.4	98.4	1.5	1.6
	（预测二）	30.2	60.8	95.6	119.6	1.6	2.0
谷物生产总量/亿 t	（预测一）	8.8	20.6	37.4	47.9	1.8	2.3
	（预测二）	8.8	20.6	40.5	58.2	2.0	2.8
肉食生产总量/亿 t	（预测一）	0.7	2.3	5.8	11.1	2.5	4.8
	（预测二）	0.7	2.3	6.3	13.5	2.7	5.8

续表

项目	1960 年	2000 年	2050 年	2100 年	2000—2005 平均比重	2000—2100 平均比重
人均谷物生产/kg*	285	339	423	486	1.3	1.4
人均肉食生产/kg*	23	38	66	113	1.7	2.9
人均农业用地面积/hm²*	1.45	0.81	0.42	0.22	0.5	0.3
人均可耕地面积/hm²*	0.37	0.23	0.14	0.09	0.6	0.4

注：1960 年和 2000 年的数据为实际值，其他为预测值。预测一，人口增长率按 1990—2008 年期间的年均增长率测算，人口数每 10 年滚动预测一次；预测二，人口增长率按 1980—2008 年期间的年增长率计算，人口数每 10 年滚动测算一次。*按 1980—2008 年期间的年均增长率计算，谷物生产总量＝人均谷物生产×人口；肉食生产总量＝人均肉食生产×人口。除人口指标外，其他指标 1960 年数据为 1961 年的值。

三、世界农业经济发展趋势

自 18 世纪以来，农民人均供应人口缓慢上升，2008 年发达国家农民人均供应 61 人，世界平均 5 人。进入 20 世纪以来，食物供应能力保持着提高的态势，但国家之间差别大。目前有 30 多个国家粮食完全自给，粮食自给率与人均可耕地面积和人均作物面积呈正比。未来，农民人均供应人口会继续上升，食物供应能力会继续提高，粮食自给率的国别差异仍将保持较大差异，依然只有部分国家能够完全自给。

另外，在农业的流通方面。19 世纪以来，国际农业贸易不断增长，国际农业贸易存在很大国别差异和品种差异，农产品净出口国家都比较少；农产品关税普遍下降，目前世界平均低于 10%；农产品国际贸易摩擦和冲突时有发生；国际农业贸易摩擦与农业补贴紧密相关，不同国家农业补贴差别很大。21 世纪，国际农业贸易会继续增长，国别差异会扩大；农产品关税可能会继续下降；国际农业贸易摩擦会继续存在（表 2-19）。

表 2-19　　　2015—2020 年世界种植业产品贸易额预测　　（单位：亿美元）

产品名称	2007 年	增长速度/%	2015 年	2020 年
种植业产品	6355.63	5.99	10124.42	13544.15
谷物	790.88	4.66	1138.60	1427.83
蔬菜水果	1508.91	6.62	2519.71	3471.60
油料	338.82	7.19	590.68	836.01
食糖	185.79	2.10	219.40	243.42
植物纤维	130.47	1.93	152.08	167.36

资料来源：2007 年数据 FAO，增长速度为 1990—1997 年各主要种植业产品的年均出口增长速度，2015 年、2020 年数据为预测值。

农产品价格方面，短期内，世界农作物和畜牧业两个部门是存在差别的。近年来，由于价格高涨导致的预期农作物供给剧增以及库存增加，预计未来价格将从高点回落。相反，受高昂的饲料成本以及全球畜牧库存和产量下降的影响，未来几年，畜产品价格将处于高位并持续增长。长远来看，大多数大宗商品的实际价格相对平稳，预期总体上市场将会收紧，农产品价格将保持坚挺。然而，展望期内预计市场需求强劲，投入成本上升和生产增长率下降，因而大宗农产品的名义价格和实际价格将维持在2007年之前的水平之上。

世界上购买力最强的市场已基本饱和，目前发达国家农产品生产策略逐渐通过市场分割和产品细分，满足各种市场和不同地区的多样化需求，增加产品的品种和附加值的方向发展。国际农业特别是各大贸易集团之间的竞争日趋激烈，农业部门逐渐国际化，通过对外直接投资的比例不断增大。连锁经营和网络结构在国际市场上的地位日益突出。

第三章
县域现代农业发展现状与趋势

我国现阶段主要矛盾依然是人民日益增长的物质文化需要同落后的社会生产之间的矛盾,并且社会矛盾也日渐突出,比如农民养老、粮食安全、农村空心化、农民老龄化、农田水利建设、食品安全、食品价格等问题。这些突出的问题大都与农业发展息息相关,并且属于县域行政层面密切相关的。

到 2011 年年底,我国全国城镇人口已经达到 6.91 亿人,城镇化率首次突破 50%关口,达到了 51.27%。这表明我国已经告别了以乡村型社会为主体的时代,进入到以城市型社会为主体的新时代。城镇化是中国农村发展的大趋势,然而在城镇化的道路上,如果缺少农业现代化,城镇化就会成为无源之水、无本之木。

县域农业是构成国民经济发展的基础单元和细胞,现代农业健康发展促进着区域经济协调发展。农业发展可以为区域经济协调发展构建生态基底,在为居民提供鲜活农产品的同时,还能提高生态休闲场所,改善居民生活品质;现代农业的发展要求土地集约化经营,能够改善人地矛盾,提高生产效率;现代农业在推进集约化、规模化经营的过程中,能够解放劳动力,提高经营者收入水平,缓解收入分配不均等问题。

在现行的农村土地制度下,家庭经营仍然是农业发展的主流方式;但是对于区域现代农业的发展需要从全局的角度进行统筹规划。同时,要在县域经济发展中实现农业现代化,首先要提高劳动者素质,逐步实现农业机械化、生产技术科学化、农业经营产业化、农业管理信息化、农业发展持续化。

第一节　我国县域现代农业发展现状

党的"十八大"报告中明确提出要坚持走中国特色新型工业化、信息化、城镇化和农业现代化道路,但目前我国农业现代化仍然滞后于工业化、城镇化,具体表现为农业基础依然薄弱、城乡居民收入差距仍然较大等方面,这也是"三农"核心问题中的农产品供应和务农收益问题。

未来我国城镇化进程将使得农业现代化建设成为必然,农村富余劳动力的转移与土地流转速度加快将为我国农业规模经营、推动农业专业化、标准化、规模化和集约化生产创造出有利条件；现代农业园区及多种形式的新型经营主体同时也将通过技术聚集、资本聚集，拉动农产品需求带动资金、技术、人才等现代生产要素向农业领域延伸。

一、县域现代农业发展阶段

合理划分现代农业的阶段，不仅有利于明确农业不同阶段的发展目标和主要任务，而且能更清楚地认识到农业在整个国民经济中的地位。准确定位不同区域农业所处的阶段，可以更准确地理解其农业的发展现状，从而为农业经济和农村社会的发展选取适合的战略。因此，对农业发展进行科学的阶段划分，尤其是县域现代农业的进程进行评价及定位，具有重要的理论意义和实践价值。

从一般意义上可以把农业发展划分为原始农业阶段、传统农业阶段和现代农业阶段；从经营方式上，也可把农业发展划分为粗放经营和集约经营两个阶段，集约经营又具体分为劳动集约、资本集约和技术集约三种类型。此外，还可以从许多角度对农业阶段进行划分，如从经济运行方式角度划分，有计划经济、市场经济等；从生产关系角度划分，有人民公社、家庭承包等；从农民收入和生活角度划分，有温饱、小康、富裕等。但是，简单地从上述角度来划分农业阶段，还是难以归纳"三农"中的各种经济现象，把握农业发展的关键。

20世纪60年代，社会经济发展阶段理论日趋成熟，一些发展经济学家在此基础上，从社会演进角度尝试对农业发展阶段进行划分。

梅勒（1966）根据发展中国家的农业发展特点，将其划分为三个阶段：①传统农业阶段：以技术停滞、生产增长，主要依靠传统投入为特征；②低资本技术农业阶段：以技术的稳定发展和运用、资本使用量较少为特征；③高资本技术农业阶段：以技术的高度发展和运用、资本集约使用为特征[1]。

速水佑次郎（1988）同样把农业发展分为三个阶段：①以增加生产和市场粮食供给为特征的发展阶段，主要目标是提高农产品产量；②以着重解决农村贫困为特征的发展阶段，主要目标是通过农产品价格支持政策提高农民的收入水平；③以调整和优化农业结构为特征的发展阶段，主要目标是农业结构调整[2]。

国外早期对农业发展阶段的经典论述，丰富了农业阶段分析的理论与方法，是现代农业发展阶段划分的重要参考[3]。

中国学者也提出了不同的农业阶段划分标准，农业部原科学委员会课题组（2001）从农业发展的供求关系、生产目标和增长方式角度，将中国农业发展划

---

[1] 梅勒. The Economics of Agriculture development[M]. Cornell University Press, 1996.
[2] 速水佑次郎. Japanese Agriculture under siege[M]. Mac Millan Press, 1988.
[3] 施晟, 卫龙宝, 何俊骛. 中国现代农业发展的阶段定位及区域聚类分析[J]. 经济学家, 2012(4): 63~69.

分为三个阶段：①农产品供给全面短缺，以解决温饱为主，主要依靠传统投入的数量发展阶段；②农产品供求基本平衡，以提高品质、优化结构和增加农民收入为主，注重传统投入与资本、技术集约相结合的结构战略性调整阶段；③农产品供给多元化，以提高效率、市场竞争力和生活质量为主，高资本集约、技术集约和信息集约的现代农业发展阶段[①]。

陆文强（2001）也把我国农业发展划分为三个阶段：①农业除了保证农产品最基本的供应外，还要为我国工业化提供原始积累；②农业为社会提供丰富的农产品，保证改革开放的顺利进行；③农业基础地位则表现为农业和农村经济的稳定增长，成为整个社会稳定的基础[②]。

何军等（2010）结合国际农业发展所经历的对农业的投入期、农业资源的流出期、农业与宏观经济的整合期、对农业的反哺期的"四阶段论"，比较分析了中国农业发展的阶段进程及政策选择[③]。

以上文献均对本书研究具有参考价值，虽然不同学者对农业发展阶段的划分不尽相同，阶段名称的表述也有所差异，但这些研究充分说明，农业发展阶段是客观存在的。当然，随着农业经济社会层面的不断发展，现代农业也开始展现出不同的特征。因此，无论是农业经济的理论研究，还是农村社会的实践发展，都需要对现代农业阶段做出进一步的科学划分，进而指导社会经济发展。

（一）我国现代农业发展阶段

杨万江（2001）将现代农业发展划分为五个阶段，依次是农业现代化的准备阶段、起步阶段、初步实现阶段、基本实现阶段和发达阶段，代表农业现代化实现程度由低到高的发展过程[④]。马晓河等（2005）根据工业化进程中的工农业关系，将其划分为以农补工、工业反哺农业的转折期和大规模反哺期3个阶段[⑤]。蒋和平等（2006、2009）对中国农业现代化发展不同阶段进行定量分析，将中国农业现代化发展划分为5个阶段，并根据14个特征指标值进行具体测算，对2003年我国农业现代化发展的总体水平进行评价，并提出分地区、分阶段、分层次推进中国特色农业现代化建设的构想[⑥⑦]。

世界银行（2008）认为，从20世纪80年代开始，中国从传统农业国转变

[①] 施晟，卫龙宝，何俊骞. 中国现代农业发展的阶段定位及区域聚类分析[J]. 经济学家，2012（4）：63～69.

[②] 陆文强. 如何认识我国农业发展的阶段[J]. 求是，2001（8）：16～19, 45.

[③] 何军，冯剑. 中国农业发展阶段特征及政策选择[J]. 中国农学通报，2010（19）：439～444.

[④] 杨万江，徐星明. 农业现代化测评[M]. 北京：社会科学文献出版社，2010.

[⑤] 马晓河，蓝海涛，黄汉权. 工业反哺农业的国际经验及我国的政策调整思路[J]. 管理世界，2005（7）：55～63.

[⑥] 蒋和平，辛岭，黄德林. 中国农业现代化发展阶段的评价[J]. 科技与经济，2006（4）：56～60.

[⑦] 蒋和平. 中国特色农业现代化应走什么道路[J]. 经济学家，2009（10）：58～65.

为转型中国家。现阶段中国农业"大转型"的实质就是加速从"转型中国家"向"城市化国家"转变[①]。2010年,中国人均GDP已经达到29992元;农业占GDP比重为10.1%。另外,中国农村居民家庭恩格尔系数已由2005年的45.5%下降至2010年的41.1%,预计2020年将下降至36%以下;农业劳动力比重也由2005年的44.8%下降至2010年的36.7%,预计2020年将下降至30%(表3-1)。

表3-1　　　　　三类国家的人口和经济特点

项目	时间	传统农业国	转型中国家	城市化国家	中国
人口总数/百万	2005	615	3510	965	1340.9 (2010)
农村人口/百万	2005	417	2220	255	671.1 (2010)
农村人口比重/%	2005	68	63	26	50.05 (2010)
人口年增长率/%	1993—2005	2.5	1.4	1.0	0.6 (2001—2010)
年均GDP增长/%	2000—2010	3.7	6.3	2.6	10.5 (2001—2010)
农业占GDP比重/%	2005	29	13	6	10.1 (2010)
农业生产总值年递增率/%	1993—2005	4.0	2.9	2.2	4.2 (2001—2010)
农村贫困人口数/百万	2002	170	583	32	14.79 (2007)
农村贫困发生率/%	2002	51	28	13	1.6 (2007)

资料来源:《中国统计年鉴》,2011;劳动力数据:FAO,2007;贫困数据:Ravallion,Chen和Sangraula,2007。

本文在借鉴国内外相关研究成果以及世界银行对发展中国家类型界定的基础上,将我国现代农业发展细分为三个阶段:现代农业初步实现阶段、现代农业基本实现阶段和现代农业全面实现阶段。

1. 现代农业初步实现阶段

该阶段以调整农作物经营品种、发挥区域比较优势、提高农产品竞争力为特征。

这是传统农业均衡初步被打破,农业现代化特征开始显露的一个阶段。农业发展的主要动力已从"技术基本停滞、生产增长主要依靠传统农业投入物的增长为特征"的传统农业阶段,转向"依靠农业科学技术的广泛运用为特征"的现代农业阶段,农业机械化、电气化、化学化和水利化对农业发展产生明显的推进作用。

在现代农业初步实现阶段,非农产业占国民收入的比重逐渐增大,但是农业产业仍占较大比重;农业为工业提供的积累逐步减少,农业进入自我积累、自我发展的阶段。

[①] The world bank. World development report—Agriculture for Development [R]. www.world.org. 2007:29~38.

但是，该阶段的资金投入水平、农产品商品率、产品特征、农业组织形式、农民文化程度以及管理水平等仍处于初步脱离传统农业的发展阶段。在生态环境方面，农业生产存在化学物质污染、土壤肥力衰退、地下水枯竭、毁林开荒、温室气体排放、全球气候变化等负面影响。

2. 现代农业基本实现阶段

现代农业基本实现阶段以发展绿色高效农业、优化农作物品质结构、促进农业产业升级为特征。这是农产品附加值和质量安全水平显著提高的一个阶段。

该阶段农业已表现出与传统农业区别明显的现代化特征，土地产出率、劳动生产率、资源利用率显著提高，不仅适应了绿色化、工厂化、规范化生产的要求，而且逐步向专业化、标准化、规模化、集约化方向发展。

在现代农业基本实现阶段，非农产业占国民收入的比重开始超过农业部门，农业自我积累和发展能力下降，工业、服务业等非农产业逐步开始反哺农业。

同时，该阶段农业市场化加速发展，产业跨越式升级，全球市场层面的产业竞争成为该阶段农业发挥国际竞争力的关键。在生态环境方面，开始关注农业对环境的负面影响，减少农业耕作系面对气候变化的脆弱性，减轻农业生产对生物多样性的危害。

3. 现代农业全面实现阶段

现代农业全面实现阶段以建立资源节约型农业、扶持农村非农产业、引导农村和谐发展为特征。这是农业经济、农村社会和自然环境进入了相互协调和可持续发展的一个阶段。

在农业生产过程中，逐步建立起节地型农业、节水型农业和节能型农业三大技术体系[①]，基本构成技术装备先进、供给保障有力、组织方式优化、产业体系完善、综合效益明显的新格局。

在现代农业全面实现阶段，非农产业占国民收入比重大大超过农业部门，工业已经全面、大规模反哺农业。

虽然，农业和农村经济得到稳定增长，但是农业的社会功能和生态功能逐渐高于其经济功能；并且其战略功能也日益受到国家、社会的广泛重视。农业的生态涵养和环境保护功能得到更充分的体现，通过引导农业发挥农业地域保护和生物多样性保护等环境调节功能，降低农业对环境的负面影响，从而建立更具持续性的农业生态系统。

现代农业发展三大阶段的主要特征和任务如表 3-2 所示，基本指数如表 3-3 所示：

---

① 施晟，卫宝龙，何俊骞. 中国现代农业发展的阶段定位及区域聚类分析 [J]. 经济学家，2012 (4)：63~89.

表 3-2　　　　　　　　现代农业发展三大阶段的主要特征和任务

农业阶段	农业地位	农业科技	生态环境	主要任务
现代农业初步实现阶段	农业处于绝对贡献期，经济上以农补工	农业绿色革命的应用，农业机械化、电气化、化学化和水利化	农业化学物质污染、土壤肥力衰退、地下水枯竭、毁林开荒、温室气体排放	调整农作物经营品种，优化农业生产布局，发挥区域比较优势，加快农业市场化步伐
现代农业基本实现阶段	农业处于相对贡献期，经济上开始以工补农	农业开始向专业化、标准化、规模化、集约化方向发展	降低农业对环境的负面影响，减少农业耕作系统面对气候变化的脆弱性，减轻对生物多样性的危害	优化农作物品质结构，积极开发禽类、鱼类、乳类和园艺市场，形成产加销一体化，促进农业产业跨越升级
现代农业全面实现阶段	农业处于贡献回转期，经济上大规模以工补农	逐步建立节地型农业、节水型农业和节能型农业三大技术体系	引导农业更多的发挥农业地域保护和生物多样性保护等环境调节功能，建立更具持续性的农业生态系统	积极发展资源节约型和环境友好型农业，实现农业经济、农村社会和自然环境和谐发展

表 3-3　　　　　　　　现代农业发展三大阶段的基本指数

衡量指标	传统农业国	转型中国家	现代农业初步实现阶段	现代农业基本实现阶段	现代农业全面实现阶段	城市化国家
农村人口比重/%	68	63	53.75	44.5	35.25	26
人均 GDP/美元	379	1068	1673.25	2278.5	2883.75	3489
农业生产总值占 GDP 的比重/%	29	13	11.25	9.5	7.7	6
农业生产总值年递增率/%	4	2.9	2.73	2.55	2.38	2.2
非农生产总值年递增率/%	3.5	7	5.93	4.85	3.78	2.7
农村贫困发生率/%	51	28	24.25	20.5	16.75	13

资料来源：根据《2008 年世界发展报告》数据测算整理。

（二）我国现代农业发展现状

未来十年伴随城镇化、信息化和工业化的持续推进以及农用土地流转速度的加快，必将推动农村经营体制进一步向规模化、集约化方向转变，也必将带动县域经济的快速发展。同时，"四化同步"进程也将通过拉动农产品（尤其是动物蛋白产品）需求与价格，带动资金、技术、人才等现代生产要素向农业领域延伸，给我国农业现代化进程带来延绵不绝的动力（图 3-1、图 3-2、表 3-4）。

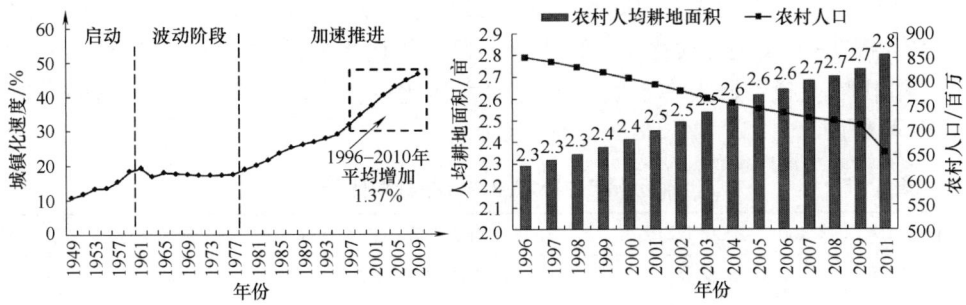

图 3-1 中国城镇化速度与人均耕地面积变迁情况

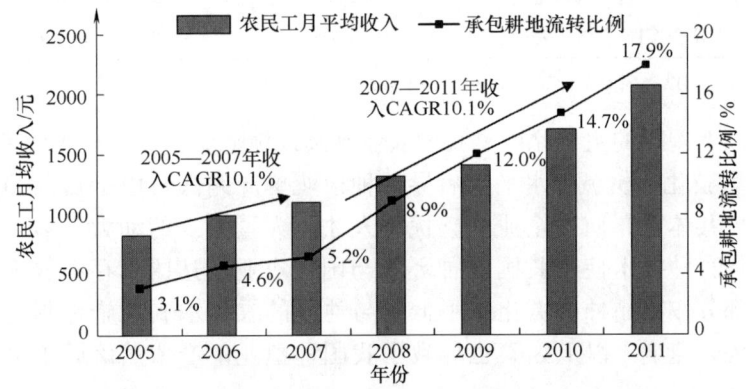

图 3-2 城镇化进程推动承包耕地流转速度加快

注：CAGR 是 Compound Annual Growth Rate 的缩写，即复合年均增长率。

表 3-4　　　　　　　中国部分地区土地流转速度

2011 年	土地流转率/%	工资性收入	占比/%	财产性收入	占比/%
上海	58.2	10493	65.4	1244	7.7
江苏	41.2	5969	55.2	414	3.8
广东	25.8	5855	62.5	490	5.2
福建	19.3	4095	46.6	291	3.3
湖北	13.6	2703	39.2	84	1.2
新疆	11.7	805	14.8	147	2.7
广西	11.0	1820	34.8	41	0.8
甘肃	7.8	1562	40.0	82	2.1

根据《中国现代化报告 2012：农业现代化研究》的研究表明，我国农业现代化水平与国际农业发达国家的差距较大。以农业增加值比例、农业劳动力比例和农业劳动生产率三项指标计算，截至 2008 年，中国农业经济水平与英国相

差约150年，与美国相差108年，中国农业劳动生产率比中国工业劳动生产率低约10倍，中国农业现代化水平比中国国家现代化水平低约10%（表3-5）。此外，我国农业投资回报率与农业发达国家相比也存在较大差距（主要体现在净利率水平）。

表3-5　　　　　　　　近十年中外农业统计指标对比分析

国家	2001—2009平均值	ROE（净资产收益表）	总资产周转率	权益乘数	净利润率
中国	农业	3.79%	0.49	4.32	1.9%
	畜牧业	1.86%	0.68	3.45	0.8%
	农业+畜牧业	2.65%	0.53	4.18	1.2%
美国	农场（农业+畜牧业）	3.16%	0.15	1.14	17.8%
新西兰	方塔拉合作社（2009—2011）	11.00%	1.10	2.6	3.8%

资料来源：USDA，国家统计局，中金公司研究部。

造成以上差距的主要原因是我国农业基础设施薄弱、生产缺乏效率：

（1）科技化与机械化水平落后导致种植业单产偏低　由于目前种业科研力量集中于公共体系，使得企业缺乏优秀人才与大量投入的动力，落后的商业育种体与生物育种技术使得我国育种环节与国外农业发达国家存在较大差距。另一方面，部分作物品种机械化水平低下与薄弱的农田水利设施也制约着我国农作物单产提升速度。以上因素也导致了我国种植业单产依然落后于世界优势生产国（图3-3）。

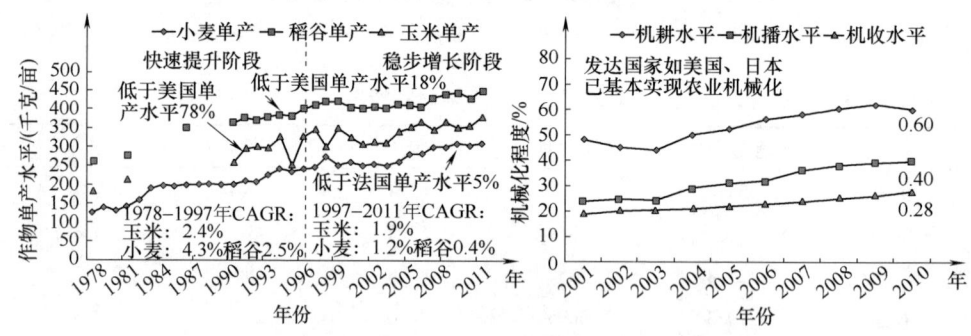

图3-3　中国种植业单产水平与机械化程度差异情况

（2）分散化的经营体制导致农业生产与管理水平落后　我国农业分散经营的现状使得农业生产缺乏与下游消费市场间的有效对接，更难以形成规模效益。同时技术与管理水平的落后使得我国农业生产效率远远落后海外发达国家（例如，我国母猪平均一胎产13~14头仔猪，美国为18~20头）。

（3）其他因素限制　养殖密度较大、疫情多发、粮食主产区与养殖主产区脱节以及农业产业缺乏技术与资金投入等。

针对目前我国农业生产中存在的问题，国务院在 2012 年发布的《全国现代农业发展"十二五"规划》明确提出，将加强农业产业体系、农业科技、农业基础设施和装备等方面的建设，具体包括：至 2015 年，①农田有效灌溉面积新增 266.7 万 hm²、灌溉用水效率提升 6%；②耕种收综合机械化率累计提升 8%；③农机总动力增加 8000 万 kW，年均复合增长 1.68%；④农业产业化组织带动农户数量增加 2300 万户，年均复合增长 3.97%；⑤乳牛和生猪规模化养殖比重分别提升 10% 和 15%（表 3-6）。

表 3-6 全国现代农业发展"十二五"规划发展重点

类别	指标	2010 年	2015 年	年均增长/%
农业物质装备	新增农田有效灌溉面积/万亩			[4000]
	农业灌溉用水有效利用系数	0.50	0.53	[0.03]
	农机总动力/亿千瓦	9.2	10.00	1.68
	耕种收综合机械化水平/%	52	60.00	[8]
农业科技	科技进步贡献率/%	52	>55	>[3]
	农村实用人才总量/万人	820	1300.00	6.8
农业生产经营组织	农业产业化组织带动农户数量/亿户	1.07	1.30	3.97
	乳牛规模化养殖（年存栏 100 头以上）比重/%	28	>38	>[10]
	生猪规模化养殖（年存栏 500 头以上）比重/%	35	50.00	[15]

注："[ ]" 内为五年累计数。

保障农产品供应与农民增收历来都是、未来仍将会是"三农"政策制定的核心，在单位收益率提升预期有限的前提下，农产品价格上涨与城镇化进程带来的耕地集中化趋势将成为农民增收的主要驱动力。

在耕地面积提升空间有限的情况下，农产品供应增加将主要依靠单产提升，也就是依靠①产前生产要素科技化（良种、动物保健、高端饲料、化肥农药等）；②产中生产技术改良（农业机械、农田水利）以及生产规模化、集约化（组织形式与配套服务现代化）。

预计 2020 年我国城镇化率有望达到 60%，未来十年仍将有 1.2 亿潜在人口逐步从农村转移到城镇，县域内的农村居民也会逐渐向小城镇和社区集中。农村富余劳动力的转移与土地流转速度的加快将为县域农业规模经营、推动农业专业化、标准化、规模化和集约化生产创造出有利条件。

由此可见，经营产业化、科技现代化、装备现代化、组织形式与配套服务现代化在中长期内将是提升农产品供给的当务之急，国家必将继续加大对相关环节的政策支持和扶植力度，这也必将会为县域现代农业及相关子行业带来可持续的发展机会。

（三）不同省市县现代农业发展阶段分类

我国幅员辽阔，东西跨度大，南北气候迥异，自然资源禀赋、农业科技水平、农业建设资金、市场供求关系、劳动力状况和生产制度等因素共同影响下形成了不同省市之间现代农业发展的差异。

这种差异决定了各地区在现代农业发展过程中的主要任务和突破口等方面是有所区别的。因此，针对不同区域、不同条件的县域现代农业需要从区域分异视角出发，在对其展所处阶段进行科学评价定位基础上，实施因地制宜的规划发展策略[①]。

由于全国县级区划2856个（截至2010年年底），数量庞大，而且各县市各有特点，本文引用施晟在《中国现代农业发展的阶段定位及区域聚类分析》（2012）的研究成果，从区域角度对各省市的农业现代化所处的阶段进行简要说明，并在本书规划案例部分对县域现代农业发展规划方法和标准进行详细说明。

在《中国现代农业发展的阶段定位及区域聚类分析》中，将全国不同省市划分为西部地区、东北地区、中部地区和东部地区等四部分，并对每个地区的农业阶段特点进行了总结说明。

1. 西部地区

山西、广西、重庆、四川、贵州、云南、西藏、陕西、甘肃、青海、宁夏等11个省（自治区、直辖市）的农业发展正处在从传统农业的转型期到现代农业初步实现阶段的过渡阶段。该阶段主要任务有两个，一是选择一批生产条件较好、市场前景广阔、在某些方面有比较优势的农产品，确定其优势产区，实施"发挥比较优势、扶优扶强"的非均衡发展战略，在发挥市场配置资源的基础性作用同时，实施政策倾斜，促进农业生产要素的合理区域布局和专业分工的形成；二是通过加快农村非农产业和农村城镇化发展步伐，在劳动密集型或高附加值农业部门中创造多样化的就业机会，逐步引导农村剩余劳动力转入经济快速增长的领域。

2. 东北地区

内蒙古、辽宁、吉林、黑龙江等4个省（自治区）的农业发展正处在现代农业初步实现阶段。

该阶段主要任务是加强对农业组织的扶持。通过采取企业兼并、重组、参股、收购等方式，重点培育一批经济效益高、经营水平好、带动能力强的农产品加工企业。同时，通过规范化管理、标准化生产、品牌化经营等方式，创造一批在国际市场具有影响力的知名企业和地理标志农产品。

---

① 辛岭. 我国建设现代化农业的区域布局分析［J］. 农业经济问题，2007（增刊）：26~31.

3. 中部地区

河北、安徽、福建、江西、山东、河南、湖北、湖南、海南、新疆等10个省（自治区）的农业发展正处在从现代农业初步实现阶段到现代农业基本实现阶段的过渡阶段。

该阶段的主要任务：一是优化农作物品种结构，提高单产和品质。以市场需求为导向，着力开发禽类、鱼类、乳类和园艺等高附加值的农产品，并积极发展无公害农产品、绿色食品、有机农产品；二是加速农业产业升级。通过发展精深加工、完善生鲜农产品配送体系、推进订单农业和"农超对接"等措施，有效提升农产品供应链的竞争力。

4. 东部地区

北京、天津、上海、江苏、浙江、广东等6个省（自治区、直辖市）的农业发展正在进入现代农业基本实现阶段。

该阶段的主要任务：一是加快小城镇建设步伐。把发展重点放在县城和部分基础条件好、发展潜力大的建制镇，通过产业拉动、技术辐射和人员培训等方式，带动周边地区现代农业的发展；二是重视农业的战略功能和生态涵养功能。通过合理投资和正确的激励措施，积极发展资源节约型和环境友好型农业，实现农业经济、农村社会和自然环境的和谐发展。

对于同一省份的不同县市，其发展条件、面临的问题、农业现代化所处的阶段都有其特殊性，所以在各地市发展现代农业时所制定的发展目标、重点产业选择、政策资金支持方向、产业发展策略、近期开展的重点项目、招商引资重点等都会有所不同。对规划团队而言，需要具体问题具体分析对待，为促进地方农业现代化进程提供决策支撑。

二、各具特色的优势产区

受各地区农业自然资源条件的影响和限制，而形成了我国东南西北中不同的地区农业生产特点和格局。2008年9月农业部发布的《全国优势农产品区域布局规划（2008—2015年）》提出，水稻、小麦、玉米、大豆、棉花、油菜、甘蔗、苹果、柑橘、生猪、乳牛、肉牛、肉羊、出口水产品、马铃薯、天然橡胶16个优势品种区域布局与发展重点。本小节对这类优势产品进行简要阐述，以对优势农产品的分布有所了解和认识。

1. 水稻

着力建设东北平原、长江流域和东南沿海等3个优势区。其中，东北平原水稻优势区主要位于三江平原、松嫩平原、辽河平原，主要包括黑龙江、吉林、辽宁3省的82个重点县，着力发展优质粳稻；长江流域水稻优势区主要位于四川盆地、云贵高原丘陵平坝地区、洞庭湖平原、江汉平原、河南南部地区、鄱阳湖平原、沿淮和沿江平原与丘陵地区，主要包括四川、重庆、云南、贵州、湖南、湖北、河南、安徽、江西、江苏等10个省（直辖市）的449个重点县，着力稳定双季稻面积，逐步扩大江淮粳稻生产，提高单季稻产量水平；东南沿海水稻优势区主要位于杭嘉湖平原、闽江流域、珠江三角洲、潮汕平原、广西及海南的平原地区，主要包括上海、浙江、福建、广东、广西、海南6个省（自治区、直辖市）的208个重点县，稳定水稻面积，着力发展优质高档籼稻。

2. 小麦

着力建设黄淮海、长江中下游、西南、西北、东北等5个优势区。其中，黄淮海小麦优势区包括河北、山东、北京、天津全部，河南中北部、江苏和安徽北部、山西中南部以及陕西关中地区，主要包括336个重点县，着力发展优质强筋、中强筋和中筋小麦；长江中下游小麦优势区包括江苏、安徽两省淮河以南、湖北北部、河南南部等地区，主要包括73个重点县，着力发展优质弱筋和中筋小麦；西南小麦优势区包括四川、重庆、云南、贵州等省（直辖市），主要包括59个重点县，着力发展优质中筋小麦；西北小麦优势区包括甘肃、宁夏、青海、新疆、陕西北部及内蒙古河套土默川地区，主要包括74个重点县，着力发展优质强筋、中筋小麦；东北小麦优势区包括黑龙江、吉林、辽宁全部及内蒙古东部，主要包括16个重点县，着力发展优质强筋、中筋小麦。

3. 玉米

着力建设北方、黄淮海和西南等3个优势区。其中，北方玉米优势区包括黑龙江、吉林、辽宁、内蒙古、宁夏、甘肃、新疆、陕西北部、山西中北部、北京和河北北部及太行山沿线的玉米种植区，主要包括233个重点县，着力发展籽粒与青贮兼用型玉米；黄淮海玉米优势区包括河南、山东、天津、河北、北京大部、山西、陕西中南部和江苏、安徽淮河以北的玉米种植区，主要包括275个重点县，着力发展籽粒玉米，积极发展籽粒与青贮兼用和青贮专用玉米，适度发展鲜食玉米；西南玉米优势区包括重庆、四川、云南、贵州、广西及湖北、湖南西部的玉米种植区，主要包括67个重点县，着力发展青贮专用和籽粒与青贮兼用玉米。

4. 大豆

着力建设东北高油大豆、东北中南部兼用大豆和黄淮海高蛋白大豆等3个优势区。其中，东北高油大豆优势区包括内蒙古东四盟和黑龙江的三江平原、松嫩平原第二积温带以北地区，主要包括59个重点县；东北中南部兼用大豆优势区包括黑龙江南部、内蒙古的通辽赤峰及吉林辽宁大部，主要包括22个重点县；黄淮海高蛋白大豆优势区包括河北、山东、河南、江苏和安徽两省的沿淮及淮河以北、山西西南地区，主要包括36个重点县。

5. 马铃薯

着力建设东北、华北、西北、西南、南方等5个优势区。其中，东北马铃薯优势区包括东北地区的黑龙江和吉林、辽宁北部和西部、内蒙古东部地区，主要包括34个重点县，着力发展种用、加工用和鲜食用马铃薯；华北马铃薯优势区包括内蒙古中西部、河北北部、山西中北部和山东西南部地区，主要包括44个重点县，着力发展种用、加工用和鲜食用马铃薯；西北马铃薯优势区包括甘肃、宁夏、陕西西北部和青海东部地区，主要包括51个重点县，着力发展鲜食用、加工用和种用马铃薯；西南马铃薯优势区包括云南、贵州、四川、重庆4省（直辖市）和湖北、湖南2省的西部山区、陕西的安康地区，主要包括182个重点县，着力发展鲜食用、加工用和种用马铃薯；南方马铃薯优势区包括广东、广西、福建3省、江西南部、湖北和湖南中东部地区，主要包括82个重点县，着力发展鲜食用薯和出口鲜薯品种。

6. 棉花

着力建设黄河流域、长江流域、西北内陆等3个优势区。其中，黄河流域棉花优势区包括天津、冀东、冀中、冀南、鲁西南、鲁西北、鲁北、苏北、豫东、豫北、皖北、晋南、陕西关中东部地区，主要包括146个重点县；长江流域棉花优势区包括江汉平原、洞庭湖、鄱阳湖、南襄盆地、安徽沿江棉区、苏北灌溉总渠以南地区，主要包括60个重点县。黄河流域和长江流域两个优势区着力提高棉花品质一致性，有效控制异性纤维混入。西北内陆棉花优势区包括南疆、东疆、北疆和甘肃河西走廊地区，主要包括98个重点县，稳定发展海岛棉，着重提高纤维强力和原棉一致性，扩大异性纤维治理成效。

7. 油菜

着力建设长江上游、中游、下游和北方等4个优势区。其中，长江上游油菜优势区包括四川、贵州、云南、重庆和陕西等5省（直辖市），主要包括101个重点县，着力发展高产、高含油量、耐湿、抗病"双低"油菜；长江中游油菜优势区包括湖北、湖南、江西、安徽4省及河南信阳地区，主要包括166个重点县，着力发展早熟、多抗、高含油量的"双低"优质油菜；长江下游油菜优势区包括江苏、浙江2省，主要包括24个重点县，着力发展高含油量、抗病、中早熟、耐裂角和耐渍优质油菜；北方油菜优势区包括青海、内蒙古、甘肃3省（自治区），主要包括27个重点县，着力发展抗旱、抗冻的优质甘蓝型特早熟春油菜。

8. 甘蔗

着力建设桂中南、滇西南、粤西琼北等3个优势区。其中，桂中南甘蔗优势区包括33个县，着力发展高产高糖品种；滇西南甘蔗优势区包括18个县，着力发展耐旱高产高糖品种；粤西琼北甘蔗优势区包括9个县，着力发展高糖高抗性品种。

9. 苹果

着力建设渤海湾和黄土高原等2个优势区。其中，渤海湾苹果优势区位于胶东半岛、泰沂山区、辽南及辽西部分地区、燕山、太行山浅山丘陵区，包括山东、辽宁、河北等3省的53个县，着力发展鲜食品种；黄土高原苹果优势区位于陕西渭北和陕北南部地区、山西晋南和晋中、河南三门峡地区和甘肃的陇东及陇南地区，包括陕西、甘肃、山西、河南等4省的69个县，着力发展鲜食品种，加快发展加工鲜食兼用品种。

10. 柑橘

着力建设长江上中游、赣南—湘南—桂北、浙—闽—粤、鄂西—湘西、特色柑橘生产基地等5个优势区。其中，长江上中游柑橘优势区位于湖北秭归以西、四川宜宾以东、以重庆三峡库区为核心的长江上中游沿江区域，主要包括38个重点县，着力发展鲜食加工兼用柑橘、橙汁原料柑橘和早、晚熟柑橘；赣南—湘南—桂北柑橘优势区位于江西赣州、湖南郴州、永州、邵阳和广西桂林、贺州等地，主要包括44个重点县，着力发展优质鲜食脐橙；浙—闽—粤柑橘优势区位于东南沿海地区，主要包括50个重点县，着力发展宽皮柑橘、柚类和杂柑类；鄂西—湘西柑橘优势区包括湖北西部、湖南西部地区，主要包括24个重点县，着力发展早熟、极早熟宽皮柑橘；特色柑橘生产基地包括南丰蜜橘基地、岭南晚熟宽皮橘基地、云南特早熟柑橘基地、丹江库区北缘柑橘基地和云南、四川柠檬基地，主要包括20个重点县，着力发展极早熟、早熟宽皮柑橘等特色品种。

11. 天然橡胶

着力建设海南、云南、广东等3个优势区。其中，海南天然橡胶优势区包括18个县，着力发展高产抗风优良品种；云南天然橡胶优势区包括29个县，着力发展抗寒高产新品种；广东天然橡胶优势区包括13个县，着力发展抗风、抗寒高产速生品种。

12. 肉牛

着力建设中原、东北、西北、西南等4个优势区。其中，中原肉牛优势区包括山东、河南、河北、安徽等4省的51个县，着力满足京津冀都市圈、环渤海经济圈和长三角地区优质牛肉需求；东北肉牛优势区包括吉林、黑龙江、辽宁、内蒙古、河北5省（自治区）的60个县，在满足本区域优质牛肉需求同时，着力开拓东北亚市场；西北肉牛优势区包括新疆、甘肃、陕西、宁夏等4省（自治区）的29个县，在满足本区域优质牛肉需求同时，着力开拓中亚、中东市场；西南肉牛优势区包括四川、重庆、云南、贵州、广西等5省（自治区、直辖市）的67个县，着力满足本区域和华南地区优质牛肉需求。

13. 肉羊

着力建设中原、中东部农牧交错带、西北和西南等4个优势区。其中，中原肉羊优势区包括山东、河北南部、湖北、山西东部、河南、江苏和安徽等7省的56个县，着力发展秸秆舍饲肉羊养殖；中东部农牧交错带肉羊优势区包括山西、河北北部、内蒙古、辽宁、吉林、黑龙江等6省（自治区）的32个县，着力发展高档肉羊养殖；西北肉羊优势区包括甘肃、宁夏、新疆、陕西等4省（自治区）的44个县，着力发展无污染优质肉羊养殖；西南肉羊优势区包括四川、云南、贵州、重庆、湖南等5省的21个县，着力发展山羊养殖。

14. 乳牛

着力建设京津沪郊区、东北内蒙古、中原、西北等4个乳牛优势区。其中，京津沪郊区乳牛优势区包括北京、上海、天津等3市的17个郊县，着力提高乳业现代化水平，加快产加销一体化进程，保障市场供给；东北、内蒙乳牛优势区包括黑龙江、辽宁和内蒙古3省（自治区）的117个县，着力发展规模化、标准化乳牛养殖；中原乳牛优势区包括河北、山西、河南、山东等4省的111个县，着力发展专业化养殖场和规模化小区，大力提高乳牛单产；西北奶牛优势区包括新疆、陕西、宁夏等3省（自治区）的68个县，着力发展舍饲、半舍饲规模化养殖，大力提高饲养管理水平。

15. 生猪

着力建设沿海、东北、中部和西南等4个生猪优势区。其中，沿海生猪优势区包括江苏、浙江、广东、福建等4省的55个县，着力发展现代化养殖，确保一定的自给率；东北生猪优势区包括吉林、辽宁、黑龙江等3省的30个县，着力发展规模化养殖，确保京、津等大中城市市场供应；中部生猪优势区包括河北、山东、安徽、江西、河南、湖北、湖南等7省的226个县，着力发展健康养殖，稳定提高调出能力；西南生猪优势区包括广西、四川、重庆、云南、贵州等5省（自治区、直辖市）的126个县，着力发展各种类型的生态养殖，提高规模化养殖水平，拓宽市场空间。

16. 出口水产品

着力建设黄渤海出口水产品优势养殖带、东南沿海出口水产品优势养殖带、长江流域出口水产品优势养殖区等3个优势区。其中，黄渤海出口水产品优势养殖带包括天津、河北、辽宁、山东等4省（直辖市）的62个县，着力发展对虾、贝类、河蟹、海藻；东南沿海出口水产品优势养殖带包括浙江、福建、广东、广西、海南等5省（自治区）的121个县，着力发展鳗鲡、对虾、贝类、大黄鱼、罗非鱼、海藻；长江流域出口水产品优势养殖区包括江苏、安徽、江西、湖北、湖南、重庆、四川等7省（直辖市）的102个县，着力发展河蟹、斑点叉尾鮰、鳗鲡、海藻。

三、现代农业园区与县域农业

党的"十八大"报告提出了"坚持走中国特色新型工业化、信息化、城镇化、农业现代化道路，推动信息化与工业化深度融合、工业化与城镇化良性互动、城镇化与农业现代化相互协调，促进工业化、信息化、城镇化、农业现代化同步发展"的战略政策。

作为推动农业现代化建设的最佳载体和引领者，农业园区是现阶段引导中国现代农业向布局区域化、生产专业化、产品标准化、营销市场化、管理企业化和服务社会化等方向转变的重要农业科技创新与转化推广的区域现实载体，是促进农业产业持续健康增长、转变农业发展方式、促进农业增效和农民增收的重要平台，是当前和今后一段时期农业工作的着力点。

从行政管理的角度，我国的现代农业园区包括农业科技园区、国家现代农业示范区、休闲农业园区、农业产业标准园、台湾农民创业园、农业大学和农科院科技园、农田水利示范园区、农产品加工与物流园区、国家农业综合开发现代农业园区等。在2013年中央一号文件中，专业大户和家庭农场首次被明确为新型农业经营主体的重要组成部分。

1. 农业科技园区

农业科技园区作为一种新型农业发展与农业科技成果转化模式，已经成为我国农业技术组装集成、科技成果转化平台及现代农业生产示范的主要载体，对引导我国区域现代农业与农村经济发展有着显著的示范带动作用。

我国对农业科技园的探讨始于20世纪80年代，1994年提出农业科技园建设，到1996年才开始发展，至1999年后全国开始进入建设农业科技园的高峰。始于2001年国家农业科技园区建设的"一城两区百园"工程，即北京现代农业科技城、杨凌国家农业高新技术产业示范区、黄河三角洲国家现代农业科技示范区以及120个国家农业科技园区（简称"121工程"），它是一项创新性的系统工程。国家科技部副部长张来武在2012年8月20日的"一城两区百园"工程工作推进会上指出，实施"一城两区百园"工程，是贯彻中央一号和六号文件精神，建设国家科技创新体系的重要举措，是探索中国特色现代农业发展模式的重要途径。

经过"十五"和"十一五"期间的建设和发展，农业科技园区正日益成为科技成果转化、企业孵化、产业催化、现代农业示范和农民技术培训的重要基地、探索现代农业发展新模式的样板、地方政府发展现代农业和新农村建设的重要抓手。

截至目前，由科技部牵头分四批认定的国家级农业科技园共73个，省级命名的农业科技示范园区1000多个，全国县级以上农业示范园区超过了6000个，园区的类型呈现多样化，有政府主导、科研院校主导、企业主导、国际或者地区之间的合作以及其他类型的农业科技园。

根据国家农业科技园区管理办公室的相关统计，到2011年年底，前三批65个国家农业科技园区的核心区建成面积已经接近300万亩，入园企业总数超过6000家，累计各类融资总额达到1800多亿元，其中政府投入比例接近10%、企业投入比例接近80%，基本形成政府投入引导下以企业为投资主体的管理运行模式。农业科技园区的经济效益不断改善，可持续发展能力不断提高。

一方面,农业科技园区作为农业技术组装集成、科技成果转化及现代农业生产的示范载体,对推进农业结构调整、提高农业整体效益、增加农民收入、改善生态环境、加速农业产业化与现代化进程等作用重大。另一方面,农业科技园区实现技术密集与资金密集结合,能够构建起现代农业产业化生产和经营体系,对引导我国农业与农村现代化发展起到示范和带动作用。经过十几年的建设,农业科技园区已经初具规模,管理日趋规范,经济效益、社会效益和生态效益显著提高。

2. 国家现代农业示范区

为探索中国特色农业现代化道路,加快现代农业建设进程,2009年11月,农业部决定开展"国家现代农业示范区"创建工作。2010年,"创建国家现代农业示范区"写进了中央一号文件。

2010年8月,农业部确定第一批52个国家现代农业示范区,开启了中国特色农业现代化道路的新一轮实践探索,提出"十二五"期间力争大部分示范区率先基本实现农业现代化。

2012年8月,农业部又确定第二批国家现代农业示范区101个,国家现代农业示范区的总数达到了153个。其中,东部地区52个、中部地区34个、西部地区44个和东北地区23个,分别占总示范区数的33.99%、22.22%、28.76%和15.03%。2012年,中央一号文件提出"加快推进现代农业示范区建设",随后国务院发布了我国第一个《全国现代农业发展规划》,把"创建国家现代农业示范区"作为"十二五"现代农业发展的八项任务之一进行了全面部署。

与此同时,各省(直辖市、自治区)、市农业部门也陆续推出省级现代农业示范区(或产业园)、市级现代农业示范区(产业园),积极为发展国家级现代农业示范区创造条件。

各示范区着力投身大宗农产品的生产,同时因地制宜地发展主导产业。据统计,153个示范区中有112个以水稻、小麦、玉米等粮食生产为主导产业,有88个以生猪、乳牛、肉牛、水产等养殖业为主导产业,有40个以蔬菜、花卉生产加工业为主导产业,大部分示范区涉及多个主导产业。

2012年,153个国家级现代农业示范区农业总产值达12714亿元,比上年增长7.7%,高出全国平均水平14个百分点;粮食总产量12515万t,同比增长10%以上,高出全国平均水平15个百分点;蔬菜、畜牧、水产三大产业分别增长24%、7.8%和4.4%;153个示范区占5.5%的国土面积,贡献了全国21.2%的粮食产量;耕种收农业机械化综合水平达71%,比上年增长6%,高出全国平均水平14个百分点;农业科技进步贡献率平均为58.5%,比上年提高1.6个百分点,比全国平均水平高4个百分点;示范区参加农民专业合作社的农户比重达到33%,比上年提高3个百分点,比全国平均水平高10个百分点以上,农民人均纯收入达10815元,比全国平均水平高36%。示范区的领先优势及示范效果较为明显,已成为各地推动现代农业建设的平台、抓手和样板。

3. 休闲农业园区

休闲农业是农业科技园区、农业产业园区的功能拓展的一个方面,是现代农业的内容之一,也是休闲产业或健康产业的重要内容。在农业科技园区、各类农业产业园区、现代农业示范区中嵌入观光路线或休闲服务项目,便可创建休闲农业园区。

休闲农业园区既可以是农业新技术示范、农业科普的重要阵地,也可以是乡村旅游目的地之一;既可以是农业功能拓展的示范区,也可以看成旅游业的新产品。全国各地大批涌现的由私人或企业投资的休闲农庄、农业主题公园,可以纳入休闲农业园区的范畴。由农民专业合作社或乡村集体组织的农家乐专业村,与休闲农业园区的功能非常接近,业态互补,共同构成现代乡村旅游的目的地和休闲农业的经营载体。

在全国农业系统和旅游系统的大力推动和市场的强劲拉动下,全国休闲农业与乡村旅游事业蓬勃发展。截至 2012 年年底,全国有 8.5 万个村开展休闲农业与乡村旅游活动,休闲农业与乡村旅游经营单位达 170 万家,其中农家乐 150 万家,比上年增长了 13.33%,规模以上园区超过 3.3 万家,比上年增长了 65%;年接待游客 8 亿人次,比上年多了 2 亿人次,增长了 33.33%;年营业收入 2400 亿元,比上年增长了 60%;从业人员 2800 万人,占农村劳动力的 6.9%,比上年多 900 万人,增长了 86.67%,见表 3-7。休闲农业在提高农业资源利用率,促进农村剩余劳动力转移就业,增加农民收入,建设美好乡村方面发挥着越来越重要的作用。

表 3-7　　　　　　　　2012 年休闲农业发展情况

项　目	2012 年	2011 年	增长率/%
休闲农业与乡村旅游经营单位/万家	170	150	13.3
规模以上休闲农业园区/万家	3.3	2	65.0
年接待游客人数/亿人次	8	6	33.3
年经营收入/亿元	2400	1500	60.0
从业人数/万人	2800	1500	86.7

资料来源:农业部乡镇企业局。

农业部、国家旅游局已连续 3 年开展了全国休闲农业与乡村旅游示范县、示范点创建活动。2012 年,认定北京市密云县等 41 个县(市、区)为全国休闲农业与乡村旅游示范县,北京市朝阳区蟹岛绿色生态农庄等 100 个点为全国休闲农业与乡村旅游示范点。

根据《关于深入开展全国休闲农业与乡村旅游星级示范创建的通知》(休闲农业分会〔2012〕5 号),评选出 183 家全国休闲农业与乡村旅游星级示范创建企业（园区），评选出 2012 年全国十佳休闲农庄。评选并向社会推介 2012 中国休闲农业与乡村旅游十大精品线路。通过创建认定活动，树立一批示范典型，打造一批知名品牌，进一步营造推动休闲农业与乡村旅游发展的良好氛围。

据不完全统计[①]，到 2011 年，全国的农家乐已超过 150 万家，规模以上休闲农业园区 2 万家，年接待人数超过 6 亿人次。休闲农业的产业效益也初步显现，2011 年，休闲农业年经营收入超过 1500 亿元，比 2010 年增长 25%，带动 1500 万农民受益。休闲农业已经成为一些地区壮大县域经济的支柱产业和民生产业，是非常值得重视的朝阳产业，可以促使农民富裕，农村美化，改造传统农业，愉悦城乡居民，具有重大的战略意义和现实意义。

从时间和空间分布来看，休闲农业总体上呈现从台湾地区到大陆、从东部到西部的梯次演进格局。但到 2010—2011 年，从经营收入的统计数据来看，梯次差距已经消失。如台湾地区 2010 年的休闲农业经营收入约 50 亿台币（折合人民币约 10.65 亿元），接待游客约 5000 万人次，固定从业人员 7000 人左右。而同期大陆有数据统计的 28 个省（直辖市、自治区）中，平均每个省经营收入为 70.78 亿元，平均接待游客 3713.07 万人，平均从业人员 26.36 万人。即大陆休闲农业的省际平均经营规模指标已经超越了台湾地区。

大陆地区东部、中部、西部之间的差距也是如此。尽管各省（直辖市、自治区）的自然资源禀赋、文化习俗和经济发展水平有较大差异，休闲农业发展水平参差不齐，但就经营总收入而言，东部、中部和西部地区的休闲农业发展的梯次结构也基本消失，2010 年中部地区休闲农业经营总收入占总数的 36%，超越了东部（35%），西部地区休闲农业经营总收入也占到总数的 29%，与东部相差无几。[②]

4. 农业产业标准园

农业产业标准园是指具有一个农业产业或一个主导农业产业生产功能的按一定配套标准建设的农业园区。如万亩优质高产创建示范点（可看成是粮油种植标准园）、畜禽养殖标准化示范场、园艺作物标准园。各类农业产业生产基地属于农业产业园区，或者说是农业产业标准园的雏形。

农业产业标准园的建设主体是企业、农民专业合作社和种养大户。"一村一品"可以说相当于一个农业产业标准园。各地开展的特色农产品生产和区域地理标志农产品生产也相当于一个农业产业标准园的建设。

农业科技示范场既可以说是农业科技园区，也可以说是农业产业标准园，因为这种园区以某种产业进行技术示范推广，也是农业系统于 2009 年前开展农

---

① 农业部乡镇企业局. 全国休闲农业发展情况研究报告 [R]. 农民日报，2012-06-13.
② 王树进、朱立英、陈宇峰等. 我国休闲农业发展的空间相关性及影响因素研究 [J]. 农业经济问题，2013（9）：38~45.

业标准园建设的前身。到2011年年底，全国共有农业部系统认定的农业产业标准园5479多家，其中有500个万亩优质高产创建示范点、1555个畜禽养殖标准化示范场、2600多个水产健康养殖示范场、824个园艺作物标准园。

5. 农田水利示范园区

农田水利示范园区是指根据当地自然、经济条件，为满足农田水利建设近期和中期发展需要，展示农田水利发展方向，总结和示范推广国内外先进农田水利建设成果与适用技术的农田。

国家水土保持科技示范园区创建工作始于2004年，由水利部牵头组织评选建设；并在同年的《水利部关于开展水土保持科技示范园区建设的通知》中对水土保持科技示范园区建设实施方案进行了说明。自2007年以来，水利部先后命名了四批共84个国家水土保持科技示范园区。目前，这些水土保持科技示范园区已成为展示水土保持综合治理、预防监督、监测预报和科研技术的重要阵地和平台，积极发挥了科技支撑、典型带动、示范辐射和宣传教育等功能，为增强全社会水土流失忧患意识、展示水土保持治理成果、提升水土保持科技水平、促进生态文明建设发挥了积极作用。

6. 农产品加工与物流园区

农产品加工与物流园的发展，以粮食产业园和农产品物流园区最为引人注目。

随着经济全球化步伐的加快，粮食安全日益成为国家安全的突出问题，粮食资源成为十分重要的战略资源，粮食产业成为发达国家和国际资本竞相控制的重要产业，粮食经济成为竞争十分激烈的重要领域。

安徽、江苏、黑龙江、山东、湖南、湖北等粮食主产省以粮食产业园区（物流中心）建设为载体，纷纷出台优惠政策，引进战略投资，整合优势资源，延长粮食产业链，率先形成了一批大型粮油加工企业群，取得了较好的成效。其他如山东、山西、贵州等省份近年来也加快了粮食产业园建设的步伐。

农产品物流园区一般指由分布相对集中的多个农产品物流组织和物流设施，以及服务功能不同的专业化农产品物流及加工企业等构成的，能实现农产品物流规模化、功能化的农产品物流组织区域。

近几年，我国各地的经济发展受环境和资源的压力逐渐增大，部分经济发展较快的地区，物流产业正朝着聚集化、产业化和园区化的方向发展。比较典型的有中国寿光农产品物流园、山西太行山农产品物流园、深圳市海吉星国际农产品物流园。

7. 农业大学、农科院科技园

我国大学科技园经历了起步期、成长期和稳步成长期三个时期。农业大学科技园的发展尚处于起步阶段，在公布的首批22个国家大学科技园中只有西北农林科技大学科技园和华中农业大学所在的武汉东湖高新区国家大学科技园。

截至 2010 年 11 月，我国经认定的国家大学科技园达到 87 家，农业大学所占的比重较低，仅 7 家。其中，除中国农业大学科技园和西北农林科技大学科技园，另外 5 个大学科技园分别属于国家大学科技园的一部分。

一些农业大学为促进农业科技成果的转化和高新技术产业化，在国家农业高新技术产业园区中设立自己的园区。如南京农业大学在南京白马国家农业科技园区中购置了 333.3hm^2 土地，建立了南京农业大学科技园，配置强有力的领导班子和运作团队，把园区建设纳入创建国际一流农业大学的战略目标框架之中。

目前，全国现有省级农科院 30 个（香港、澳门、台湾地区未计），除陕西省农科院并入西北农林科技大学外，每个省都设有农业科学院，隶属于省政府、自治区或直辖市政府，除湖南等个别省外，均为全额拨款单位。各省农科院承担着本地区农业科学研究、科技普及农民培训、信息咨询服务等任务，是本省农业科学研究、示范和推广的主力军，为农业发展、农民增收、农村经济繁荣发挥着重要的作用。

2012 年，中央一号文件《关于加快推进农业科技创新持续增强农产品供给保障能力的若干意见》中明确指出："把农业科技摆上更加突出的位置，下决心突破体制机制障碍，大幅度增加农业科技投入，推动农业科技跨越发展，为农业增产、农民增收、农村繁荣注入强劲动力。"这标志着今后农业科技将上升到"三农"工作的重中之重，农科院所也迎来在政府高度重视下实现历史性跨越的崭新征程。

8. 台湾农民创业园

台湾农民创业园是由农业部和国台办联合批准设立的现代农业园区。它是海峡两岸农业合作领域先行先试的成果之一。

2005 年，福建省在漳浦率先开展创建台湾农民创业园试点；2006 年，分别有山东栖霞台湾农民创业园、福建漳浦台湾农民创业园、四川新津台湾农民创业园和重庆北碚台湾农民创业园，为台湾农民来大陆创业提供更优惠的创业扶持政策、基础设施和服务体系，开创了两岸农业合作的新模式和新途径。

到 2011 年年底，国家级台湾农民创业园共有 29 个，遍及福建、江苏、浙江、广东、安徽、四川、广西、湖北、湖南、云南、山东、河南、黑龙江和重庆等 14 个省（自治区）。总规划面积约 10 倍于台湾岛内的农业用地面积。此类农业园区在促进两岸农业交流与合作、引导台湾农民、农企在大陆投资发展，带动当地现代农业的发展等方面，起到了非常积极的作用。园区基础设施建设也日新月异。

此类园区的发展趋势是嵌入到了现代农业示范区之中，并且一些地区已经有了很好的实践。如安徽庐江台湾农民创业园嵌入在庐江县国家现代农业示范区之中，成为现代农业示范区的一个不可分割的组成部分；江苏无锡锡山台湾农民创业园,早在 2009 年就已列入江苏省现代农业产业园区管理范畴。

9. 国家农业综合开发现代农业园区

国家农业综合开发现代农业园区是由国家财政部农业综合开发办公室牵头认定实施的一类园区,并于 2014 年开展继续推进国家农业综合开发现代农业园区试点工作,试点期为 2014—2016 年。计划要求 2014 年各省(自治区、直辖市)和新疆生产建设兵团、黑龙江省农垦总局各安排 1 个新立项的现代农业园区试点项目。

2014 年现代农业园区试点项目应符合《实施意见》规定的选项条件,同时还应符合以下具体要求:

(1)园区区域规模(指园区内的国土面积),年度安排中央财政资金规模为 2000 万元的,园区区域规模为 2000hm^2;年度安排中央财政资金规模为 1500 万元的,园区区域规模为 1333.33hm^2;年度安排中央财政资金规模为 1000 万元的,园区区域规模为 666.67~1000hm^2。

(2)园区内耕地种植粮食作物面积不低于 75%。

(3)园区内拟扶持的产业化龙头企业至少有 2 个以上。

(4)园区建设地点和具体项目的选择不应与农业部、财政部确定的国家现代农业示范区开展农业改革与建设试点的建设地点和具体项目重复。

现代农业园区内农民合作社(含专业大户、家庭农场,下同)和产业化龙头企业申报项目的具体条件,执行《国家农业综合开发办公室关于印发 2014 年国家农业综合开发产业化经营项目申报指南的通知》(国农办〔2013〕197 号)中"龙头企业带动产业发展和'一县一特'产业发展试点项目"有关规定。

10. 国家农业产业化示范基地

国家农业产业化示范基地,由国家农业部执行认定,主要是依托农产品加工、物流等各类农业园区,注重培育龙头企业集群,创新农业产业化发展模式,集成集约要素资源,拓展产业链条,发展区域主导产业,打造区域优势品牌,增强辐射带动能力,提高农业经营组织化程度,引领现代农业发展,推进县域经济发展和城镇化建设。

县域农业创建农业产业化示范基地是新形势下深入推进农业产业化经营的重要举措,对于加快转变农业发展方式、推动现代农业建设、统筹城乡发展具有重要意义。

国家农业产业化示范基地利于推进县域龙头企业集群集聚,发展关联配套产业,促进区域经济发展;强化区域内上游产业链建设,带动地方农业标准化规模化生产,提高县域农产品质量安全水平;集成利用各类创新要素,加快科技创新与应用,提升自主创新能力;实施县域品牌发展战略,完善农产品市场功能,促进现代物流业发展;推动龙头企业与专业合作社联合合作,创新利益联结机制,增强辐射带动力,促进农业稳定发展和农民持续增收。

2011年，国家农业部认定了第一批国家农业产业化示范基地76个园区；2013年认定了77个国家农业产业化示范基地。

四、县域现代农业发展的经营主体

2013年中央一号文件明确提出，创新农业经营体制机制，构建集约化、专业化、组织化、社会化的新型农业经营体系。培育新型农业经营主体是构建新型农业经营体系的关键，更是发展县域现代农业过程中重要的参与主体。

根据笔者了解，全国各地培育新型经营主体的意识及各类新型经营主体发展的积极性都很高，同时也反映出了一些困难和问题，对国家给予政策扶持满怀期待。

国家在支持新型农业经营主体政策导向已经明确的基础上，有必要细化政策措施，抓好政策落实，为新型经营主体发展创造良好的外部环境。培育新型农业经营主体，是转变农业发展方式，提高县域农业综合效益和市场竞争力的迫切需要，也是构建县域现代农业发展的重要支点，推进各县现代农业发展的必然要求。

（一）农业经营主体的现状

农业经营主体是指直接或间接从事农产品生产、加工、销售和服务的任何个人和组织。改革开放以来，中国的农业经营主体已有改革初期相对同质性的家庭经营农户占主导的格局向现阶段的多类型经营主体并存的格局转变。这种多类型的新型农业经营主体主要包括农户、专业大户、家庭农场、农民专业合作社、农业企业及社区性或行业性的服务组织等，它们是建设现代农业的微观基础。

1. 农户

与世界大多数国家相同的是，农户（农民家庭）仍然是我国农业生产经营的基本主体。目前，我国从事农业生产经营活动的农户为1.94亿户，经营着全国85%的耕地；户均农业劳动力2.4人（15~64岁的人），户均耕地约0.5hm^2。

2. 专业大户

农业经营者分化为传统农户、专业种植与养殖户、经营与服务性农户、半工半农型农户和非农农户五种主要类型。其中，专业种植与养殖户，被称为专业大户，是指以农业某一产业的专业化生产为主，初步实现规模经营的农户①。

3. 家庭农场

家庭农场是农民家庭为经营主体通过租赁、承包或者经营自有土地的农业经营形式。2013年1月，2013年中央一号文件首次提出发展"家庭农场"的政策。

所谓家庭农场，是指以家庭劳动力为生产者的经营农场，是与商业农场相

---

① 陈春生. 中国农户的演化与分类 [J]. 农业经济问题, 2007 (11): 79~84.

对而言的。家庭农场以家庭成员作为主要劳动力，征地期限较长，农业机械装备要达到一定水平。中国的家庭农场是在土地联产承包的基础上衍生的新兴农业经营模式。提出家庭农场的概念，主要是考虑家庭农场有一定的经营规模，可以形成固定的、稳定的职业，从事这一职业的农民被称为注册农民。

家庭农场既坚持了家庭经营的基础地位，又克服了传统农户小规模经营的不足，是发展土地适度规模经营的有效途径。但由于中国农业的整体生产力水平还比较落后，土地等基本资源紧缺，整体上看，家庭农场的规模不可能很大，发展进程也不可能很快。家庭农场实行各地试点来看，家庭农场的规模并不统一，如上海市对家庭农场的规模界定在 $6.7 \sim 13.3 \text{hm}^2$。

4. 农民专业合作社

农业专业合作社是在农村家庭承包经营基础上，同类农产品的生产经营者或者同类农业生产经营服务的提供者、利用者，自愿联合、民主管理的互助性经济组织。农民专业合作社以其成员为主要服务对象，提供农业生产资料的购买，农产品的销售、加工、运输、贮藏以及与农业生产经营有关的技术、信息等服务。

5. 农业企业

农业企业是指采用现代企业经营方式，进行专业分工协作，从事商业性农业生产及其相关活动，并实行独立经营、自负盈亏的经济组织。在适应多变的市场环境和应对激烈的国际竞争方面具有较大的优势。在不断完善与广大农户的利益联结机制的基础上，农业龙头企业作为产业化经营的先导力量将扮演重要的历史性角色[①]。

6. 社区性或行业性的服务组织

社区性或专业性的服务组织主要是从事专业生产的农民，在技术服务、生产、销售等环节上联合起来而建立的民间社会团体、专业协会，围绕某一产业或产品进行购销、技术服务，不以盈利为目的，社员之间没有产权的结合，内部利益关系松散，如蔬菜、酱品、葡萄、西瓜、花木等专业生产协会。这种组织能为农户提供产前、产中、产后服务，提高产品的产量和质量，组织农产品进入市场，帮助农户增加收入。总体上看，农民专业协会是农业合作经济组织发展的初级形式，其发展趋势是由松散型向紧密型，由非实体向实体转变。

2013年中央一号文件首次明确将专业大户和家庭农场作为新型农业经营主体的重要组成部分。家庭农场和专业大户是随着我国农村经济发展水平不断提高而出现的农业经营方式的变革。

早在20世纪80年代末，我国江苏南部地区的部分种田或养殖能手就开始通过承包或转包较大面积的土地实行不同于分散经营的规模经营，成为最早的一批专业大户。而家庭农场则是近年来在江浙沪等地区出现的以家庭成员为主要

---

① 李炳坤. 发展现代农业与龙头企业的历史责任 [J]. 农业经济问题，2006 (9)：4~8.

劳动力，在租赁、承包或者自有农村土地上从事农业规模经营，并以农业收入为家庭主要收入来源的新型农业经营主体。

据农业部统计，截至 2012 年末我国共有经营规模在 6.7hm² 以上的专业大户 270 多万户，覆盖了粮食种植、经济作物种植、畜牧养殖、农机服务、经纪服务等农业生产服务的全产业链。在农业部确定的农村土地流转规范化和服务试点的 33 个省区，目前共有家庭农场 6670 余家，主要集中于中东部政策配套较好、家庭农场发展较早的上海、湖北、江苏、浙江、安徽等地，家庭农场仍以种植业为主。

家庭农场具备的条件：适合中国各地情况的一种规模适度的、依靠家庭劳动力就能够经营、就能够管理的、并不需要雇工的社会化服务体系支持下的农场。家庭农场列出以下条件，主要包括：农场经营者应具有农村户籍（即非城镇居民）；以家庭成员为主要劳动力；以农业收入为主；经营规模达到一定标准并相对稳定［从事粮食作物的，租期或承包期在 5 年以上的土地经营面积达到 3.3hm²（一年两熟制地区）或 6.7hm²（一年一熟制地区）以上；从事经济作物、养殖业或种养结合的，应达到县级以上农业部门确定的规模标准］。

2013 年 3 月，农业部首次对全国家庭农场发展情况开展了统计调查。调查结果显示，目前我国家庭农场开始起步，表现出了较高的专业化和规模化水平。

(1) 家庭农场已初具规模 截至 2012 年年底（下同），全国 30 个省、区、市（不含西藏，下同）共有符合本次统计调查条件的家庭农场 87.7 万个，经营耕地面积达到 1173.3 万 hm²，占全国承包耕地面积的 13.4%。平均每个家庭农场有劳动力 6.01 人，其中家庭成员 4.33 人，长期雇工 1.68 人。

(2) 家庭农场以种养业为主 在全部家庭农场中，从事种植业的有 40.95 万个，占 46.7%；从事养殖业的有 39.93 万个，占 45.5%；从事种养结合的有 5.26 万个，占 6%；从事其他行业的有 1.56 万个，占 1.8%。

(3) 家庭农场生产经营规模较大 家庭农场平均经营规模达到 13.3hm²，是全国承包农户平均经营耕地面积 0.5hm² 的近 27 倍。其中，经营规模 3.3hm² 以下的有 48.42 万个，占家庭农场总数的 55.2%；3.3~6.7hm² 的有 18.98 万个，占 21.6%；6.7~33.3hm² 的有 17.07 万个，占 19.5%；33.3~66.7hm² 的有 1.58 万个，占 1.8%；66.7hm² 以上的有 1.65 万个，占 1.9%。2012 年全国家庭农场经营总收入为 1620 亿元，平均每个家庭农场为 18.47 万元。

(4) 一些地方注重扶持家庭农场发展，提高管理服务水平 在全部家庭农场中，已被有关部门认定或注册的共有 3.32 万个，其中农业部门认定 1.79 万个，工商部门注册 1.53 万个。2012 年，全国各类扶持家庭农场发展资金总额达到 6.35 亿元，其中江苏和贵州超过 1 亿元。

(二) 农业经营主体发展过程

1990 年，邓小平同志就明确指出我国农业要经过"两次飞跃"才能实现现代化的战略构想:"中国社会主义农业的改革和发展,从长远的观点看,要有两个飞跃。第一个飞跃,是废除人民公社,实行家庭联产承包为主的责任制。这是一个很大的前进,要长期坚持不变。第二个飞跃,是适应科学种田和生产社会化的需要,发展适度规模经营,发展集体经济。这又是一个很大的前进,当然这是很长的过程。"

在充分肯定家庭联产承包责任制历史功绩的基础上,如何发展适度规模经营、实现农业的集约化和专业化,如何逐步推动和实现农业的第二次飞跃,是当前所面临的主要问题。

改革开放以来,在完善家庭联产承包责任制的基础上,中央出台了一系列促进适度规模经营的政策。这些政策主要围绕农业经营"统"的层面展开,很少涉及农业生产环节,如建立农业社会化服务体系、扶持农业龙头企业、促进农民专业合作社发展等。

近年来,全国各地土地流转加速,规模经营开始覆盖农业生产以及产前、产中、产后服务的各个环节,以家庭农场、农民专业合作社和农业企业为代表的新型农业规模经营主体逐步发展起来。

近年来,土地流转与规模经营加快发展的原因可归纳为如下方面:

(1)宏观政策推动　2007 年颁布实施的《物权法》将土地承包经营权归为用益物权;2008 年召开的党的十七届三中全会指出,不仅现有土地承包关系要保持稳定并长久不变,而且要赋予农民更加充分而有保障的土地承包经营权。这就给土地转出方和土地转入方都吃了一颗定心丸,可以放心地进行土地承包经营权的流转。

(2)地方政府推动　全国大约有 20 个省(自治区、直辖市)颁布了党委或政府有关推进农村土地承包经营权流转的文件,绝大部分市、县都有相应的推进土地流转的举措。一些地区还有专门的奖励措施。到目前为止,以县级土地流转市场(中心)为主体的中介组织基本形成体系。

(3)农民意愿推动　当前全国约有 1.7 亿外出务工者,其中至少 1 亿人已经在本县域以外的城镇实质性定居,他们有流转土地并获得相应收益的强烈愿望。另外,改革开放 30 多年来,在农村职业分化过程中形成了一支庞大的种田能手队伍,他们需要种植规模达到一定限度后才能获得和外出务工或经商相接近的收入水平,客观上产生了转入土地的强烈需求。

(4)规模效益推动　近几年来,国家对农业支持不断增加,一定规模以上的农业经营变得有利可图。农村致富能人、科技示范户、返乡创业农民、大学生村官、复员军人等开始从事农业规模经营,发展家庭农场、农民专业合作社,各种类型的农业企业由此应运而生。

从发展趋势看,家庭专业生产大户(家庭农场、家庭养殖场)将是我国未来商品粮和大宗农产品的主要生产者;专业合作社将是农业社会化服务的主要提供者；企业将主要在农业产前投入品、产中服务、产后收储、加工和流通领域以及规模化养殖和资源开发利用领域发挥主体作用，并在完善现代农业产业体系、提高竞争力方面起重要作用。可见，农业专业大户、农民专业合作社和农业企业成为中国现阶段农业发展的中坚力量。它们体现了改造传统农业的历史规律性，引领着现代农业的发展方向，符合提升农业现代性的基本要求。

（三）新型农业经营主体发展面临的主要困难和问题

新型农业经营主体的优势和发展的动力来源于资金相对集中所产生的规模经济和规模效益，以及专业化分工所带来的效益的提高。而规模化和专业化需要一系列土地、金融、保险制度以及公共政策的支撑，但目前仍然面临一系列的问题。

1. 土地稳定流转有难度

农村土地流转面临诸多困难，而新型农业经营主体的发展离不开土地流转及其规模经营。其要扩大规模并进行相应的投入，都希望土地流转能够规范、稳定和集中连片。而只要土地的社会保障和就业缓冲功能未被制度化的社会安全网替代，劳动力的大量转移只能为土地流转和集中创造必要条件，而非充分条件。

据统计，截至2012年6月底全国家庭经营承包地流转占总承包面积20%，远低于农村劳动力的转移比例。由于土地流转效益低、流转关系不稳定，大户们对土地投入动力不足，"怕变""不敢投入"成为普遍心态。

2. 政策资金整合不易

政策重点扶持不够，资金优惠落实很难。如种粮补贴是按原有的计税承包面积发放，2012年，国家三补资金1万亿元，全部直接发放到土地承包农户一卡通上，造成种田的没有而抛荒和流转者受益。一些粮食经营大户一方面拿不到补贴，另一方面还要支付土地流转费用，单位面积的生产成本大大增加。很多种粮大户反映，他们租种土地需要付出成本，但却拿不到种粮直补。

3. 农业融资贷款难

新型农业经营主体由于经营规模扩大，对资金的需求远远大于传统经营户，但涉农贷款"卡脖子"、经营大户融资难的问题日显突出。截至2012年12月，全国金融机构人民币各项贷款余额为62.99万亿元，其中农业贷款2.73万亿元，仅占4.3%。许多新型经营主体只能单打独斗，从金融部门得到的支持有限，远不能解决资金缺口问题。

4. 农业保险难

新型农业经营主体生产专业化程度较高，相较于多种经营来说分散风险的能力更弱，更需要农业保险，但由于目前农业保险存在法律缺位、财政补贴少、保险覆盖面窄、保障水平低等问题，农业保险尤其政策性保险、巨灾保险和再保险等远远满足不了新型主体发展的需要。

5. 公共服务不足

目前新型农业经营主体农业服务需求有三个重要转变：一是个性化，二是全程化，三是综合性。新型经营主体根据自己业务发展的特点需要有针对性的个性化指导，而且其需求由单纯的生产环节服务向产前、产中和产后全程服务扩展，对新品种与新技术引进和试用、市场信息、地理标识、质量检测、产品营销服务等综合性服务需求不断增加。但是原有的基层农技推广体系主要是针对传统家庭经营户提供生产技术服务，很难满足上述三个要求。

6. 基础设施建设投入不足

新型农业经营主体由于经营规模扩大，需要平整土地、挖掘水渠、兴修机耕道、较大的晒场等。但通过对种粮大户和合作社的调查发现，由于基础设施投入较大、回报周期长，有些具有公共物品的性质，因此普遍投入不足。如由于申请不到建设用地，新购买的农机具只能露天堆放，贮藏粮食的仓库和储备农业生产资料的库房紧缺等。

7. 农业技术人才短缺

一是农业管理与公益服务部门人才缺失。一方面缺乏人才补充，新人进不来；另一方面人才难留住，老人易流失。二是新型农业经营主体自身人才缺乏。缺乏专业技术人才，其生产经营主要还是依靠传统习惯和自身经验，经营管理能力不足，市场意识差，发展空间小。

8. 环境保护意识不强

从畜禽养殖来看，规模较大养殖场一般会建设无害化处理设施；规模越大，无害化处理设施建设比例越高。而规模小的散户基本上没有无害化处理设施，废弃物直排现象比较突出，畜禽养殖造成的局地污染情况比较严重，同时也带来更多矛盾纠纷。从农业生产经营来看，由于化肥、农药的大量使用，土地微生物环境破坏严重，水生生物群落生态失衡，相当部分物种资源绝迹，几乎丧失自我修复能力，农村土地、水体污染恶化，地力退化，地表水已经基本丧失饮用功能。

9. 食品安全需要加强

一是新型农业经营主体缺乏食品安全意识，在生产经营过程中化肥、农药、化学激素与添加剂使用普遍。在畜禽养殖领域，同样经常使用生长激素，使得生猪、肉鸡等畜禽出栏时间从原来至少一年缩短到3个月以内。这些都给食品安全生产带来隐患。二是对新型农业生产经营主体食品安全生产宣传教育及监管缺乏。

10. 主体创新意识不够

一是农业技术缺乏创新，现代农业生产技术应用缺乏，尤其是绿色环保的生态种养技术应用少，技术研发不够。二是农业生产经营形态缺乏创新，局限在农业领域，缺乏与其他产业形态的对接和融合。

（四）新型农业经营主体发展的对策与建议

1. 政府要从根本上转变农业观念，加强对农业的宏观调控和扶持

地方政府要在科学发展观指导下重新树立现代农业观念，对农业基础产业地位进行重新审视。要加强对农业发展的宏观调控。加强农业区划和农业规划工作，为农业发展方向定位，为农业结构战略调整提供轮廓方向。

制定和实施农产品质量、标准、价格、购销及农业税收、财政、信贷、技术等政策法规，建立农业服务信息网络，让政府宏观调控这只"无形的手"变得更加强壮有力，有效地引导农民进行农村产业、农业结构的调整，营造农业经营组织化良好的外部环境。

2. 破解土地流转难题，整合惠农政策与资金

土地流转政策性强，事关广大农民切身利益与社会稳定。建立县一级的农村土地流转公积金，每年从流转土地收益中强制征收一定比例作为农民权益保障基金；制定农村土地产出效益评估方法，制定不同地区、地形、地力土地流转费用标准，为土地流转提供科学依据；建立县一级土地流转信息平台，为土地流转搞好供需对接服务。

尝试建立涉农政策资金协调整合机制，统一调度涉农政策资金，提高政策资金利用效能。同时加强政策资金使用监管，实行涉农项目资金公示制度；尝试"谁种田谁受益"的粮补资金发放机制，使粮补资金真正促进农业生产。

3. 加快发展农民专业合作社，将其确立为最重要的农业经营组织形式

农民专业合作社作为联系农户与市场、农户与企业、政府的重要纽带，是小规模经营农户进入商品经济市场的最有效载体，因此应将农民专业合作社确立为我国最重要的农业经营组织形式。

针对当前我国农民专业合作社存在的各种问题，一是要紧紧围绕保护和提升农户利益为核心，探索各种形式的农民专业合作社，发展符合我国国情具有中国特色的农民专业合作社。二是加大宣传力度，让广大农民了解合作社的地位作用，鼓励农户积极参与，确立农户在农民专业合作社中的主体地位。三是帮助专业合作社加强管理，规范运作，做大做强。四是完善相应法律法规，通过工商、财政、税收、贷款等方面的倾斜政策进行扶持。

4. 加强龙头组织培育，进一步推进农业产业化

要继续加强对农业龙头组织的培育，建立多功能的农业集团，采用"公司+农户""公司+基地+农户""协会+农户""股份制"等形式，充分发挥龙头组织在拓展市场、带动农户方面的组织优势，实现粮食、油料、畜牧、水产、蔬菜、瓜果贸工农、产供销一条龙发展，使之按照市场需求组织农产品生产，形成生产、加工、销售和流通环节紧密结合的农业体系。另外，要研究龙头企业与农户之间的利益协同机制，通过"公司+农户"内部组织形式和制度的创新，真正实现企业和农户的双赢。

5. 培养新型农民，为农业经营组织化提供高素质的人力资本

农业经营的主体、主要成员是农民，农民的素质高低直接关系到农业经营主体组织化程度的高低。培养新型农民的重点在于加强农村职业技术教育。要以产业为依托培训新型农民，大力实施"农村实用人才培训工程"，从本地实际出发，把发展支柱产业、特色产业和培育新型农民有机结合起来，把培养新型农民与扶持农民致富有机结合起来，实现人人懂技术，户户有产业。

6. 在坚持农村基本经营制度前提下，积极发展农村规模经营和专业化生产

家庭联产承包责任制是适合我国国情的农村基本经营制度，然而家庭联产承包责任制的制度缺陷在于无法改变小规模经营为特征的传统小农生产方式。因此，必须在坚持家庭联产承包责任制这一农村基本经营制度前提下，对农业微观主体进行组织化再造，发展农村规模经营。主要途径包括：一是加快土地流转，实现规模经营。除了出租、转包、转让、互换、反租倒包等方式外，积极探索新型土地流转方式，比如农民专业合作社参与土地流转、土地信托、宅基地入市交易等；二是发展农业专业化，实现区域规模经营，从而实现在家庭经营基础上的农业规模化、集约化经营，促进农业向专业化、商品化、社会化转变。

7. 完善农技支撑体系，大力推进生态种养

让了解熟悉内行的人员管理农业，让专家服务农业。完善农业技术支撑体系，充分发挥本地高校农业人才、技术、设备资源集中的优势，整合现有农业人才技术资源，构建市县乡一体化农业技术推广与服务队伍，鼓励、扶持专业农业技术社会化服务组织建设，不断提高新型农业经营主体从业技术水平、市场意识、经营管理能力，提高他们抗风险能力，不断做大做强。通过政策资金重点扶持、强制性无害化生产设施配套、生产经营环节定期与不定期检查、农业生产资料采购、农产品的市场准入等多角度多环节加强引导、监控，确保农产品食品安全和环境友好生产。同时加强农村散户生态种养知识宣传指导和监督管理，引导农民发展生态农业。

8. 培育农村资源要素市场，促进资源要素的流入

受二元社会结构和传统国民收入分配格局的影响，我国农村的发展要素长期处于"净流出"状态，这一"净流出"制约了农业和农村的发展，加剧了城乡社会矛盾。因此，要加快发展农村自愿、要素等产权流转交易市场，通过生产配置，吸引先进的资源要素流入农业、农村，为农业组织化发展创造良好的条件和环境（图3-4）。

在人才要素上，改革农村劳动力市场，全面实施农民工制度改革，加快农村剩余劳动力转移，加强培养有技术、有文化、懂经营的新型农民，吸引高素质人才进入农村和农业领域，为新农村建设提供人才和智力支持。

在资金要素上，全面建立向"三农"倾斜的公共财政分配体制，探索建立

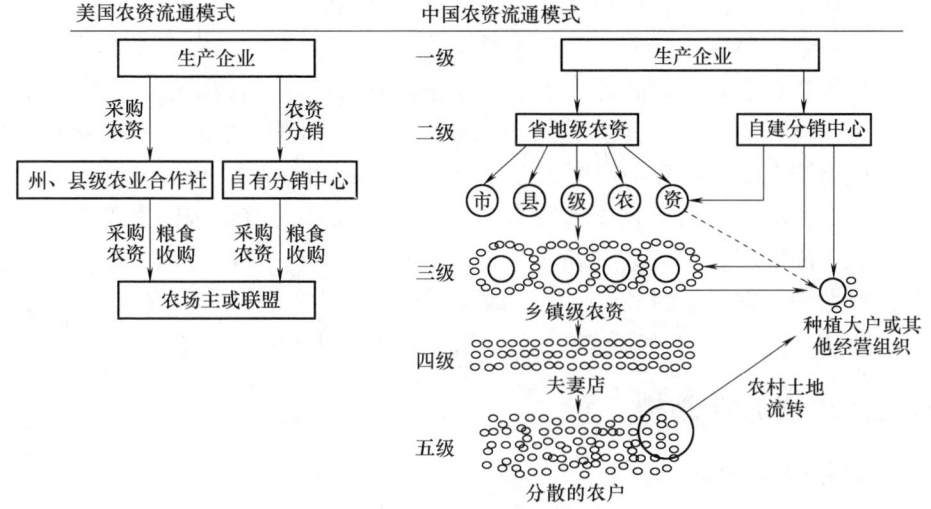

图 3-4　中美农资经营与流通模式对比

资金回流农村的硬性约束机制，逐步构建多种金融机构互为补充的农村金融体系，让更多金融资金用于农村发展。

在土地要素上，稳定农村土地家庭经营制度的基础上探索土地制度创新的有效方式。

创新农资流通经营模式，构建扁平化的农资流通网络。实践证明，在自身资金实力有限的情况下，"配送中心+加盟店"连锁经营模式，一方面有效减少了中间流通环节，实现了流通渠道的扁平化，降低了流通成本；另一方面通过借助加盟商的人力、物力和财力，实现了终端销售网络的低成本快速扩张。

第二节　影响县域现代农业发展的主要因素

过去30多年的改革开放和史无前例的高速经济发展，使中国在政治、经济和社会层面上都发生了深刻的变化。中国成功地进行了经济和政治体制的多项改革，发挥了市场在资源配置中的基础性作用，激发了企业和个人的发展潜能，促进了经济的快速发展。

最近十年，中国的经济建设快速发展，城乡就业持续扩大，居民收入和财产稳定增长，基础公共服务水平有所提高，城乡基本养老保险制度全面建立，全民医保基本实现。

同时，必须看到，经济的高速发展也伴随着一系列的社会问题，这些问题为未来十年的改革提出了新的任务，指出了可能的方向。中国共产党第十八次代表大会，提出了两个"翻一番"的目标，即在2020年实现国内生产总值和城乡居民人均收入比2010年增长一倍的目标。

十八届三中全会也明确提出了"面对新形势新任务,全面建成小康社会,进而建成富强、民主、文明、和谐的社会主义现代化国家、实现中华民族伟大复兴的中国梦,必须在新的历史起点上全面深化改革"的战略方向。同时,明确了"经济体制改革是全面深化改革的重点,核心问题是处理好政府和市场的关系,使市场在资源配置中起决定性作用和更好发挥政府作用"。

宏观的经济环境和党政国家一系列的政策,以及其他众多因素都会影响县域现代农业的发展。从规划的角度,可以归纳为五个主要的方面,即劳动力素质与人口结构、农业资源条件、涉农政策、产业结构、科技和其他不可控因素。本节主要从这五个方面对县域现代农业发展的影响进行研究阐述。

一、劳动力素质与结构

(一)人口红利的消失

未来中国具有持续地以较高速度增长的潜力,但是要把这个潜力挖掘出来,需要面对诸多挑战,克服诸多困难。未来制约我国经济增长有两个根本因素。第一,未来投资增长速度趋缓。我国长期以来投资拉动的经济增长难以为继。第二,劳动力供给可能出现负增长,我国的人口红利逐步消失。在2010年的第六次全国人口普查时,15~59岁劳动力人口数量开始出现下降态势,因此至2010年我国的人口红利基本消失(图3-5和图3-6)。

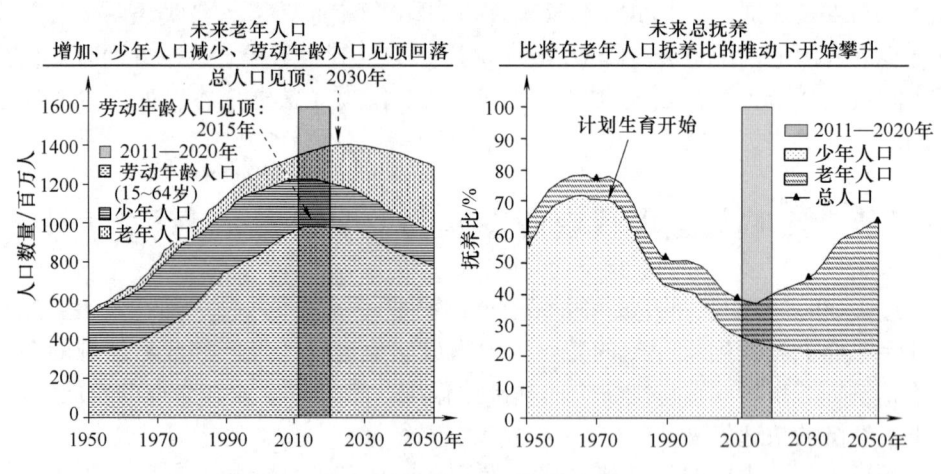

图3-5 人口老龄化趋势和人口总量变化趋势

未来十年尽管可供转移的农业剩余劳动力规模较以往已经减少,但是农业劳动力向非农部门的转移仍然具有可观的空间;但是对于农业发展而言,也带来了一定的压力,毕竟部分强壮的劳动力从农业部门转移出去,劳动效率势必受到影响,农业的发展速度同样也会受到影响。由于在快速工业化的阶段,非农部门的劳动生产力绝对水平显著高于农业部门(图3-7),因此劳动力从农业部门向非农部门的转移过程会提高整体的社会劳动生产率。

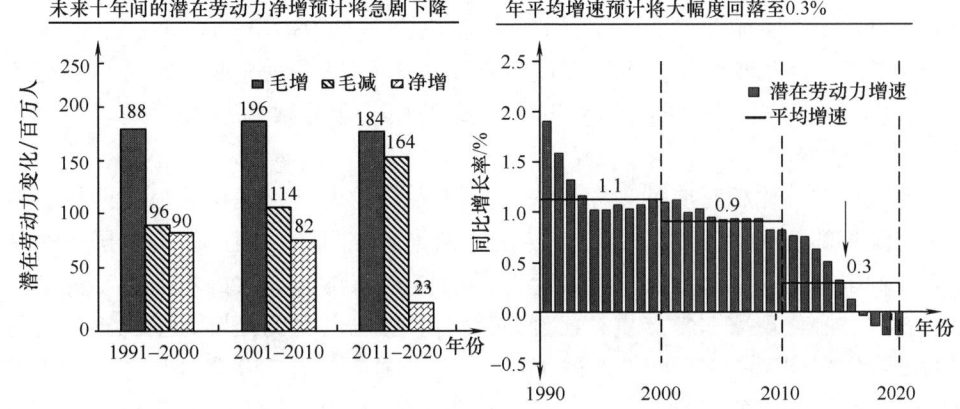

图 3-6 未来十年潜在劳动力变化趋势预测

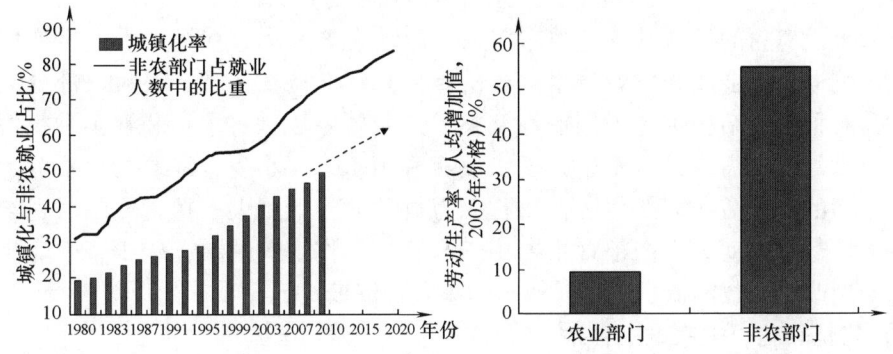

图 3-7 城镇化与劳动生产率的关系

我国当前第一产业吸收劳动力的占比是持续下降的，这符合我国经济发展中二、三产业主导地位提升的战略，特别是第三产业，吸收劳动力持续提高。但总地来说，农业人口所占比例仍严重偏高。从发达国家的经验来看，在农业现代化起飞阶段，农业人口比重一般在20%以下，到完成阶段一般降到10%以下。而目前我国农村劳动力中从事农业的就业比重仍高达70%，大量的农村劳动力滞留于农业，制约了农业劳动生产率的进一步提高。

（二）农村、农业面临的空心困惑

虽然劳动力从农业部门向非农部门的转移过程会提高整体的社会劳动生产率，但是在相当长的一段时间内，农业从业人口的大量转移，尤其是青壮年劳动力的转出，将会对农村、农业的发展造成很深的影响，如从业人员的文化教育程度对科技推广的影响、农村空心化现象、农业从业人口老龄化等现象。

根据中国科学院地理科学与资源研究所发布的《中国乡村发展研究报告——农村空心化及其整治策略》，我国空心化农村土地整治现状潜力约为760万hm^2，实现城乡统筹发展的远景理论潜力约993.3万hm^2；报告警示"假若城乡统筹发展和农村土地制度创新不能取得实质性进展，农村空心化不仅会加剧发展，而且将长期存在……长此以往，会导致中国城不是城、村不是村"。

与农村空心化相对应的现象是农业从业人口的老龄化现象。根据四川省社科院副院长郭晓鸣对于西部农村老龄化的调查研究显示，四川作为中国最主要的劳务输出地之一，大量农村青壮年劳动力"东南飞"导致的农业劳动力老龄化和农村空心化现象非常严重，已经进入"未富先老"的怪圈，呈现出更为明显的城乡倒置现象；在调查涉及的1744个劳动力中，有750名外出务工，占比43.6%；而在外出务工劳动力中，45岁以下的青壮年劳动力占90.53%；特别是60岁以上的老年人口中有88.4%的人仍在从事农业劳动，且占总农业劳动力的比重高达33.2%，在一定程度上已经凸显出农业劳动力高龄化特征。

如果没有新的设施设备和技术引入，劳动力老龄化直接导致农业生产向小农经济倒退，也会成为农业技术进步的重要障碍。调查发现，很大一部分老龄劳动力对种植业结构进行了倒退性调整，其主要做法是将水稻和油菜种植规模缩小至满足自食需求的水平，并逐步放弃种植玉米、小麦、红薯等耗费劳力且收益不高的非生活必需的传统作物，无力耕种的土地则大多撂荒或临时送给乡邻耕种。老龄劳动力生产粮食主要用于自食，用作出售的粮食较少，农业生产又回归到改革开放前低投入、低产出的小农经济模式。

（三）劣势转化，未来谁来种地

在工业化、城镇化的大潮下，面对农业兼业化、村庄空心化和劳力老龄化的现象，解决"谁来种地"问题关系到社会稳定与经济的长远发展。

2012年12月31日，国务院发布《关于加快发展现代农业进一步增强农村发展活力的若干意见》，明确提出要培育"新型农业经营主体"。我国现有农业经营主体，是在以家庭承包经营为基础、统分结合的双层经营体制基础上形成和发展起来的。按农业经营主体类型划分，主要有承包农户、专业大户、家庭农场、农民专业合作组织、农业产业化龙头企业和其他各类农业社会化服务组织等；新型农业经营主体是指在家庭承包经营制度下，经营规模大、集约化程度高、市场竞争力强的农业经营组织和有文化、懂技术、会经营的职业农民。

2013年3月，国务院发展研究中心副主任、清华大学中国农村研究院副院长韩俊提出，加快培育新型农业经营主体、构建新型农业经营体系，需坚持以农民为主体、为农民服务为基本原则，不可脱离家庭承包经营制度，这关乎农村基本经营制度。

在培养新型职业农民的过程中，首先要制定认定标准，鼓励各地结合实际，从居住地域、农业劳动时间、生产经营规模、素质能力水平等方面进行认定探索,并作为培育和扶持的依据。其次,要拓宽培养途径,突出培养重点,优化培养方式,着重抓好种养大户、家庭农场主、科技示范户、农民专业合作社理事长的培养,发挥其示范带动作用;吸引和支持农民工返乡务农,鼓励和支持新生代农民工子承父业;以农民中等职业教育为平台,以政府公共财政支持的农民工"阳光工程"等创业培训为抓手,开展多形式、经常性的职业教育培训。同时,要完善培养政策,加大政策扶持力度,扩大"阳光工程"等创业培训规模;完善绿色证书制度,健全农业技能持证上岗制度,探索把绿色证书作为认定职业农民的重要依据,并与农业扶持政策挂钩。

二、农业资源

我国农业生产具有明显的地域差异性,各地区自然资源条件的特点,直接制约了农业发展和影响农业生产布局。农业的核心是生产力,其中占绝对优势的是第一性生产力即作物生产力,而自然资源条件从根本上限定了第一性生产力的大小。光、热、水、土、地形地势是主要的自然资源条件;光、热、水、土是影响自然资源生产潜力的代表因素,地形地势条件限制了自然资源潜力的可利用性以及农业生产的耕作条件等。

我国国土领域跨了 8 个温度带,各地带温度条件不同,宜种农作物种类及熟制差别很大。但除高寒气候(青藏高原大部)外,76.5% 的地区温度条件均较优越。其他大部分地区均可种植各种喜温作物。水稻、棉花的种植北界为世界最北,暖温带及以南地区农作物均可复种。

然而资源在地区间的分布极为不均,尤其是水土资源的不均衡,使得各地区农业发展形成了不同的格局。东南部的湿润、半湿润地区和西北部的半干旱、干旱地区约各占国土面积的一半。东南部地区雨量充沛,雨热同期,极有利于植物生长,全国 90% 以上的耕地和森林分布在东南部地区。西北部地区降水不足,农业必须依靠灌溉,极大地限制了农林业的发展,大部形成了草原和荒漠,成为天然的牧业地区。长江流域及以南地区,河川径流量占全国 82.4%,虽然耕地仅占全国 38%,但却是中国农产品的主要生产基地;北方黄淮海流域耕地占全国 37%,是中国重要的农业经济区和粮食、棉花主产区之一。

(一) 土地资源

土地资源主要包括耕地、草地、林地及水域。中国土地资源中,约有 74% 的土地已开发或可开发用于农林牧渔生产。

全国耕地约 9567 万 hm^2,垦殖指数为 9.97%,耕地分布极为不均,90% 以上分布于大兴安岭经长城至青藏高原东部边缘一线以东地区。黄淮海平原、长江中下游平原的垦殖指数可达 50%~60%,四川盆地 40%,东北平原 20%~30%,长江以南的丘陵低山地区一般约 10%~20%。西部地区耕地少,主要集中于山麓平原的小块沃洲，广大高原山区耕地很少。

质量较好的宜农荒地资源主要分布于黑龙江、内蒙古东部及新疆等地区，其余多为质量较差、开垦需要较大投资的土地，且多属于宜牧或宜林地。宜牧草地占国土面积1/3以上，北部和西部的天然草场为中国主要放牧业基地。

中国森林面积12465万hm^2，森林覆盖率为12.98%，与世界平均数22%比差距很大。东北地区的大小兴安岭及长白山地一带为全国最大林区，其次为西南地区的川西、藏东南、滇西北等山区。内蒙古东部，东北三省及长江以南各省区，森林覆盖率在25%~30%以上，广大农区和牧区少林甚至无林。华北平原地区覆盖率不及10%，西北地区不及1%。林地面积中，用材林占73.2%，次为经济林、防护林、薪炭林、竹林等。全国内陆水域约有2660万余hm^2，占国土面积2.8%，是发展淡水水产的主要场所，约有92%分布于"爱辉—兰州—腾冲"一线的东南部。

全国的地形地势条件差异较大，山地显著多于平地，山地占全国土地总面积的2/3，平地只占1/3。特别是中国东南部的亚热带和热带的丘陵山地，全部位于多雨湿润地区，为世界所罕见，有发展林特产等多种经济的潜力（如江南丘陵、东南沿海丘陵）。

（二）水资源

水是生命之源、生产之要、生态之基。兴水利、除水害，事关人类生存、经济发展、社会进步，历来是治国安邦的大事。促进经济长期平稳较快发展和社会和谐稳定，夺取全面建设小康社会新胜利，也必须下决心加快水利发展，切实增强水利支撑保障能力，实现水资源可持续利用。

人多水少、水资源时空分布不均是我国的基本国情水情。洪涝灾害频繁仍然是中华民族的心腹大患，水资源供需矛盾突出仍然是可持续发展的主要瓶颈，农田水利建设滞后仍然是影响农业稳定发展和国家粮食安全的最大硬伤，水利设施薄弱仍然是国家基础设施的明显短板。

随着工业化、城镇化深入发展，全球气候变化影响加大，我国水利面临的形势更趋严峻，增强防灾减灾能力要求越来越迫切，强化水资源节约保护工作越来越繁重，加快扭转农业主要"靠天吃饭"局面任务越来越艰巨。

近年来，多个地区发生特大干旱、多数省区市遭受洪涝灾害、部分地方突发严重山洪泥石流，再次警示我们加快水利建设刻不容缓。频繁发生的严重水旱灾害，造成重大生命财产损失，也暴露出农田水利等基础设施十分薄弱，对于县域现代农业发展必须大力加强水利建设。

新形势下水利的地位和作用。水利是现代农业建设不可或缺的首要条件，是经济社会发展不可替代的基础支撑，是生态环境改善不可分割的保障系统，具有很强的公益性、基础性、战略性。对于县域现代农业发展规划而言，加快水利改革发展，不仅事关农业农村发展，而且事关经济社会发展全局；不仅关系到防洪安全、供水安全、粮食安全，而且关系到经济安全、生态安全、国家安全。

要把水利工作摆上党和国家事业发展更加突出的位置，着力加快农田水利建设，推动水利实现跨越式发展。农田水利建设是指为发展农业生产服务的水利事业。基本任务是通过水利工程技术措施，改变不利于农业生产发展的自然条件，为农业高产高效服务。农田水利建设包括：农田灌溉（渠道灌溉和管道灌溉），排水系统，小型水源建设（小水窖、小水池、小泵站、小塘坝、小水渠）等。

我国农田水利建设历史欠账多、薄弱环节多、积累矛盾多的问题尚未根本解决。具体表现在：我国水资源人均占有量少、时空分布不均，一些地方污染严重，可以利用的淡水呈不断减少态势，而随着经济社会不断发展，各类用水快速增加，水资源短缺问题日益严重。

目前我国灌区和中小农田水利用于输配水的渠道及引水工程等基础设施老化或配套不到位，导致众多小型灌排工程"卡脖子"和灌区"最后一公里"的问题较严重，全国有近一半的耕地缺少基本灌溉条件，40%的大型灌区、50%～60%的中小型灌区和50%的小型农田水利设施不配套、老化失修，大型排灌泵站设备完好率不足60%。

同时，全国仍有约1.7亿农村居民存在饮水不安全问题，大部分中小河流防洪能力低，小型水库病险隐患多，山洪灾害防治难度大，1/3的国土面积存在着水土流失，生态环境恶化问题相当突出。另外，伴随现代农业规模化的推进，农业灌溉、排水和小型水源建设的需求大幅增加。

面对以上问题，农田水利建设"十二五"规划新增了灌区节水改造、节水灌溉及山丘区小型水利建设，而且"节水灌溉"也将成为未来农田水利建设的重点。根据《全国节水灌溉发展"十二五"规划》和《大型灌区续建配套和节水改造"十二五"规划》，到2015年新增高效节水灌溉面积666.7万hm^2，与农田水利"十二五"规划一致，全国70%大型灌区和50%中型灌区完成配套续建和节水改造，共涉及灌溉面积1886.7万hm^2。根据规划，十二五期间，节水灌溉工程将在有效灌溉面积内推广渠道防渗控制、低压管道输水及喷灌、微灌等高效节水技术，其中大中型灌区主要推进输配水渠道及管网续建配套与节水改造工作，东北、西北地区将大力发展喷灌、滴灌等高效节水灌溉，华北平原、黄淮地区大力发展那高标准管道输水灌溉。这些扶持政策都将有效促进县域层面对农业的重视和投资力度，也将加快区域农业的发展。

我国建立了以公共财政投入为主导，多元化、多渠道、多层次的农田水利投融资体制，制定了从土地出让收益中计提10%用于农田水利建设的政策措施，延长并充实了中央和地方水利建设基金，完善了民办公助、以奖代补、农机具购置补贴、抗旱浇地直补、财政贴息等扶持政策，出台了金融支持水利的办法，初步建立了中西部地区、贫困地区公益性水利工程维修养护经费中央财政奖补激励机制。

据水利部统计,"十一五"完成农田水利基本建设投资 4865 亿元,占全国水利投资总额的 70%;而在"十二五"水利投资计划 1.8 万亿规模的假设下,若考虑农田水利建设的比重提升至 80%,投资将达到 1.44 万亿元,年均复合增速将达到 22.5%,比"十一五"提高 8.6 个百分点(图 3-8、图 3-9)。

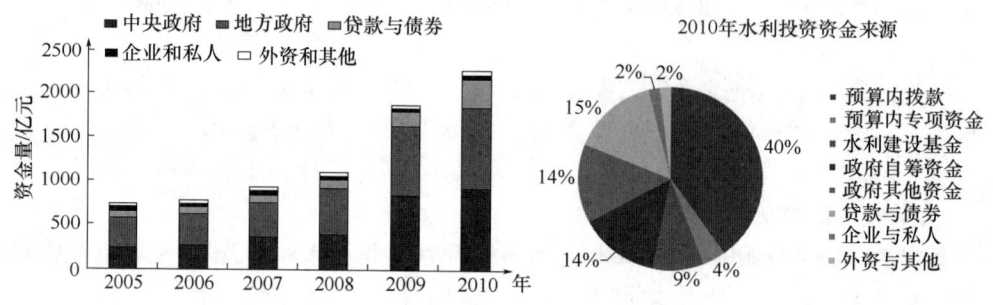

图 3-8　水利建设资金来源状况分析

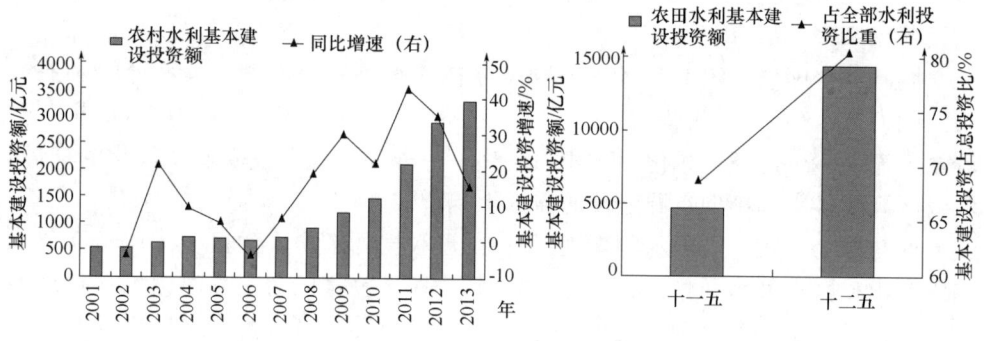

图 3-9　"十二五"农田水利基本建设投资增长速度

在灌溉方式方面,节水灌溉将是大势所趋,而且节水灌溉在灌溉方式中的占比提升空间巨大。

传统的农业灌溉方式是采用土渠输水灌溉,渠系水利用系数一般为 0.3 左右,大部分水都渗漏和蒸发损失掉了,水资源浪费严重。节水灌溉是以最低限度的用水量获得最大的产量或收益的灌溉措施,从节水效果由低到高的顺序,分为渠道防渗、管灌、喷灌、微灌(表 3-8)。

截至 2011 年年底,全国农田有效灌溉面积达到 6.2 万 hm^2,占全国耕地面积的 51.4%;全国节水灌溉面积达到 2.9 万 hm^2,占全国农田有效灌溉面积的 47.3%,其中渠道防渗、低压管灌、喷灌/微灌占有效灌溉面积的比重分别为 19.7%、11.6% 和 9.4%。而美国喷灌和滴灌面积占比高达 87% 以上,欧洲各国喷灌和滴灌面积占灌溉面积的比例也都达到 80% 以上。

表 3-8　　　　　　　　　　主要的节水灌溉方式比较

节水灌溉技术	主要形式	节水效果
渠道防渗	改土渠为防渗输水灌溉	节水 20%
管灌	利用低压管道（埋没地下或铺设地面）将灌溉水直接输送到田间	节水 30%~50%
喷灌	将灌溉水加压，通过管道，有喷水嘴将水喷洒到灌溉土地上，喷灌是目前大田作物较理想的灌溉方式	节水 50%~60%
微灌	包括喷灌、滴灌、渗灌等微管灌等，是将灌水加压、过滤，经各级管道和灌水器具灌水与作物根系附近的灌溉方式，微灌属于局部灌溉，只湿润部分土壤。微灌与施肥结合，利用施肥器将可溶性的肥料随水施入作物根区，及时补充作物所需要水分和养分，增产效果好，微灌应用于大棚栽培和高产高效经济作物上	节水 80%~85%

我国节水灌溉比例提升空间巨大。《国家水利发展"十二五"规划》《国家农业节水纲要（2012—2020 年）》等提出，"十二五"期间全国将新增节水灌溉工程面积 1300 万 hm^2，其中发展高效节水灌溉工程面积确保 333.3 万 hm^2、力争新增 666.7 万 hm^2。

三、涉农政策

(一) 国家支农惠农政策

1978 年，党的十一届三中全会做出"把党和国家工作中心转移到经济建设上来，实行改革开放"的历史性决策。我们党全面把握国内外发展大局，尊重农民首创精神，从"率先在农村发起改革，废除人民公社，确立以家庭承包经营为基础、统分结合的双层经营体制"，到"全面放开农产品市场，取消农业税，对农民实行直接补贴"，初步形成了适合我国国情和社会生产力发展要求的农村经济体制。

发展过程中，粮食总产量不断跃上新台阶，农产品供应日益丰富，农民收入大幅度增加，扶贫开发成绩显著，依靠中国自己的力量稳定解决了 13 亿人口吃饭问题；乡镇企业异军突起，小城镇蓬勃发展，农村劳动力大规模转移就业，中国特色工业化、城镇化、农业现代化加快推进，切实巩固了新时期工农联盟。

2012 年 11 月，十八大的召开标志着中国进入了一个新的发展阶段。按照十八大"解决好农业农村农民问题是全党工作重中之重"，牢固树立"重中之重"的战略思想，对于做好新阶段"三农"工作，推进社会主义新农村建设和小康建设，促进经济社会协调发展，构建社会主义和谐社会，具有重大而有深远的意义的要求。

中央对农业农村政策的表述从之前的"支农""支农惠农"到"强农惠

农",再到如今的"强农惠农富农",可以看出国家对农业的重视已经提升到了发展战略的第一位置。在强化农业基础、惠及农村发展、富裕农民生活等方面提出了更加科学、具体的指导方针。

近年国家出台的一系列支持粮食增产和农民增收的政策和措施,力度逐年加大,补贴持续增力。从数量上看,2012年国家支持粮食增产农民增收的政策措施共有33条,而2013年出台的政策则增加到了39条。从主要内容上看,呈现出与农村改革、现代农业生产结合更加紧密的趋势。其中的大部分政策措施,与农业生产息息相关,与农民的利益紧密联系,大致可以包括以下五类:

1. 针对种植业生产

种粮农民直接补贴政策,农资综合补贴政策,良种补贴政策,农机购置补贴政策,提高小麦、水稻最低收购价政策,产粮(油)大县奖励政策,粮棉油糖高产创建政策,测土施肥配方补助政策,土壤有机质提升补助政策,农作物病虫害防控补助政策,农业防灾减灾稳产增产关键技术补助政策,扶持专业大户、家庭农场和农民合作社等新型经营主体政策,完善农业保险保费补贴政策等。

2. 针对畜牧渔业生产

生猪大县奖励政策,畜牧良种补贴政策,畜牧标准化规模养殖支持政策,动物防疫补助政策,渔业柴油补贴政策,扶持专业大户、家庭农场和农民合作社等新型经营主体政策,完善农业保险保费补贴政策等。

3. 针对农产品加工销售

农产品产地初加工扶持政策,鲜活农产品运输绿色通道政策,生鲜农产品流通环节税费减免政策,"菜篮子"产品生产扶持政策等。

4. 针对建设项目

国家现代农业示范区建设政策,农村沼气建设政策,基层农技推广体系建设政策,基层农技推广体系改革与示范县建设政策等。

5. 针对生态资源保护

草原生态保护补助奖励政策,渔业资源保护补助政策等。

(二) 改革开放以来的中央涉农"一号文件"

改革开放以来国家关于"三农"问题共出台了15个"一号文件":

1. 1982—1986年:谱写中国改革进程的五个辉煌篇章

"五个一号文件"是指从1982年到1986年,党中央制定和颁布的关于农村工作的五份文件。这五个"一号文件",记录了中国共产党尊重人民群众的首创精神,从群众中来、到群众中去,指导中国农村改革的一系列重大决策,对实现农村改革率先突破、调动广大农民积极性、解放农村生产力起到了巨大推动作用,深深地印在亿万中国农民的心坎上。

"五个一号文件",通过对家庭联产承包的肯定,使亿万农民逐步从绵延数千年"面朝黄土背朝天"的生产模式中解放了出来;通过非农经营等方式,在解放生产力的同时,实现了劳动力自身的进一步解放。更多的劳动力开始参与到中国工业化、城市化的伟大历史进程,为中国城市经济体制改革,提供了坚实的物质基础和取之不竭的精神动力。

(1) 1982年1月1日第一个"一号文件" 1982年1月1日,中共中央发出第一个关于"三农"问题的"一号文件",对迅速推开的农村改革进行了总结。文件明确指出包产到户、包干到户或大包干"都是社会主义生产责任制",同时还说明它"不同于合作化以前的小私有的个体经济,而是社会主义农业经济的组成部分"。1982年"一号文件"与之后的连续4个中央关于农村政策的"一号文件"在中国农村改革史上成为专用名词——"五个一号文件"。

(2) 1983年1月《当前农村经济政策的若干问题》 1983年1月2日,中共中央印发《当前农村经济政策的若干问题》(简称1983年中央"一号文件")。文件指出:党的十一届三中全会以来,我国农村发生了许多重大变化,其中,影响最深远的是普遍实行了多种形式的农业生产责任制,而联产承包制又越来越成为主要形式。联产承包制是在党的领导下我国农民的伟大创造,是马克思主义农业合作化理论在我国实践中的新发展。现在,方向已经明确,道路已经开通。文件还阐述了关于要按照我国国情,逐步实现农业的经济结构改革、体制改革和技术改革,走出一条具有中国特色的社会主义的农业发展道路等14个问题。

(3) 1984年1月1日《关于一九八四年农村工作的通知》 1984年1月1日,中共中央发出《关于一九八四年农村工作的通知》,即第三个"一号文件"。文件强调要继续稳定和完善联产承包责任制,规定土地承包期一般应在15年以上,生产周期长的和开发性的项目,承包期应当更长一些。

(4) 1985年1月《关于进一步活跃农村经济的十项政策》 1985年1月,中共中央、国务院发出《关于进一步活跃农村经济的十项政策》,即第四个"一号文件"。取消了30年来农副产品统购派购的制度,对粮、棉等少数重要产品采取国家计划合同收购的新政策。

(5) 1986年1月1日《关于一九八六年农村工作的部署》 1986年1月1日,中共中央、国务院下发了《关于一九八六年农村工作的部署》,即第五个"一号文件"。文件肯定了农村改革的方针政策是正确的,必须继续贯彻执行。

2. 2004—2013年:统筹城乡进程中的涉农"一号文件"

21世纪,中国经济持续快速增长势头不减,"让一部分人先富起来"已成为现实。然而,为中国城市经济体制改革提供了强大动力的农村经济社会发展却陷入滞后窘境。

1997—2003年,农民收入连续7年增长不到4%,不及城镇居民收入增量的1/5。粮食主产区和多数农户收入持续徘徊甚至减收,农村各项社会事业也陷入低增长期。

面对"三农"严峻形势，党中央审时度势，从国民经济全局出发，对城乡发展战略和政策导向做出重大调整。党的十六大指出，"统筹城乡经济社会发展，建设现代农业，发展农村经济，增加农民收入是全面建设小康社会的重大任务"。更多关注农村，关心农民，支持农业，作为全党工作重中之重的地位得到再三强调。

新世纪关于"三农"的十个中央"一号文件"，其核心思想则是城市支持农村、工业反哺农业，通过一系列多予、少取、放活的政策措施，取消农业税、增加农业直补力度等，使农民休养生息，重点强调了农民增收，给农民平等权利，给农村优先地位，给农业更多反哺。

十余年来，中央把落实统筹城乡发展的方略落实在投入上，城市与农村经济间的"汲取型"关系被打破，国家对农民实现了由"取"向"予"的重大转折。在这十个中央"一号文件"有力的政策支持下，一度沉寂的农村重新焕发出勃勃生机。

(1) 2004年1月《中共中央国务院关于促进农民增加收入若干政策的意见》 2004年1月，针对全国农民人均纯收入连续增长缓慢的情况，中央下发《中共中央国务院关于促进农民增加收入若干政策的意见》，成为改革开放以来中央的第六个"一号文件"。

《意见》围绕"促进增加农民收入增长"这个主题，从如何"集中力量支持粮食主产区发展粮食产业，促进种粮农民增加收入""继续推进农业结构调整，挖掘农业内部增收潜力""发展农村二、三产业，拓宽农民增收渠道""改善农民进城就业环境，增加外出务工收入""发挥市场机制作用，搞活农产品流通""加强农村基础设施建设，为农民增收创造条件"；以及如何继续"深化农村改革，为农民增收提供体制保证""继续做好扶贫开发工作，解决农村贫困人口和受灾群众的生产、生活困难""确保各项政策落实"等九个方面作出了具体的政策规定。

(2) 2005年1月30日《中共中央国务院关于进一步加强农村工作提高农业综合生产能力若干政策的意见》 2005年1月30日，《中共中央国务院关于进一步加强农村工作提高农业综合生产能力若干政策的意见》，即第七个"一号文件"公布。文件要求，坚持"多予少取放活"的方针，稳定、完善和强化各项支农政策。当前和今后一个时期，要把加强农业基础设施建设，加快农业科技进步，提高农业综合生产能力，作为一项重大而紧迫的战略任务，切实抓紧抓好。要求稳定、完善和强化各项支农政策，切实加强农业综合生产能力建设，继续调整农业和农村经济结构，进一步深化农村改革。

(3) 2006年2月《中共中央国务院关于推进社会主义新农村建设的若干意见》 2006年2月，中共中央、国务院下发《中共中央国务院关于推进社会主义新农村建设的若干意见》要求完善强化支农政策,加强基础设施建设,加强农村民主政治建设和精神文明建设,加快社会事业发展,推进农村综合改革,促进农民持续增收,确保社会主义新农村建设有良好开局。

(4) 2007年1月29日《中共中央国务院关于积极发展现代农业扎实推进社会主义新农村建设的若干意见》 这份中央"一号文件"从统筹城乡经济社会发展、推进现代化农业建设、促进农民增收、加强农村基础设施建设、加快发展农村社会事业、深化农村改革等8个方面,提出32条支农、惠农的具体措施。文件强调推进新农村建设要注重实效,不搞形式主义;要量力而行,不盲目攀比;要民主商议,不强迫命令;要突出特色,不强求一律;要引导扶持,不包办代替。提出用现代物质条件装备农业,用现代科学技术改造农业,用现代产业体系提升农业,用现代经营形式推进农业,用现代发展理念引领农业,用培养新型农民发展农业。

(5) 2008年8月27日《中共中央国务院关于切实加强农业基础建设进一步促进农业发展农民增收的若干意见》 《意见》指出,推动科学发展,促进社会和谐,夺取全面建设小康社会新胜利,必须加强农业基础地位,走中国特色农业现代化道路,建立以工促农、以城带乡长效机制,形成城乡经济社会发展一体化新格局。

(6) 2009年1月29日中央"一号文件"《关于促进农业稳定发展农民持续增收的若干意见》 中央"一号文件"提出:2009年农业农村工作必须立足全局、服务大局,保持农业农村经济平稳较快发展,围绕稳粮、增收、强基础、重民生,强化惠农政策、增强科技支撑、加大投入力度、优化产业结构、推进改革创新,坚决防止粮食生产滑坡、千方百计保证国家粮食安全和主要农产品有效供给,坚决防止农民收入徘徊、千方百计促进农民收入持续增长。

(7) 2010年1月31日《关于加大统筹城乡发展力度进一步夯实农业农村发展基础的若干意见》 以加大统筹城乡发展力度、进一步夯实农业农村发展基础为主题,要求"稳粮保供给、增收惠民生、改革促统筹、强基增后劲",提出把统筹城乡发展作为全面建设小康社会的根本要求,把改善农村民生作为调整国民收入分配格局的重要内容,把扩大农村需求作为拉动内需的关键举措,把发展现代农业作为转变经济发展方式的重大任务,把建设社会主义新农村和推进城镇化作为保持经济平稳较快发展的持久动力,更加凸显"三农"工作对经济社会发展全局的重大意义。

这不仅是促进农业稳定发展、农民持续增收、农村和谐稳定的根本之举,更是推动经济发展方式转变和经济结构调整、保持经济平稳较快发展的战略需求。特别是,文件着眼于以改革创新这个基本动力来促进城乡统筹,着力构建以工促农、以城带乡长效机制,协调推进工业化、城镇化和农业现代化,建立健全有利于农业农村发展的体制机制、政策制度与宏观环境;立足于加强农业农村基础建设、强化基础支撑，全面提升农业农村可持续发展能力。

（8）2011年1月29日《中共中央国务院关于加快水利改革发展的决定》《决定》以水利改革发展为主题，是新中国成立以来中央首个关于水利的综合性政策文件，向全党全社会发出了大兴水利的明确信号，就是要抓住当前水利这个薄弱环节，解除水利这个瓶颈制约，夯实农田水利这个重要基础，尽快扭转水利建设滞后的局面。

（9）2012年2月1日《关于加快推进农业科技创新持续增强农产品供给保障能力的若干意见》 2012年中央"一号文件"聚焦农业科技，提出持续加大"三农"财政支出，改善农业科技创新条件，加快农业机械化发展。文件指出，实现农业持续稳定发展的根本出路在于科技。加快农业机械化就要不断拓展农机作业领域，提高农机服务水平。

（10）2013年（2012年12月31日发布）《中共中央国务院关于加快发展现代农业进一步增强农村发展活力的若干意见》 文件主要包括农村经营体制的改革创新、农村土地确权登记颁证、征地制度改革、为进城农民工解决户籍和公共服务问题等议题。文件要求围绕现代农业建设，充分发挥农村基本经营制度的优越性，着力构建集约化、专业化、组织化、社会化相结合的新型农业经营体系。首次提出"家庭农场"。

文件提出要建立归属清晰、权能完整、流转顺畅、严格保护的农村集体产权制度，为此，一是要全面开展农村土地确权登记颁证工作，其中农村土地承包经营权的确权登记颁证工作将在5年内完成，农村宅基地在内的集体土地所有权和建设用地使用权也要尽快完成。提高农产品的流通效率和完善农产品的市场调控，统筹规划农产品市场流通网络分布，重点支持重要农产品集散地、优势农产品产地市场建设，加强农产品期货交易所建设，适时推出市场波动剧烈的大宗农产品期货品种，培育具有国内外影响力的农产品价格形成和交易中心。在农业补贴方面，未来结构将有所变化，在继续加大补贴资金规模的同时，新增补贴将主要向主产区和优势产区集中，向专业大户、家庭农场、农民合作社等新型生产经营主体倾斜。这也是与前述农业经营体制的转换相呼应的。

① 侧重农民增收，出现在2004年、2008年和2009年"一号文件"。2004年政策背景是因为2000年为降低粮食库存，政策鼓励将粮食用于深加工、出口和作为畜禽口粮，为减少粮食播种面积，让粮价持续下跌且地方没有完全落实按保护价敞开收购农民余粮的政策，造成1998—2003年农民收入增长乏力；2008年政策背景是因为海外通胀输入和猪价飙升共同导致国内通胀居高不下，政府为控制通胀而限制大宗口粮价格涨幅（包括不上调最低收购价），影响农民收入增幅；2009年政策背景是想通过务农收入增长弥补经济危机造成的外出务工收入减少。

② 侧重农产品供应，出现在2005—2007年和2010—2013年"一号文件"。

这些年都是在农民增收无虞的背景下,政府政策重心转向农产品供应。

(三) 各部位有关农业政策

1. 新型城镇化

新型城镇化是以城乡统筹、城乡一体、产城互动、节约集约、生态宜居、和谐发展为基本特征的城镇化,是大中小城市、小城镇、新型农村社区协调发展、互促共进的城镇化。新型城镇化核心在于不以牺牲农业和粮食、生态和环境为代价,着眼农民,涵盖农村,实现城乡基础设施一体化和公共服务均等化,促进经济社会发展,实现共同富裕。

2013年中央经济工作会议(2012年12月15—16日)提出的全年经济工作主要任务明确了"积极稳妥推进城镇化,着力提高城镇化质量"的目标。城镇化是我国现代化建设的历史任务,也是扩大内需的最大潜力所在,要围绕提高城镇化质量,因势利导、趋利避害,积极引导城镇化健康发展。要构建科学合理的城市格局,大中小城市和小城镇、城市群要科学布局,与区域经济发展和产业布局紧密衔接,与资源环境承载能力相适应。要把有序推进农业转移人口市民化作为重要任务抓实抓好。要把生态文明理念和原则全面融入城镇化全过程,走集约、智能、绿色、低碳的新型城镇化道路。

新型城镇化所涉及的农民土地问题、户籍制度问题都是关系国家命运前途的重大问题,对县域尺度的现代农业发展,其影响也将是深远的。县域发展现代农业通过股份合作、家庭农场、专业合作等多种形式开展实践是发展趋势。因地制宜,尊重农民意愿,保护农民权益前提下的适度规模经营,则可以提高土地、劳动力效率,更好更多地提供农产品,可以认为县域尺度的现代农业发展将成为新型城镇化的有力支撑。

2. 农业信息化

2011年11月,农业部印发的《全国农业农村信息化发展"十二五"规划》中指出农产品数量需求压力加大,解决好13亿人的吃饭问题始终是治国安邦的头等大事,我国人口不断增多,耕地面积不断减少,农业生态恶化的趋势还没有根本遏制,保障农产品供给安全的压力持续加大。

改变这一状况的根本出路是转变农业发展方式,利用信息技术改造传统农业,提高农业资源利用率和劳动生产率,确保国家农产品供给安全。推动农业农村信息化全面发展,加快推进农业电子政务建设,提升农业生产经营信息化水平,增强农业信息服务能力,成为我国"十二五"时期发展现代农业的重中之重。

2013年5月6日,农业部印发的《关于加快推进农业信息化的意见》中指出,大力发展农业信息化,推动信息技术与传统农业深度融合,不断提高农业生产经营的标准化、智能化、集约化、产业化和组织化水平,努力提升资源利用率、劳动生产率和经营管理效率,是我国农业突破约束、实现产业升级的根本出路。党的十八大提出"促进工业化、信息化、城镇化、农业现代化同步发展"的战略部署，更是确保了信息化成为工业化、城镇化、农业现代化发展的主要动力与支柱。

农业农村信息化，对大田种植、设施园艺、畜禽养殖和水产养殖等农业生产的各种要素实行数字化设计、智能化控制、精准化运行、科学化管理，能够大大提高农业生产的标准化、集约化、自动化、产业化及组织化水平，提高农业的生产效率，降低资源耗费，促进农业高产、优质、高效、生态、安全。因此，农业农村信息化是改变传统农业生产方式、管理方式和发展方式，实现传统农业向现代农业转变的重要支撑，是未来现代农业发展的方向。

3. 优化产业结构

党的十六大根据世界经济科技发展新趋势和走新型工业化道路的要求，作出了推进产业结构优化升级的部署，即形成以高新技术产业为先导、基础产业和制造业为支撑、服务业全面发展的产业格局。优化产业结构既是现实迫切要求，更是长期战略任务。

党的十八大报告指出，坚持走中国特色新型工业化、信息化、城镇化、农业现代化道路，推动信息化和工业化深度融合、工业化和城镇化良性互动、城镇化和农业现代化相互协调，促进工业化、信息化、城镇化、农业现代化同步发展。

产业结构调整已经成为加快县域经济发展的重中之重，大力发展工业，提高工业的比重；推进农业现代化，增强农业的基础地位；大力发展生产型服务业，为工农业发展服务；积极发展生活型服务业，为提高居民生活服务。

工业调整，要加快设备更新速度，进行技术改造，提高科技水平，加快产品创新，立足本地主导产业，抓大扶强。农业调整，要适应市场需求变化，推进农业产业化，加快农业现代化，提高农业整体效益。生产型服务业调整，要以市场建设为重点，加快交通物流业、邮电通信业、金融保险业、中介服务业以及其他为工农业产前、产中、产后服务的服务业的发展。生活服务业调整，要适应居民收入水平提高和对较高质量服务产品的需要，提高生活服务业的发展水平。

县域农业的现代化是实现县域工业化、信息化的基础。

农业现代化是释放劳动力资源的重要前提，伴随着工业化发展的深入，农业产业结构不断调整，农业现代化水平不断提升，农业在国民经济中的份额逐渐变小，农村剩余劳动力不断从农业部门向非农业部门转移，为工业化的深入推进奠定了基础；同时，农业现代化发展也将为工业化发展提供更加丰富、质优价廉的基本原材料。

农业现代化也是城镇化的基础。随着劳动生产率的提高，将促进非农产业从农业中独立出来，带动着工业化进程的发展，进而促进了城镇化发展。同时，随着收入不断提高，相关产业的发展也将出现更多的市场机会。

4. 农业产业化和农业龙头企业扶持政策

农业产业化是我国农业经营体制机制的创新，是现代农业发展的方向。农业产业化龙头企业（以下简称龙头企业）集成利用资本、技术、人才等生产要素，带动农户发展专业化、标准化、规模化、集约化生产，是构建现代农业产业体系的重要主体，是推进农业产业化经营的关键。支持龙头企业发展，对于提高农业组织化程度、加快转变农业发展方式、促进现代农业建设和农民就业增收具有十分重要的作用。

国务院〔2010〕10号文件《国务院关于支持农业产业化龙头企业发展的意见》要求，培育壮大龙头企业，打造一批自主创新能力强、加工水平高、处于行业领先地位的大型龙头企业；引导龙头企业向优势产区集中，形成一批相互配套、功能互补、联系紧密的龙头企业集群；推进农业生产经营专业化、标准化、规模化、集约化，建设一批与龙头企业有效对接的生产基地；强化农产品质量安全管理，培育一批产品竞争力强、市场占有率高、影响范围广的知名品牌；加强产业链建设，构建一批科技水平高、生产加工能力强、上中下游相互承接的优势产业体系；强化龙头企业社会责任，提升辐射带动能力和区域经济发展实力。

5. 环境保护和生态建设

1998年中国首次提出循环经济思想，并于2002年开始被广泛接受认可。2005年"循环经济试点工作方案"颁布。2006年国家首次将发展循环经济、构建和谐社会作为中国特色社会主义的本质属性。2007年，国家强调发展循环经济是建设资源节约、环境友好型社会和实现可持续发展的重要途径，并把节约资源和保护环境的基本国策提到了空前的高度来强调。2009年"循环经济促进法"正式开始实施，为全面发展循环经济提供了法律保障。

县域农业循环经济是针对人口、资源和环境协调发展的农业经济增长新模式，它的核心是运用了可持续发展的思想、循环经济理论和产业链延伸理念，通过对农业发展模式的创新，优化和调整农业内部生态系统产业结构，并延长其产业链，同时提高农业系统物质能量的多级多层次生态循环利用，严格控制其外部农业废弃物及有害物质的产生，从而在最大程度上减轻生态破坏和环境污染，做到较好地利用农业资源，使农业生产真正纳入农业生态系统循环中去，以实现农业生产各个不同环节价值增值，从而进一步实现农村建设的和谐发展和农业生态的良性循环。

（四）土地制度及改革趋势

土地是经济增长的重要生产要素。但是与人口、资本等生产要素不同，土地由于其特殊性无法发生物理转移，因此其流动性障碍阻碍了土地资源的高效利用。为了解决这一问题，土地产权应运而生，土地产权附着在土地之上，其作用在于确认、调整和保障土地资源的经济关系，引导、调整和保护经济主体合理开发和利用土地资源。

健全的土地产权必须具备排他性、可分离性以及可转让性。排他性是现代产权制度的基础，通过这一安排，权利和义务被落实到具体单位。土地的所有权和使用权也可以分离，土地的收益权和处置权也可以进行有效的分割。可转让性是资源合理配置和高效利用的重要条件，产权主体之间公平、有效的交易是市场化经济体制的重要体现。

如其他生产要素一样，由于种种原因，土地资源往往不能达到最优配置，不适应当时的经济发展阶段的要求，政府就需要采取措施干预土地资源的配置，提高土地资源的使用效率，而这一般都会涉及土地利用规则的改变，这就是土地制度改革。

1. 土地改革遵循的规律："集中—分散—集中"

在经济的发展初期，农业相对发达，并容纳最多的就业人口。这一阶段的土地制度改革的目的就是为了解决多数人吃饭的问题，尽量缩小差别，本质上体现"耕者有其田"的准则。同时，为了防止交换过程中出现新的分化，一般会严格限制土地所有权的流转，或者规定转让的最高数额。比如日本 1950 年颁布的《土地法》规定自有土地在 $3hm^2$ 以下的农户才有买地权，土地买卖必须经都、道、府、县知事严格审查批准才能进行。

随着经济的发展和技术的进步，以制造业和建筑业为代表的第二产业开始崛起，产业工人的收入增加较快；而农业由于技术进步较慢，社会对农产品的需求也在收入水平达到一定程度后增速放缓，农业从业人员的收入弹性下降，因此就业开始从第一产业向第二产业转移。这一阶段土地改革的主要目的是解决过于分散的土地占有和规模化经营需求之间的矛盾，为了提高农业生产效率，就必须推进农业现代化，而农业现代化的前提是规模经营。为了克服土地集中经营的困难，需要政府运用法律工具大力推进，破除制度性障碍。

例如，日本在 1961 年颁布《农业基本法》，明确地把以调整土地经营规模为中心的所谓"结构政策"摆在农业政策的首位，鼓励农地向"中心农户"集中。日本政府又在 1962 年、1970 年和 1982 年多次修改《农地法》，核心内容是放宽对农地经营和租赁的限制，实行地租自由化，并通过不同组织完善基础设施、支持"中心农户"以及推动农业机械化和现代化。

从土地改革的规律可以得出另一个重要的结论，即土地改革是经济发展之后人力资本流动的自然结果和客观要求。根据配第克拉克的产业结构理论，第一产业和第二、三产业的发展存在着结构性的长期内在互动关系。随着第二、三产业的发展，必然会有大量的农业人口从第一产业脱离出来向第二、三产业转移，这就要求加快第二、三产业的发展以创造足够多的就业机会吸收从第一产业转移出来的剩余劳动力。同时在第二、三产业发展的基础上，也必须加快第一产业的发展，增加农民收入。只有这样，才能为第二、三产业的发展提供广阔的市场和产品服务需求，才能为第二、三产业的发展提供足够多的剩余劳动力。

土地改革是推进农业规模化和现代化，进而提高第一产业生产率的必要手段，因此土地改革是经济发展的必然结果和客观要求。在工业快速发展后，由于劳动力的转移，原有的土地制度安排已经开始不能促进经济的发展，甚至开始阻碍生产的快速发展。这也说明，生产关系的调整应该与时俱进，跟上并能推进生产力的发展，否则将阻碍生产力的发展。

2. 土地改革与工业化和城镇化同步：这在中国更具有迫切的意义

土地制度改革是工业化的直接结果，因此与城镇化也有密切的关系。城镇化一方面表现为一部分劳动力转化为非劳动力和农村人口转化为城市人口；另一方面表现为农业用地转化为非农业用地和农村用地转化为城市用地，从而导致城市人口和城市用地的扩大。因此，与城镇化相关的土地制度改革不仅包括农地的制度改革，还包括城市建设用地的制度改革，这在中国有更多的现实意义。

中国当前的土地管理制度以用地保护为目标、以用地管理为核心、以市场化配置为方向、以产权管理为基础。根据中国土地制度当前存在的问题，中国未来的土地制度改革将从四个方面展开：

（1）改革现行的土地征收和征用制度，全面保障农民在征地中的生存权和发展权；

（2）改革集体土地流转制度，促进农业产业化经营，促进农民市民化进程，加快城镇化速度；

（3）改革现行的土地用途管制制度，为生产和生活都留下足够的空间；

（4）加强土地的权益保护，进行土地登记、土地产权保护制度改革。

十八届三中全会中提出，"要加快构建新型农业经营体系，赋予农民更多财产权利，推进城乡要素平等交换和公共资源均衡配置，完善城镇化健康发展体制"，这也将促进土地管理制度的改革（图3-10）。

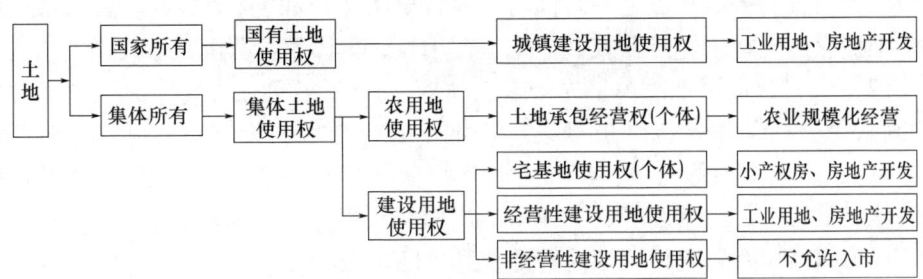

图3-10 中国土地产权分类及改革方向

3. 中国土地改革的历史回顾

（1）以土地流转为标志的农地改革进入加速推进期　新中国成立以来，国内土地制度改革经历"农民土地所有制→集体所有，农民既无所有权，也无经营权→土地承包，农民拥有经营权"的多次土地政策调整。

1978年家庭联产承包责任制以前，以土地集体化和"大跃进"、人民公社为标志的土地改革基本剥夺了农民对土地的所有权和经营权，土地所有权和经营权归集体所有。土地要素和人力要素的错配导致农村生产效率长期处于较低水平。数据显示，1957年到改革前的1978年，中国粮食总产量增长了58.1%，21年间平均每年仅增长2.2%；棉花总产量增长了50%，年均增长仅1.95%；油料总产量增长了2.6%，年均增长仅0.12%。从人均占有量看，1957年人均占有粮、棉、油分别为306kg、2.6kg和6.6kg，到1978年，分别为318.7kg、2.3kg和5.1kg，几乎没有增长。可见，这种集中计划体制实际上并没有保障农产品供给的增长，国家战略层次的目标显然未能实现。

1978年家庭联产承包责任制以后，农民通过承包土地获得了土地经营权，充分释放了长期以来被压抑的生产热情，在家庭联产承包前6年，国内粮食总产量年均增长5.57%，棉花年均增长31.41%，油料年均增长4.69%，较新中国成立前30年出现显著增长。

现行家庭联产承包责任制基本上按现有人口平均分配农地，把整块土地分割成许多小块分户经营。由于耕地面积狭小，农民还在沿用传统手工劳动工具，机械化大生产既不合算，也不可能，这样不利于农业生产规模的扩大，也不利于分工的发展，更不利于农业技术的进步。超小规模的家庭经营使中国农村经济带有浓厚的小农经济色彩，使我国农业生产长期滞留在半自给自足的自然经济阶段，导致农产品成本过高，缺乏市场竞争力，生产效率低下。

2008年十七届三中全会《中共中央关于农村改革发展若干重大问题的决定》提出允许农民以转包、出租、互换、转让、股份合作等形式流转土地承包经营权，发展多种形式的适度规模经营。2012年，十八大报告首次提出改革征地制度，强调要"提高农民在土地增值收益中的分配比例"。土地制度改革也成为十八大报告的主要亮点之一。同时，报告申明坚持和完善农村基本经营制度，依法维护农民土地承包经营权、宅基地使用权、集体收益分配权。

（2）农村建设用地改革率先进入破冰期　1962年9月中共中央全会通过的《农村人民公社工作条例修正草案》肯定了农村土地的集体所有制，并明确规定："生产队范围内的土地，都归生产队所有。生产队所有的土地，包括社员的自留地、自留山、宅基地等，一律不准出租和买卖。"在改革开放前，农村建设用地权为集体所有，建设用地流转的权利也随之被剥夺。

1985年中共中央、国务院《关于进一步活跃农村经济的十项政策》提出，"允许农村地区性合作经济组织按规划建成店房及服务设施自主经营可出租"，从政策上为集体建设用地流转创造了条件。这一时期,在珠三角、长三角等地区集体建设用地相当普遍,发展出转让、入股、联营、出租和抵押等多种形式。但国家法律并不允许集体建设用地自由流转,缺乏指导规范措施,流转处于无序、混乱状态,导致农村集体建设用地利用效率低下,土地浪费现象严重。2004年10月,国务院《关于深化改革严格土地管理的决定》提出,"在符合规划的前提下,村庄、集镇、建镇制中的农民集体所有建设用地所有权可以依法流转",为集体建设用地流转的规范管理提供有力依据。这一时期各地根据经济发展水平、地方政府偏好形成了集体建设用地的"南海模式""苏州模式""芜湖模式"、重庆"地票模式"、河南"人地挂钩"模式(表3-9)。

表3-9　　　　　　　　　　农村耕地改革历程

时期	农村土地改革	相关法规	主要内容
1949—1952年	土地改革	《中华人民共和国土地改革法》	把封建土地所有制改为农民土地所有制,农民既获得了土地所有权,也获得了土地的使用权和经营权
1953—1956年	土地集体化(三大改造)	《关于农业生产互助合作社的决议》	土地归集体所有,农民既失去了所有权,也失去了经营权,实现统一经营,按劳分配
1958—1978年	"大跃进"和"人民公社"运动	《农村人民公社工作条例修正草案》	农民完全丧失土地所有权、使用权和经营权,在实行这种土地制度期间,土地所有权和使用权高度集中,土地不能出租、买卖,不利于土地资源的合理流动和优化配置
1978年至今	家庭联产承包责任制	《中共中央关于进一步加强农业和农村工作的决定》	农村和城市郊区的土地,除由法律规定属于国家所有的以外,属于集体所有;宅基地和自留地、自留山,也属于集体所有;集体所有的土地按照法律规定属于村民集体所有,由村农业生产合作社等农业集体经济组织或村委会经营、管理
2008年至今	土地流转	《中共中央关于推进农村改革发展若干重大问题的决定》	允许农民以转包、出租、互换、转让、股份合作等形式流转土地承包经营权,发展多种形式的适度规模经营

由于除宅基地以外,农村建设用地所有权和使用权基本权属关系属于村级和合作社组织,利益权属关系相对统一,未来在土地流转的确权和利益分配层面可操作性更强,因此农村建设用地的流转政策有望率先破冰而出,农村建设用地的流转对于城镇化建设和农村改革将释放出巨大的政策红利效应(表3-10)。

表 3-10　　　　　　　　农村集体建设用地流转改革历程

时期	建设用地改革	相关法规	主要内容
改革开放前	全面禁止流转	《土地改革法》《高级农业生产合作社示范章程》《农村人民公社工作条例修改草案》	生产队范围内的土地，归生产队所有。生产队所有土地、自留地、自留山、宅基地一律不能出租和买卖
改革开放至90年代中期	无序、自发流转	《关于进一步活跃农村经济的十项政策》《城镇国有土地使用权出让和转让暂行条例》	农村地区性合作经济组织按规划建成店房及服务设施自主经营可出租。国有土地和集体所有的土地的使用权可以依法转让
90年代以后	探索、规范流转	《关于深化改革严格土地管理的决定》	在符合规划的前提下，村庄、集镇、建制镇中农民集体所有建设用地使用权可以依法流转

2005年1月，农业部通过《农村土地经营权流转管理办法》，规定了农村土地承包权的自愿流转程序。2008年，成都和重庆获批为农村产权制度改革试点，当时试点的核心是"确权颁证，还权赋能"，即明确土地的承包权、经营权属于农户，并拥有对土地出借、出租、出售、抵押、质押等权能。

2010年，广东省出台《关于推进"三旧"改造促进节约集约用地的若干意见》。"三旧"改造是国土资源部给予广东省的特殊政策，在"旧城镇、旧厂房、旧村庄改造"方面有三年先行先试的机会。"三旧"改造对现行的国土资源政策有六大突破：一是简化了补办征收手续；二是允许按现状完善历史用地手续；三是允许采用协议出让供地；四是土地纯收益允许返拨支持用地者开展改造；五是农村集体建设用地改为国有建设用地，可简化手续；六是边角地、插花地、夹心地的处理有优惠。

进入2013年，新一轮土地改革的浪潮已经掀起。

四、产业结构

产业结构是指各产业的构成及各产业之间的联系和比例关系。在经济发展过程中，由于分工越来越细，因而产生了越来越多的生产部门。这些不同的生产部门，受到各种因素的影响和制约，会在增长速度、就业人数、在经济总量中的比重、对经济增长的推动作用等方面表现出很大的差异。因此，把包括产业的构成、各产业之间的相互关系在内的结构特征概括为产业结构。

在经济研究和经济管理中，根据社会生产活动历史发展的顺序对产业结构进行划分的三次产业分类法，把产业分为第一产业、第二产业、第三产业，这种分类方法成为世界上较为通用的产业结构分类方法。

根据配第克拉克的产业结构理论，第一产业和第二、三产业的发展存在着结构性的长期内在互动关系。特定制度和技术条件下，一个经济体通过专业化和社会分工形成一定的产业结构，而专业化和分工则是由市场需求引发的。所以，我国产业结构形成的基本原因必然来自于市场供求。

对于县域经济而言，在中国的改革开放和经济发展过程中，在不同时期和不同地区涌现出许多各具特色的发展模式，如"苏南模式""珠江模式""温州模式"等。各县域已形成的三次产业结构在一定程度上决定了一定时期内第一产业即农业的发展方向，以及农业在县域发展中扮演的角色及地位。

本文按行政区域分区划分为华北、东北、华东、华中、华南、西南、西北等七大区块选取了华北的玉田县、东北的庆安县、华东的漳浦县、华中的监利县、华南的乐东黎族自治县、西南的湄潭县、西北的呼图壁县等国家级现代农业示范区作为研究案例，研究了县域经济产业结构与农业产业发展的关系。各个行政区域的农业基础与显著农业特点，对第一产业在全国七大区块县域经济中的优势地位具有一定说明意义。

选取的七个县市均是各省市的农业大县，农业经济在县域经济中占有一定重要地位，如表3-11所示，从2010年各县农业经济主要指标与三产比重指标，看出各县第一产业总产值占地区生产总值比重在18.5%~58%，第二、三产业比重达到42%~81.5%，属于现代农业主导型县或传统农业主导型县。

农业主导型县特点表现为农业基础较好，有优势农业产业为支撑，如玉田县的蔬菜产业、粮食产业、生猪产业；庆安县的粮食产业、农产品加工业；漳浦县的林果产业、花卉产业、蔬菜产业；监利县的粮食产业、粮食加工业；乐东黎族自治县的冬季瓜菜、热带水果产业；湄潭县的粮食产业、茶叶产业；呼图壁县的棉花产业、畜牧业、粮食业等。可见，良好的农业产业基础决定了农业在县域经济中的优势发展地位。

传统农业主导型县特点表现为第一产业产值占县域总产值的比重大多在30%，工业资源较为短缺，工业基础薄弱，第二产业比重低于50%，县域经济发展缓慢，整体经济实力较弱，如庆安县、监利县、乐东黎族自治县、湄潭县、呼图壁县，农业在各县经济中具有更为重要的发展地位。

当县域第二、三产业占地区总产值比例超过90%以上，此类县域中第一产业不再是在地区总产值的优势产业，不再以规模生产的首要目标为主，而是转向了农业的精品生产、休闲服务、生态保护、文化传承等多方向拓展功能。

在我国沿海发达地区县域（尤其江浙地区县域）、内陆工业资源丰富的县市，农业逐渐表现为都市型农业、休闲型农业、生态型农业等形式，特点是以农业生产为基础，利用田园景观、自然生态环境等资源结合农林牧渔生产经营活动及农村文化、农家生活为游客提供观光、度假、体验、娱乐、购物、科普等多种服务。

表 3-11　2010 年各县农业经济与三产比重情况

县名	行政区域土地面积/km²	乡村人口/万人	乡村从业人员数/人	第一产业增加值/万元	第二产业增加值/万元	粮食总产量/t	棉花产量/t	油料产量/t	肉类总产量/t	三产比重/%
玉田县	1165	56	325989	415022	1053082	465294	3098	4232	93716	18.5:48.6:32.9 (2011年)
庆安县	5469	30	161699	126888	81749	1069115	—	—	26095	43.2:26.9:29.9 (2010年)
漳浦县	2145	79	427068	373086	380723	201345	—	17644	33563	28.1:36.1:35.8 (2011年)
监利县	3226	106	547937	512587	244815	1246651	24456	106200	88892	43.3:30.5:26.2 (2011年)
乐东黎族自治县	2766	44	234845	306748	38426	147046	—	10294	23057	58:11.6:30.4 (2011年)
湄潭县	1845	43	270734	77470	58242	266652	—	23502	23075	33.6:21.6:44.8 (2009年)
呼图壁县	9513	8	43429	260707	242051	191025	36948	5948	61485	39.9:35.3:24.8 (2010年)

资料来源：中国县（市）社会经济统计年鉴 2010，以及各县国民经济与社会发展统计公报等相关资料。

在一定时期内,农业的发展将朝休闲农业的"三生一体"即生产、生活、生态,以及文化综合性等特点发展,是服务于城市群体的新型农业产业。

伴随着人均收入提高,恩格尔系数下降。这一过程中,居民对食品等必需品的需求量逐渐减少,从温饱等基本需求过渡到对于居住和医疗保健等较高层次需求的追求。适应市场需求的变化,我国的三次产业结构就出现了农业持续下降和第三产业的大幅度攀升这些特征。同时,在第三产业中,房地产业和医疗服务业的比重也随之出现了较大升幅。

在外向型赶超战略的指导下,我国企业积极参与国际经济分工,在获得比较优势利益的同时,也在一定程度上铸就了我国的产业结构特征,特别是第二产业占比和内部结构。三次产业技术进步率的差异导致结构转型。改革开放以来,我国的第一产业和第二产业的生产率累积增速的均值达到1.029%,快于第三产业的0.989%,从而驱动了我国第一产业就业比重持续下降,第二产业和第三产业就业比重持续上升;同时,第三产业的就业已经高于了第二产业。

在空间布局上,劳动力、土地和技术创新本来更应该成为产业区域转移的动力,但计量结果显示,这些因素目前在我国各地区的差异不大,导致我国产业区域转移动力不充分。有研究表明,在供需两端收入因素和资本深化对我国结构转型的影响较大,技术进步率差异的影响程度较小。这同样发生在农业产业内部的产业结构组成上。在未来我国农业的发展过程中,会从继续"扶持农业产业龙头、规模化和产业化促进产中龙头企业、行业及产业链整合进程加速、农资流通环节更加重要"等方面得到凸显。

(一) 未来政策将继续向农业产业龙头倾斜

目前,我国农村经营体制存在的核心问题是生产与市场衔接问题,即目前家庭承包经营机制虽然解决了生产问题,但分散经营的现状使得农业生产缺乏与下游消费市场间的有效对接,更难以形成规模效益。而农业产业化龙头企业凭借资本、土地和技术优势,可以通过合作、股份等利益联结机制带动农户生产积极性并快速提升规模(如养殖业的"公司+农户"模式),更为重要的是龙头企业能够凭借产业链整合与规模优势有效降低农产品生产与市场风险。因此,政策将会继续加大对农业产业化龙头企业的扶持力度(包括加大农业综合开发资金投入、强化融资渠道与税收优惠支持力度等),借此推动农业经营体制改革。

农业部在2012年的全国农业产业化会议中提出:①力争用3~5年时间,培育100家年销售收入超过100亿元的重点行业领军企业;②创建500个"主导产业更加突出、集聚效应更加明显、产业链条更加完整、辐射带动能力更加显著"的国家农业产业化示范基地;③订单农业覆盖面扩大到50%以上,采用合作、股份合作等紧密型利益联结机制的比重达到45%以上;④辐射带动农户占全国农户总数的比重超过50%。

（二）产中环节龙头企业将长期受益于规模化与产业化进程

农产品种植与养殖这一充斥着个体劳作行为、产业化与规模化程度严重不足的薄弱环节未来将更受政策青睐，而相关合作社、企业也将在中长期内受益于行业规模化与产业化程度快速提升。其中，畜牧产业的规模化和专业化进程会更受重视：伴随大型养殖企业规模快速扩张、散养户退出市场以及政策推进，国内养殖业规模化程度将加速提升，同时养殖分阶段专业化也将成为未来可能的发展方向；而养殖业规模化程度快速提升也将推动饲料业向规模化和专业化转型。对于有一定基础产业和产业相对集聚有一定数量企业的县市而言，需要从扶持产中环节的龙头企业和合作组织，促进产业的规模化和产业化进程。

（三）农产品价格周期性波动推动行业乃至产业链整合进程加快

以畜牧业为例，尽管养殖业规模化发展存在客观必然性，但周期养殖业的规模化并不能很好地规避养殖盈亏周期性波动的风险。因此，养殖企业有着通过向上或向下延长产业链条的方式来平滑利润波动的动机。未来产业链一体化将成为养殖龙头企业追求规避市场风险，增强盈利稳定性的主要手段。

对于县域内的畜牧业产业龙头都在不同程度地试图通过向上游延伸自建饲料厂，和向下游延伸自建屠宰加工厂，甚至打造自有肉制品品牌的方式完成对全产业链的布局，以期望通过全产业链的控制来提高企业盈利的稳定性，和终端产品品质的稳定性。

（四）农业产业化进程驱使农资流通环节迎来黄金发展期

伴随农业生产规模化、集约化趋势，必将会驱动农资流通环节迎来变革：规模化、集约化生产将使得种植（养殖）大户更加注重全面、系统和一体化的服务，并且将更注重农资企业的品牌和技术服务水平，即产中环节的规模化趋势将推动农资流通领域规模化趋势快速提升。国外农业发达国家经验显示，农资流通企业若想在激烈市场竞争中取胜，必须将农资销售与农技服务紧密结合起来，以帮助农户实现增产增收。

五、新科技

信息时代，科技日新月异。新科技的发展对县域农业的发展方式带来了更多的动力。农业科技涉及的学科众多，如生物学、生态学、工程学、经济学等。新科技的影响是难以准确描述的，农业科技进步既是农业现代化的重要基础和主要动力，也是农业现代化的重要组成部分，新科技的进步与农业现代化的发展是相辅相成的。

以动物生产为例。动物生产是农业生产的重要组成部分，动物科技按类别和流程涉及动物育种、繁殖、养殖、病虫害防治、捕捞、屠宰、贮存、保鲜和运输等不同环节，涉及气候、饲料、设备等因素。

各个生产环节上都会因与新科技的结合及引进而产生更多的影响。比如分子学和基因工程的进步,为培育高产、优质的新品种带来更多的可能性。繁殖技术、养殖方法的改进则能提高生产效率。农业机械的广泛使用,则更多地解放了人力,提高了效率。

除了生产环节,在流通和经验的环节,新科技也正在改变传统的一切。以电子商务为例。有数据显示,截至 2011 年 12 月底,全国农民网店(含县)总数为 131 万家,其中 2011 年新增 68.28 万家,超过半数;2011 年淘宝全网农民网商(自然人)含县注册总数为 171 万人。2009—2011 年,农民网商与网店总量规模不断扩大。数据显示,平均每家农民网店带动 1.63 位农民成为网商。2009 年,注册地在农村(村镇级)的淘宝网店数为 30.6 万个,农民网商约 45 万人;2010 年,网店数增加至 38 万个,农民网商 63 万人;而到了 2011 年,村镇级农民网店已有 59 万个,农民网商群体 97 万人。

对比《中国统计年鉴 2010》,目前村镇农村电子商务交易总额,仅占实体交易总额(采购总额加销售总额)的 0.07%。但 2012 年,农村电商人均月收入集中在 2000~5000 元,而未上网农民收入集中在无收入和 1500~2000 元,收入的差距将直接刺激农村电子商务的发展。

科学技术是第一生产力,科技进步是经济社会发展的决定性因素。随着科学技术的迅猛发展和经济全球化步伐的不断加快,经济竞争科技化的特征日益明显。"十二五"规划提出,要以科学发展为主题,以加快转变经济发展方式为主线,坚持把科技进步和创新作为加快转变经济发展方式的重要支撑。当前,农业科技发展相对有些落后,农业资源的利用率远远低于全国平均水平,特别是农民在用水、用肥、用种等方面差距较大,农业科技成果转化难,农产品深加工实现难,农业信息获取难,千家万户的农业生产难以适应千变万化的大市场,农户分散经营满足不了市场经济的规模生产,农产品结构单一满足不了社会的多样化需求。

由于我国农业发展面临资源和市场的双重约束,加之世界范围内科技革命日新月异的改革发展,为发挥科技进步和创新对农业发展方式转变的引领支撑作用创造条件。鉴于近年来我国农业发展对科技需求和农业科技的运行环境条件正在发生重大变化,要发挥农业科技进步和创新在发展现代农业中的引领支撑作用,大力发展农业科技,促进农业科技成果转化,创新农业科技服务,引导农业生产,促进农民收入持续快速增长,为农民增收提供动力源泉。

20 世纪后期,生物技术、新能源技术、信息技术在农业上的广泛应用,引发了新的农业技术革命和产业革命,使整个农业产业体系发生了巨大的变化。当前世界新农业技术和产业革命,展示了以下发展态势。

(1) 高科技航天诱变育种技术创新　利用诱发突变技术能够诱发各种育种的突变基因,产生自然界稀有的或用一般常规方法较难获得的新类型、新性状、新基因。据不完全统计,目前国际上有 61 个国家利用诱变突发技术在 164 种植物上育成 2543 个突变品种和数万份突变资源。中国在作物诱变育种方面取得了举世公认的显著成就。截至 2007 年，我国已在 45 种植物上诱变育成 741 个突变品种。利用返回式卫星、神舟飞船和高空气球等到达的航天环境对植物（种子）诱变产生有益的变异，经地面选育新种质、新材料，育成一批高产、优质、多抗的农作物新品种、新品系，从中获得一些可能对作物产量和品质等重要经济性状有突破性影响的突变，为促进粮食生产和提升作物产品质量，优化农业产业及产品结构调整做出积极贡献。

（2）现代生物技术对品种的改良　基因工程、细胞工程、发酵工程和酶工程等生物技术为农业发展提供优质、高抗、高适应性的各种类型动植物品种，使农业生产发生质的飞跃。如基因工程技术利用物种之间的杂交优势改变了过去单一物种杂交的方法，人们可以用之按照自己的意愿对原有品种品质进行改良，甚至创造出新的物种和品系。在马铃薯育种上，利用反义基因技术改变马铃薯直链淀粉与直链淀粉的比例，提高合成淀粉的生理活化功能，为马铃薯的分子育种提供了技术支持。目前，在美国、加拿大、澳大利亚、日本等国家，有多种转基因动植物通过安全检验，在农业生产上广泛推广。

（3）信息技术极大提高了农业的生产效率　第二次世界大战以后，计算机技术日益成熟，并被运用于几乎涉及农业种质资源、动植物育种、作物栽培、畜禽饲养、土壤肥料、植物保护、农业灌溉、农业机械、农业气象、贮藏加工、农业经济等有关农业生产与管理的所有方面。还有诸如地理信息系统、全球卫星定位系统、遥感技术、网络技术和数字技术的快速发展与应用，使人从繁重的农业劳动中解放出来，把农业生产推向自动化、机械化、规模化的新高点，如此情况下，农业生产成本大幅度降低。

（4）工厂化、高效集约型种植业的发展，提高人们对农业生产环境的调控能力　由于现代科学技术的发展和运用，通过人为的控制对动植物生理环境的模拟，突破地区自然资源紧缺和气候条件恶劣的局限性，使农业一改传统时期"看天吃饭"的状况，做到高度集约化经营，产出大大提高。农业工厂化的生产模式也促使高效立体农业成为可能。如把温室工厂化养鱼与蔬菜无土栽培结合起来，从水里至水面都得到充分的利用，水里鱼的排泄物成为作物的有机养料，鱼又能以作物的病虫为食，减少了农药和化肥的使用，既提高了劳动生产率，又产生了良好的生态效应。

（5）农产品精、深加工往纵深方向发展　"在欧美等发达国家，精加工食品已占饮食消费 80%～90%。在欧盟，食品加工业产值达 5900 亿美元，占欧盟工业总产值的 16%，成为欧盟第一大工业。"另外，在食品深加工领域，过滤微波辐射、远红外技术、生物技术和挤压技术及各种节能技术的利用，提高了食品质量。

如上所述，农业产业的结构与素质得到了巨大的改善，直接促进了农业与农村经济的繁荣，农民收入增长速度不断加快。比如 20 世纪 90 年代的美国，农业现代科技的发展，农业生产效率提高，农场家庭平均收入水平总体上曾高于全美家庭平均收入水平，一度导致大量城市居民向农村迁移，在这其中，科学技术进步是农业农村发展的根本动力。新形势下，农业新科技必须为农业的发展服务，进行科技创新，利用农业科技在多个领域取得的多次重大突破，转化推广新成果，服务于产业化的各个环节，使农业科技成为推动农业持续快速发展的重要力量。

第三节　县域农业发展趋势

一、大宗农产品产区的农业现代化

对于在商品农业经济结构中较大权重的大宗农产品，比如吉林省、黑龙江省的玉米、水稻，新疆的棉花，广西的白糖等，其较大的生产量、消费量、贸易量和运输量等，对产区的生产规模和水平的要求也会日益扩大和提高。

对于以大宗农产品生产加工为主的现代农业，其农业现代化的发展方向多是通过强调科技进步、强化基础设施、完善流通环节，提升综合生产能力，来保证耕地质量和粮食安全。

以粮食为例，国家发展改革委在 2009 年公布的《全国新增 1000 亿斤粮食生产能力规划（2009—2020 年）》中提到"从 13 个粮食主产省（自治区）选出 680 个县（市、区、场）作为粮食生产核心区"，"从晋、浙、闽、粤、桂、渝、贵、云、陕、甘、宁等 11 个非粮食主产省（自治区、直辖市）选出 120 个粮食生产大县（市、区）"。

对于规划中直接确定的 800 个产粮大县，政府一直在通过粮食直补、农资综合补贴和粮（油）大县奖励政策等不同方式和手段对粮食主产区给予支持和鼓励。据财政部公布数据，自 2005 年出台"粮（油）大县奖励政策"以来，中央财政累计拨付奖励资金 1589.2 亿元，这也从一定程度上鼓励了粮食生产，但对于种粮的小农户而言，"不赚钱"仍然是一个难以躲避的客观事实。所以如何促进适度规模化生产，机械化耕作，信息化管理，并依靠科技提升综合效率，将是大宗农产品产区现代农业发展过程中可能的解决途径。

二、都市农业

都市农业是现代农业的一种具体形式，也称都市型现代农业。在西方，都市农业是经济高速发展，农业领域承接工业化和城市化发展的产物，功能和形态都表现出了新的特征。

20 世纪 80 年代以来，随着我国城市化进程的加快，传统的城郊型农业开始具备了更多的直接服务城市的功能。随着城市居民基本生活需要得到满足，收入水平提高、闲暇时间增加和中长途交通条件改善，人们对生活质量和生存环境质量提出更高的需求，开始要求更新鲜安全的食品、优美的环境和丰富的休闲活动，传统的城郊型农业开始往兼具"生产、生态、生活"的都市农业方向发展。城市内家庭园艺、办公室园艺、房顶园艺等也将蓬勃发展。

20世纪90年代，都市农业在各地迅速发展，环渤海经济圈、长三角经济圈和珠三角经济圈中以北京、上海、杭州、宁波、深圳和广州等为代表的大中城市发展最为迅猛。到目前，据不完全统计，已有超过140个城市定位发展都市型现代农业，并将其列入了城市经济发展大规划。

2011年，农业部出台的《全国休闲农业发展"十二五"规划》对都市农业中最新兴起的休闲旅游部分做出了明确的指导。规划提出，到2015年，我国的休闲观光农业将成为融合种植、加工、服务等产业的新兴产业，满足居民休闲需求以及促进农民增收，发展成为缓解资源短缺和促进生态环境改善的绿色产业。农业的休闲观光即将成为农业发展的一个新的增长点。

在政策和市场的双重驱动下，各地尤其是大中型城市，乃至部分中小型城市，都市农业正步入一个蓬勃发展的新时期。可以判断，在接下来十年乃至更长的时间里，随着城市居民生活水平的进一步提高，都市农业会有更大的需求和发展空间，而且市场对都市农业的要求也势必逐渐提高。对于大中城市周边一到两小时车程半径的农业地区而言，都市农业会逐渐成为现代农业发展最为重要的途径之一。

三、基于贸易革新的农业现代化

随着我国网络技术的日益普及，通过网络进行的沟通、交易和支付等电子商务的模式也迅猛发展，其成本低、效率高的优势也将深刻地影响现代农业的贸易方式。全新的信息沟通方式，不仅会促使贸易方式的革新，在农业生产和组织方式、营销方式等各个诸多的环节都会有影响。

在农业生产方面，农资、设备、技术等方面可以通过网络更便捷地找到更多的选择。虽然在初期这些更多的选择可能还不能带来更高的效率并产生效益，但是随着技术和设备的更新及用户的逐渐适应，其促进作用仍值得期待。

在组织方面，在统防统治、订单生产等方面，新的贸易方式也会逐渐受到改变。通过这些方式，产量稳定、品质优良的农产品能很好地销售出去，但很难有单一的主体生产出来种类齐全的所有农产品，所以市场的需求必将在各个生产环节中促进个体之间的联合。

在销售方面，网络对食品安全的监管作用、全新的配送思路、传统销售渠道与新兴渠道之间的冲突，都会将现代农业推向一个更新的阶段。

当然，基于信息高速发展的贸易革新，其实质是减少了交易的成本，但对于现代农业生产这个庞大的系统而言，还需要系统的考量和巧妙的结合，如订单农业和期货农业就是两个典型的方向。

订单农业：企业与农户在农产品种植前签订订单，帮助企业自身锁定资源的同时，稳定了农户的收入和心理预期。在种植过程中，企业积极地向农户提供技术指导和信息服务，促进农户标准化生产、提高农产品质量。但在实践中，企业承受较大的农产品价格波动风险。市场价格高时农户违约风险高，市场价格低时企业面临亏损，订单农业效果受到很大影响。

期货农业：即将期货市场引入农产品种植、采购、加工、销售等生产经营过程中，涉农企业利用期货市场价格作为经营决策参考，更合理地确定订单价格；同时，通过参与期货市场套期保值，规避农产品价格波动风险，锁定利润。"期货农业"较好地解决了订单农业中面临农产品价格波动较大风险的问题。

第四章
县域现代农业规划研究的基本思路

第一节　县域农业规划的意义

在我国，县是最基本和最完善的行政区域，县域经济在国民经济中处于十分重要的地位，而农业作为县域经济结构的基础产业，不仅对县域经济的整体发展有重要的作用，而且关系到地方的稳定和人民生活的改善。推动县域农业的发展，就必须从科学的角度，合理制定发展战略规划，才能从总体和长远把握县域农业发展的重点、发展时序，并配套相应的政策措施，进而促进县域经济社会的整体发展。

在未来二十年，我国将处于重要的战略机遇期。面对机遇与挑战，需要充分、扎实地做好各项准备工作，搞好规划研究是顺利快速发展的开端，所以对县域来说，正确认识当前经济背景，发挥自身资源优势，科学编制县域农业发展规划意义重大，而且势在必行。

一、当前经济形势的要求

在市场经济条件下，县域农业经济的发展会受到诸多不确定性因素的影响。2008年以来，世界金融危机波及全球的每个角落，世界经济结构进入新一轮调整期。对我国而言，国际贸易壁垒提高，农产品进入国际市场的压力逐年增大。生产、加工与流通风险将增加，农产品特别是加工产品对标准、安全和品质的要求越来越高。

面对可能出现的各种不确定因素的影响，只有制定明确的发展目标、发展战略，才能够在激烈的市场竞争中，排除或避免各种风险对县域农业经济发展的扰动。"十二五""十三五"是实现县域农业经济发展的重要阶段，也是各个县域全面提升发展，奋起直追，实施跨越式发展的关键时期。如何坚持用系统、科学、全面的思维谋划县域农业经济发展，是县域主政官员必须考虑的事情之一。

二、区域竞争的要求

目前，全国2856个县级行政单位，每个县（市）都面临着独特的发展问题，而面对有限的市场、资金及资源等，发展的形势更加严峻。随着国际和国内两个市场的整合，县与县之间的经济竞争必然会加强。

这就要求各个县必须要制定相应的发展战略研究，确定适合自身发展特点的竞争战略。一个科学、合理的县域农业经济发展规划对确定发展战略，形成特色经济，增强竞争力，具有极其重要的意义。

三、长远发展的要求

据我们所知，很多县域农业经济的发展缺乏长远的、明确的、科学的发展规划，主导或者优势产业的确定没能抓住自身特色，要么简单地模仿其他县的发展，要么闭门造车，没有将县域农业经济的发展与全县的总体发展战略相结合，更没有将农业经济发展与国内和国际的大市场进行有机结合；其次，农业经济缺乏长久的发展规划，而且发展思路会随着领导的更替而变换，整个县域农业经济发展具有较大的盲目性。

四、政府职能转变的要求

1993年在全国人大八届一次会议上，"社会主义市场经济体制"被写进《宪法》修正案的第七条中，以法律的形式确定下来。2013年，新一轮的"政府职能转变"作为新一届政府开局的一件大事，其目的之一就是通过权力的放开与政府职能的简化，解决过往市场经济中政府职能的缺位、越位与错位，使政府职能回归本位，以适应社会主义市场经济体制的需要。

在新形势下，政府的职能和主要工作会转向在战略层面进行科学规划，制定县域农业的发展方向，指导各个层面的农业活动。因此，县域农业发展规划和实施应该是政府的一项重要工作，在规划基础上，重点搞好重大基础设施建设，营造一个良好的投资环境，引导和扶持特色农业经济的发展。

第二节 县域农业规划的定义、依据与特点

一、县域农业规划的定义

（一）我国规划体制的基本框架

规划体制涉及规划体系、规划性质、规划内容、编制程序、规划期限、决策主体、规划实施、评估调整等方面。我国实施以国民经济和社会发展五年计划为基本框架的规划体制，已有五十多年历史，不同时期的规划对促进经济和社会发展都发挥了重要作用。

随着经济体制改革的不断深入，规划体制发生了很大变化，特别是"十一五"规划和"十二五"规划，在突出规划的战略性、纲领性、综合性，探索新

的规划体系，创新规划方法，规范编制程序，提高透明度等方面都取得了很大进展。这是完善社会主义市场经济体制的必然，是加强和改善宏观调控的需要，对于促进政府职能转变及经济社会全面、协调、可持续发展具有重要的意义。

我国经济和社会发展规划体系由三级、三类规划组成。按照行政层级分为国家级规划、省（自治区、直辖市）级规划、市县级规划；按照对象和功能类别分为总体规划、专项规划和区域规划。

1. 三级规划

（1）国家级规划　国家级规划是指由中央政府部门制定的各类规划。国家级规划规定着国家在一定时期内经济和社会发展的主要目标、任务和政策，关系到国家的全局和长远利益，各级地方应相互配合，保证国家规划确定的调控目标和任务的实现。由中华人民共和国国务院有关部门，或由国务院审批授权的有关部门批准的规划。又细分为国家级总体规划、国家级专项规划、国家级区域规划三种类型。

（2）省（自治区、直辖市）级规划　省（自治区、直辖市）级规划是指省（自治区、直辖市）地方人民政府根据国家规划对所辖行政区的国民经济和社会发展或其特定行业、领域为对象编制的规划。省（自治区、直辖市）具有承上启下的功能，在编制时要在贯彻国家战略意图的基础上，突出地方特色，为市县级规划提供依据，并与相邻地区的规划相协调。

（3）市县级规划　市县级规划是指市县级地方人民政府根据国家规划对所辖行政区的国民经济和社会发展或其特定行业、领域为对象编制的规划。市县级规划是我国规划体系中的末端规划。市县级规划总体服从省（自治区、直辖市）级规划和国家级规划，同时要因地制宜，充分发挥自身的积极性和创造性，推动地方更好更快地发展。

2. 三类规划

（1）总体规划　总体规划是国民经济和社会发展的全局性、战略性、纲领性规划，是编制本级和下级专项规划、区域规划以及制定有关政策和年度计划的依据，其他规划要符合总体规划的要求。总体规划是在一定区域内，根据国家社会经济可持续发展的要求和当地自然、经济、社会条件，对土地的开发、利用、治理、保护在空间上、时间上所做的总体安排和布局。

国家的"五年规划"是国家总体规划的基本形式，它是编制本级和下级专项规划以及制定有关政策和年度计划的依据，其他规划要符合总体规划的要求。国家总体规划和地方总体规划分别由同级人民政府组织编制，并由同级人民政府发展改革部门会同有关部门负责起草。

（2）专项规划　专项规划是政府以国民经济和经济社会发展的某一特定领域为对象编制的规划，是总体规划的若干主要方面和重点领域的展开、深化和具体化，必须符合总体规划的要求，并与总体规划相衔接，也是政府指导该领域发展以及审批、核准重大项目，安排政府投资和财政支出预算，制定特定领域相关政策的依据。如工业、农业、畜牧业、林业、能源、水利、交通、城市建设、旅游、自然资源开发等专项规划。

（3）区域规划　区域规划是根据国家经济社会发展总的战略方向和目标，对一定地区范围内的社会经济发展和建设进行总体部署，是总体规划在特定区域的细化和落实。跨省级的区域规划是编制区域内省级总体规划、专项规划的依据。跨省级的区域规划，由国务院发展改革部门组织国务院有关部门和区域内省级人民政府有关部门编制。

区域规划包括区际规划和区内规划，前者主要解决区域之间的发展不平衡或区际分工协作问题，后者系对一定区域内的社会经济发展和建设布局进行全面规划。狭义的区域规划则主要指一定区域内与国土开发整治有关的建设布局总体规划。

3. 各类规划的编制部门和规划期限

（1）规划编制部门　国家总体规划和省（自治区、直辖市）级、市县级总体规划分别由同级人民政府组织编制，并由同级人民政府发展改革部门会同有关部门负责起草。专项规划由各级人民政府有关部门组织编制；跨省（自治区、直辖市）的区域规划，由国务院发展改革部门组织国务院有关部门和区域内省（自治区、直辖市）人民政府有关部门编制。

（2）规划编制期限　国家总体规划、省级总体规划和区域规划的规划期一般为5年，可以展望到10年以上。市县级总体规划和各类专项规划的规划期可根据需要确定。

（二）县域现代农业规划

1. 县域现代农业规划在我国规划体系中的位置

县域现代农业规划是落实市县级总体规划，进一步指导县级以下农业发展的规划，有承上启下的作用，同时具有政策性、结构性、空间性和约束性，是统筹县域农业用地的纲领性文件。县域现代农业规划一般由县（市）人民政府有关部门主持编制，或者由县（市）人民政府审批授权有关单位制定。因此，按行政级别来分，县域现代农业规划属于市县级规划；按对象和功能来分，县域农业规划属于农业专项规划。

2. 县域现代农业规划的定义

县域现代农业规划是研究县域农业发展问题的规划，涉及县域内所有农业发展用地，旨在用科学的方法，调整产业结构，优化资源配置，明确县域现代农业发展的战略问题和行动目标，设计主导产业、优势产业、特色产业，研究农业产业链条，并从空间和时间两个维度，对县域现代农业发展做出科学、合理、可操作性强的产业部署，在一定时段内指导县域现代农业的总体开发和区域分工。

二、县域现代农业规划的依据

（一）政策法规

1. 国家政策

国家有关方针、政策是制定规划的指导性文件，规划必须符合国家方针政策的要求。党中央和国务院各个时期的方针政策是规划必须遵循的方向。利用好国家对农业的倾斜和扶持政策，是规划能够尽快实施的保障。

（1）《全国现代农业发展规划》（2011—2015年）

《全国新增1000亿斤粮食生产能力规划》（2009—2020年）

《全国蔬菜产业发展规划》（2011—2020年）

《全国热作产业发展第十二个五年规划》（2011—2015年）

《全国农业农村信息化发展"十二五"规划》

《全国农业机械化发展第十二个五年规划》（2011—2015年）

《全国农业和农村经济发展第十二个五年规划》

《全国农民教育培训"十二五"发展规划》

《全国农垦经济和社会发展第十二个五年规划》（2011—2015年）

《全国节粮型畜牧业发展规划》（2011—2020年）

《全国花卉产业发展规划》（2011—2020年）

《全国畜牧业标准体系"十二五"规划》（2011—2015年）

《农业科技发展"十二五"规划》

《农业国际合作发展"十二五"规划》

《农产品冷链物流发展规划》

《农产品加工业"十二五"发展规划》

《粮食行业"十二五"发展规划纲要》

《国家粮食安全中长期规划纲要》（2008—2020年）

《全国休闲农业发展第十二个五年规划》（2011—2015年）

《全国渔业发展第十二个五年规划》（2011—2015年）

《全国种植业发展第十二个五年规划》（2011—2015年）

《饲料工业发展第十二个五年规划》（2011—2015年）

《中国农村扶贫开发纲要》（2011—2020年）

（2）农业部指导意见

《农业部关于进一步加强农业机械化质量工作的意见》（2008年）

《农业部关于发展无公害农产品绿色食品有机农产品的意见》（2009年）

《国务院关于加快推进现代农作物种业发展的意见》（2011年）

《农业部关于加快推进畜禽标准化规模养殖的意见》（2011—2015年）

《农业部关于进一步加强农业和农村节能减排工作的意见》（2011—2015年）

(3) 中共中央十八大会议精神

2. 地方政策

省、市、县依据本地情况出台的农业政策也是地方农业规划的重要指导文件。这些政策中往往明确了当地农业产业发展方向及相应的优惠政策和限制条件。

(1) 地方农村经济工作意见

(2) 地方农业产业化政策

(3) 地方扶贫政策

(4) 地方招商政策

(二) 相关规划

国家、省、市、县等各级政府都就农业发展做了大量的科学规划和发展论述，这也是农业规划的重要依据之一。学习和理解国家及所在省、市、县的有关规划，是做好农业规划的前提。

(1)《中共中央国民经济和社会发展第十二个五年规划》是我国当前各项工作的总纲领。规划指出在工业化、城镇化深入发展中同步推进农业现代化，是"十二五"时期的一项重大任务，必须坚持把解决好农业、农村、农民问题作为全党工作重中之重，统筹城乡发展，坚持工业反哺农业、城市支持农村和多予少取放活方针，加大强农惠农力度，夯实农业农村发展基础，提高农业现代化水平和农民生活水平，建设农民幸福生活的美好家园。加快发展现代农业、加强农村基础设施建设和公共服务、拓宽农民增收渠道、完善农村发展体制机制等要求是做好农业领域规划必须遵循的方针。

(2)《全国现代农业发展规划》

(3)《××省国民经济和社会发展第十二五年规划纲要》

(4)《县城市总体规划》

《全国农业和农村经济发展第十二个五年规划》

《全国休闲农业"十二五"规划》

《我国农产品加工业"十二五"发展规划》

《农业科技发展"十二五"规划》

《全国节粮型畜牧业发展规划》(2011—2020年)

(三) 行业标准

1.《有机蔬菜标准化良好操作规范》(2007年)

2.《有机食品的种植规范要求》

3. NY/T 682—2003《畜禽场场区设计技术规范》

4. NY/T 1168—2006《畜禽粪便无害化处理技术规范》

5. DB 44/ 613—2009《畜禽养殖业污染物排放标准》

6. NY/T 1222—2006《规模化畜禽养殖场沼气工程设计规范》

7. NY 388—1999《畜禽场环境质量标准》
8. GB/T 19525—2—2004《畜禽场环境质量评价准则》
9. GB 7959—87《粪便无害化卫生标准》
10. GB 13078—1999《饲料卫生标准》
11. GB 5749—2006《生活饮用水卫生标准》
12. SB/T 10395—2005《畜禽产品流动卫生操作技术规范》
13. DB 23/T 788—2004《无公害水产品养殖技术规范》
14. DB 33/ 453—2006《水产养殖废水排放要求》
15. DB 11/T 191—2003《水产良种场生产管理规范》
16. 《旅游规划通则》

（四）基础调研资料

（1）实地考察、收集到的全县（市）农业产业现状情况，包括资源分布、规模及产值，对应的重点项目、示范园区、龙头企业等典型要素的资料及农业发展存在的问题资料；

（2）县（市）人民政府、农业局、国土局、规划局、水利局、林业局及相关乡镇等部门提供的相关资料，主要涉及土地利用现状、耕地地力评价、农用地分等定级成果、统计年鉴，各乡镇农业产业发展状况、发展中遇到的问题等相关资料。

（五）各级访谈报告

（1）与县市领导及各乡镇主要领导的会议研讨纪要及访谈记录；

（2）项目组组织开展的多次专家交流与研讨会议纪要。

（六）专项分析报告

（1）分析国外典型国家现代农业发展现状；

（2）分析农业重点产业国内外发展现状及发展趋势。

三、县域现代农业规划的特点

（一）县域现代农业规划具有综合性和地域性的特点

县域现代农业规划具有综合性的特点，关系到整个县域各农业产业及相关产业的部署与规划问题，既要考虑到每个产业发展的独立性，又要考虑到各产业间的相关性与协调性。另外，每个县域现代农业规划都有一定的地域特点，我国幅员辽阔，南北地形地势、气候条件、风俗习惯相差很大，要充分考虑固有的地域性特点，根据当地的实际情况作为规划依据。

（二）县域现代农业规划具有目的性和战略性的特点

县域现代农业规划是整个县域发展现代农业的依据，是针对该县农业实际情况及发展潜力做出的规划，明确指出规划期限内，该县农业发展的方向与重点发展产业等，带有明确的目的性。另外，县域现代农业规划具有战略高度，科学合理的农业规划是指引一县农业发展的最好依据，对该县农业发展有关键的或方向性的指导意义，对社会经济全局和长远发展具有重大引领带动作用。

（三）县域现代农业规划具有阶段性和时效性的特点

县域现代农业发展是随着时间及发展变化的，所以县域现代农业规划具有阶段性及时效性。县域现代农业规划分为近期规划、中期规划及远期规划等，所以规划既要考虑到各阶段的独立性，又要考虑到近期规划与中远期规划的协调发展。另外，农业规划的制定，要考虑时效性，随着时间的推移，农业发展理念与发展方法都在不断改进，所以编制农业规划要与时俱进，注意时刻更新思维方法和技术手段。

（四）县域现代农业规划具有需要持续改进的特点

农业规划的标准是随着国家政策及国内外农业发展标准变化的，所以原有的农业规划要依据现有的、更科学的参考标准进行改进，不断完善，旨在将县域现代农业规划做得更加准确、合理。县域现代农业规划的持续改进是一个动态过程，它的改进标准、管理评价等方法也是不断变化的，所以也需要编制规划的从业人员提高自身业务素质与道德素养。

（五）县域现代农业规划具有个性化、量体裁衣的特点

每个县域都有自己独特的地理位置与气候特征，以及农业扶持政策、社会经济的特殊性，这些都会影响县域现代农业的发展方式、方法和速度，因此县域现代农业规划要充分考虑这些因素，因地适宜、量体裁衣，综合考虑各方面的因素，平衡发展的利弊，使县域现代农业规划更切合现有情况，真正达到科学性、持续性。各个产业的发展，同样需要立足现实、挖掘发展潜力，利用现有发展政策及投资导向，找出适合自身发展的出路。

第三节 县域现代农业规划的分类

一、县域现代农业发展概念性规划

概念性规划主要侧重于研究并确定某项目或区域的目标愿景和发展方向。

一般适用于面积比较大的区域，在发展方向和投资目的均不够明确的情况下，建议开展概念性规划研究工作。概念性规划主要对所处区域内涉及的农业产业发展趋势进行研究，对地方农业发展环境、投资机会进行评价分析，进而设定近远期可能的发展机会、发展目标，为进一步的总体发展规划或项目详细规划设计提供指导。

农业（园区）概念性规划强调思路的创新性、前瞻性和指导性，侧重于某些重点产业的发展方向和各产业之间的协调发展，并不对具体项目作详细的规划设计。概念性规划不包括道路、水利、电暖等基础设施的规划设计，也不包括投资估算效益分析等方面的内容。

（一）县域现代农业发展概念性规划的意义

县域现代农业发展概念性规划强调思路的创新性、前瞻性和指导性，是属于一种对县域现代农业宏观发展思路的探讨和研究工作。作为一种规划设计的思维方法，它淡化了设计的表象，使规划成为纲领性、战略性的文件，指导和协调县域农业的发展与建设。总地来说，县域农业发展概念性规划的意义有如下几点：

（1）通过编制县域现代农业发展概念性规划，可为农业和农村经济发展提供一个具有宏观性、方向性、指导性的决策依据，可避免盲目性，促进农业和农村经济朝着健康、稳定、高效和可持续的方向发展。

（2）有利于充分发挥比较优势，促进资源优势最大化。通过科学规划，把各种优势农业资源规划在生态最适宜、生产技术水平最先进、交通最便利、市场最开放、经济最活跃的区域，促进资源优势最大化。通过优化配置资源，形成各具特色、各显优势的农业资源产业带，促进形成成本最低化、效益最大化、竞争力最强化的产业新局面。

（3）有利于提升农业产业的层次，促进集约经营、生产、加工、销售一体化。通过科学规划，可最大限度地优化资源配置。

（二）县域现代农业发展概念性规划的内容

县域现代农业发展概念性规划的内容，一般来说应包括以下几个方面：对规划县域的资源和客源市场进行分析和预测；确定县域农业经济的定位、发展方向和发展战略；明确农业产品的开发方向、特色和主要内容；提出规划区农业发展的重点项目，强调策划的创新、个性和特色；提出相关要素发展的原则和方法等。

（三）县域现代农业发展概念性规划的成果形式

县域现代农业发展概念性规划编制的主要成果包括规划文本和规划图册。

（1）规划文本和附件　文本主要包含规划总则、环境条件分析、规划理念与发展战略、空间结构与战略布局、主导产业发展规划、分区建设与重点项目、专项规划指引、支撑保障体系与远景展望等内容。

（2）规划图册　主要包括区位分析图、交通区位分析图、资源禀赋分析图、产业现状分析图、土地利用现状分析图、社会经济现状分析图、标杆产业开发结构图、产品市场分析图、空间结构图、重点项目选址与建设时序图等。图纸比例根据实际情况进行调整。

二、县域现代农业发展总体规划

（一）县域现代农业发展总体规划的意义

县域现代农业发展规划是全面的、长期的农业计划和部署，是根据国家和地区在一定时期内国民经济发展的需要，充分考虑现有生产基础以及自然、经济、技术条件和进一步利用改造的潜力与可能性，拟定具有一定年限的、有科学依据的农业发展设想、轮廓指标、投资安排及主要实施措施等。总地来说，县域农业发展总体规划具有如下意义：

（1）有利于充分发挥比较优势，促进资源优势最大化。

（2）有利于提升农业产业的层次，促进集约经营、生产、加工、销售一体化。

（3）有利于树立优势农产品品牌。

（4）有利于深化农业结构调整。

（5）有利于增加农民收入。

（6）有利于保护资源，走农业可持续发展道路。

（二）县域现代农业发展总体规划的内容

县域现代农业发展总体规划为实现一定时期内县域经济和社会发展目标，确定县域农业的性质、规模以及发展方向。县域现代农业发展总体规划内容主要包括：农业生产条件及生产潜力的分析评价和前景预测；农业发展方向、战略目标、战略重点、区域布局；农业部门结构、规模；农业基本建设投资和实施措施与步骤等内容。

现代农业总体规划主要编制内容如下：

（1）确定总体规划的规划背景、规划范围以及规划依据。

（2）明确区域内基本现状（包括交通区位、自然资源、社会经济、政策背景等）以及农业发展现状。

（3）制定明确的战略定位和发展目标。

（4）规划设计整体空间布局，对区域内相关产业和重点项目进行具体安排。

（5）确定近期重点项目建设目标、内容和实施部署。

（6）在总体规划基础上进行专项体系规划，是对总体规划的重点领域的展开、深化和具体化。

（7）对总体规划进行经济评价，分析总体规划的经济效益、生态效益和社会效益。

（8）最后明确总体规划的实施建议及保障措施。

（三）县域现代农业发展总体规划的成果形式

县域现代农业发展总体规划编制的主要成果包括规划文本和规划图册，基础资料说明可作为附件列出。文本主要包含规划总则、发展条件分析、规划目标与发展策略、空间结构与产业布局、主导产业发展规划、近期重大建设项目、支撑保障体系等内容。

规划图册主要包括：战略区位分析图、周边县市经济社会分析图、各乡镇经济社会条件图、地形地势与交通分析图、县市土地利用现状图、水资源分布图、土壤条件分析图、农业资源现状分布图、生态环境条件图、自然灾害历史分布图、空间发展布局图、产业发展策略与分布、近期重点项目分布与意向、水利工程与重点项目、县域生态治理与防灾规划图、耕地质量提升与土地整治项目、农业园区分级和职能结构图等。

三、县域现代农业发展专题研究

（一）产业发展规划

1. 产业发展规划的意义

产业发展规划，就是在各产业要素和资源空间合理配置的基础上，研究特定地区产业的发展趋势，并制定出相应的对策和措施。产业发展规划对协调区域经济利益，发挥区域优势，建立合理的区域经济结构，实现宏观经济的良性循环和高效发展具有十分重要的意义。

2. 产业发展规划的内容

产业发展规划的内容涉及产业建设的方方面面。首先需各个产业发展条件，分析农业产业这个环节在整个地域国民经济中的发展地位；提出规划依据，确定发展原则；明确产业发展策略和目标，构建产业体系和产业结构，明确产业发展的控制指标；对产业进行空间布局，构建全产业链发展途径，给出实施方案，最后评估产业发展对区域经济社会环境的影响。

产业发展规划的主要编制内容如下：

（1）研究整个产业发展现状与趋势。
（2）分析当地产业发展的外围环境条件和内部资源条件。
（3）确定当地产业的发展思路和目标。
（4）设计产业链和产品。
（5）确定产业发展的空间布局。
（6）明确产业发展的重大培育工程和基地建设工程。
（7）制定产业发展的政策保障机制。

3. 产业发展规划的成果形式

产业发展规划编制的主要成果包括规划说明书和产业规划图册。规划说明书主要包括产业发展思路、产业链和产品设计、产业发展空间、重大建设工程、实施建议、资源综合利用建议等内容。

产业规划图册一般包括：规划区位图、土地利用现状图、产业规划总图、交通运输系统规划图、水利及供排水系统规划图、电力系统规划图、产业环境质量现状评价图等。图纸的内容，可根据地区的具体情况进行调整。

（二）现代农业园区规划

1. 现代农业园区规划的意义

现代农业园区是促进农业结构多元化的最佳载体，是以科技为先导建立起来的诸如种植业、养殖业、特色农业、加工业、旅游观光农业、农业服务业等多元产业集聚发展的平台。

现代农业园区规划可以促使园区合理、高效地利用该地区的自然、环境、人文等资源优势，使园区建设遵循目标，有序发展，最终实现高产、高效和可持续发展的目的。

2. 现代农业园区规划的内容

现代农业园区规划是现代农业园区经济建设的总体部署。以农业科技园区规划为例，主要包含现状分析、目标定位、产业结构、空间布局、基础设施建设规划、投资和效益分析、园区组织运营和保障措施等内容。其他诸如农业产业化园区规划、农业旅游园区规划、农产品物流园区规划和生态农庄规划等，在研究方法和规划思路上各有侧重，但总体框架结构基本一致。

现代农业园区规划主要编制内容如下：

（1）确定园区规划期内，划定园区规划范围。
（2）制定明确的战略定位和发展目标。
（3）确定主导产业和主导产品，设计园区盈利模式。
（4）划分功能区，对园区产业和重点项目进行具体安排。
（5）确定近期重点项目建设目标、内容和实施部署。
（6）确定园区道路系统和绿化景观系统的总体布局。
（7）确定园区供排水、电力电信、供暖、燃气、消防、环保、环卫等设施。
（8）最后明确园区的组织管理模式和经营运行机制。
（9）对园区进行经济评价，分析园区的经济效益、生态效益和社会效益。

3. 现代农业园区规划的成果形式

现代农业园区规划编制的成果主要包括规划文本和规划图册。规划文本主要包括规划背景、建设条件分析、规划思路和定位、功能分区和分区建设内容、基础设施专项规划、投资估算和效益分析、实施保障和组织运营的建议。

根据规划深度要求的不同，规划图册的内容有所区别。以现代农业科技园区规划为例，主要包括园区区位图、土地利用现状图、功能分区图、园区总平面图、近期建设规划图、道路绿化系统规划图、电力电信规划图、给（排）水规划图，以及反映规划设计意图的透视图、鸟瞰图、平面效果图等。

4. 现代农业园区规划与县域现代农业规划编制的区别和联系

现代农业园区作为县域农业的一个主要组成内容，承担着促进传统农业向高产、高效、优质的现代化农业转变的功能，是县域现代农业的展示窗口、农业科技成果转化的孵化器。但是在规划编制的过程中，现代农业园区规划与县域现代农业规划在以下5个方面存在明显的差异，需要重点关注。

（1）项目来源　现代农业园区的项目来源主要是政府和企业，普遍做法是政府通过招商引资，引导农业园区建设。然而，县域现代农业规划项目的来源只有政府相关部门，如县人民政府或者农业局、农村工作委员会等。

（2）研究对象　现代农业园区的研究对象相对于县域现代农业更加聚焦，主要集中在县域农业中的主导产业。对于园区的研究多从市场环节切入，以保证园区建设的经济效益。但是对于县域现代农业的研究多从资源导向的角度出发，由于农业的发展受到地形地貌、水土光热、人文历史等资源条件的影响，县域农业在发展的过程中多呈现出百花齐放的状态。

（3）功能表现　农业园区建设的主体多为企业，更加追求农业园区的经济效益，以市场经济为驱动去发挥园区的示范辐射功能。与此相比，政府部门做县域农业的发展规划，更加关注在于农业的社会公益功能，更加期望现代农业能够促进区域协调发展。这种功能上的差异在规划方案的编制过程中需要加强重视。

（4）产业构建　现代农业园区产业的发展主要有两个方向：一是基于同种产品的产业链条的完善和延伸，二是将产业链条的单一或若干个节点做深做强。在县域尺度上，农业产业更多地呈现出多业态、全产业链的发展趋势。在规划方案的编制过程中，现代农业园区规划主要倾向于产品的打造，县域现代农业规划则是需要重点描述农业产业体系的发展策略。

（5）成果形式　现代农业园区和县域现代农业对于规划成果的深度和侧重点有着截然不同的要求。现代农业园区的规划成果主要侧重于园区项目布局、基础设施建设以及项目投资估算和效益分析，关注项目可行性；县域现代农业规划成果则主要侧重于基础现状的分析、县域农业空间结构、重点项目布局图等，更加关注农业的发展思路。

（三）新农村规划

1. 新农村规划的意义

建设社会主义新农村是贯彻落实科学发展观，推进我国现代化建设的重大战略举措。新农村建设涉及农村发展的各个方面，是一个全面性、系统性、规范性的工程，要实现这一伟大工程需要制定全面细致的发展规划。规划是新农村建设的指引蓝图，对社会主义新农村经济、政治、社会、生态、文明全面发展具有重要的意义。

2. 新农村规划的内容

新农村规划是村庄经济建设的总体部署，统筹安排村庄各项用地指标，合理配置基础工程设施，明确各阶段发展目标、发展途径，引导村庄科学布局，实现新农村经济可持续发展。新农村规划主要编制内容如下：

（1）确定村庄规划期内人口及用地规模，划定村庄规划范围。

（2）对村域范围内的生产、生活、生态功能进行合理布置和综合安排。

（3）确定规划期村庄发展用地的空间布局结构。

（4）确定村庄对外和村庄内部交通系统结构布局，编制村庄道路系统，确定村庄道路等级，主要活动广场、停车场和村庄出入口的位置和形式。

（5）确定村庄供水、排水、防洪、供电、通信、供热、燃气、消防、环保、环卫等设施的发展目标和总体布局。

（6）确定村庄绿化景观系统的发展目标和总体布局。

（7）确定需要保护的自然保护带、风景名胜区、文物古迹、传统街区等，划定保护和控制范围，提出保护措施。

（8）对村域范围内的旱地、水田、菜园、果园、养殖场等用地做出统筹安排。

（9）编制近期建设规划，确定近期建设目标、内容和实施部署。

（10）进行综合技术经济论证，提出规划设计步骤和方法的建议。

3. 新农村规划的成果形式

新农村规划编制的成果主要包括规划文本和规划图册。

（1）规划文本和附件　规划依据、规划原则、规划思路、发展布局、重点项目建设内容、基础设施专项规划、投资效益分析、实施保障措施等内容。基础分析资料统一收录到附件内容中。

（2）规划图册　村域现状图、区位图、用地范围图、土地利用现状分析图、相关分析图、村庄规划总平面图、功能结构分析图、土地利用规划图、产业结构分析图、道路交通规划图、景观绿化规划图、公共服务设施规划图、各市政管线工程规划图等。图纸比例根据实际情况进行调整。

（四）其他专项规划（土地整治规划、小流域综合治理规划等）

1. 土地整治规划

（1）土地整治规划的意义　在我国将土地整治与农村发展，特别是与新农村建设相结合，是保障发展、保护耕地、统筹城乡土地配置的重大战略。

面对我国耕地日益减少、沙漠化加剧的严峻形势，土地整治规划的意义显得更加重要。通过土地整治规划，对耕地、宅基地和集体建设用地进行整理复垦，不仅增加耕地面积，而且提高了土地利用率；土地整治规划后的工程实施还可提高耕地质量，增加耕地产出率，推进村庄整治，优化用地结构布局；规划通过积极引导土地向规模经营集中，推进农村集体土地流转，优化了农业产业布局，促进农村富余劳动力转移，确保农民持续增收。

（2）土地整治规划的内容　土地整治是盘活存量土地、强化集约用地、适时补充耕地和提升土地产能的重要手段。土地整治规划编制内容如下：

分析区域自然条件，包括地理位置、地形地貌、气候、水文、地质、植被、土壤、工程地质、自然灾害等；对整治规划区的人口状况、生产条件、经济发展水平、公共服务设施优势条件、土地利用现状、基础设施现状及存在的问题进行阐明；确定土地整治规划区的总体目标、具体目标；制定规划方案，包括基本思路、土地利用布局和主要工程布局；拟定计划安排，包括项目区总体安排、新农村建设工程、土地整理工程、道路建设工程、水利工程的建设；进行投资估算及效益分析（社会效益、生态效益和经济效益的分析）；提出保障措施，包括资金保障、政策、技术保障等；提出规划实施步骤和方法的建议。

（3）土地整治规划的成果形式　新农村规划编制的主要成果包括规划文本和规划图册。

规划文本和附件：规划范围、规划依据、规划定位、主要任务、规划期限、指导思想、编制原则、准备工作、调查研究、规划成果编制、规划成果要求、规划评审报批等内容。基础分析资料统一收录到附件内容中。

规划图册：土地开发整理规划图、土地潜力分析图、重点区域布局图、土地整治规划图、土地整治重大工程分布图、土地整治重点项目分布图、高标准基本农田建设规划分布图、城乡建设用地增减挂钩试点项目分布图、低丘缓坡开发利用试点项目分布图等。图纸比例根据实际情况进行调整。

2. 小流域综合治理规划

（1）小流域综合治理的意义　小流域综合治理是实现农业可持续发展的保障，通过小流域综合治理规划能有效控制水土流失，促进旱作农业的发展；小流域综合治理规划的实施为农村扶贫开发及农村小康工程奠定了基础；小流域综合治理规划指导下的治理开发能有效地启动国内市场，拉动需求，促进经济的快速发展。

（2）小流域综合治理规划的内容　小流域综合治理规划以详细调查自然条件和社会经济条件为基础，合理确定流域内每一个地块的土地利用方向及水土保持技术措施。

小流域综合治理规划编制内容：确定规划的方法、规划期限、治理目标、规划任务；对基本情况（自然条件、自然资源、社会经济、自然灾害、水土流失等）进行调查分析；明确规划依据、指导思想及规划原则；确定规划分区及总体布局；编制防洪安全规划，包括基本要求、洪水灾害成因、防洪范围及指标、防洪安全工程措施总体布置、工程措施及非工程措施等；编制地质灾害防治规划，包括滑坡分布及分类、治理原则、治理措施；编制水土保持建设规划，包括土地利用规划、水土保持建设规划；编制社会经济发展规划预警预报和防灾预案建设规划；提出投资估算及实施意见；进行效益分析与经济分析（评价依据及基本参数、综合效益计算费用计算国民经济评、财务分析、综合评价）。

（3）小流域综合治理规划的成果形式　包括小流域综合治理规划报告，相关调查表格、规划成果表和相关图件（规划分区图、防治措施总体布置图及分区图、防治措施设计图）。

第四节　县域现代农业规划的指导思想

《全国现代农业发展规划》（2011—2015年）的指导思想为："以邓小平理

论和'三个代表'重要思想为指导，深入贯彻落实科学发展观，全面贯彻党的十七大和十七届三中、四中、五中、六中全会精神，按照在工业化、城镇化深入发展中同步推进农业现代化的要求，坚持走中国特色农业现代化道路，以转变农业发展方式为主线，以保障主要农产品有效供给和促进农民持续较快增收为主要目标，以提高农业综合生产能力、抗风险能力和市场竞争能力为主攻方向，着力促进农业生产经营专业化、标准化、规模化、集约化，着力强化政策、科技、设施装备、人才和体制支撑，着力完善现代农业产业体系，提高农业现代化水平、农民生活水平和新农村建设水平，为全面建设小康社会和国家现代化建设提供具有决定性意义的基础支撑。"

十八大提出的"四化同步"，即"坚持走中国特色新型工业化、信息化、城镇化、农业现代化道路，推动信息化和工业化深度融合、工业化和城镇化良性互动、城镇化和农业现代化相互协调，促进工业化、信息化、城镇化、农业现代化同步发展"。对现代农业的发展做出了进一步的指导。

结合县域尺度的现代农业规划，指导思想应服从大局，具有一定的针对性，以深入贯彻落实科学发展观，按照四化同步的要求，转变农业发展方式，保障主要农产品有效供给，促进农民持续较快增收，提高农业综合生产率，促进标准化、专业化、规模化和集约化，强化支撑保障措施，完善产业体系，与工业化和城镇化良性互动，同步发展。

第五节　县域现代农业规划的原则

一、国家现代农业规划原则

国家层面上现代农业规划的基本原则，主要包括五个方面，即坚持确保国家粮食安全；坚持和完善农村基本经营制度；坚持科教兴农和人才强农；坚持政府支持、农民主体、社会参与；坚持分类指导、重点突破、梯次推进。

1. 坚持确保国家粮食安全

坚持立足国内实现粮食基本自给的方针，实行最严格的耕地保护和节约用地制度，加强农业基础设施建设，着力提高粮食综合生产能力，加快构建供给稳定、储备充足、调控有力、运转高效的粮食安全保障体系。

2. 坚持和完善农村基本经营制度

在保持农村土地承包关系稳定并长久不变的前提下，推进农业经营体制机制创新，坚决防止以发展现代农业为名强迫农民流转土地承包经营权、改变土地农业用途，切实尊重农民意愿，维护农民利益。

3. 坚持科教兴农和人才强农

加快农业科技自主创新和农业农村人才培养，加快农业科技成果转化与推广应用，提高农业物质技术装备水平，推动农业发展向主要依靠科技进步、劳动者素质提高和管理创新转变。

4. 坚持政府支持、农民主体、社会参与

强化政府支持作用，加大强农惠农富农力度，充分发挥农民的主体作用和首创精神，引导和鼓励社会资本投入农业，凝聚各方力量，合力推进现代农业发展。

5. 坚持分类指导、重点突破、梯次推进

进一步优化农业生产力布局，因地制宜地采取有选择、差别化扶持政策，支持主要农产品优势产区建设，鼓励有条件地区率先实现农业现代化，推动其他地区加快发展，全面提高农业现代化水平。

二、县域现代农业规划原则

在服从上述原则的基础上，根据现代农业在县域社会经济发展中的地位，针对现代农业发展过程中的主要问题，结合实际情况提出各县的县域现代农业规划原则。例如：

（1）突显优势原则　现代农业是一个多样性农业，依据生态优势和比较优势科学布局品种，发展品质独特，特色鲜明，具有明显区域竞争优势的产业项目，形成优势产业，发挥最佳效益。

（2）市场主导原则　充分发挥市场机制优化资源配置的作用，鼓励和调动企业和非政府组织积极参与现代农业建设。扶持农业龙头企业，促进农业产业化经营发展。创造更加良好的环境，增强社会投资的吸引力和现代农业发展活力，突出企业的投资主体地位。

（3）政府引导原则　发挥政府在政策引导、统一协调和宏观调控的主导作用，为现代农业发展营造良好的政策环境和提供高效的公共服务。充分发挥政府投入资金的支农作用，引导社会资金积极参与现代农业建设。

（4）龙头带动原则　引进和培育龙头企业，引导龙头企业积极参与示范区建设，充分发挥龙头企业在示范区建设的拉动作用，完善企业与农户的利益联结机制，延长农业产业链，建立特色产业体系，不断提高农业产业化经营水平。

（5）集群发展原则　综合市场需求、资源禀赋、生态环境等因素，促进适度规模化，推动现代种业、种植业、畜牧业、加工业与物流业等产业经营链条的耦合。

（6）产业创新原则　贯彻现代农业发展理念，以发挥区域比较优势为出发点，拓展农业空间、发挥农业多功能性，培育农业优势产业和优势产品，构建现代农业产业链，发展特色农业、循环农业、有机农业。

（7）点面结合原则　做强示范点，推行农业标准化生产和产业化经营，不断完善农产品品牌化运作模式，推进示范区现代农业向品牌化、精致化方向发展,以点带面整体提升农业机械化综合水平。

（8）统筹兼顾原则　坚持政府引导、市场调节,合理统筹推进产业的合理布局、结构优化和发展方式转变,不断健全现代农业产业体系。

（9）创新驱动原则　坚持把创新作为农业科学发展的根本动力,加快完善创新体系,提高自主创新能力,建设创新型农业。充分发挥比较优势,在重点领域和关键环节探索农业科学发展的新途径、新举措和新机制,着力培育形成新的农业竞争优势。

（10）群众愿意原则　坚持以家庭承包经营为基础,在统分结合、双层经营的农村基本经营制度的前提下,稳步推进土地适度规模经营和集约经营,充分尊重农民的生产经营自主权,按照市场需求组织规模化生产。

（11）绿色增长原则　把建设资源节约型农业、生态良好型农业放在突出位置,完善节约能源资源和保护生态环境的体制机制,大力发展绿色农业经济,积极发展循环农业经济,实现经济效益和社会效益、生态效益的有机统一。

（12）持续发展原则　立足现在、着眼未来,在项目设计上逐步形成具有自我发展、自我提高的良性机制,实现环境资源的可持续健康发展。

第五章
县域现代农业规划研究的方法探讨

第一节　县域现代农业规划研究流程

县域现代农业规划工作应重视前期方案的研究和创新，抓好规划成果的质量，形成科学、有序、高效的工作流程。通常情况，县域现代农业规划编制包括规划任务确定阶段、规划前期准备阶段、实地调研阶段、规划研究阶段、规划方案编制阶段、报批和实施阶段、跟踪监测与实施评价阶段等步骤阶段。

县域现代农业规划的组织，特别是规划的编制与实施是一个连续性和反馈性的过程，因此各阶段的工作应沿着一定的逻辑顺序进行。必要时，各阶段的顺序和工作重点也可以进行适当的交叉、调整。各阶段的工作要点如下文所述。

一、规划任务确定阶段的工作内容

（一）委托方确定编制单位

委托方应根据国家农业行政主管部门对农业规划编制单位资质认定的有关规定确定农业规划编制单位。通常有公开招标、邀请招标、直接委托等形式。

（1）公开招标　委托方以招标公告的方式邀请不特定的农业规划单位投标。

（2）邀请招标　委托方以投标邀请书的方式邀请特定的农业规划单位投标。

（3）直接委托　委托方直接委托某一特定规划设计单位进行农业规划的编制工作。

（二）制定项目计划书并签订农业规划编制合同

委托方应制定项目计划书并与规划编制单位签订农业规划编制合同。

二、规划前期准备阶段的工作内容

（一）组建规划团队

确定规划任务并委托编制单位后，编制单位组建规划团队，确定团队成员，明确项目负责人，规划团队包括技术人员、专家、委托方成员以及其他合作人员等。

（二）召开项目启动会

在项目开始工作之前，需组织召开项目启动会。通常由熟悉情况的市场负责人或者项目负责人主持，组织团队成员研讨，对项目由来、规划背景、收集的相关资料、委托任务内容、规划深度、技术要求以及时间要求等内容进行说明。

（三）拟订工作计划

在项目启动会后，项目负责人及成员根据委托任务内容、时间及深度要求等，结合该县域农业的相关资料，编制该规划的工作计划，包括人员时间安排、规划初步提纲、技术研究路线、技术深度要求等。

人员时间安排应结合具体委托任务，列出该项目各阶段需要的人员及工作安排，时间安排尽量紧凑，提高人员的工作效率。

规划成果提纲、技术研究路线和技术深度要求都应结合规划县域农业发展阶段、农业主导产业、特色农产品、农业科技水平以及县域社会经济等情况进行编制，是在项目管理中对规划目标、成果质量、内容及深度的技术性指导，以保证成果达到委托要求。

三、实地调研阶段的工作内容

在当地领导及有关部门的协助下，组织专题研究人员进行实地调研，科学、全面、深入地调研县域农业情况，对抓住县域农业发展的主要矛盾和关键问题，规划编制的顺利推进，以及规划成果完成水平均有直接影响，因此研究调研方案尤为重要。

（一）调研方法

通常县域农业调研方法有资料收集、场地勘察、问卷调查、座谈访问等几种。在实际工作中，上述方式视情况采用。

1. 资料收集

主要围绕县域农业规划研究编制的需要收集资料。

县域农业的规划除对现状发展情况了解外，还应与区域发展相协调，与县域城市建设同步，与各专项建设规划对接，因此县域农业调研时需要收集的资料比较多，以下为调研的基本资料，在实际工作中可根据该县域农业发展的具体情况增减。

（1）该县隶属省、市的国民经济与社会发展"十二五"规划、"十三五"规划；农业农村发展"十二五""十三五"规划；

（2）所处经济圈、发展带或区划的最新批复的区域发展规划，国家、省、市对该区域的最新发展政策；

（3）县域国民经济与社会发展"十二五"规划、"十三五"规划；农业农村发展"十二五""十三五"规划；

（4）县域总体情况，已获批复的城乡总体规划；

（5）县域土地利用现状，已获批复的土地利用规划；

（6）县域各街道、乡镇的镇域总体规划；

（7）县域农业发展现状、新农村建设现状及相关规划，农业扶持政策，其中农业发展现状包括种植业、养殖业、农产品加工业等广义上的农业范畴，还包括县域各类农业企业情况、农业科技推广能力、各类农业合作社或协会、农业能源利用情况等；

（8）县域道路交通情况，已获批复的道路交通规划；

（9）县域水系、水资源现状，已获批复的水利规划；

（10）县域农业环境现状，已获批复的环境规划；

（11）县域气象资料，包括天气情况、土壤类型分布、地质情况、历史自然灾害等；

（12）历史人文资料，包括旅游发展现状，已获批复的旅游规划，近五年旅游年度报告；

（13）县志、县域及各乡镇近五年社会经济统计资料或统计报告；

（14）县域支持农业发展的资金来源、拨付及渠道情况；

（15）县域近年政府工作报告、重要领导讲话。

2. 场地勘察

主要针对县域涉及农、林、牧、副、渔各方面进行现状的调研报告，包括生产能力、合作组织、农业企业、科技推广、产品质量、农产品销售等，并注意核实委托方各部门提供的相关资料和数据。

3. 问卷调查

通常情况下在县域农业调研时对一些重点问题和重要群体进行的入户访谈，从基层反映出来的情况能够找到共性问题和发展前景。如对该县农业龙头企业或合作社或协会发展现状、农民从事农业生产现状、某产业发展情况等。

4. 座谈访问

主要与上级部门、县级领导、县级各部门充分了解沟通，一方面核实现场调研和资料情况，更重要发现并总结该县域农业的形成历史、目前现状、基本特征、存在问题、发展瓶颈、影响因素、发展前景、机遇挑战等情况。

（二）调研方案

调研方案应围绕把握项目任务的内容、深度等目标进行，是资料分析研究和规划成果编制的基本依据。调研方案一般包括具体的调研内容、需要收集的资料、问卷表格、地形图纸、与委托方座谈、现场考察路线、周边考察路线、调研人员分工以及随行专家行程等内容。

下面举例某县域农业调研计划。

××××××县域农业规划项目首次调研计划

1. 调研目标

明确规划任务，收集资料，现场踏查及座谈访谈。

（1）听取上级主管部门、县领导及县各部门对规划的要求和意见；
（2）对县域现场进行踏查，现场交流，收集第一手资料；
（3）与县级各相关部门沟通、核准信息资料，听取相关局委对规划的要求。

2. 调研时间及行程

（1）调研时间　××××年×月×日—××××年×月×日，共×天；
（2）调研行程见表5-1。

表5-1　调研时间及行程安排表

时间		主要任务	地点	参与人员
日期	上午	与领导座谈	×××	县领导、委托方、专家、技术人员
	下午	与部门座谈	×××	县领导、委托方、专家、技术人员
日期	白天	现场踏查	×××	县领导、委托方、专家、技术人员
	晚上	汇总信息	×××	专家、技术人员
日期	白天	现场踏查	×××	县领导、委托方、专家、技术人员
	晚上	汇总信息	×××	专家、技术人员

3. 参加本次调研人员
4. 本次调研往返安排
5. 联系人及联系方式

（三）调研总结

每次完成调研后，需要对调研的内容进行总结，包括基础资料整理、数据核实分析、座谈记录整理、调研问卷分析、图纸标注整理、专家意见汇总、现场照片分类等，从中梳理该县域农业发展的各方面情况，同时对拟定的工作计划，包括人员时间安排、规划成果提纲、技术研究路线、技术深度要求等进行修正和完善，来指导下一步工作。

四、规划研究阶段的工作内容

规划研究阶段的主要任务包括总结区域及农业产业发展的主要特点、演变历程，对当地社会经济发展水平、发展阶段、综合实力及农业产业在县域经济社会中承载的功能属性等做出总体判断；分析县域及农业产业发展的主要优势与限制因素；分析县域发展的宏观背景与国际国内形势；明确现代农业在县域社会经济发展中的属性地位；制定县域农业发展战略与目标，明确本县（市）在相关区域、全国乃至国际分工中的地位和作用。同时在该阶段提出规划编制的具体措施建议和近期规划建设的重点内容。

（一）规划基础研究分析

按照调研总结后完善的工作计划，开展基础材料的汇总分析研究、规划方案的构思、方案比选和成果编制工作。

在县域农业规划初步规划方案编制前通常要组织专家和技术人员召开研讨会，对前一阶段调研全面情况、工作计划等进行说明讨论；在充分分析研究的基础上，确定其农业发展阶段，形成其现代农业发展定位、关键问题、重点产业、总体布局等核心内容。部分情况复杂的县域（产业）需要进行多次专家研讨和外业考察。

（二）规划初步方案专家审核

在该县域现代农业规划的核心内容研讨确定后，项目组技术人员按照工作计划，进行规划方案编写和图纸文件绘制，形成规划初步方案。

规划初步方案是规划编制过程中的阶段成果，也是在前期研究基础上形成的第一稿方案，该方案对后续规划工作有较大影响，因此在初步方案形成后需通过召开座谈会或采用书面沟通的方式征求参与该项目各领域专家意见，形成专家审核意见。规划项目组根据专家意见，对规划初步方案进行调整完善。

（三）规划初步方案汇报沟通

规划初步方案修改完善后，可与规划委托方进行首次沟通汇报。汇报会一般需要县市主要领导、农业主管部门领导、相关部门领导参加，并提出规划方案的修改意见。根据沟通情况，如需进行相关资料的补充调研，还需安排补充调研。

初步方案汇报是该县域农业规划阶段成果的展示，一般采用汇报演示稿形式。同时初步方案也是尽量争取更多方面的意见，建议委托方领导及相关部门负责人、当地专家等参与。如果汇报会未能解决相关问题，可安排与相关部门进一步沟通。汇报会需形成会议纪要。

五、规划方案编制阶段的工作内容

（一）规划初步方案深化

规划初步方案汇报后，及时进行规划方案意见信息的整理分析，方案中委托方认可的内容继续深化，方案中未达成一致的内容应进行分析，规划项目组应站在科学、客观、公正的角度找出原因及解决途径。结合各方意见，对方案进行深化完善，形成规划中期方案成果。

（二）规划中期方案汇报

中期方案是规划编制过程中的中间阶段成果，是对初步方案的深化，也应征求专家建议，并进行中期方案审核。

中期方案结合专家意见进行修改完善后，形成规划成果草案，可与委托方沟通确定中期方案汇报的具体安排。通过成果演示汇报，书面沟通等形式，请政府部门、专业机构、当地民众参与规划的评议，工作流程同上一阶段。汇报会需形成会议纪要。

六、报批和实施阶段的工作内容

(一) 形成规划成果送审稿

根据规划中期方案汇报的各方意见,对规划内容进行必要的修改完善。在征求专家意见环节,除召开最终成果审查会外,还应更大范围地征求意见,可以邀请项目以外的专家进行审核。在充分吸收采纳了专家意见后,形成规划成果送审稿,准备规划评审。

(二) 规划方案评审

规划方案结合各方面专家意见进行完善后,可与委托方沟通确定最终方案评审的安排。工作流程同上一阶段。规划方案定稿后,进行规划评审,回答评审专家提出的问题,项目组需及时进行各方意见整理分析,汇报中未明确和讨论的问题需与委托方进行沟通确认,形成会议纪要。

(三) 规划成果定稿、成果提交

规划方案最终定稿,由规划编制单位上报正式审批,协助规划组织单位遇到的各种专业问题。如项目需要可召开专家会或成果审核,最终形成完整的规划成果,并提交。

(四) 各部委涉农项目申报名录(部分)

1. 农业部

农业综合开发农业部专项

农业财政项目申请

农业生态环境保护项目

948 项目

农作物病虫鼠害疫情监测与防治项目

农业外来入侵生物防治项目

动物疫情监测与防治(兽医)项目

动物疫情监测与防治(渔业)项目

农业农村资源监测统计经费(农业信息预警)项目

农业农村资源监测统计经费(农情调度)项目

农业农村资源监测统计经费(农业遥感监测与评价)项目

农业农村资源监测统计经费(草原监测)项目

农业农村资源监测统计经费("三电合一"农业信息服务)项目

生猪等畜禽产品信息统计监测预警项目

全国农业系统国有单位人事劳动统计项目

农产品质量安全监管(种子管理)项目

农产品质量安全监管(农药管理)项目

农产品质量安全监管(兽药)项目

无公害农产品质量安全监测项目
生鲜乳质量安全监管项目
饲料质量安全监管项目
种畜禽质量安全监督检验项目
水产品质量安全监测项目
农业投入品质量监管项目
养殖环节"瘦肉精"监管项目申报
农产品质量安全风险评估项目
农产品质量认证项目
国家草品种区域试验项目
农业技术试验示范（品种试验）项目
农村实用人才带头人培训项目
超级稻新品种选育与示范推广项目
农业技术试验示范专项经费（种植业）项目
农业技术试验示范专项经费（农机）项目
优势农产品重大技术推广项目
优势农产品加工重大技术推广项目
奶牛生产性能测定项目
农产品促销项目
农产品促销（出口促进）项目
农业标准化实施示范（农产品质量安全）项目
农业标准化实施示范（农民专业合作组织）项目
农业标准化实施示范（海峡两岸农业合作）项目
农业行业标准制定与修订（农产品质量安全）项目
农业行业标准制定与修订（兽药）项目
农业行业标准制定与修订（农产品加工）项目
渔业生产损失救助项目
耕地质量保护项目
农作物种质资源保护项目
畜禽种质资源保护项目
牧草种质资源保护项目
渔业种质资源保护项目
农业野生植物资源保护项目
农业国际交流与合作项目申报
远洋渔业资源调查和探捕项目
近海渔业资源调查管理项目

农业产业化项目
农村能源综合建设项目
渔业政策性保险试点项目
农村土地承包经营权登记试点项目
农业部畜禽及水产业专项
农业部畜牧良种补贴项目实施指导
农业部高产优质苜蓿示范建设项目实施指导

2. 财政部
农业综合开发产业化经营项目
农业综合开发产业化经营项目
农业综合开发水土保持项目
农业综合开发存量资金土地治理项目
农业综合开发供销总社新型合作示范项目
农业综合开发供销总社新型合作示范项目
农业综合开发林业项目
农业综合开发扶持龙头企业带动产业发展和"一县一特"产业发展试点项目

3. 科技部
农业科技成果转化资金项目
国家重点新产品计划项目
科技型中小企业技术创新基金项目
科技惠民计划项目

4. 水利部（联合财政部）
中央财政小型农田水利设施建设补助专项
中央财政小型农田水利设施建设补助专项
农业综合开发中型灌区节水配套改造项目申报指南

5. 发改委
战略性新兴产业生物育种高技术产业化专项
节能技术改造财政奖励备选项目

6. 工信部
中小企业发展专项

七、跟踪、监测与实施评价阶段工作内容

对规划实施结果的评价主要是对已付诸实施的规划，在实施一段时间后所形成的结果与原规划编制成果中的内容是否一致所进行的评价。对于规划团队而言，项目成果提交后，项目组还应对已完成的成果进行总结和回访。同时在

后续阶段，对该项目的委托方可进行回访，对规划成果在建设实施中指导落实，便于在其他规划工作中予以改进。

在该阶段可开展的工作包括建立规划动态监测；确立相应的评价指标体系或标准，对规划方案进行动态监测检查；评价与防控，对规划方案与内容做出必要的调整、补充或修改；规划末期进行最终评议，并提出今后优化规划方案的建议。

第二节 县域农业规划研究团队

一、规划研究团队组建原则和重要性

县域农业是个较为复杂的区域系统，近年来有越来越多的不同学科、不同部门的学者和政府部门官员开始深入研究。尤以农业科研院所较多，其中不乏社会、经济、自然资源、生态、农业等专业专家。

县域现代农业规划是个严谨而科学的新学科，由于县域是个行政管理区域，是个较为封闭的研究对象，规划团队的组建要包含县域农业项目相关领导、相关企业、合作组织和农民，同时包括规划编制单位相关专家和人员，团队成员要考虑周全，视具体情况及时增补调整。

（一）组建原则

首先，团队要具有丰富的农业规划经验，了解农业规划中所涉及的国家和地方背景和政策、自然环境与农业生产技术关系、农业生产关系、项目投资回报、实施过程的各种突发事件；并保证县域规划可以全面统筹考虑，解决重点问题，协调县域农业发展的关系。

其次，对县域农业涉及的各产业需配有相关技术人员及专家，以便对当地农业发展现状和趋势有准确的认识、判断，为规划建议打下基础。

第三，团队要求工作效率高、互相包容、配合密切。县域农业规划系统相对较为庞大，涉及的各级政府领导和规划编制单位人员需要及时沟通，多方面挖掘信息，互相倾听意见和想法，使规划的编制过程达到高效、客观、包容、科学，符合建设发展的实际需求。

（二）规划研究团队组建的重要性

县域农业是个复杂的产业系统，涉及农、林、牧、副、渔以及各个相关专业，也要求规划团队的组建相对完善。要有掌握县域自然、社会、农业产业相关的政府领导和当地居民配合，同时也需要县政府相关领导具有开放、高瞻远瞩的思路作为指引，以规划专家专业、科学的研究方法为基础，共同研究探讨出一套能促进当地县域农业发展的策略、模式和项目库。

二、专家团队的组建与参与

(一) 专家方向选择

1. 社会经济、农业政策等方向

社会经济和农业政策方向专家,对于社会发展的客观规律具有较为系统的认识;而且专家参与制定的国家农业政策也是基于农业技术和生产关系发展现状,而建立的能引导农业向前发展的措施。县域现代农业规划如果有了这些专家的参与,既能够很好地落实国家、省市出台的政策任务,还可以因地制宜地提出适宜本地发展的规划措施。

由于熟知从实践中总结出来的客观规律,社会、经济专家能让我们在规划过程中清醒地认识到"如何在农业生产过程中,有效地利用和调动一切可利用资源,并保证县域农业在当前的社会环境中有序、健康地向特定的方向发展"。

2. 自然资源与农业相关方向

农业生产的发展与自然资源息息相关,尤其是水、温、光、土壤等条件。这些自然资源决定了当地传统农业的类型和发展模式。在县域现代农业规划中,就需要相关专家给予指导。通过专业人士理解自然与农业发展的内在关系,正确认识农业与环境的关系,才能保证规划中提出的策略适时适地适用,实现县域农业可持续发展。

3. 规划、设计相关方向

规划设计专家主要是在综合资源调配方面,具有统筹安排、就重避轻的能力,找出县域农业发展的主要矛盾和规律,合理化解各种冲突,统一思想把农业的发展作为第一任务,使县域农业规划能客观、合理、可操作性强,从而促进一段时期内县域现代农业的建设发展。

(二) 专家参与方式

专家参与方式主要包括专家会议法和德尔菲法两种;其中,专家会议法包括头脑风暴法、交锋式会议法和混合式会议法三种形式。本书重点阐述一下德尔菲法。

德尔菲法是在专家个人判断法和专家会议法的基础上发展起来的一种专家调查法,它广泛应用在市场预测、技术预测、方案比选、社会评价等领域。一般包括五个步骤:

(1) 建立预测工作组 工作组成员应能正确认识并理解德尔菲法的实质,并具备必要的专业知识和数理统计知识,熟悉计算机统计软件,能进行必要的统计和数据处理。

(2) 选择专家 在明确预测范围和种类后,按照课题所需要的知识范围,确定专家。专家人数的多少,可根据预测课题的大小和涉及面的宽窄而定,一般不超过 20 人。

（3）设计调查表　所提问题应明确，回答方式应简单，便于对调查结果的汇总和整理，并附上有关这个问题的所有背景材料，同时请专家提出还需要什么材料。然后，由专家做书面答复。

（4）组织调查实施　专家根据他们所收到的材料，提出自己的预测意见，并说明自己是怎样利用这些材料并提出预测值的；将各位专家第一次判断意见汇总，列成图表，进行对比，再分发给各位专家，让专家比较自己同他人的不同意见，修改自己的意见和判断。将所有专家的修改意见收集起来汇总，再次分发给各位专家，以便做第二次修改。逐轮收集意见并为专家反馈信息是德尔菲法的主要环节。收集意见和信息反馈一般要经过三四轮。

（5）对专家的意见进行综合处理　将调查结果汇总，进行进一步的统计分析和数据处理，专家应答意见的概率分布一般接近或符合正态分布。

（6）德尔菲法优缺点和应用范围

优点：能充分发挥各位专家的作用，集思广益，准确性高；能把各位专家意见的分歧点表达出来，取各家之长，避各家之短。

同时，德尔菲法又能避免专家会议法的缺点：权威人士的意见影响他人的意见；有些专家碍于情面，不愿意发表与其他人不同的意见；出于自尊心而不愿意修改自己原来不全面的意见。

德尔菲法的主要缺点是过程比较复杂，花费时间较长。

在缺乏足够的资料、长远规划或大趋势预测、影响预测事件的因素太多以及主观因素对预测时间的影响较大的情况下，运用德尔菲法较其他方法更能体现其效果。

（三）县域农业规划中专家的参与环节

调研研讨（专家组织方法），主要包括专家典型项目实地勘察、与政府领导沟通、与当地群众沟通三部分，在充分了解县域社会经济、地理人文和农业产业基础上，与政府领导对农业发展需求和面临的问题进行挖掘，为科学进行县域农业规划做好基础调研工作。

专家主要调研步骤包括：了解政府主要领导对县域农业的理解需求——典型项目实地勘察——与乡镇领导座谈沟通——全面了解县域每个区域农业特点。

方案策划主要采取混合式会议和德尔菲法结合的专家参与方式。在专家充分了解项目背景的情况下，主要步骤如下：

第一阶段，采用头脑风暴法，确定县域农业主要解决问题和思路。

第二阶段，采用交锋式会议法，对县域农业典型问题进行探讨。

第三阶段，采用德尔菲法，将调研数据分析结果和所面临的困难整理，设计调查表，确定参与相关专业专家，并寄送。将各位专家第一次判断意见汇总整理，再分发给各位专家，让专家比较自己同他人的不同意见，修改自己的意见和判断，经过三四轮后，收集整理专家所有意见和思路。

第四阶段，对专家意见进行统计分析。

成果审核（专业审核），分为三个阶段：初步方案阶段主要为县域农业主要问题分析和解决思路会审，主要宏观社会经济、战略、农业专家参与；中期方案阶段主要为空间发展和重点项目选择确定审核，主要为规划、农业产业专家参与；终期成果阶段为农业技术体系选择和基础设施落实审核，主要为农业种植、养殖、水电专家审稿。

三、县域各级农业相关部门配合

（一）现场调研与基础资料搜集的配合

基础资料数据的搜集对于客观把握县域农业的现状非常重要。对于生活在当地的基层干部、合作组织负责人和农民来说，他们每天都在想与土地、与农业有关的一切，在琢磨怎样才能做好农业。所以，他们才是最了解当地一手农业资料的"情报员"。

因此，调研开始前需要政府领导协调各部门召开项目启动动员大会，让相关领导统一思想，了解县域农业的重要性和需要配合协调的环节。一方面需要当地县级政府配合搜集农业局、畜牧局、水产局、国土局、城建局、环保局、园林局、财政局、水利局、规划局、统计局、旅游局、交通局等各部门与县域农业相关的所有资料和统计数据；另一方面也需要领导委派相关领域负责人带领规划团队联系相关基层人员进行现场调研，并与相关企业、专业合作组织、种养大户及普通农户了解详细情况。

（二）资料与信息的及时沟通

对于做好整个县域农业规划，1～2次10d左右的调研所获取的资料是远远不够的，需要了解、消化，然后再多次与县里相关领导沟通确认，最后再补充调研才能掌握基本情况。

在此期间需要县政府在规划开始期间就指定1～2名项目联络人。项目联络人负责联络规划过程中资料和沟通意见等相关信息，并及时转达县里领导及各部门对农业规划的意见以及规划单位的反馈意见，以保证规划过程顺利进行。

（三）各阶段县域农业规划方向的确定

对于县域农业规划一般分为初步方案、中期方案和最终成果三个阶段来跟县里各部门领导进行沟通。

初步方案成果阶段，需要县（市）长、书记、主管农业副县（市）长、农业局、规划局、国土局、交通局、水利局等各部门领导参与，与规划单位共同讨论研究县域农业的整体发展思路和方向。这是规划过程中很关键的一步，意见达成一致后形成会议纪要，规划单位继续开始中期方案研究深化。

中期成果阶段沟通也是非常重要的一步。项目的具体发展思路、功能定位、发展目标、产业策略、重点项目布局方向等基本已经完成，所以这次方案的沟通汇报极其重要。因此需要县主管领导和各部门相关领导同时参加，并从各部门专业角度详细研究、推敲项目方案和内容的可行性，并同时给予建设性意见，指导项目的最终完善工作。

最终成果阶段是成果的细化完善阶段，首先需要向县政府领导汇报修改完善情况，同时与农业局、土地局、水利局等专业部门核实规划相关数据和一期要建设的重点项目情况，来指导县域近期农业的实施方向。

四、农业规划咨询团队的协作、分析与决策

（一）农业咨询工程师的专业素质（调研、会议、沟通协作）

农业咨询工程师是一个很有挑战性的职业，工作强度大、压力大、知识更新快，因此对心理素质和学习能力要求较高。具体来说：

（1）农业咨询工程师要有扎实的农业基础知识，同时也要了解农业相关的各行业特点和发展　这就要求咨询师的学习创新能力要很强，要学会利用一切可以学习的机会，快速、有效地虚心学习。这样才能在短时间内熟悉相关各行业的情况，以及不同县域农业规划项目所要具备的知识。

（2）农业咨询工程师要有较强的思辨分析能力　每个规划项目都是唯一的，对于不同地区、社会经济条件、客户需求等多重影响因素，规划方法和成果内容不会也不可能有一个标准能够套用。这就需要农业咨询人员有较好的分析能力和总结能力，通过客户需求分解、客观条件评价、专家意见结合，系统地理解并解析问题，准确找到主要矛盾和关键问题，并能提供解决问题的方案意见。

（3）农业咨询工程师要具有沟通协作能力，并有一定的项目管理经验　县域农业规划的成功完成不止是取决于某一个或几个农业咨询工程师的个人表现，更取决于规划团队、专家团队和县级各部门多方有效协作。对于农业咨询工程师而言，他面对的不仅仅是规划团队内部的成员，更多的是协调好专家资源、客户资源和其他社会资源。这需要工程师具有综合的系统的项目管理知识和技巧来支撑。在规划团队内部项目讨论时，农业规划咨询师要组织客户、专家或者专业负责人进行专题讨论，大家可以畅所欲言，分享各自的观点。但是讨论结束之后，需要按照统一的意见进行方案系统规划（表5-2、表5-3）。

（二）规划团队成员参与方式

表5-2　　　　　　　　　　规划团队成员组成

		规划咨询人员	专家	甲方政府领导专家	备注
初期	调研沟通	引导	方法指导	主导	
	资料整理	主导	—	配合修正	
	初步方案形成	主导	思路指导	配合、沟通	
	初期汇报	—	—	形成文字意见并签字盖章	

续表

		规划咨询人员	专家	甲方政府领导专家	备注
中期	方案深化	主导	具体产业发展、项目建议	配合、沟通	
	中期汇报	—		形成文字意见并签字盖章	
后期	终期细化	主导	实施建议指导	配合、沟通	
	终期评审	—		形成文字意见并签字盖章	

表5-3　　　　　　　规划方案不同阶段决策重点和方法

阶段	决策重点	决策方法	备注
第一阶段	县域农业战略分析 农业资源分析与评价 总体规划方案		前期专家、会议确定县域农业基础方向
第二阶段	重点项目研究 环境影响评价 运营方案研究		主要参与人进行模型分析决策县域重点发展内容和方法；专业专家提供产业思路
第三阶段	经济分析、经济影响分析 社会评价 实施保障		后期专业负责人确定县域农业建设实施途径

第三节　发展动力类型与机制

影响县域农业发展的因素众多，各地的实际情况也各有千秋。在政策和制度的快速完善过程中，要判断一个县的现代农业发展方式，只有深入了解其历史和趋势，摸清其主要的发展动力，才有可能找到切实可行的科学发展路径。

一、科学发展观

科学发展观是中共中央总书记胡锦涛在2003年7月28日的讲话中提出的"坚持以人为本，树立全面、协调、可持续的发展观，促进经济社会和人的全面发展"，按照"统筹城乡发展、统筹区域发展、统筹经济社会发展、统筹人与自然和谐发展、统筹国内发展和对外开放"的要求推进各项事业的改革和发展的一种方法论，也是中国共产党的重大战略思想。在中国共产党第十七次全国代表大会上写入党章，成为中国共产党的指导思想之一。

科学发展观，第一要务是发展，核心是以人为本，基本要求是全面协调可持续，根本方法是统筹兼顾。以人为本是党的十六大以来党中央突出强调的一个重要思想和基本要求。

十八大报告对科学发展观赋予了新的定位，把科学发展观作为全党全社会必须长期坚持的指导思想提了出来。科学发展观提出十年以来，实践证明，中国社会只有按照科学发展观发展建设，我们才能取得又好又快的发展；背离了科学发展观的发展，我们就会感觉到力不从心，就会面临诸多的掣肘。这次十八大报告明确地把科学发展观作为全党全社会必须长期坚持的指导思想，这也反映了十年来中国改革发展实践的客观要求。

二、县域农业发展的动力类型

（一）特色资源导向型

自十六大提出"壮大县域经济"以来，县域尺度的经济发展得到了更多的重视和长足的发展。县域经济不仅仅是县城经济，更是要能影响到全县域诸多村镇发展的经济模式。县域农业在县域经济发展中，因其涉及众多农户，也是"三农"问题的关键，如何科学地指导其发展，对新时期的城乡统筹和全面小康社会的工作有着重要的意义。

我国地域辽阔，各地县域的自然气候、人文历史情况各不相同，形成的特色资源，尤其是农业方面的资源，更是迥异。自古就有"橘生淮南则为橘，生于淮北则为枳"的典故。在县域现代农业规划的研究过程中，科学对待县域特色资源是做好规划的前提。

特色资源在县域现代农业发展中，往往起着基础性的作用。从规划的视角来看，特色农业资源的表现形式，主要是指特殊地理气候条件下的农产品品质，同时也包括区别于周边或在一定范围内具有特色的自然资源，特有的农业生产方式，特有的文化习俗等。

特色资源也是一个相对的概念，换句话说，所有的资源都有特色。但是从区域发展的视角来看，并不是所有的资源都是能利用的。对于适宜开发的特色资源，要采取正确的方式引导和管理，才能保证特色农产品的品质和持续的市场竞争力。有些资源是需要保护，有些资源是需要限制开发。然而在规划中，这个部分的资源是最容易被忽视的。

为此，农业部依据《中华人民共和国农业法》《中华人民共和国农产品质量安全法》相关规定，于2007年12月25日发布了农业部令第11号《农产品地理标志管理办法》。办法要求"源于特定地域，产品品质和相关特征主要取决于自然生态环境和历史人文因素，并以地域名称冠名的特有农产品"，经"农产品地理标志登记专家评审委员会"评审后的农产品，可以登记和合法使用农产品地理标志。

对于能获得地理标志的农产品而言，在市场上带来的益处显而易见，但能获得这一标志的特色农产品毕竟是少数。据不完全统计，截至 2012 年年底，取得农产品地理标志的产品约有 560 余个，相对于全国的农产品而言，只是很小的一个比例。

对于更广泛意义的县域而言，发展现代农业，仅靠一两个产品或者标志是远远不够的。发展现代农业需要一个系统的支持，这个支持系统至少需要处理好四个关键的环节：发挥优势、培育龙头、政策环境和持续创新。

1. 发挥优势

发展县域特色产业，既要面向市场，以市场为导向，又要找准本地传统产业和资源优势中的亮点，使市场需求与本地优势有机结合。有优势才会有特色，有特色才会有竞争力，有竞争力才会有活力，这是循序渐进的循环过程。

不同区域都不同程度地有发展某种产业的多种有利条件和要素，即凸显的或潜在的优势，包括人文、地理、资源、技术、观念等方面。这些优势概括起来有三种基本情况，即自然资源优势、社会资源优势和综合优势。

自然资源优势是发展特色产业可以利用的最便捷、成本较低、启动较易的主要和首选途径。与自然资源一样，人力资源，科技、资金、信息等社会经济资源对特色产业发展有着同样重要的影响。

但是如果自然资源、社会资源都不占优势，照样可以发展起特色产业，因为市场经济条件下，生产要素的配置是跨越县界、省界甚至国界的，是在大市场中配置资源的。因此，如果有组织生产要素发展特色产业的人才，没有资源可以引进资源，没有技术可以引进技术。

无论是通过对自然资源的挖掘与提高使特色产业占有优势，还是通过拓宽思路，全面看待资源优势，使特色产业具有顽强的生命力和无穷的活力，都应以市场为导向，充分利用优势，依托优势，变资源优势为产品优势、市场优势，进而转变为特色产业优势，使比较优势成为形成和发展特色产业的有利条件。

2. 培育龙头

县域特色产业形成发展过程中，从事特色产业的分散农户和多变的市场之间有着难以被农户逾越的鸿沟。这就决定了特色产业发展壮大必须有龙头组织的带动。龙头组织需要有完善的组织管理机构和市场运营部门。

龙头组织既能够根据国内外市场的容量来确定特色产品加工企业的规模，又可以根据特色产品加工企业的规模，来确定初级产品生产的规模。这种依据市场导向进行生产安排的模式，就非常有利于化解市场风险；而且可以解决在特色产业的发展中，小生产者与大市场之间的矛盾。因此，培育龙头组织是促进县域特色产业形成和发展壮大的关键。

培育龙头，在具体操作过程中要防止出现认识上的误区：

（1）层层建龙头 一些地方走入了"县县抓龙头，层层建龙头"的误区，结果，"龙头企业"有名无实，"龙头企业"有场无市。

（2）封闭型运作　有些地方扶持特色产业时，囿于本区域的范围和条件，形成自我封闭的运作体系。

（3）分配机制不健全　有些龙头企业利用自己的优势地位，侵蚀农户应得利益，同时把市场风险推向农民，不能很好地处理龙头企业与农户的利益关系。

3. 政策环境

以市场调节为主的特色产业经营，必须通过到位的政策，促进科技进步，培育和规范市场，加强社会化服务体系建设等行为，为特色产业经营发展创造良好的外部环境，推动其健康稳定发展。另外，要注意生态环境的有效利用和保护，确保发展特色产业的经济效益和生态效益趋于一致。

政策环境是特色产业体制、市场、效益及科技、服务等驱动因素的重要保障。特色产业要发展壮大，就必须通过制定政策，营造出一个便于农户与市场连接的制度环境。首先是产业政策。当地政府要通过研究市场，指导农户发展具有本地特色和竞争力的优势产品，形成区域特色产业。其次是协调管理政策。各部门之间应密切配合，解决好特色产业经营中的项目选择、部门沟通等方面盲目性大、较分散、障碍多、效率低、不成规模等问题。

市场环境是特色产业发展的基本条件。各地实践证明，市场越大越稳定，发育程度越高，资源配置的效率就越高，对特色产业的促进作用就越大。

服务环境是特色产业区域化、专业化、社会化生产的必然要求。必须转变观念，发展服务实体，通过多种渠道参与特色产业服务活动。法律环境是特色产业健康发展的保证。特色产业经营要求运用经济和法律手段解决经营过程中出现的各种问题。

4. 持续创新

从目前一些县域特色产业的优势状况来看，尽管有些特色产业具有一定的创新倾向，但与创新性的要求还存在着很大的差距。一是一些产业虽已具有了一定的规模优势，但这种优势仍属主要以小而弱、小而散的企业（包括大量手工作坊式家庭工场）为基础所形成的"群体规模优势"，成规模的龙头企业少，规模大的龙头企业或集团更少，专业化与协作水平不高，因而基础脆弱，整体凝聚力、实力、效益不高，难以实现更大规模扩张，形成更大规模优势。二是一些产业虽在初浅加工和中低档产品生产、销售上形成了一定优势，但在精深加工及优化度上尚未形成优势。三是在有些产业中虽出现了一些具有一定竞争优势的产品，但各产业绝大多数产品仍以数量多、价格低为主要竞争优势，尚停留在传统竞争优势的阶段。所以，只有搞好特色产业的创新，才会有县域特色产业的不断发展和提高。

（二）产业经济驱动型

随着现代农业科技的发展，资源对农业生产影响的基础地位虽然没有动摇，但在科技进步和贸易发展的影响下，农业产业化对区域现代农业的驱动作用正在日益增强。尤其是对于从事大宗农产品生产或贸易的县域，产业化经营，尤其是龙头企业往往会成为驱动区域现代农业发展的主要动力。

改革开放以来，我国农业生产获得了快速发展，农民生活水平也得到了很大提高。但我国"三农"问题仍然相当突出。现在的农业生产中，最大的难点是农业经营规模过小，发展农业产业化经营则是解决该问题的可行办法之一。它可以解决一家一户小生产与千变万化大市场的矛盾、稳定家庭承包经营与扩大经营规模的矛盾、小规模农户经营与采用先进技术装备的矛盾。而发展农业产业化，培育龙头企业是关键。从国内外县域农业发展规律来看，处于县域中的龙头企业与县域农业的发展具有紧密的关联性。没有龙头企业，县域农业要实现跨越发展和持续发展是不可能的。因此无论是对国家而言，还是对县域农业发展的决策者而言，都必须因地制宜地促进龙头企业的发展。

十七大提出："要加强农业的基础地位，走中国特色农业现代化道路。支持农业产业化经营和龙头企业发展。"2008年中央"一号文件"提出，培育壮大一批成长性好、带动力强的龙头企业，支持龙头企业跨区域经营，促进优势产业集群发展。2009年的中央"一号文件"强调，继续支持和加快龙头企业发展。推动龙头企业实行标准化生产。2009年5月11日，国务院办公厅发布《关于当前稳定农业发展促进农民增收意见》提出要扶持壮大龙头企业。2012年，国务院出台了《国务院关于支持农业产业化龙头企业发展的意见》（国发〔2012〕10），对龙头企业的发展提出了具体的指导意见。为推进我国农业产业化和现代化的实现，中央越来越重视龙头企业的发展。

农业产业化龙头企业是农业现代化和产业化的核心内容。根据《农业产业化国家重点龙头企业认定和运行监测管理暂行办法》，我们认为农业产业化龙头企业（以下简称龙头企业）是指以农产品加工或流通为主，通过各种利益联结机制与农户相联系，带动农户进入市场，使农产品生产、加工、销售有机结合、相互促进的企业。

一般农产品加工或农产品流通企业仅仅作为市场经济中的一个企业实体而存在，农户也是市场经济中的独立经营主体，企业与农户之间是通过纯粹意义上的市场供求关系来建立关系。这种关系通常不稳定，致使农户经营和农业发展面临很大风险。然而他们需要稳定的市场需求渠道，而一般企业没有社会责任意识主动帮助农民和农业规避任何风险，也导致企业和农户关系松散。另一方面，绝大多数农产品加工或农产品流通企业们也需要稳定的原料供给，需要与农户及产地合作组织建立良好的关系。所以，在市场机制作用的结果下，龙头企业这种运作模式在一定程度上解决了这个矛盾。

全国各地县域的农业因资源禀赋、产业结构等的差异，各地的发展状况也都有其自身特色。对于一个县要不要建设或扶持特定龙头企业的发展需要区别对待，不能盲目地发展。这个主要由县域特定农产品产量、市场半径及市场前景决定。具体有下面三种情况：

（1）如果某特定农产品的产量只能满足或者还不能满足当地消费需求，就不应该建立大型的龙头企业，但可支持农民合作社兴办小型初级加工企业，发展农超对接等方式，提高农产品的商品率，减少物流环节的费用，增加农户的收益。

（2）如果某特定农产品除了满足本地需求外，还有大量剩余，并且该类农产品种植面积具有一定规模（如红枣种植面积超过0.67万hm^2），与其他地区相比该类农产品在本县市具有比较优势，且市场前景较好，就应该引导或扶持该类龙头企业建立和发展，实现该类农产品的规模化、批量化、商品化，不断提高其产出率和市场占有率，促进该产业的持续发展。

（3）如果该类农产品加工企业在该县众多，这样不利于突出特色，易引起过度竞争，对县域来说不利于产业的健康发展，也会造成县域有限资源的浪费。支持龙头企业通过兼并、重组、收购、控股等方式，组建大型企业集团，集中力量提高基地建设、提升加工技术水平及营销管理水平等。

政府对于扶持的龙头企业也要进行严格的筛选，对象企业一般应具备以下基本条件：

①所从事的产业前景广阔，属朝阳产业；
②具有较强的市场开拓能力和应变能力；
③领导班子素质高，具有较强的创新能力；
④具有较强的融资投资及资本运营能力；
⑤具有较强的技术开发能力和产品深加工能力；
⑥具有品牌优势；
⑦与农户之间建立了合理的利益分配机制。

在规划与组建龙头企业时必须把握好一些基本原则：

（1）坚持市场导向原则　一个企业能否生存，生命力是否旺盛，关键看其是否有市场，所以，建立龙头企业时首先一定要进行市场调研与预判，市场需要什么样的产品，地方可建立什么样的生产加工企业，这样可防止盲目投资。

（2）坚持比较优势原则　即突出特色原则。龙头企业的建立要能较好地利用本区域的优势，建立有特色的龙头企业，增强竞争力。

（3）坚持自愿互利原则　在产业化经营中的龙头企业与农户关系密切，是"风险共担，利益均沾"。在培育龙头企业时，一定要本着企业与农户自愿结合的原则，不能搞强行捏合。

（4）坚持实事求是原则　培育龙头企业是为了促进经济发展，使农业增产，农民增收。各地自然、经济、技术等条件千差万别，悬殊很大。因此，必须从实际出发，不搞齐步走。条件不成熟的可慢一点，不贪一步到位，要循序渐进。

在规划的过程中，首先要因地制宜，找准优势，科学制定总体发展规划，进行合理布局，防止企业的重复建设，避免发展趋同、产业同构现象的再发生，以便合理有效地利用有限资源。其次,需要推动龙头企业集群发展。积极创建农业产业化示范基地,支持农业产业化示范基地开展物流信息、质量检验检测等公共服务平台建设。引导龙头企业向优势产区集中,推动企业集群集聚,培育壮大县域主导产业,增强县域经济发展实力。

(三) 政策导向与转移支付型

从国际经验看,转移支付的具体形式有很多种,但一般都可以归结为均衡拨款和专项拨款两大类。

(1) 均衡拨款 此类转移支付不规定具体用途,由接受拨款的政府自主使用,所以又称一般性转移支付或无条件转移支付。一般性转移支付的基本目标是基本公共服务均等化。

(2) 专项拨款 此类转移支付有附加条件规定资金的使用范围,因此又称有条件转移支付。专项转移支付是以政府间支出责任划分为依据,对承办应由上级政府承担的事务的政府给予一定的转移支付。具体可划分为委托事务拨款、共同事务拨款和鼓励或扶持性拨款。

目前我国中央对地方转移支付由财力性转移支付和专项转移支付构成,其中财力性转移支付包括一般性、民族地区、调整工资、农村税费改革(包括取消农业特产税降低农业税率转移支付)、年终结算财力补助(包括结算补助中除定额结算外的部分、其他补助)等,专项转移支付包括一般预算专项拨款、国债补助等。分税制财政管理体制改革以来,随着中央财力的增强,中央为地方转移支付不断增加,2005 年中央对地方转移支付为 7363 亿元,到 2009 年,执行的转移支付达到 23679 亿元,2012 年时,这一数据达到了 40263 亿元。

目前中央财政安排的涉及"三农"资金一般在百项左右,省级财政安排普遍也是一百项,个别省份能达到数百项目。按审计署 2011 年的结果显示,有超过三成的专项资金有用武之地。2013 年 3 月开始,国务院办公厅督促财政部合并和整合这部分资金。8 月,经国务院批准,财政部在黑龙江试点开展涉农资金的整合。从资金的整合范围看,涉及农业生产发展、农村社会发展、扶贫开发等三个大类 77 项资金。长期看来国家转移支付对项目的支持将会更加务实和集中,随之而来还有对项目更严格的要求和管理。

第四节 基础研究框架

基础研究框架主要是对研究体系框架进行解释说明,与规划流程的区别主要在于"流程偏重于规划的具体行动过程,是阶段性行动指南说明;研究框架偏重于规划分析技术路线中具体的分析研究内容和得出的结论是什么,偏重于内容和成果结论"。

基础研究分析部分是对县市现状条件、上位政策规划、外围发展趋势条件的总体分析，目的在于对县市的基本概况、政策、社会、经济、发展空间、市场、农业产业、从业人员素质、科技教育水平、发展意愿及诉求等方方面面进行分析，找出农业生产过程或产业链条上存在的问题，为制定县市农业的发展定位和战略目标提供理论支撑，并能通过基础分析找出具体的发展方向和策略（图5-1）。

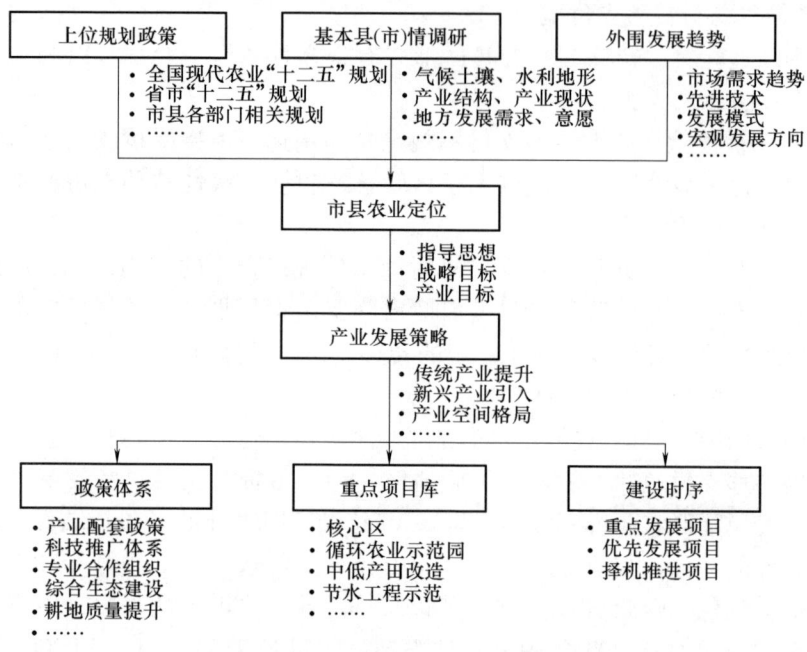

图5-1 县域农业发展规划技术路线

县域现代农业发展规划编制工作一般分为编制规划纲要和编制规划成果两个阶段。

一、规划编制纲要

编制县域农业发展规划纲要的目的是综合评价县（市）现代农业发展条件及对产业空间布局的基本要求；明确农业产业化目标、规划原则和重点；提出县域现代农业合理发展与农业产业空间布局调整的初步方案及其他拟采取的对策和措施，为编制规划成果奠定基础。

县域现代农业发展规划纲要应当包括以下内容：

（1）分析评价现行县域农业发展规划实施绩效，明确规划编制原则、重点和应当解决的主要问题。

（2）按照本省域发展战略、省域农业发展布局、县/市域经济发展规划的要求，研究提出本县（市）农业在区域经济发展与社会民生中的地位和作用。

（3）综合评价土地资源、水资源、生态环境承载能力等农业发展的支撑条件，研究提出县域农业产业化、现代化过程中重要资源、能源合理利用和生态环境保护的要求。

（4）综合分析影响本县（市）农业发展的主要因素及其对地方经济和产业空间布局的影响，包括经济社会发展目标和产业发展趋势、劳动力素质水平和发展意愿、城乡人口增长和流动趋势、县域城镇化和村镇发展布局、空间发展潜力、产业链条执行主体发展情况等，研究提出农业现代化、产业化和城乡统筹的目标、任务及要求。

（5）按照全面协调可持续发展的要求，综合考虑经济社会发展和人口资源环境条件，研究提出优化农业产业结构和产业空间格局的规划要求，包括县域农业发展空间和主导产业布局，支柱产业发展提升方案和优化农业产业结构布局的原则与策略，县域水利、生态、综合交通和重要基础设施建设的建议；需要从县域层面协调、引导的地区，以及需要相邻县（市）共同解决的有关布局问题。

（6）按照保护资源环境和优化县域生态环境的要求，研究提出农业适宜发展区、限制发展区、禁止开垦区的基本类型、生态保护和环境保持的原则与措施，提出相应的实施策略和组织机制的初步方案。

二、规划编制成果

县域农业发展规划成果应当包括以下内容：

（1）明确全县（市）农业发展的总体要求　包括农业产业目标和战略，产业和技术发展质量及相关指标，产业发展途径和相应的产业协调发展政策（策略）；单向产业发展目标、产业结构变化趋势和规划策略；根据县（市）内的区域差异提出不同区域的农业产业引导政策。

（2）明确与农业发展息息相关的资源生态环境保护的目标、要求和规划措施　包括土地资源、水资源等重要资源和能源的合理利用和保护等。

（3）明确县域农业产业空间布局　包括农业综合示范园区、重点产业发展组团、重点工程项目等级体系和空间布局，需要从县域层面重点协调、引导地区的定位及协调、引导措施，优化产业布局的目标、原则和规划要求。

（4）明确与农业产业发展相协同的区域村镇空间布局和综合交通体系。

（5）明确空间发展管制分区和管制要求　包括基本农田禁止开展的农业项目类型和各类禁止养殖区、限制养殖区、适宜养殖区的划定原则、管制要求和区域划分，实现空间管制的途径和机制。

（6）明确规划落实和实施的步骤、措施和政策建议　包括分阶段发展目标、发展重点，促进产业发展和重点工程、重点项目协调发展的政策，需要进一步深化落实的规划内容，规划实施的制度与实施的手段、途径等。

三、规划强制内容

县域农业发展规划的强制性内容应当包括以下内容：

（1）县域农业产业发展的主导方向和战略目标。
（2）筛选出的农业各产业的规划目标，产业发展策略及具体措施。
（3）县域农业产业战略发展和途径相配套的重点工程、重点项目和政策制度。
（4）县域农业近期发展的重点工程项目内容。

四、规划基本技术

县域农业现代化发展中，在某种意义上，县域农业生产现代化是微观基础，农业经济现代化是宏观表现形式，农业要素现代化则同时作用于农业生产和农业经济的现代化。农业现代化涉及许多要素。农业共性要素主要有六个方面，它们分别是农民、农村、农业环境（生态和社会环境）、农业科技、农业制度和农业观念。

县域现代农业发展目标是未来一段时间农业现代化的目标。它有许多类型，例如，战略目标和计划目标、长期目标和近期目标、动态目标和固定目标、理论性目标和政策性目标、领域目标和部门目标等。目标的制定，需要遵循农业现代化规律，把握国家农业发展趋势，认清自身水平和客观条件。

一般而言，县域现代农业发展目标包含三类：共性目标、个性目标和减少副作用。共性目标包括完成国家、省市各级农业发展目标，并追赶、达到或保持农业先进水平。个性目标包括形成、保持和扩展自己的特色，强化竞争优势等。不同县域和不同时期减少副作用的要求是不同的。

县域现代农业发展规划的目标有不同的类型和特点，它们的制定方法有所不同。通常，固定目标的参考标准是已知的，可以采用标杆法、农工业现代化水平评价和农业现代化阶段评价等制定相关政策目标；动态目标的参考标准是区域或国家、甚至世界农业先进水平，可以采用标杆法和目标预测评价等制定相关的战略目标和政策目标。

首先，战略定位，包括现代化阶段和水平评价。确定现代化的阶段、水平和区域地位。其次，战略分析，包括产业趋势、科技前沿、区域环境、客观条件和竞争优势分析等。第三，选择共性目标，可以采用标杆分析法、实际进展评价和目标预测评价等方法。第四，选择个性目标，可以采用比较分析法和竞争优势分析等方法。第五，减少副作用目标，需要个案分析。第六，提出综合政策目标，包括共性目标、个性目标和减少副作用等。

县域现代农业发展规划制定目标注意事项。

首先，尊重规律。政策目标应该符合农业现代化原理和农业发展趋势。其次，符合国情市情。政策目标不能脱离实际，必须考虑县域实际情况，以及市域、省级和国家的环境的制约。第三，适度超前。战略目标的时间跨度可以长一些，政策目标的时间跨度以不超过 5 年为宜。第四，可行性。通过努力能够实现，不努力实现不了。社会可以接受，县级财政可以支撑。第五，特色性。

不同地区的政策目标，可以互相借鉴，不宜完全照搬或相互攀比。第六，开放性。关注新潮流、新生长点、新科技等的影响，保持目标的弹性。

县域现代农业发展规划目标的不同类型目标，需要分别制定和分类管理。农业不同领域和行业的政策目标，都会有自己的特点和要求，需要区别对待和制定。其中，共性目标的实现途径和方法，是县域现代农业发展规划成败的关键环节；路径选择、模式选择、政策选择和重点选择尤其需要慎重。

县域现代农业发展的政策创新和措施选择是县域现代农业发展战略和规划的重要组成部分。通常，政策和措施主要有三个来源，即理论来源、典型借鉴和政策创新。

农业政策创新和政策选择，一般遵循五个原则：有利于农业生产力的解放和提高；有利于国家的农业供求平衡和食品安全；有利于农民生活质量提高和农民全面发展；有利于农业生态系统的平衡和稳定；有利于农业科技进步和提高国际竞争力等。

县域现代农业发展规划是一种交叉研究，自然科学和社会科学的诸多研究方法，都可以作为其研究方法。例如，观察、调查、模拟、假设、心理分析、统计分析、定量分析、定性分析、模型分析、理论分析、比较分析、历史分析、文献分析、过程分析、情景分析和案例研究等。

县域现代农业发展规划工作应根据具体规划内容的需要，采用多种研究方法进行分析评价（图5-2）：

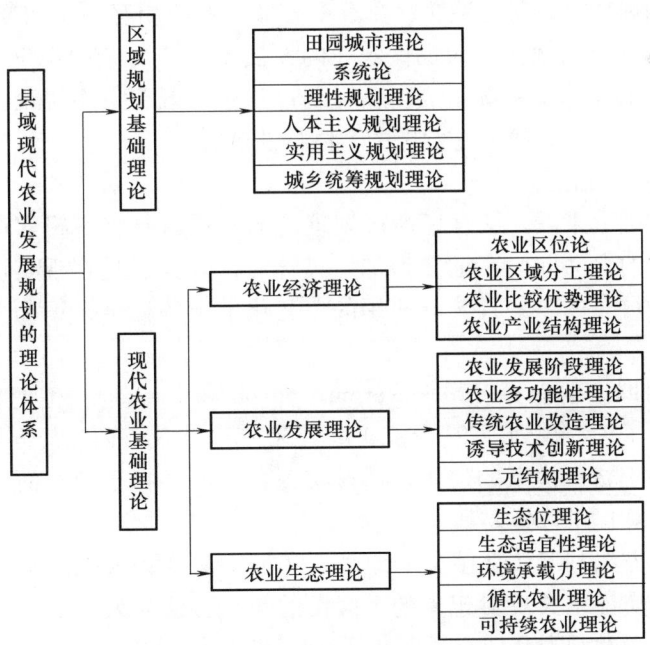

图5-2 县域现代农业发展规划理论体系

（一）程序规划理论

规划理论中的"程序规划理论"是用来定义和说明有关决策，说明什么是规划，规划的作用、功能、编制的方法论等内容的理论。世界上主要的传统规划程序理论包括"系统规划理论""理性规划理论""沟通式规划理论"和"实用主义规划理论"。

1. 系统规划理论

系统规划理论起源于20世纪60年代后期的英国。

系统规划理论的基本观点是物质环境中到处都存在着各种系统。通过调控和规定系统中各组成部分的相互关系，系统便可得以控制。城乡规划系统理论的核心是认为乡镇、城市和区域是相连的复合体，这些复合体之间有着持续不断的流通和联系。它强调世界是一个复杂多变的系统。规划师必须寻找某种方式，通过这种方式分类和预测相关的决定（政策）以便控制系统的变化。作为系统分析的一种形式和控制手段，规划应当是动态的和时刻关注变化的。

系统论的规划方法至今仍然在众多领域影响着规划实践。规划中的一些技术，例如"交通影响分析""环境影响分析"就是采用了系统论方法的原则。但也有学者认为把系统论作为规划中的一种工具是危险的，它忽略了各种影响因素。虽然这种规划思想对我们理解县域农业系统的运作过程有很大的帮助，但不一定就必须用系统论的各种方法进行规划。

系统论的基本思想方法，就是把所研究和处理的对象，当作一个系统，分析系统的结构和功能，研究系统、要素、环境三者的相互关系和变动的规律性，并优化系统观点看问题。县域现代农业的发展是一个复杂的系统，并且由多个产业及项目、工程等子系统组成。在规划过程中，既要有系统论指导下的整体观念，也要有局部子系统独立发展的个体特性观念。

2. 理性规划理论

从思想基础上来看，综合理性规划理论的本质就是将逻辑实证主义运用于规划中，理性的含义即为实证知识加工具计算，因为通过客观实证和数学计划得来的结果是可靠的、并且普遍适用的，变化不定的社会知识和个人经验则遭到摒弃。

理性规划理论的倡导者是Meyerson、Simon和Banfield。他们在20世纪60年代首先提出了理性规划理论。在20世纪50—60年代，西方规划界的理性规划概念几乎等同于城市模型的运用，通过实证知识来选择价值，而规划师的任务就是为模型计算提供选择要素。

理性规划方法基于实证主义的原理。实证主义认为人类所有的生活和发展都基于事实。实证主义反对想象的、假设的知识，认为人类的认识来源于人们的经验和对事务的观察和理解。理性规划强调"科学的"和"客观的"方法。

同时，这种思想在城市规划教育方面也改变了长期以来的物质环境设计的训练，更加重视规划方法，它广泛吸收了哲学和政治学的概念，发展成为一种决策科学，构成了学术研究的一个新分支。

理性规划提出行动所应实现的目标，同时提出了实现目标最有效的行动过程。理性主义规划所采取的主要方法是多目标决策分析和社区影响分析等实体理性的方法论。

理性规划方法论包括了几个步骤。首先是确立目标和宗旨。有了规划的目标和宗旨后，第二步就是选择实现这些目标和宗旨的各种可选方案。通过分析和评估最终找到一个合适的方案，最后选择行动的方案。

3. 沟通式规划理论

在制定规划发展政策时，规划师必须要与其他人合作。根据Albrechts和Denayer（2001）的观点，沟通式规划是使规划师与其他利益主体和利益集团合作的一种方法。规划不得不综合地反映这些利益主体的利益。作为规划的方法论，沟通式规划相对能够更有效地反映社会各阶层的综合利益，因此沟通式规划成为一种规划的方法。

沟通式规划理论的核心要素就是建立和追求共识。

共识的追求和建立又是通过沟通而获得的。一次沟通可以定义为用一种语言来谈论（或阐明）对某一话题的特定的认识。正是在这样的辩论和讨论的过程中，发掘矛盾，解决矛盾，形成规划的过程。

一个县域现代农业发展规划的制定过程就是在各种类似的辩论和讨论的过程中形成一致的意见，达成共识。在一个规划的过程中可能有几个对立的论点，只有通过相互沟通、相互妥协，通过谈判与讨价还价变化各自的利益观，形成共同的目标。沟通式规划的方法也被看成是互相学习的过程。

沟通式规划的必要性还体现在交流的需求上。交流有助于各学科间的相互理解。可以通过讨论进行协调，达成共识。沟通式规划理论强调行为标准的一致，它避免了理性规划论中，由于不同的理念，而产生不同的认识，追求不同的方法和不同的结果。

沟通式规划更像是一场政治和社会的活动。沟通式规划的产生对规划师的作用和规划的实践都产生重大的影响[1]。另外沟通式规划最主要的、也是文献中经常给批判的问题是缺乏实施的具体措施和考虑。

沟通规划理论为决策者和政策制定者提供了听取多元主体意见的渠道，让规划师和决策者了解农民需要什么，以便在规划政策中体现他们的要求；了解涉农企业和投资商需要什么，以便县域城乡的发展能够吸引更多的资金。而且更为重要的是沟通规划方法能够使规划被各利益多元主体所接受，成为各多元主体自己的规划，而不仅仅是政府或规划师的规划。

---

[1] 于立. 城市理论的判断和规划效能评估原则 [J]. 外国城市规划, 2005 (4): 34-40.

特别是在市场经济中,产业的发展和建设、经济发展的资金需要社会多元主体的贡献。沟通规划方法还能够通过民主的形式,减少决策的失误。实际的经验证明,若未能有效规范、设计和管理公众的参与,公众的参与将导致规划的延误,决策的低效!在快速社会和经济变革的过程中,可能会带来相当大的损失或造成规划政策无法执行。

4. 实用主义规划理论

由于规划过程中的理论多元化,以及市场经济中的多元主体和不确定性,传统的程序规划理论已无法解释规划实践中的许多问题。在美国首先采取了实用主义的规划方法。这是一种针对具体问题,进行具体分析,采取特定措施的方式。

实用主义的规划在市场经济中能更有效地实现发展的目标,特别是在竞争的环境中。Forester(1985)将规划当作权力结构中或其影响下的实用型的活动。规划师们应当确定认识问题的方法,了解什么是制约因素,并相应做出实际的和有效的反应对策。这就需要实用主义的规划方法。实用主义规划的倡导者认为,规划是受到权力影响和构筑的实用性的活动。规划师的作用是发掘具有可操作的和有效的解决问题和障碍的途径。

在实用主义规划中,规划不是用来发掘事实,而是根据我们的认识而采取具体的措施。规划的作用是在实践过程中有效地引用和利用各种不同的理论和观点;如我们应当经常问自己:"这个理论如何帮助我们解决当前面临的问题?"实用主义更关心的是规划的实践,对规划实践中的微观政治更有兴趣。

因此,实用主义的规划对抽象的理论不太注重,更强调规划的实践性,即规划所考虑的是实际中应该做什么;而不是理论上是怎么说的,或理论上告诉我们应该怎么做。另外,实用主义注重选择和各种偶然性,而不是抽象的强调伦理的思维。

实用主义的规划所产生的意义在于它相信发展是不可预见的,而且有时是非理性的。矛盾时时存在,无处不在。另外市场经济中政治与权力中心是多重的,为实现规划目标,规划师不得不采取具有倾向性的方针和方案。

实用主义的规划方法论适用于快速的变革环境和多元的市场经济中。对于中国目前所面临的快速经济发展和城市化进程,这个规划理论具备一定的有效性。在这个发展阶段,发展过程存在着大量的不确定因素和变量。预测基本上是不可能或不准确的。与社会经济相关的新观念层出不穷、变化不断(图5-3)。

在规划的初期,需要政府的参与和规划师的参与。需要初步提出发展的目标,或对政府提出的发展目标进行分析和评估。在这个阶段,系统规划方法论和理性规划方法论将发挥作用。规划师们根据本地区具体条件和发展的现状,利用系统规划和理性规划,提出或分析发展的目标和方案,并得到地方政府的初步认可。

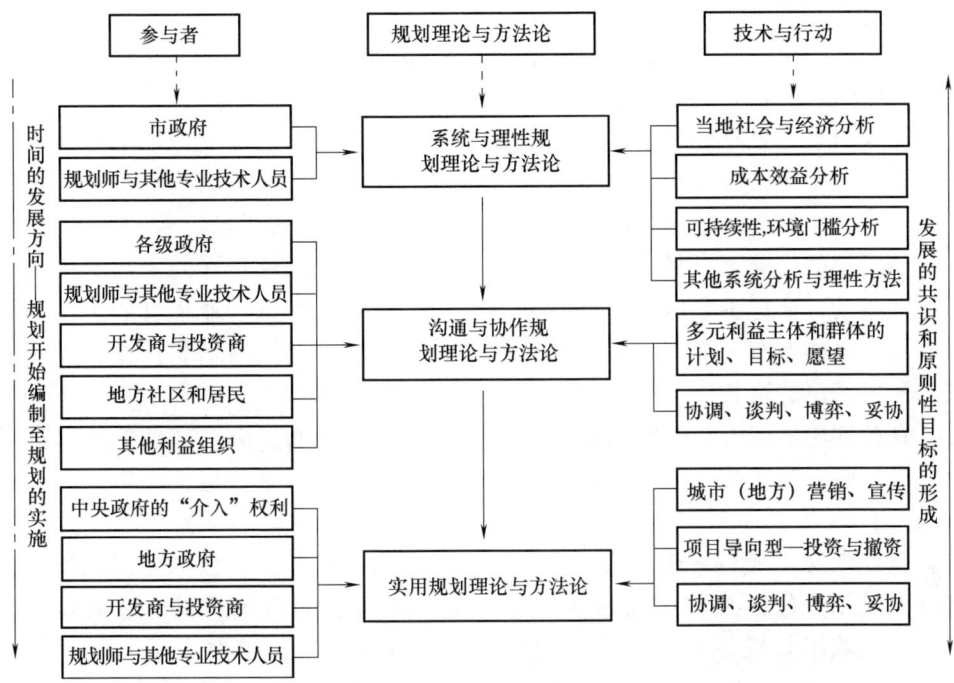

图 5-3 实用主义规划框架

规划和发展需要所有人的工作、贡献和意见，需要整个社会的共同努力。"沟通式规划理论"为此提供了理论基础和方法，其目的是在社会各利益团体之间达成共识。规划框架的搭建使规划政策在制定过程中能够为不同的人员、组织、利益集团和不同的观点提供论坛，提供协商和沟通的机会。

"沟通规划方法"使规划的政策和发展的方案公开，让公众们参与到政策的制定中。公众的参与包括市民、开发商、投资商和各利益团体等的参与。这样有利于将各方的发展目标结合到城乡整体的发展目标中。通过听取各方对发展的意见并吸纳有价值的意见，使规划成为各利益团体的规划和共同追求的目标。引入沟通式规划的方式是使规划过程更为公开和透明。有助于社会各主体相信规划，将城乡规划当作自己的规划。为规划的有效实施奠定了基础。

当规划进入实施阶段，应当根据具体的项目和投资的来源，对战略、政策和发展的方案进行一定的调整和补充。规划框架为项目导向型的实用主义规划方法提供了条件。可以使规划的政策和方案在必要的情况下，可以进行一定的修正和变更。但规划程序的整体框架以及所包含的政策和目标是不变的。也就是说在保持城乡规划的总体目标不变更的前提下，进行部分政策和方案的调整。只有发生根本的、本质性的变化，规划框架才需要重新编制，开始新的一轮规划。

这个规划的框架应当成为社会各多元主体决策的重要参考因素；应当对各多元主体的投资、开发和建设的决策发挥影响的作用。

（二）增长极理论

增长极理论是从物理学的"磁极"概念引申而来，认为受力场的经济空间中存在着若干个中心或极，产生类似"磁极"作用的各种离心力和向心力，每一个中心的吸引力和排斥力都产生相互交汇的一定范围的"场"。

该理论的主要观点是，区域经济的发展主要依靠条件较好的少数地区和少数产业带动，应把少数区位条件好的地区和少数条件好的产业培育成经济增长极。增长极体系有三个层面：先导产业增长；产业综合体与增长；增长极的增长与国民经济的增长。

在此理论框架下，经济增长被认为是一个由点到面、由局部到整体依次递进，有机联系的系统。增长极形成与发展过程会产生两种效应：极化效应和扩散效应。

极化效应促成各种生产要素向增长极的回流和聚集；扩散效应促成各种生产要素从增长极向周围不发达地区的扩散。在发展的初级阶段，极化效应是主要的，当增长极发展到一定程度后，极化效应削弱，扩散效应加强。增长极效应是一种多种效应的复合体，如上游下游效应、集聚效应和互利效应等。

增长极理论在农业规划中的应用进行了一些细化和延伸。虽然农业系统内部的增长极不一定对整体的经济社会产生很大的带动，但是对于系统内部是有极强的极化效应和扩散效应的。

在县域现代农业发展过程中，也会通过设置一些重要项目、园区、产业集聚区等形式形成农业发展的增长极。对于类似的重要产业增长极需要通过广泛的市场调研研究、产业发展研究和空间选址研究等综合规划进行设置。

（三）核心-边缘理论

核心-边缘理论是解释经济空间结构演变模式的一种理论。该理论试图解释一个区域如何由互不关联、孤立发展，变成彼此联系、发展不平衡，又由极不平衡发展变为相互关联的平衡发展的区域系统。

核心-边缘理论对于经济发展与空间结构的变化都具有较高的解释价值，在处理以下关系方面都有一定的实际价值：城市与乡村的关系；国内发达地区与落后地区的关系；发达国家与发展中国家的关系。任何特定的空间系统都可能具有不仅仅只有一个核心区，特定核心区的地域范围将随相关空间系统的自然规模或范围的变化而变化。

在县域现代农业发展中，结合核心边缘理论，由中国农业科学院蒋和平研究总结提出了农业园区"三区理论（核心区、示范区、辐射区）"。

核心区是在县域农业发展中具有较高创新示范带动能力的子系统，示范区则是根据与核心区所处的依附关系、空间关系，而由核心区来促进带动示范区的发展；辐射区则是整个县域或者周边其他市县农业发展空间，是广义的发展区域。核心区、示范区与辐射区共同组成完整的空间系统，其中核心区在空间系统中居支配地位。

县域现代农业系统发展过程中，核心区的作用主要表现在以下几个方面：

（1）核心区通过优新品种和先进技术引进、原料采购系统、农副产品市场销售系统、行政管理系统等途径来组织自己的外围依附区，即示范区和辐射区；

（2）核心区系统地向其所影响的示范区和辐射区传播创新成果；

（3）核心区增长的自我强化特征有助于相关空间（即示范区和辐射区）系统的发展壮大；

（4）随着空间系统内部和相互之间信息交流的增加，创新将超越特定空间系统的承受范围，核心区不断扩展，外围区（即示范区和辐射区）力量逐渐增强，导致新的核心区在外围区出现，引起核心区等级水平的降低。

（四）田园城市理论

在19世纪末英国社会活动家霍华德提出的关于城市规划的设想。霍华德在他的著作《明日，一条通向真正改革的和平道路》中认为，应该建设一种兼有城市和乡村优点的理想城市，他称之为"田园城市"（Garden City）。田园城市实质上是城和乡的结合体。1919年，英国"田园城市和城市规划协会"经与霍华德商议后，明确提出田园城市的含义：田园城市是为健康、生活以及产业而设计的城市，它的规模能足以提供丰富的社会生活，但不应超过这一程度。

霍华德的田园城市理论，中心思想是使人们能够生活在既有良好的社会经济环境，又有美好的自然环境的城市之中，其最大的特点在于强调城乡的和谐统一，城市要体现"自然之美，社会公正，城乡一体"。

"田园城市"发展到今天，人们赋予其更多的内涵。从狭义角度看，它更多的是强调城乡的统一，即适度的规模、优美的自然环境、高效便捷的城市服务等。从广泛的角度看，它与绿色城市、低碳城市、生态城市、宜居城市等各种城市概念有趋同性，是表达人类理想城市的综合性概念，它融合了社会、文化、历史、经济等因素，向更加全面的发向发展。

综合而言，田园城市是一种强调"以人为本"，以最大程度满足居民对生态效益、经济效益、社会效益需求为根本目标，是一种经济高效、环境宜人、社会和谐的人类住区。

城市与乡村是共生共长的，是相互作用、相互依赖和相互影响的统一体，而不是对立的。站在包括城镇在内的区域视角下，分析现代农业发展的内容和方向。农村与城市、农业与工业不应该是主次或从属的关系，应该是共同发展，互利互惠，相互促进，协调发展的关系。

（五）定性分析与定量分析相结合的模式

定量分析是依据统计数据或其他数据，建立数学模型，寻找和把握分析对象相关指标之分布规律的一种方法。定性分析则主要是凭分析者的直觉判断、经验总结、逻辑推理等，根据分析对象从过去到现在的延续状况及最新的信息资料，对分析对象的性质、特点、发展变化规律做出判断的一种方法。定性分析与定量分析的结合表现在过程的结合，作用的结合。

（六）社会、政策、经济、资源相结合的综合分析和 PEST 综合分析模型

PEST 综合分析模型是战略咨询中常用到的一种方法；是从政治（Political）、经济（Economic）、技术（Technological）和社会（society）等四个方面帮助客户检阅其外部宏观环境的一种方法；宏观环境又称一般环境，是指影响一切行业和企业的各种宏观力量。对宏观环境因素分析，不同行业和企业根据自身特点和经营需要，分析的具体内容会有差异。

PEST 分析相对简单，并可通过头脑风暴法来完成。PEST 分析的运用领域有发展战略规划、市场规划、特色产业经营发展、研究报告撰写。

（七）主导产业筛选分析及产业生命周期分析

1. 主导产业选择理论

国际上关于区域主导产业选择依据的理论众多，比较典型的分别是 1957 年日本经济学家筱原三代平提出的"筱原两基准"，即收入和需求弹性基准以及生产率上升基准；1958 年赫尔希曼提出"关联效应"理论，认为区域主导产业与其他产业之间有较大的投入产出联系。

这两个理论都各具特色又各有不足，"筱原两基准"提出了单个主导产业的优势因素，即这些产业的收入和需求弹性较大且满足生产率上升的要求，这是一种个别产业择优选择理论，该理论忽视了主导产业与其他产业之间的关联，忽视了引进先进的发达国家或尖端技术国家或地区已经拥有的，能够带动本区域相关产业的发展的产业。与此不同，赫尔希曼的"关联效应"理论从产业间的关联的角度分析，却没有涉及主导产业所具有的优势。

在区域主导产业的选择问题上只具有较强关联度的而不具有"筱原基准"的产业，不可能具有持续的带动作用，从而也就不可能成为区域产业群的"领头羊"；只具有"筱原基准"而不具有较强关联度的产业，不可能具有持续的优势，不仅无法带动其他产业的发展，而且最终其自身优势也可能丧失。

可见，只有既具有较强的产业关联度，又具有独特的优势的产业才能被确定为主导产业。在进行主导产业的选择时要把这两个理论结合起来，因而要考虑到以下几个问题：第一，在该县域农业的所有产业中，产业是否拥有比较优势；第二，这些产业是否具有较高的收入弹性；第三，这些产业是否最能充分利用、消化并吸收当代的高科技；第四，这些产业是否能与其他产业之间存在最大的关联度。考虑到这些因素以后，在此基础上形成一个关于县域现代农业

主导产业选择的依据体系。

能否把一个产业确立为一个区域的主导产业,首先要看该产业在这个区域是否具有比较优势,并按照省、市乃至全国产业区域专业化分工的基本格局,结合本地区产业结构进步程度及其相关产业潜在能力,综合选出符合社会需求导向原则、获得比较利益并能够带动其他产业发展的农业主导产业。这个主导产业还要求在本地区拥有产业比较生产规模优势、产业比较生产率优势和产业比较利益优势。

从根本上说,产业结构的变动是由社会需求的变化引起的,它的演进往往随着社会需求变化而兴起,逐步发展成熟,然后随着边际效用递减而趋于衰落。西方经济学家总结出一个结论,即在同一个地区的不同收入水平下,新增加的收入往往会集中用于某几类商品的消费。生产这些产品的产业面临着潜在的大幅增长的国内国际市场需求,可以以较快的速度增长,因此可以选择具有较高收入需求弹性的产业作为区域的主导产业。

众所周知,国民经济各部门是一个相互联系、相互依存的整体,产业间存在着横向的经济联系和纵向的生产技术联系,一个产业的产出往往是与之相关联的另一个产业的投入。各产业之间通过前向关联、后向关联和旁侧关联,并通过依次扩散影响和梯度转移效应形成波及效应而影响到其他产业和部门的发展。

因而,在县域层面选择和培育主导产业时,一定要从现实的地区经济优势产业出发,按照全国产业区域专业化分工的基本格局,结合本地区产业技术的进步程度及其相关产业的潜在能力,综合选出既符合社会需求导向原则,又能带动区域内其他产业发展的主导产业。这样,区域主导产业才可能最大限度地发挥自身的比较优势,同时又能形成有效的区域农业产业集群,最终实现区域规模经济。

主导产业选择中的约束因素包括产业的自身素质问题、市场需求状况、资金投入问题、资源禀赋条件等。

2. 行业生命周期理论

任何行业和产业都有一定的生命周期存在,农业行业也不例外。行业的生命周期指行业从出现到完全退出社会经济活动所经历的时间。行业的生命发展周期主要包括四个发展阶段:幼稚期、成长期、成熟期和衰退期。如图 5-4 所示。

行业生命周期可以从成熟期划为成熟前期和成熟后期。在成熟前期,几乎所有行业都具有类似 S 形的生长曲线,而在成熟后期则大致分为两种类型:第一种类型是行业长期处于成熟期,从而形成稳定型的行业,如图中右上方的曲线 1;第二种类型是行业较快地进入衰退期,从而形成迅速衰退的行业,如图中的曲线 2。行业生命周期是一种定性的理论,行业生命周期曲线是一条近似的假设曲线。

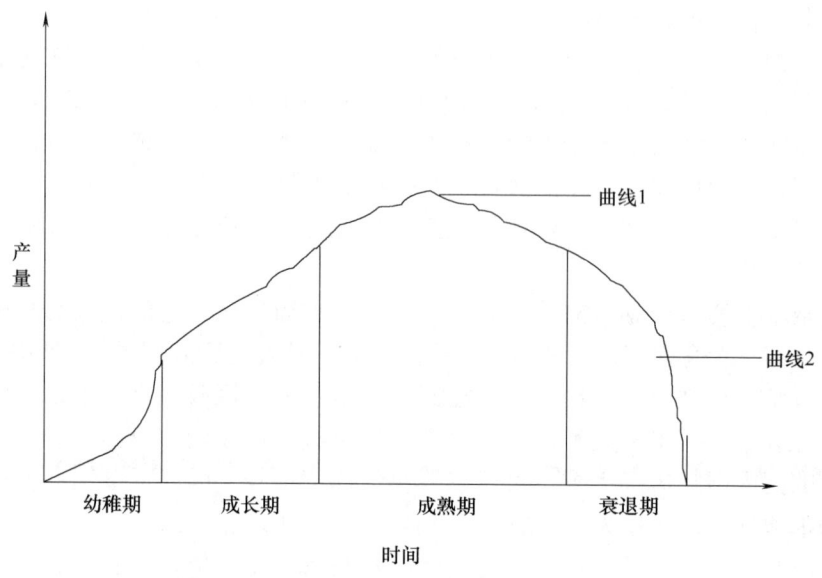

图 5-4 行业生命周期曲线

（八）特色优势产业适宜性评价和承载力分析

1. 土地适宜性评价

土地适宜性评价是评定土地对于某种用途是否适宜以及适宜的程度，它是进行土地利用决策，科学地编制土地利用规划的基本依据；同时，也是通过对土地的自然、经济属性的综合鉴定，阐明土地属性所具有的生产潜力，已经对农、林、牧、渔等各业的适宜性、限制性及其程度差异的评定。

土地适宜性评价是根据土地的自然和社会经济属性，研究土地对预定用途的适宜与否、适宜程度及其限制状况。根据评价的预定用途不同，适宜性评价可分为土地的农业适宜性评价和土地的城市适宜性评价，通过评价阐明区域土地适宜于农、果、林、水产养殖等各业生产以及适宜于城市建设的土地资源及利用不合理的土地资源的数量、质量及其分布，从而为区域土地利用结构和布局的调整、土地利用规划分区等提供科学依据。因此，土地适宜性评价是土地利用的基础评价。

在县域现代农业发展规划中，是通过对土壤条件、地形条件、水质、交通、高程、光热、降雨等因素进行综合评价，进而确定是否适合某种作物、果树或者养殖品种等生产活动一种综合性的评价方法。

土地适宜性评价是针对某种特定的用途而对区域土地资源质量的综合评定。为了保证评价结果的科学性、正确性和实用性，就必须掌握一定的基本原理，遵循一定的评价原则。

土地适宜性评价的基本原理是：在现有的生产力经营水平和特定的土地利用方式条件下，以土地的自然要素和社会经济要素相结合作为鉴定指标，通过考察和综合分析土地对各种用途的适宜程度、质量高低及其限制状况等，从而对土地的用途和质量进行分类定级。

2. 环境承载力分析

环境承载力是可持续发展的内涵之一，也是生态学的规律之一。它的内涵有几个方面，其中有一个很重要的方面就是可持续发展要求以环境与自然资源为基础，同环境承载能力相协调。另外，我们经常说搞循环经济要以生态学的规律作为指导，那么生态学的规律之一称作"负载定额"。也就是说，每一个承载系统对任何的外来干扰都有一定的忍耐极限，当外来干扰超过此极限时，生态系统就会被损伤、破坏乃至瓦解。无论是自然生态系统，比如说水环境、大气环境、土壤环境，还是城市区域、流域等都存在环境承载力的问题。

(九) 农业现代化进程评价模型及发展规划量化指标

根据县域农业的基本情况，结合农业现代化进程评价模型的研究，确定县级行政区域内实现农业现代化的主体评价指标、个体评价指标。在具体操作过程中，还会采用德尔菲法对各层评价指标权重进行调查，并用层次分析法计算各指标权重，构建定量评价体系。

利用农业现代化进程评价模型进行该县当前阶段农业现代化进程的评价分析，并在此基础上确定影响其农业现代化进程的关键性指标。通过量化指标的分析研究，结合县域农业发展战略目标为规划方案的确定每个指标的具体发展目标，为规划方案实施提供指导。

(十) 县域地形地貌数字化模型分析及重点项目选址分析

1. 数字地形模型

数字地形模型简称 DTM，数字高程模型则称 DEM。DEM 和 DTM 主要用于描述地面起伏状况，可以用于提取各种地形参数，如坡度、坡向、粗糙度等，并进行通视分析、流域结构生成等应用分析。因此，DEM 在各个领域中被广泛使用。DEM 可以有多种表达方法，包括网格、等高线、三角网等。

数字地形模型最初是为了高速公路的自动设计提出来的。此后，它被用于各种线路选线（铁路、公路、输电线）的设计以及各种工程的面积、体积、坡度计算，任意两点间的通视判断及任意断面图绘制。

在测绘中被用于绘制等高线、坡度坡向图、立体透视图，制作正射影像图以及地图的修测。在遥感应用中可作为分类的辅助数据。它还是地理信息系统的基础数据，可用于土地利用现状的分析、合理规划及洪水险情预报等。对 DTM 的研究包括 DTM 的精度问题、地形分类、数据采集、DTM 的粗差探测、质量控制、数据压缩、DTM 应用以及不规则三角网 DTM 的建立与应用等。

数字地形模型是地形表面形态属性信息的数字表达，是带有空间位置特征和地形属性特征的数字描述。数字地形模型中地形属性为高程时称为数字高程模型。高程是地理空间中的第三维坐标。由于传统的地理信息系统的数据结构都是二维的,数字高程模型的建立是一个必要的补充。

2. 建设项目选址

建设项目选址规划,关系到建设过程中的原料运输、水电供应、基建条件、农业生产条件、运营基础条件等众多因素,也是农业建设项目是否能够快速建设、正常运营的重要保障。因此,农业建设性项目实施过程中必不可少的一个环节。

同时,建设项目选址规划管理工作是规划行政主管部门根据城乡规划及其有关法律、法规时建设项目地址进行确认或选择,保证各项建设按照城乡规划安排,并核发建设项目选址意见书的行政管理工作。

项目选址应考虑的区域因素有:

自然因素,自然因素包括自然资源条件和自然条件;运输因素;市场因素;劳动力因素;社会和政策因素;集聚因素(工业园区或工业集中区),集聚效应会带来大型化、集约化和资源共享,节约建设投资,减少建设周期。

(十一)县域农业生态脆弱性评价

"生态环境脆弱性"用于描述生态环境受到自然因素和人为因素的共同影响时,环境对外界干扰的敏感程度。然而"生态环境脆弱性"概念尚未形成统一认识。脆弱性主要包含3个方面的含义:脆弱性是生态环境自身的属性,具备区域性和客观性特点;脆弱性只有在外界因素的干扰下才得以表现;脆弱性大小可以通过生态环境的敏感性、稳定性和评价指数等指标进行量化。

生态环境脆弱性评价是对生态环境各因子时空配置的不均衡性引起的生态系统不稳定性,以及人类活动和外界环境胁迫对生态环境的可能影响及其敏感程度(响应)的评价与估测(图5-5)。

遥感技术具有宏观性强、信息量丰富和动态监测能力突出等特点,是生态环境调查中重要的技术方法之一。

(十二)重点工程项目比选分析

结合《霸州市现代都市农业产业总体规划》阐述重点工程项目比选分析模型。

针对霸州市项目多而散的一个局面,我们通过对项目涉农产业关联情况及现有项目的亩投资进行分析,在分析过程中剔除了一些和农业没有关联的项目,梳理出亩投资超过30万元的项目5个,并梳理出霸州市现有较具规模及竞争力的农业和涉农项目共22个。

在现有项目梳理的前提下,并通过分析霸州市农业及相关产业的现状投入资金和预期投入资金(按照20%的速度增长)分析,得出霸州现有涉农项目的经营方式主要以休闲、观光、种/养生产经营为主,如图5-6所示。

对上述梳理出的涉农重点项目通过专家打分法,以匿名方式针对霸州市的

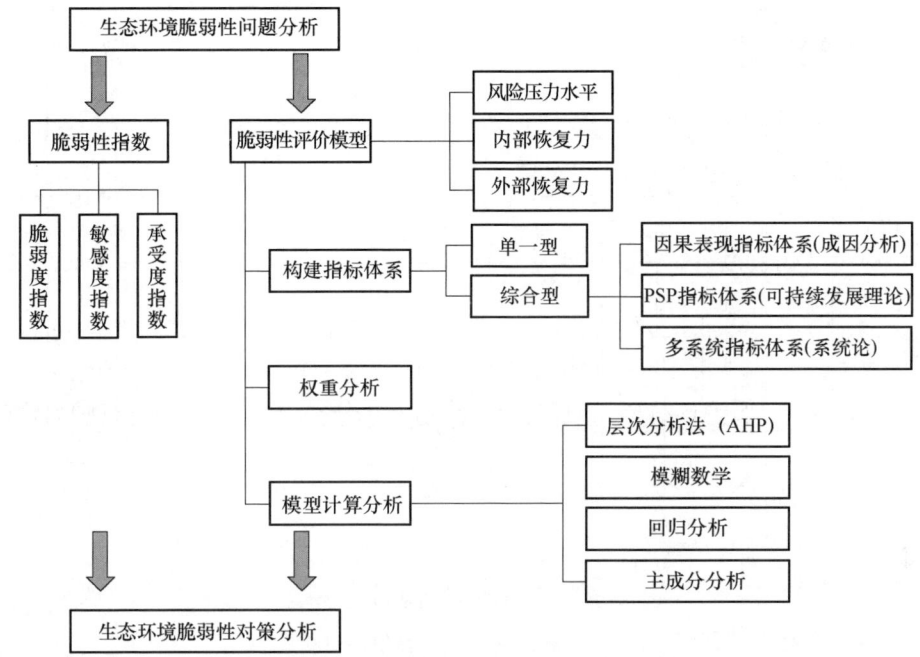

图 5-5 生态环境脆弱性评价流程

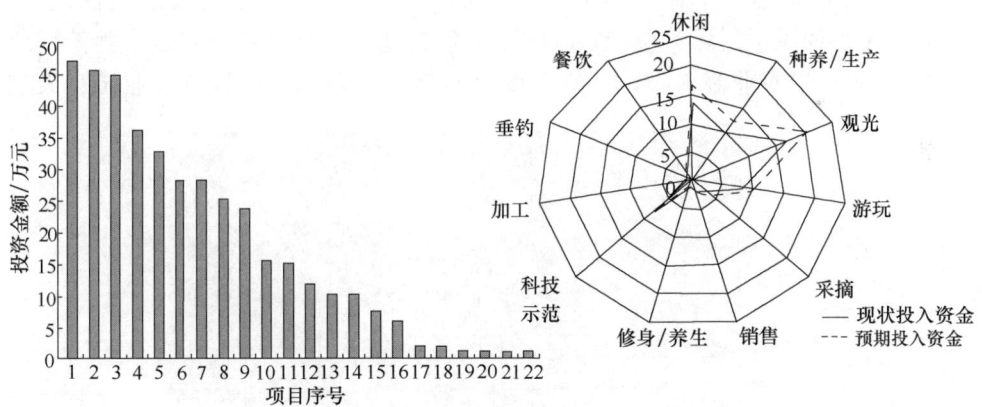

图 5-6 霸州市农业项目亩投资情况及预计增长图

现有农业项目基本情况，从劳动力就业、资源利用比重、产业结构比重、利税额度、年产值等方面，向公司专家团队相关专家征询意见，对专家意见进行统计、处理、分析和归纳，客观地综合多数专家经验与主观判断，对大量难以采用技术方法进行定量分析的因素做出合理估算，经过多轮意见征询、反馈和调整后，得出霸州市现有农业项目最适宜鼓励发展及扶持的项目，共 20 个，如图 5-7 所示。

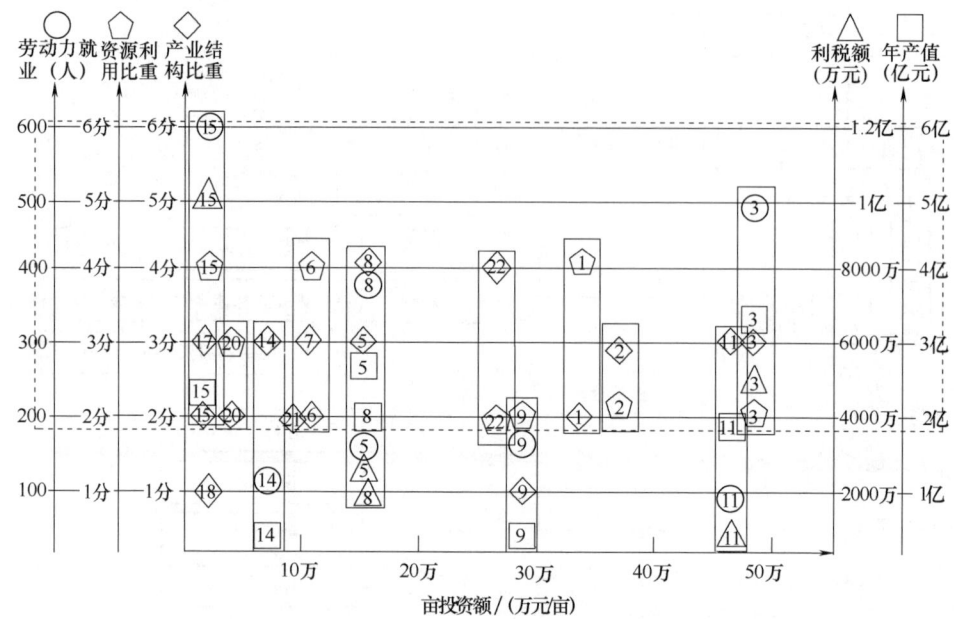

图5-7 霸州市重点项目发展分析图

在20个农业项目的基础上，通过产业关联度和行业竞争力的横向、纵向评价，由弱至强对现有各项目进行矩阵排列，并得出最适鼓励与发展项目区域，即图5-8中的深色区域，包括田园牧歌、新利现代、胜芳古镇修复、胜芳湿地公园、海峡两岸农业高科技园、胜芳蟹养殖基地、霸州农业科技产业园、天宝

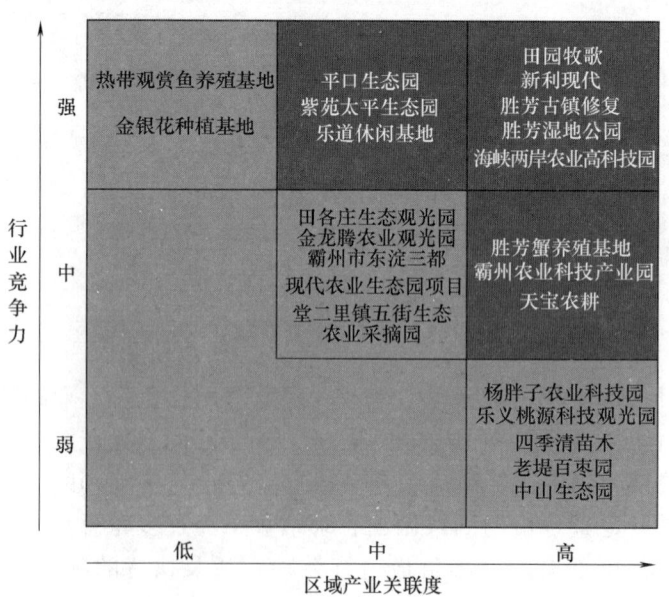

图5-8 霸州市重点项目发展分析矩阵图

农耕、平口生态园、紫苑太平生态园、乐道休闲基地 11 个重点发展项目，这些项目将会在霸州市资源利用率最大化基础上带动区域休闲农业产业发展和区域品牌农业建设。

（十三）战略决策典型思路

战略决策思路指行政部门在战略决策时的出发点，其与战略分析十分密切，战略决策思路类型很多，这也与不同县域的基础目的和出发点不同而异。

各地的资源类型多种多样，资源导向型决策思路，即先看本县市拥有什么资源，再分析资源可投入行业的机会，由此进行决策。如拥有独特的气候、区位交通优势，具有悠久的地理标志产品资源，就会利于县域开展特色品牌产品的推广营销，促进县域农业经济的快速发展。

资源导向型决策思路，优点是善于利用县域内部资源，但缺点是县域农业发展过程中容易蜂拥而上，会因项目重复建设，政策资金过于分散而使主导产业、重点扶持培育的环节不清晰，难以形成龙头企业，使县域主导产业在区域竞争中优势减弱。资源导向型决策需要真正认清自身资源，并能根据实际情况制定出具体策略和措施方案。

（十四）SWOT 分析

SWOT 分析模型是麦肯锡咨询公司研究发明的一个针对企业战略规划的模型工具，包括分析其优势（Strengths）、劣势（Weaknesses）、机会（Opportunities）和挑战（Threats）。因此，SWOT 分析实际上是将对研究对象的内外部条件各方面内容进行综合和概括，进而分析组织的优劣势、面临的机会和威胁的一种方法。

在县域现代农业发展规划中，通过 SWOT 分析，可以把近阶段县域部门的资源和行动聚集在自己的主导产业和最重要的地方；并让农业的发展战略变得清晰明朗。

优劣势分析主要是着眼于县域农业自身的现状及其与周边类似产业县市等竞争对手的比较，而机会和威胁分析将注意力放在外部环境的变化及对县域农业发展的可能影响上。在分析时，应把所有的内部因素（即优劣势）集中在一起，然后用外部的力量来对这些因素进行评估。

1. 内部条件

潜在内部优势（S）：产业基础、技术成本优势、竞争优势，特殊能力产品创新，具有规模化的产业基础资源、高素质的技术和管理人员、优质的产品品质、适应力强的经营战略其他。

潜在内部劣势（W）：竞争劣势、设备老化、技术落后、组织管理滞后、成本增加、农副产品范围太窄、生产环境和空间有限、技术开发滞后、营销水平低等。

2. 外部环境

潜在外部机会（O）：纵向一体化市场增长迅速、能争取到新的投资企业、有进入新市场或市场面的可能及其他。

潜在外部威胁（T）：市场增长较慢、竞争压力较大、不利的政府政策、新的竞争进去、行业替代产品销售额正在逐步上升、通货膨胀递增及其他。

SWOT分析具有显著的结构化和系统性的特征。就结构化而言，首先在形式上，SWOT分析法表现为构造SWOT结构矩阵，并对矩阵的不同区域赋予了不同分析意义；其次内容上，SWOT分析法的主要理论基础也强调从结构分析入手对发展的外部环境和内部资源进行分析。

SWOT方法的重要贡献就在于用系统的思想将这些似乎独立的因素相互匹配起来进行综合分析，使得发展战略计划的制定更加科学全面。

（十五）基准化分析法（标杆分析模型）

基准化分析法（Benchmarking）就是将某产业的各项活动与从事该项活动最佳者进行比较，从而提出行动方法，以弥补自身的不足。基准化分析法是将产业经营的各方面状况和环节与竞争对手或行业内外一流的企业进行对照分析的过程，是一种评价自身和研究其他组织的手段，是将外部的持久业绩作为自身内部发展目标并将外界的最佳做法移植到自身经营环节中去的一种方法。实施基准化分析法（标杆分析模型）必须不断对竞争对手或一流企业、地区的产品、服务、经营业绩等进行评价来发现优势和不足。

总的来说，基准化分析法就是对自身所有能衡量的东西给出一个参考值，基准化分析法（标杆分析模型）可以是一种管理体系、学习过程，它更着重于流程的研究分析。

标杆分析一般可依选择的标杆对象与欲评量的作业流程的不同，分为以下三种类型：

1. 内部流程标杆分析

内部流程标杆分析指一个组织内部不同部门、据点、分支机构的相同作业流程的相互评量比较，主要目的在采取迅速作为解决顾客问题。

内部流程标杆分析的最大优点在于所需的资料和信息易于取得，并且获得的信息不必经过费心的翻译便可以转换到本身的部门内，故不存在资料鸿沟（Datagaps）的问题。另外，在分化程度过高的企业内，内部流程标杆分析还可以促进事业单位或部门间的沟通。内部流程标杆分析的缺点则是视野狭隘，不易找到最佳作业典范。并且学习的对象局限在组织内部很难为组织带来创新性的突破。另外，若是有内部倾轧的问题存在的话，易于造成偏见，无法虚心求教。

2. 外部竞争性流程标杆分析

外部竞争性流程标杆分析以组织同业竞争者的产品、服务、作业流程作为评量比较的标杆，试图找出自身的优势或弱点。以图书馆为例，以同性质、声誉卓著的图书馆同业为标杆,比较彼此图书采购流程的差异,进而采纳仿效对方的优点,即为竞争性流程标杆分析的做法。此种标杆分析需要充分配合的标杆伙伴(Bench Marking Partner),通常可以提供20%~25%的改善机会。

除了信息极具竞争价值之外,外部竞争性流程标杆分析的另一优点与内部流程标杆分析相同,那就是本身与竞争对手的作法在比较上会较为容易,并且一旦需要将对手的流程转换到自身时也不会有太大的困难。一般而言,作为学习对象的竞争对手即使采用的技术或作业方式与企业本身不尽相同,至少也极为类似。所以从对手那获得的信息可以很快地运用在自身组织内。但竞争性流程标杆分析的最大缺点则是相关信息搜集困难。

3. 功能性流程标杆分析

功能性流程标杆分析的对象不限同业,而是选择一特定功能或作业流程,针对在这个领域内已建立卓越性的机构,进行标杆分析。这种标杆分析的主要标的不是机构,而是该组织的某一项典范作业流程。此种标杆分析经常可以引导突破性的思考,有助于创新服务与作业流程的提出。

功能性流程标杆分析最大的优点在于协助自身去引发许多极具创意的经营点子。这种"跳脱框框"的突破性思考方式对许多观念封闭的单位来说简直是如同跳出井外的井底之蛙。来自产业外界截然不同的观念与做法,很容易会对处于自身产业封闭环境下的企业造成莫大的刺激进而引发许多创新性的做法,使原有的运作方式做了重大的转变。

功能性流程标杆分析的另外一个优点是容易寻求到真正的最佳作业典范。毕竟"人外有人,天外有天"。功能性标杆管理的缺点则是在资料的搜集上可能受限于距离遥远(对方可能在不同的国家),必须投入较多的资源来进行初级资料的搜集或是加入付费的企管顾问数据库,否则就只能透过次级资料来分析。虽然如此,由于功能性流程标杆分析可以激发组织进行创新性的突破,因此尽管实行困难,它仍然被普遍认为最具长期的报酬与效益。

(十六)农业项目分析矩阵(区域产业、行业竞争力综合评价项目特点)

矩阵数据分析法(Matrix Data Analysis Chart),它是新的质量管理的专业工具之一。矩阵图上各元素间的关系如果能用数据定量化表示,就能更准确地整理和分析结果。这种可以用数据表示的矩阵图法,称作矩阵数据分析法。

数据矩阵分析法的主要方法为主成分分析法(Principal Component Analysis),利用此法可从原始数据获得许多有益的情报。主成分分析法是一种将多个变量化为少数综合变量的一种多元统计方法。

矩阵数据分析法,与矩阵图法类似。它区别于矩阵图法的是:不是在矩阵图上填符号,而是填数据,形成一个分析数据的矩阵。它是一种定量分析问题的方法。在矩阵图的基础上,把各个因素分别放在行和列,然后在行和列的交叉点中用数量来描述这些因素之间的对比,再进行数量计算,定量分析,确定哪些因素是相对比较重要的。

"NMN（Now/Method/Need）矩阵分析模型"是通过项目的SWOT分析之后，结合项目的实际情况，找到切实可行的项目突破点的全新分析模型。

NMN矩阵分析模型不但分析全面，而且更加准确、明了，通过本模型的分析可以充分强化项目优势，弱化或避免项目劣势，找到项目打入市场的有力突破点。同时，NMN矩阵分析模型的结论将对整个项目的开发实施有着重要的指导意义。

第五节　县域农业规划成果形式

县域农业发展规划纲要成果包括纲要文本、说明、相应的图纸和研究报告。

县域农业发展规划成果包括规划文本、图纸及附件（说明、研究报告、经审定的纲要成果和基础资料等）。规划文本中应当明确表述规划的强制性内容，应附有明确主要建设用地类别与规模的县域现状和规划建设用地汇总表。

一、纲要文本

《×××现代农业发展总体规划》（20××—20××年）编制说明

规划承担和协作单位、人员；规划内容；创新成果；规划总则。

目录

第一篇　基础现状

第一章　基本市情

区位交通；自然资源与环境；经济发展状况；社会发展状况。

第二章　市/县农业现状

市/县乡镇与农村概况；农业结构、规模与效益；主要产业及布局；农业科技体系的状况与评价。

第三章　农业发展综合分析

耕地资源分析与评价；水资源分析与评价；畜禽的环境容量及承载力；农业科技体系的状况与评价；现代化进程定量评价。

第二篇　发展规划布局

第四章　农业的属性与定位

市/县农业属性；功能定位；产业定位。

第五章　农业发展方向、目标及指导思想

指导思想；发展方向；战略目标；发展指标。

第六章　空间布局和功能分区

第三篇　建设实施篇

第七章　产业发展策略与布局

高效粮油产业；精品蔬菜产业；生态/健康养殖产业；优质林果产业；苗木花卉产业；休闲体验农业；加工物流业。

第八章 重点建设园区（项目）

核心区：农业科技产业园；专业性科技示范园；标准化生产示范园。

第九章 组织实施与策略规划

组织管理模式；优惠政策和投资机制；农业发展"一镇一策"。

第十章 专项体系规划

农业科技推广专项；品牌农业培育专项；农田水利灌溉专项；耕地质量提升专项；综合生态环境专项；信息化体系建设专项；职业农民培训专项；其他专题。

二、规划图册

县域农业发展规划图件应当包括（重点城镇与重点地区规划图纸一般为1:1万~1:2.5万，其他图纸比例一般为1:5万~1:10万）。

第四篇 规划图册

1. 战略区位分析图（区位、经济圈、城市发展轴）
2. 周边县市经济社会分析图（经济产值\三次产业比例\科技人员与经费）
3. 各乡镇经济社会条件图
4. 地形地势与交通分析图
5. 县市土地利用现状图
6. 水资源分布图（河流\灌区\水资源量）
7. 土壤条件分析图
8. 农业资源现状分布图（设施农业\交易市场\养殖场\农业综合开发项目分布图）
9. 生态环境条件图（林地、农业污染）
10. 自然灾害历史分布图（旱雨雹风霜雪）
11. 空间发展布局
12. 产业发展策略与分布（3~4张，空间及发展路径图示化）
13. 近期重点项目分布与意向（4~5张）
14. 水利工程与重点项目
15. 县域生态治理与防灾规划图
16. 耕地质量提升与土地整治项目
17. 农业园区分级和职能结构图

第六章
县域现代农业发展规划案例

第一节　河南中牟：郑州新区（中牟）都市型现代农业示范区概念性规划（2011—2020年）

2011年3月，中牟县委、县政府特委托中国农业大学成立课题研究小组，组织有关专家和规划人员开展规划编制工作。在有序承接重要上位规划、遵循因地制宜原则的基础上，课题组与中牟县共同研讨，最终确定从三个层面进行规划，从示范区的概念性规划到核心区的总体规划、再到先导区的详细规划，是一个从宏观到微观、从整体到局部、层层落实的系统工程，既把握了中牟县远景农业发展的战略方向，又指出了近期建设的重要抓手，有力保证了规划的科学性、前瞻性和可操作性。2011年，中牟县被评为第一批国家级现代农业示范区。

一、项目背景

河南省是我国农业大省，郑州是全国最重要的交通枢纽之一，具有贯通东西、连接南北的战略地位，区位条件优越、农业基础好。中央对河南的改革发展开放高度重视，而且中原经济区已经上升为国家战略。河南省委关于"十二五"规划提出了建设中原经济区、加快实现中原崛起和河南振兴这一总体思路。郑州"十二五"规划提出了加快建设郑州都市区持续推进跨越式发展，使郑州成为全国区域性核心城市。

中牟县位于郑州市东部，地处郑州、开封两市之间，县域主导产业突出、产业基础良好。中牟县借中原经济区、郑汴新区、郑州都市区、郑州新区建设之势，以都市型现代农业为方向指引，依托自身良好的农业基础和生态资源，转变农业发展方式，拓展农业多种功能，在工业化、城镇化的同时，实现其农业由传统向现代化的跨越式发展，打造郑州新区都市型现代农业示范区。

由于本书主要研究范畴为县域现代农业，故该案例将重点介绍和剖析《郑州新区（中牟）都市型现代农业示范区概念性规划》这一县域规划项目，涉及的核心区及先导区规划不在本书中加以介绍。

二、基本概况

示范区规划范围为河南省中牟县县域农业用地,其中重点规划区域约 $630km^2$,分别位于县城的南北两侧,其中北部片区约 $180km^2$,南部片区约 $450km^2$。

中牟县地处河南省中部,隶属省会郑州市,东接古都开封,西邻省会郑州,交通四通八达,铁路、公路、航空优势集于一体,土地总面积 $1416.6km^2$,耕地面积 6.13 万 hm^2;地处黄河下游冲积扇南翼之首,属典型的中纬度暖温带大陆性季风气候,全县林木覆盖率达到 29.04%,滩涂资源丰富,为典型的黄河自然湿地,生物多样性特征突出,生态功能和环境气候优良。

中牟县土地总面积 $1416.6km^2$,辖 16 个乡镇和 2 个街道办事处,419 个行政村;县域总人口 68 万人,农业人口 58 万人,占全县的 85.3%,城镇化率较低。农民人均收入水平较高,家庭农业经营是主要收入来源。2010 年,中牟农村居民年人均纯收入 8190 元,第一产业收入占总收入的 59.6%,来自非农产业的收入仅占总收入的 10.6%。

中牟县是典型的农业大县,其主要农业经济指标多年稳居郑州市属县(市)第一位,位于河南省前列。2010 年,全县生产总值完成 255 亿元,同比增长 13%。其中,一、二、三产业增加值分别完成 40 亿元、140 亿元、75 亿元,同比分别增长 4%、17%、12%。2005—2009 年,中牟县农业产值从 41.6 亿元增长到 64.5 亿元。2006—2009 年,中牟县农业产值贡献主要依赖于种植业和畜牧业。同时,建设了 6 个基层农业技术推广服务区域中心站,基本形成了比较健全完备、能够提供较为全面信息的农业服务体系。

三、综合分析与评价

针对《郑州新区(中牟)都市型现代农业示范区概念性规划》这一县域现代农业规划项目,课题组在前期的综合分析中同样从区位条件、自然气候条件、基础设施条件、社会经济条件、县域农业发展现状等几个方面进行全面的、综合的分析。同时,基于各方面分析数据,利用 SWOT 分析法对中牟县发展现代农业的基本评价。评价对规划理念及发展战略、空间战略部署、主导产业选择等规划核心内容的形成和确定起着直接的决定性作用。

中牟县地处河南省中部,在战略区位、交通区位上都有明显的比较优势,这将极大地影响到全县县域农业发展在中远期发展中的战略高度和目标。规划从区位条件的视角重点分析了中牟县所处的区位条件对其发展现代农业的重要影响。

中牟县地处我国的中部城市群,在国家"一带六轴多中心"的城镇体系格局中,中部地区拥有纵贯南北、连通东西的区位优势。中原城镇群是河南省的城镇核心群,中牟位于中原城镇群的核心圈层——郑州都市圈。郑州都市圈又称大郑州,指郑州与周边 7 个市县以农田(都市型农业)、绿地隔离、产业互补，形成核心－卫星城结构。

中牟县位于郑州的东部，可依托郑州借助这两大国家级运输通道，发挥其连南接北、横贯东西的交通优势，此外，中牟紧邻郑州航空港，县城距航空港仅有25km。同时，地处郑汴之间，是郑汴一体化的桥梁、纽带，同时也是实施郑汴一体化的开拓者和受益者。中牟借助一体化进程，实现其产业的跨越式发展。

经过战略区位、交通区位两个层面的区位分析，对中牟县区位条件的综合评定，主要结论如下：

（1）中牟县位于郑汴一体化中心地带，战略区位优势明显，可借中原城市群、郑汴一体化发展之机，大力推进本地的城乡一体化进程。

（2）中牟县地理位置优越，地处国家交通运输通道交汇处，可借公路、铁路及航空港运输，以农产品加工物流业为驱动，推进本地农业产业化进程。

此外，结合自然气候、基础设施、社会经济、县域农业发展现状等研究分析方法，也对中牟县农业的现状进行了综合评价，也为核心的规划理念奠定了重要的研究基础和决策依据。

四、目标定位及布局

（一）指导思想

遵循"城乡融合、生态城市、三生一体、核心增长"的发展理念，适应郑汴新区高端化、精细化产业发展要求，调整产业结构，优化产业布局，重点发展"菜、花、果、游"，优化提升"渔、畜、粮"，全面打通农产品加工流通环节，加强农业保障体系建设，形成与郑汴新区发展相协调的、具有鲜明产业特色和区域特色的现代都市农业体系。

加强生态环境保护与建设，合村并镇，构建中原城市群有代表性的城乡一体的社会、经济、自然的复合型生态系统；充分发挥都市农业的产业经济、生态环保、观光休闲、辐射示范等功能，努力建成中原城市群发展都市农业的标志区、生态旅游的典范区，推动中牟农业经济与城市经济、农村与城市相互依托，促进城乡融合、"三化"协调发展。

在"主轴牵引，南北联动，双核驱动，多网支撑"的空间格局下，借郑汴新区建设之势，明确区域经济功能定位，合理进行产业选择和布局，运用现代经营理念，培育和吸纳有创新能力的都市型农业产业或企业集聚中牟，使这一特定区域的经济比周边地区发展更快，形成郑汴新区发展的重要增长极，努力将中牟打造为依靠社会力量发展现代都市农业的样板区。

（二）战略目标

中牟县依托自身良好的农业基础和生态资源，转变农业发展方式，拓展农业多种功能，结合上位规划及政策的总体要求，最终将中牟建设成为：国内领先、国际知名的现代农业实验区、国家级现代农业示范区、中部六省现代都市农业标志区、河南省城乡融合、三生一体的样板区、中原城市群农业生态旅游的典型示范区。

（三）功能定位

根据省市经济发展和农业定位要求，郑州新区（中牟）都市型现代农业示范区在未来的发展过程中，应综合资源禀赋，借鉴国内外都市农业发展的最新理念，在区域农业发展中将承载"食品保障、产业提升、示范带动、休闲观光、生态保护、就业增收"的功能。

（四）空间结构及布局

1. 空间结构

综合研究分析，在规划理念的指导下，形成郑州新区（中牟）都市型现代农业示范区发展的空间结构，即"一轴、两区、双核、多网"，形成"主轴牵引，南北联动，双核驱动，多网支撑"的空间发展格局（图6-1）。其中：

"一轴"——郑汴洛城镇发展轴。以陇海-兰新线形成的郑汴洛城镇发展轴为牵引轴，以工业和城市发展带动示范区的农业发展。

"两区"——北部旅游观光农业示范区和南部生态高效农业示范区。

北部旅游观光农业示范区是指连霍高速以北的中牟县所辖区域，以现代渔业、花卉苗木业、精品果蔬业为产业基础，以休闲农业、旅游农业为主要发展方向，充分挖掘北部沿黄地区生态及文化资源，将该区域建设成为中原城市群乃至全国知名的特色农业旅游胜地。

南部生态高效农业示范区是指郑民高速以南的中牟县所辖区域，以精品蔬菜、高标准粮油、特色林果及健康养殖为基础，以高效农业为主要发展方向，

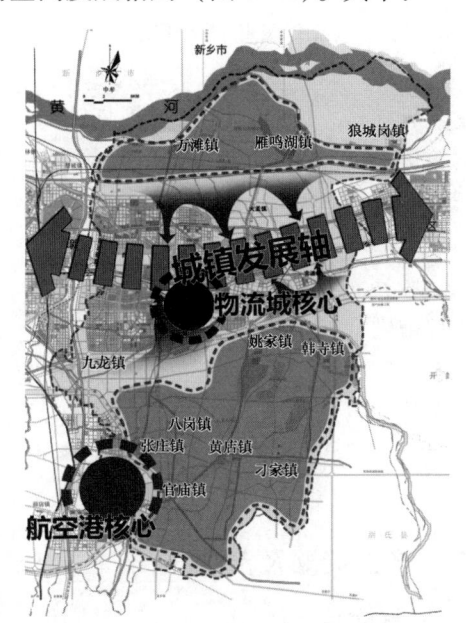

图6-1 郑州新区（中牟）都市型现代农业示范区空间结构图

通过科技创新、制度创新，增加本地农副产品品牌效应，将该区域建设成为河南省农业科技创新平台、全国都市农业创新发展的典范。

"双核"——内核和外核。

内核是指万邦国际农产品物流城，依托物流城集聚实力雄厚的农产品加工流通企业，形成"名牌企业+集群"的发展模式，对区域内都市农业体系进行重构和龙头带动，从而驱动中牟县及周边区域都市农业的生产组织、产品品牌、科技创新等方面的发展。

外核是指郑州国际航空港,依托航空港强大的集聚效应、扩散效应以及物流配送功能,实现中牟县都市农业发展在农产品物流、农业信息流、资金流等方面更加快速的运转。内外两核是中牟县农业实现全产业链的引动力,也是中牟县农业发展实现区域内外部资源再配置的引动力。

"多网"——支撑中牟县都市型现代农业发展的多个保障体系。从科技信息、道路交通、社会组织、资金物流等多个角度考虑,形成与郑州新区、郑汴新区发展相协调的、具有鲜明产业特色和区域特色的现代都市农业体系。

2. 总体布局

为适应郑州新区、郑汴新区高端化、精细化产业发展要求,中牟县都市农业将重点发展"菜、花、果、游",优化提升"渔、畜、粮",全面打通农产品加工流通环节,形成与郑汴新区发展相协调的、具有鲜明产业特色和区域特色的现代都市农业产业体系。

综合考虑中牟县的用地现状和产业布局结构,以及重要上位规划[《郑州新区都市型现代农业总体规划》(2010—2020年)、《郑汴新区总体规划》(2009—2020年)]对中牟县用地性质和农业产业发展要求,将中牟县都市农业产业空间布局分为中心城市农业区、示范区、核心区和先导区四大片区(图6-2),层层递进、环环紧扣,主要功能和发展模式各有不同。

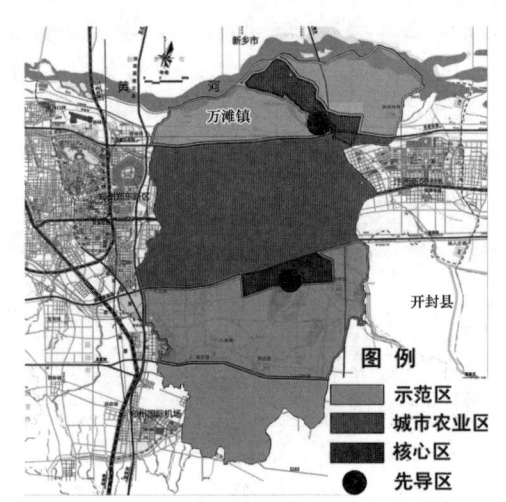

图6-2 郑州新区(中牟)都市型现代农业示范区产业总体布局图

五、产业策略及产业布局

(一)发展策略

1. 产业转移策略

借"郑汴一体化"城市发展之势,承接县城中部优势农业产业的转移,以产业高级化、服务化为结构调整主方向,依托园区建设,形成组团式发展模式,快速实现产业升级与集聚。

2. 分工协作策略

外部协作:积极参与中原城市群及郑汴一体化的区域合作分工,加强对其他县市的招商引资和市场开拓,扩大产业、需求、城乡、区域、要素等合作领域,做好与外部的协调发展。

内部分工:把握中原城市群及郑汴一体化发展契机,发挥自身优势,适应城市化发展需求，推动内部分工由产业分工逐步转向功能分工。

3. 文化发展策略

挖掘本地文化特征，凸显中牟黄河文化及中原文化精髓。以农耕文化为媒介，以农带游，以游促农，促进农游合一，打造具备区域影响力的品牌农业。旅游以农业为特色和基础，依托文化打造农业品牌，依托农业打造旅游特色。

4. 低碳循环策略

以循环经济为理念，构建中牟县循环农业产业链条。在当地农业种植、养殖过程中和产品生命周期中减少资源、物质的投入量和减少废物的产生排放量，以"减量化、再利用、再循环（资源化）"（即3R原则）为原则，实现当地农业经济效益、生态环境效益及社会效益"三赢"。

（二）产业选择

1. 农业主导产业选择依据

中牟县农业资源丰富，产业门类多样，有一定的规模化基础，但目前仍处于由传统农业向现代农业转变的前期，农业生产在县域经济及农民就业增收中还占很大比重。在都市农业发展的进程中，主导产业具有极其重要的作用（图6-3）。主导产业的选择必须遵循"市场导向原则、因地制宜原则、生态开发原则、比较效益原则、城乡统筹原则、政府引导与农民自愿原则"六项原则。

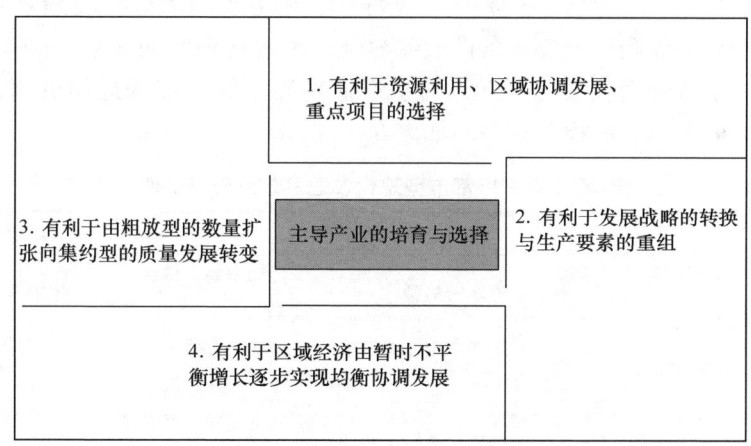

图6-3 主导产业培育与选择的战略意义

2. 主导产业选择结果

在以上依据与原则指导下，对中牟都市型现代农业示范区的主导产业进行选择，确定七大主导产业，包括精品果蔬、畜牧水产、特色林果、花卉苗木、生态旅游、粮油产业和加工物流。

受经济社会作用力的影响，主导产业将衍生出系列衍生产业和外围产业。具体来讲，随着主导产业初具规模，因外部生产要素的作用力，必将带动科研、教育、培训、节庆、体验等广义衍生产业，为基础产业注入生命力和社会责任感,促使基础产业持续发展(图6-4)。

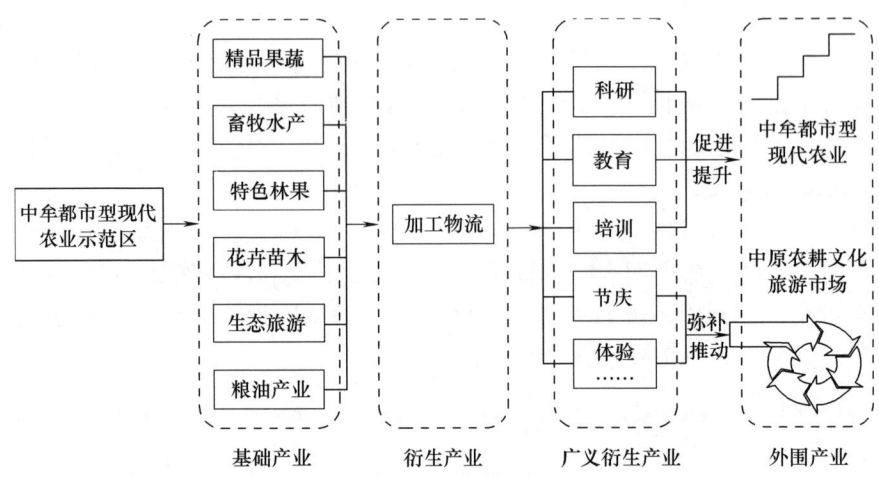

图6-4 郑州新区(中牟)都市型现代农业产业关联图

(三) 发展模式

实地调研与资料分析结果表明,中牟县是一个传统农业比较发达的地区,基础产业良好。面对外部优越的经济社会环境、自身良好的资源条件以及复杂的市场环境,针对示范区、核心区、先导区、中心城市农业区发展现代都市农业的自然资源条件和社会经济条件的差异性,本次规划对四大片区的发展模式、发展形势、土地经营性质、产业形态、产业发展目标、市场运作机制、组织形式等分别给出了不同的指导方向,如表6-1所示。

表6-1 郑州新区(中牟)都市型现代农业总体发展模式明细表

	先导区	核心区	示范区	城市农业区
发展模式	资本密集+技术密集型	资本密集型	劳动密集+传统农业型	休闲消费型
组织形式	企业化运作	企业+合作组织+专业大户	企业+合作组织+专业大户+小农	企业+市民
土地经营	规模化流转	规模化流转+共同经营	适量规模化经营+共同经营+农户家庭经营	企业+市民家庭
产业形态	重点发展园区农业、体验农业、科普农业和精品农业	重点发展规模化、专业化、区域化、标准化的大宗农产品生产和加工农业	本着优势互补和区域合作的原则,加强合作,重点抓好安全生产基地建设以及生态保护屏障建设	重点以城市绿地、园林景观、楼宇居室美化及农产品展示交易等为主要内容的景观农业和会展农业
产业目标	跟踪国内外先进科技	追求品牌化战略和经营模式创新	追求提高单位面积生产量和农业结构调整	追求和谐生活,提高幸福指数

续表

	先导区	核心区	示范区	城市农业区
发展计划	1. 国际合作 2. 科研引智 3. 模式创新	1. 产业化发展 2. 区域化生产 3. 优势特色化、特色优势化	1. 新品种和新技术引进 2. 共同产销 3. 提高土地效率	1. 引导消费 2. 食品安全 3. 城市低收入人群就业和收入保障
价格策略	初期政策扶持，后期市场导向	市场导向	基础产业政策保护，其他产业市场导向	市场导向

（四）产业分区布局

基于现有资源条件及未来发展方向，在以上四大片区的产业空间布局指导下，郑州新区（中牟）都市型现代农业示范区形成10个产业功能分区，具体如下（图6-5）：

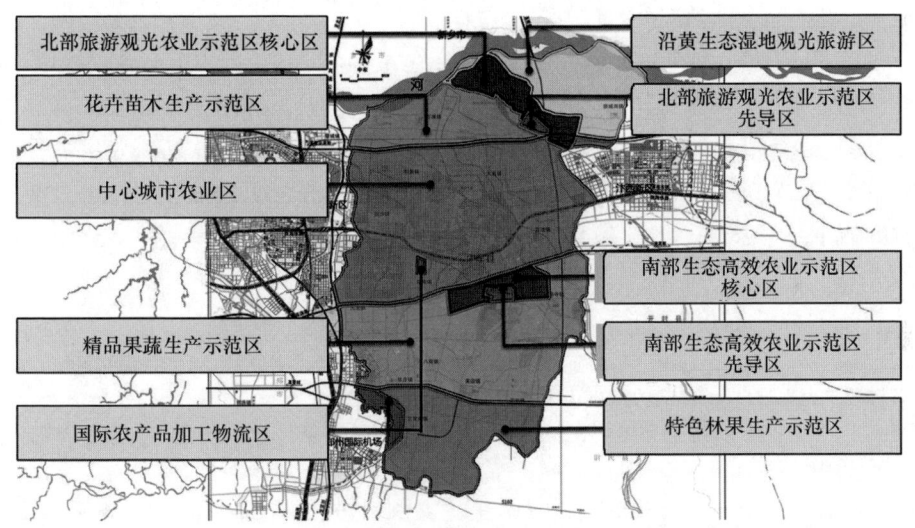

图6-5　郑州新区（中牟）都市型现代农业产业功能分区图

中牟县北部紧邻黄河，生态资源丰富，交通便捷，适合发展与休闲旅游农业相关的产业，主要分布有北部旅游观光农业先导区、北部旅游观光农业核心区、花卉苗木生产示范区、沿黄生态湿地观光旅游区四个产业功能分区。

中牟县中部位于郑汴洛工业和城市发展轴，主要分布中心城市农业区这一产业功能分区。随着农业资源和富余劳动力向外转移，中心城市农业区的农业也将由传统农业逐渐向城市农业转变。

中牟县南部农业生产资源丰富，将逐步实现由传统农业向现代高效农业转变，主要分布有南部生态高效农业先导区、南部生态高效农业核心区、精品果蔬生产示范区、特色林果生产示范区四个产业功能分区。

国际农产品加工物流区，位于中牟城郊的万邦国际农产品物流城和郑州国际航空港，是中牟县都市农业产业体系构建的引动力，是农业产业化发展的龙头。两大流通平台的打造，将是中牟县都市农业发展过程中实现内外部资源再配置与融合发展的重要动力（表 6-2）。

表 6-2　郑州（中牟）都市型现代农业产业近期重点建设示范区域

近期重点建设	涵盖重点乡镇	核心示范区域
特色林果区	南部的姚家、韩寺、八岗、黄店、刁家 5 个乡镇	占地 153.3hm^2。郑民高速以南，解放路以西，建设路以东，老八庄和王圪垱两村之间的区域
花卉苗木区	南部的姚家、韩寺 2 个乡镇	占地 126.7hm^2。郑民高速以南，解放路以东，以毛庄为中心的区域
	北部的狼城岗、雁鸣湖、万滩 3 个乡镇	占地 1000hm^2。雁鸣湖和狼城岗镇的辛砦、万庄、小朱、岳庄、瓦坡等
精品果蔬区	南部的姚家、韩寺、八岗、张庄、黄店、刁家、九龙 7 个乡镇	占地 2766.7hm^2。包括以春岗村为中心的西区和马家村为中心的东区
	北部的雁鸣湖、狼城岗 2 个乡镇	占地 2082.3hm^2。狼城岗镇的北堤、瓦坡、朱固、东村、西村、杏街等
健康养殖区	南部的八岗、三官庙 2 个乡镇	在示范区内，以现有畜禽规模养殖基地为基础，在下风口和人居少的区域选址，扩建或改建，建设标准养殖基地
	北部的狼城岗、雁鸣湖、万滩 3 个乡镇	占地 1000hm^2。雁鸣湖和狼城岗镇的辛砦、万庄、小朱、岳庄、瓦坡等
国际农产品加工物流区	南部的郑庵、姚家、三官庙、张庄 4 个乡镇	占地 333.3hm^2。万邦国际农产品物流城，位于郑庵镇
		占地 33.2hm^2。南部先导区农产品物流园，位于姚家镇
都市农业创新区（先导区）	南部先导区：姚家、韩寺 2 个乡镇	占地约 566.7hm^2。姚家镇以东，杨桥干渠两侧为主的区域
	北部先导区：雁鸣湖镇	占地约 526.7hm^2。西至中东路，东、南至丁村沟，北至运粮河

（五）关键措施保障

1. 资金筹措与投融资

（1）政府全力保证财政投入。

（2）成立郑州新区都市型现代农业示范区开发建设投资公司，搭建融资平台，构筑多元化融资渠道。

（3）出台示范区开发建设的财税优惠政策，运用宏观调控的手段保证示范区的良性发展。

2. 土地流转与规模化经营

（1）制定具有弹性的农地政策。

（2）选择适宜的农地流转和土地规模化经营的模式。根据中牟县实际情况，建议采取三种方式。

第一，遵循平等协商、依法、自愿、有偿原则，充分尊重当地农民意愿，农民有意愿进行土地流转的区域，以村集体为单位进行集中流转，然后由村集体出面与农业龙头企业等开发主体进行合作，实现农业的企业化经营。

第二，遵循平等协商、依法、自愿、有偿原则，充分尊重当地农民意愿，农民目前没有意愿进行土地流转的区域，组建各类农业产销合作组织，将当地一家一户的小农联系起来，在不进行土地大规模流转的前提下，实现统一生产、统一经营，走出一条适合众多小农发展的农业现代化发展模式。

第三，遵循"集中建设、以点带面"的开发思路，建议：南北两个先导区在以上原则指导下，由中牟县政府牵头进行土地的集中流转，进行企业化运作、发展园区经济，以达到先行先试的目标；先导区以外的其他区域，将采取多种土地经营模式并存的方式。

3. 农村劳动力就业

在郑汴一体化进程中，中牟面临着全面的城市化、工业化和农业现代化，其农村劳动力的就业也会发生新的变化，将有以下就业去向。

第一，纯农户和一类兼业农户将扩大生产规模，继续从事现代化的农业生产和经营，或成为产业工人。

有意愿继续从事农业生产的纯农户和一类兼业纯农户，将通过土地流转等方式扩大生产经营规模，成为职业农民，并逐步发展成为农业大户和专业户。同时，没有意愿从事农业的，将逐步脱离小农生产成为农业产业工人。

第二，二类兼业农户将脱离自身的农业经营，进入城乡劳动密集型产业就业，成为产业工人。

二类兼业农户脱离自身的小农生产后，或进入城市的工业和第三产业，从事非农就业；或进入农村的加工业、农业旅游服务业等劳动密集型产业，成为大农业领域内的产业工人。

4. 科技保障

都市型现代农业的发展离不开农业科技的有力支撑。中牟县将从两个方面做好都市型现代农业的科技保障：一方面，加强与国内外知名农业科研院所的合作，建立战略合作机制，实施科研引智工程；另一方面，立足自身优化提升现有农业科技推广体系功能，加强农业社会化服务体系建设。

郑州新区（中牟）都市型现代农业示范区的建设，将对促进中牟县都市型现代农业发展产生积极的推动和引导作用，也将带动区域农业产业结构进一步向现代农业的方向发展。在促进农业增效、农民增收，促进郑州新区、郑汴新区乃至中原经济区的现代农业发展的同时，将探索出一条农业、生态和环境协调发展的中牟途径。

第二节 山西运城：盐湖区国家现代农业示范区总体规划（2012—2020年）

一、规划背景

2009年，山西省确立了"传统产业新型化、新兴产业规模化、支柱产业多元化"的转型思路；2012年山西省省长王君指出资源型转型是山西实现科学发展的根本出路，同时"要大力发展循环经济、低碳经济、绿色经济"。这为盐湖区国家现代农业示范区的发展提供了政策依据和有利契机。

2010年国家批复设立"山西省国家资源型经济转型综合配套改革试验区"。《中共山西省委关于制定国民经济和社会发展第十二个五年规划的建议》中提出"山西省转型跨越发展的战略目标是建设国家资源型经济转型综合配套改革试验区"，"全面推进产业结构转型"是山西省国家资源型经济转型综合配套改革试验的关键环节之一，其中重点包括"提升农业现代化水平"。

运城是全省三大现代农业示范区之一，盐湖区作为运城市七个示范县（区）主要核心，是传统的种植业大区，在区各级领导的高度重视和推动下，经过多年不断的改造提升，基本实现了由传统农业向现代农业的转变。但是随着现代农业的发展，盐湖区农业面临生产科技急需改进、农业生产技术和服务培训不足、农业效益低、城乡收入差距扩大等问题。因此，要通过对农业发展的现代化指引，合理确定产业结构，明确产业发展布局与思路，为盐湖区现代农业的发展和农民收入的稳步增长奠定基础。

二、基本情况

（一）区位交通

运城市盐湖区位于山西省西南端，涑水河中游，南北长62km，总面积1237km^2，是运城市政治、经济、文化中心。北依稷王山，南屏中条山，东邻夏县，西靠临猗、永济。境内交通运输方便，南同蒲铁路横贯区境，区内有运风、运三、侯运、大运、运临等高速、一级公路，四通八达，运城机场已开通北京、上海等各大城市的航线，有效地加强了盐湖区作为晋陕豫三省交界的中心区域与周边省市区域的经济融合。

盐湖区地处运城市腹地，是晋陕豫三省交界的中心，是晋陕豫黄河金三角承接产业转移示范区的中心区域。可利用优越区域位置优势，发挥承东启西、沟通南北的集散和通道能力。

盐湖区处于大太原都市圈的南端，中原经济圈的西部，西咸经济圈的东部，是晋陕豫三省交界的中心区域，是山西省主要经济发展轴线——同蒲轴线重要的支点城市。

（二）历史文化

运城市是中国古代文化的重要发祥地之一，文物古迹源远流长，光辉灿烂。相传后稷教民稼穑于稷山，嫘祖教民养蚕于夏县。舜建都蒲坂（今永济），禹建都安邑（今夏县），素有"五千年文明看运城"的说法。

（三）自然条件

1. 气候条件

盐湖区地处华北高原，属温带大陆季风气候，全年受季风活动影响，一般每年10月至次年5月，盛行东南风。热资源充裕，水资源不足。

温度：年平均气温14℃，极端最低气温-18.5℃，极端最高气温42℃。全年无霜期208d左右，历年总积温平均为513.8℃。

降雨：降水主要集中在7、8、9三个月，雨热相对集中。

2. 地形地貌

盐湖区北部为稷王山、黄土丘陵地区；中北部属涑水河湖冲积平原，中南部为湖泊分布的洼地；南部为巍峨陡峭的中条山及山前倾斜平原，两山横亘南北，地势呈东北向西南倾斜，平均倾斜度在千分之四左右，上下呈现高山、丘陵、平原、洼地多样地形。总的地势是南北高，中间低，由东北向西南逐渐下降。

盐湖区境内除南北两山及鸣条岗、四十里岗和七里岗多为台地和一部分滩洼地外，大部分地区地势平坦，土壤肥沃，适合农业生产。

3. 水资源

盐湖区多年平均水资源总量10405万m^3，亩均资源量103m^3。人均占有水资源量为160m^3，仅为全国人均占有量的9%，相比于运城市亩均资源量267m^3和山西省的亩均资源量381m^3处于较低水平。区内地表水缺乏，地下水为主要的供水水源，全区多年平均实际开采量为1.16亿m^3。降水主要集中在7、8、9月。

河流主要有涑水河和姚暹渠，均为季节性河流。盐池、硝池、汤里滩、鸭子池、北门滩等天然湖泊，水面积约为140km^2，此外，还有上马水库和苦池水库。

4. 土壤资源

盐湖区境内有山地、平原、岗岭及不同的高度的阶地，地形复杂，土质多样化，土壤可分为4个土类、10个亚类、22个土属、82个土种。其中，褐土80840hm^2，占74.5%；草甸土27220hm^2，占24.5%；沼泽493hm^2，占0.5%；盐土567hm^2，占0.5%。

5. 土地利用现状

盐湖区共有土地 12.05 万 hm^2。其中耕地 5.78 万 hm^2，林地 0.76 万 hm^2，园地 0.11 万 hm^2，牧草地 0.03 万 hm^2，建设用地 2 万 hm^2。

（四）社会经济

全区 65.91 万人，其中农业人口约 42.3 万人，约占总人口的 64%；非农业人口为 23.62 万人。2005—2011 年，盐湖区人均收入持续增加，但城乡收入的差距也在逐渐扩大；2011 年盐湖区城镇居民人均可支配收入 17345.7 元，农民人均纯收入 6469 元。高于运城市农民人均收入 5622 元和山西省农民人均纯收入 5601 元，但低于全国农民人均纯收入 6977 元。

（五）农业发展现状分析

1. 粮棉产业

盐湖区是全国重要的商品粮棉基地，主要粮食作物以冬小麦为主，播种面积占耕地总面积的 60% 以上。

粮食：2011 年粮食播种面积 6.18 万 hm^2，粮食总产 2.56 亿 kg，其中夏粮 2.85 万 hm^2，总产 1.08 亿 kg，秋粮 3.33 万 hm^2，总产 1.48 亿 kg。全年棉花良种补贴面积 1.12 万 hm^2，小麦良种补贴面积 2.68 万 hm^2，玉米良种补贴面积 2.56 万 hm^2，粮食良种补贴面积占总面积的 84.8%。

2007—2010 年面积产量平均增长 20%，2011 年冬春连续遭受冻灾、旱灾、风灾等自然灾害，面积产量基本无增长。由于农委等相关部门抗灾得力，在播种面积无增长的情况下，粮食产量依然超额完成 0.79 亿 kg。

棉花：盐湖区是"晋陕豫黄河金三角承接产业转移示范区"的棉花集散地。2011 年全区棉花播种面积 1.06 万 hm^2。由于连续 4 年因价格不稳、灾害性天气和受到蔬菜及林果产业的发展挤压，造成面积和产量逐年下降。2011 年降幅 35.9%。

分布：粮棉主要分布在涑水河流域、姚暹渠流域、中条山前沿、运稷高速沿线。

2. 蔬菜产业

2010 年，全区蔬菜播种面积 0.75 万 hm^2，以拱棚、日光温室为主的设施蔬菜面积 0.23 万 hm^2，占 30.1%。蔬菜总产量 10.8 亿 kg，总产值 9.5 亿元，人均蔬菜纯收入 980 元。

茄果类约占 18%、瓜菜类约占 15%、叶菜类约占 9%，共计约占蔬菜面积的 42%，并形成三大产业基地。

2008 年起，设施蔬菜面积逐年扩大，2011 年建设设施农业 0.2 万 hm^2，全区设施蔬菜面积已达 0.43 万 hm^2，2012 年全区设施蔬菜面积共计将突破 0.67 万 hm^2。

3. 林果产业

2011 年全区林果种植面积 1.87 万 hm^2。种植主要以苹果、梨、桃和葡萄为主,其中,苹果的种植面积最大,占林果种植总面积的 46%,其次是梨,占 35%,第三是桃,占 12%,葡萄的种植面积占 4%。

盐湖区全年优质水果 4.84 亿 kg,果业收入 12.073 亿元,全区农民人均果业收入 2940 元。

4. 花卉苗木产业

盐湖区地处山西省最南端,气候、地理条件较为优越,适合发展花卉苗木产业。目前,盐湖区花卉苗木业处于起始阶段,尚未形成一定规模,相对于其他经济作物处于落后地位,产业布局分布不均衡,特色不明显且种植品种较单一。此外,盐湖区花卉苗木业不足的主要原因是龙头企业带动示范作用较弱,缺乏科技人才和技术支撑。

5. 畜牧业

运城市畜牧业五大产业集群已初步形成,分别是生猪、蛋鸡、肉鸡、肉牛、乳牛,规模化养殖大多为近年所建,但是产业整体水平不高,产业个体规模较小、畜禽及产品质量标准不明显、群体规模不大。

2011 年盐湖区畜牧业总产值位居运城市第七位,处于全市中等水平,生产有一定的规模,但规模偏小,机械化程度不高。

盐湖区 2007—2010 年畜牧业产值整体呈递增趋势,以生猪、羊、牛的生产为主。其中生猪的产值较高,增长速度较快,2010 年稍有回落;羊的产值呈稳步增长;牛的产值相对较低,且增长速度较慢。

2010 年全区畜牧业总产值为 19400 万元,占农林牧渔业总产值的 12.32%。盐城区畜牧业养殖以生猪、家禽、乳牛为主;畜产品主要以禽蛋肉、猪肉和牛乳为主。2007—2010 年畜牧业产值总体呈上升趋势。其中养猪业的产值最高。

用 N、P 素平衡法计算出盐湖区对于畜牧业产出的粪污由足够的消纳空间和能力,盐湖区畜牧业尚有一定的发展空间。

6. 农产品加工业

全区以海升果业、骏达木业、颐源乳业、沁洲枣业、涑北果业、凯盛肥业等为代表的农产品加工、储运、销售"农"字号规模企业 21 家,中介组织 68 个(其中注册农业专业合作社 40 个,各类协会 28 个)。

农产品资源较丰富,如苹果、梨、桃、葡萄、鸡腿菇、双季槐、相枣、冬枣等,有待进一步加工开发。已形成一些中小型农产品加工龙头企业,但部分加工设备、技术、管理水平相对落后,销售市场主要为本县及周边县市。

7. 农业休闲旅游

旅游发展现状:运城市位于山西省西南部,地处晋陕豫"黄河金三角"地区。运城市历史悠久,是中华民族最早的发祥地之一。

盐湖区是运城市政治、经济和文化的中心,也是三国名将、武圣关公的故里。盐湖区旅游资源丰富,已形成一定文化历史旅游市场基础,2011 年,盐湖区全区共接待游客 840.16 余万人次，旅游收入达 54.12 亿元，创造就业岗位 8000 余人，比去年同比增长 21.37 个百分点。

盐湖区休闲农业旅游资源众多，但尚未充分挖掘，休闲农业与乡村旅游发展潜力巨大。目前盐湖区依托现有农业资源与道路交通系统，自发形成小规模的农业休闲旅游点，在全区建设的 13 个农业观光旅游点中，已有 5 个景点开园，目前接待游客 5 万余人，主要以参观、采摘为主，但规模较小，农业旅游产品开发层次低。盐湖区农业休闲观光旅游应与当地文化旅游相结合，依托盐湖区现有的自然文化旅游点进一步带动农业旅游的发展，从而辐射带动周边县市。

三、分析研究

盐湖区作为山西省转型综改的试验区、双国家级园区，政府对发展现代农业政策、资金和技术上的支持；民间资本雄厚；境内交通四通八达，航线通达全国各大中城市；位于运城市市辖区，晋陕豫三省交界，是晋陕豫黄河金三角承接产业转移示范区的中心位置；土地平整、集中连片；农业资源丰富，主导产业突出，特色产业明显；人文历史悠久，农业旅游资源丰富；农民接受新知识新技术的能力强，从事农业生产的积极性高，对农业有着深厚的情感。农业生产、土地流转有创新。但是盐湖区农业生产技术和服务培训不足；现代化农业科技水平较低，农业生产科技急需改进；水源不足，节水节能水平有待提升；农业生产农业基础设施待提升；信息、服务体系不完善；组织运营管理模式有待提高。

四、发展目标与定位

（一）指导思想

以科学发展观为指导，在国家全面推进城镇化、工业化、农业现代化发展的背景下，紧抓"转型综改"试点的历史机遇，大力发展现代农业，促进一产向二、三产转化，完善并延长产业链，按照资本密集、技术密集、劳动密集相结合的原则，立足盐湖区资源和区位优势，立体打造国家现代农业示范区、国家农业科技园区和山西省休闲农业与乡村旅游示范区，逐步形成集优质农产品生产、科技示范、休闲观光、教育培训、文化传承等多功能于一体的"盐湖"现代农业发展模式，使盐湖区全域农业发展向"六化"转变，经营模式向园区化、农场化、庄园化转型，经营主体向专业大户、农村合作组织、龙头企业集中，农产品向商品化、精品化、礼品化转变，全面推进"三品一标"建设，实现"生产、生活、生态"和谐发展的现代农业新格局，力争通过三到五年的建设，将盐湖区打造成为全省领先、全国一流、国际知名的现代农业示范区，从而带动运城市、黄河金三角、乃至晋陕豫地区的现代农业发展。

"六化"：标准化、机械化、专业化、特色化、品牌化、景观化。

"三品一标"：无公害农产品、绿色农产品、有机农产品，农产品地理标志。

(二) 功能定位

(1) 产业引领、功能拓展

(2) 科技推广、示范带动

(3) 品牌孵化、食品安全

(4) 教育培训、就业增收

(5) 三效合一、可持续发展

(6) 生态涵养、生活和谐

(三) 战略目标

(1) 国家休闲农业与乡村旅游示范区

(2) 晋陕豫黄河金三角中欧先进农业科技综合示范区

(3) 国家农业科技园区

(4) 国家现代农业示范区

(5) 山西省资源型经济结构转型先行区

(四) 空间格局

依据盐湖区地形、海拔、土壤、气候、生物等自然资源的状况，经济发展水平以及区位、交通、科教等社会资源的状况；同时，根据《盐湖区土地利用总体规划》（2006—2020年）和《运城市国民经济和社会发展第十二个五年规划》发展定位和功能要求，将盐湖区农业发展划分为"一核、两带、三区"，一核：农业科技核心示范园区；两带：现代农业生产示范带、休闲农业观光旅游带；三区：特色产业建设区、农业产业主导区、农业功能拓展区。

五、产业发展战略策略与重点项目布局

(一) 产业策略

充分挖掘盐湖区农田的生产潜力、合理利用水肥资源、减少环境污染、大幅度提高农产品产量和品质、加快农业新品种新技术转化应用，大力推广机械化深松整地、膜下滴灌、水肥一体化、测土配方施肥、耕地改良培肥、农作物病虫害专业化统防统治、秸秆综合利用、快速诊断检测等稳产增产和抗灾减灾关键技术的集成应用。积极推动精准作业、智能控制、远程诊断、遥感监测、灾害预警、地理信息服务及物联网等现代信息技术在盐湖区各乡镇办的应用。推进联合育种，加快畜禽水产遗传改良进程。创新农业技术推广机制，大规模开展高产、"双创"粮棉基地创建，在有条件地区实行整乡（镇）整园（场）推进，力争实现优势产区和主要品种全覆盖。同时，以平衡地力、提高产量为目标，实施定位、定量的精准田间管理，实现各类农业资源的高效利用、改善环境和可持续发展。

(二) 重点项目布局

通过对国家现代农业示范区、国家农业科技园区和国家休闲农业和乡村旅游示范区三个政策文件的要求，梳理出盐湖区现代农业未来发展的六个目标，即现代农业生产、新型农业产业样板、农业科技展示、农业功能拓展、组织经营创新和食品安全保障。

以六个目标为标准走访调研了盐湖区农业的现状，对比分析了盐湖区农业的差距，总结出存在的问题，提出了可能解决的方案。以优质农产品生产、科技示范、休闲观光、教育培训、文化传承等多功能于一体的"盐湖"现代农业发展模式为标准，最终形成了60个备选的重点项目，其中有40个是在原有基础上进行提升，有20个是新增的项目。同时按照盐湖区国际现代农业示范区规划"一核、两带、三区"的空间结构布局，进行项目的设置，提出了相应的建设时序。

根据重点项目的空间布局和产业类别，以基地建设和辐射带动的方式分为5个基地，分别是优质粮棉高产示范基地、经济林果生产示范基地、设施蔬菜生产示范基地、规模养殖生产示范基地和农业休闲度假服务中心（图6-6）。

1. 一核：农业科技核心示范园区

根据盐湖区现代农业产业发展方向，在冯村乡建立高新农业科技核心示范区，以优势农业的发展方向，发展产业链高端环节，大力推

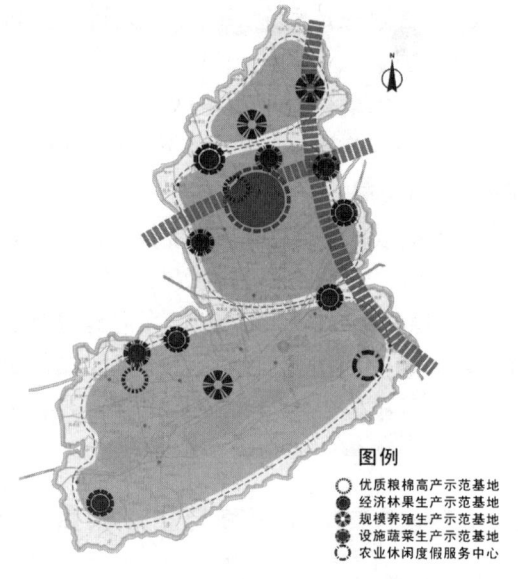

图6-6 盐湖区农业重点项目布局及辐射图

动精准作业、智能控制、远程诊断、遥感监测、灾害预警、地理信息服务及物联网等现代信息技术在示范区的应用。以农业科技创新为依托，实现农业产业集聚，高端品牌打造。展示现代农业的高新农业技术、优新品种、先进农业设施设备，培训新型职业农民，培育新兴涉农企业，作为盐湖区现代农业的典范，创建国家级现代农业科技核心示范园区、山西省现代农业创新试验先行区、晋陕豫黄河金三角地区现代农业产业集聚区和中欧先进农业科技综合示范区。

结合杂交小麦育种技术的独特优势资源，通过现代高新农业技术和设施设备的综合运用，开展杂交小麦的优势种植和示范，引领、带动和辐射周边县市粮食产业的发展，打造盐湖区地域特色的优势农业产业，建设盐湖区高新现代农业展示与示范平台，引领推动盐湖区农业现代化的发展。

由政府出台优惠政策并通过园区与金融和风险投资机构建立合作关系，吸引大量农业科研单位、农业科技型企业入驻，鼓励农业技术人员入园创业。形成集聚效应，孵化现代农业企业及品牌，培育农业科技企业集群。

重点建设项目：共6个，优质粮棉项目1个，设施农业园1个，科技园3个，管理委员会1个。

2. 两带

（1）现代农业生产示范带 依据盐湖区现代农业发展情况，在涑水河流域，包括泓芝驿镇、北相镇、冯村乡、王范乡等乡镇，大力发展沿涑水河现代农业生产示范带，把发展具有高效、现代、科技、示范的特色农业作为主攻方向。引进国内外最新技术和装备，以技术创新、模式创新促发展，引领现代农业发展方向，吸引国内外知名企业入驻，聚集现代农业产业。

结合泓芝驿镇的酥梨，冯村乡的矮化密植苹果、设施蔬菜、桃，王范乡的韭菜等优势产业，通过高新技术和设施的应用，大力发展节水灌溉模式，优化资源配置，使资源的开发利用达到最适度和最适点，引领、示范、带动周边县市经济林果产业、精品设施蔬菜产业及畜牧养殖业的发展，引导盐湖区国家级现代农业示范区的发展。

重点建设项目：共7个，大田种植项目1个，设施蔬菜项目1个，特色林果项目3个，花卉苗木项目1个，养殖项目1个。

（2）休闲农业观光旅游带 依托盐湖区内便捷的交通，以及晋陕豫三省交界中心区独特的区位优势，积极开拓盐湖区休闲农业与乡村旅游业的发展。通过强化政策引导、项目倾斜和财政支持，大力发展集农业生产、农业观光、休闲度假、参与体验于一体的休闲农业，建设盐湖区休闲农业观光旅游带。把发展生态、环保、都市、休闲的农业旅游作为主攻方向，扩大旅游产业规模，不断强化盐湖区休闲农业发展的产业基础、设施基础、队伍基础和平台基础，改善休闲农业的发展条件；重点开发盐湖区农业的多功能性，打造"全国最具影响力的生态休闲度假、文化旅游目的地"；积极推进农业生产景观化，营造"花繁果茂、生态走廊"的现代农业景观，同时挖掘本地文化特征，凸显盐湖区农耕文化精髓，促进农游合一。

重点建设项目：共10个，休闲观光园5个，养殖项目1个，特色林果项目3个，养殖项目1个。

3. 三区

（1）农业产业主导区（三纵三横） 基于中部涑水河两岸和冲积平原区水、土、劳动力、交通等生产要素齐备的优势，大力发展高效粮食种植业、高效经济林果业和设施农业，形成高效安全、高新科技集中的农业生产核心，引进最新科技和装备，推广F型杂交小麦、经济林果机械化矮化密植等独特优势产业，充分发掘当地资源优势，使资源得以充分、合理、永续利用，引领、带动周边农业产业的集聚和发展。

重点建设项目：共 28 个，优质粮棉项目 1 个，大田种植项目 2 个，特色林果项目 6 个，设施蔬菜项目 1 个，食用菌项目 1 个，养殖项目 5 个，农产品物流园 1 个，加工项目 3 个，农资超市 1 个，休闲观光园 3 个，工厂化生物药剂生产园 1 个，科技园 2 个，花卉苗木项目 1 个。

（2）农业功能拓展区 基于中条山一带地形、环境等特点，大力发展以核桃为主的干果经济林，以泉水莲菜为主的特色农业、以林下养殖为主的特色养殖业。此外，依托中条山、盐湖、凤凰谷、九龙山、农耕文化、关公文化等文化旅游资源，大力发展乡村休闲旅游观光农业，按照"整体、协调、循环、观光"的原则，调整和优化农业产业结构，拓展农业服务功能，满足"城郊型都市农业"发展要求。

重点项目：共 18 个，优质粮棉项目 2 个，设施蔬菜项目 2 个，大田种植项目 1 个，特色林果项目 5 个，养殖项目 5 个，循环示范园 1 个，湿地公园 1 个，开心农场 1 个。

（3）特色产业建设区 依据北山旱塬农业的特点，发展以窑洞鸡腿菇、双季槐米、中草药、小杂粮为主的特色种植区；同时利用沟壑特点，发展生态养殖业和休闲农业和乡村旅游业。

重点建设项目：共 10 个，优质粮棉项目 1 个，中草药项目 1 个，食用菌项目 1 个，特色林果项目 2 个，养殖项目 3 个，大田种植项目 1 个，休闲观光园 1 个。

第三节 山东邹城：邹城市现代农业发展总体规划（2013—2020 年）

一、项目背景

邹城市位于山东省鲁中南低山丘陵区，是中国历史上著名的思想家、教育家孔子和孟子的诞生地，并且拥有丰富的煤炭资源，是全国的百强县，鲁南第一强市。

为贯彻落实科学发展观，按照统筹城乡发展和三化同步的基本方略，在推进资源型城市战略转型的发展思路指引下，邹城市新农村建设（山区开发）指挥部本着规划先行分类指导的原则，特委托中国农业大学农业规划科学研究所组织研究课题组，开展《邹城市现代农业发展总体规划》（2013—2020 年）的研究和编制工作，以科学指导邹城市农业现代化发展，加快建设社会主义新农村建设。

在国家、省、市农业发展规划的指导下，紧扣邹城市农业实际，把握国内外发展趋势，编制形成了邹城市现代农业发展总体规划。在《规划》编制过程中，始终坚持规划的战略性、前瞻性和可操作性，坚持清晰勾画邹城市现代农业发展蓝图的原则。在邹城市委、市政府确定的打造现代农业基地和总体战略框架下，提出邹城市现代农业发展总体战略构想、产业发展重点和采取的行动与措施。

二、基本概况

（一）区位交通

邹城市位于鲁西南低山丘陵区，隶属于济宁市，总面积1616km²，是国家京沪轴与山东鲁南轴的结合部，是京沪经济带上的一颗明珠，连接东部沿海地区和西部欠发达地区的枢纽；在鲁南经济带中处于中心地带，交通四通八达，是鲁西南经济重县。

（二）自然资源条件

1. 地形地貌

以京沪铁路境内段为界，铁路以东和西南部为低山丘陵，约占总面积的70%，铁路以西为平原洼地，约占总面积的30%。境内最高海拔648.7m。

2. 气候条件

邹城市属暖温带，为东亚大陆性季风气候区，四季分明，降水集中，雨热同步，冷热季和干湿季区别明显。全年无霜期平均为202d。

3. 水文资源

邹城多年平均降水总量12.34亿m³，径流总量3.71亿m³。天然水资源总量为5.15亿m³。地表水主要为东部山丘区、西南低山区水库、塘坝蓄水。

邹城市境内主要有白马河、泗河、东大河、城河、界河、浚河六条河流，大部分为季节性间歇河，属淮河流域南四湖湖东区水系。

4. 土地资源

邹城市管辖土地总面积1616km²，其中耕地8.58万hm²，园地0.46万hm²，林地1.88万hm²，草地0.28万hm²，城镇村及工矿用地2万hm²，风景名胜及特殊用地0.61万hm²，水域及水利设施用地0.85万hm²，其他用地1.5万hm²。

（三）社会经济状况

1. 社会环境

2010年年末，全市户籍总户数34.34万户，总人口115.74万人，农业人口83.65万。城镇化水平为46.8%，在济宁地区（不计市区）和鲁南地区（不计市区），邹城市城镇化水平均排在第一位。

2. 社会经济

邹城连续多年一直是全国百强县，财政总收入在济宁市名列前茅，国民经济持续稳定发展，2011年，全市地区生产总值614亿元，地方财政收入35.6亿元，固定资产投资195.9亿元，三产业结构7.4:57.96:34.64，未来在"济－兖－邹－曲－嘉"都市区建设中具有重要的引领作用。

(四) 人文历史

邹城古称"邹鲁圣地",历史文化悠久,是中国历史上著名的思想家、教育家孔子和孟子的诞生地,中国儒学发源地,素有"孔孟桑梓之邦,文化发祥之地"之美誉,历史文化遗存丰富,1994年被国务院列为国家历史文化名城。

境内拥有众多各具特色的文物古迹和自然景区,其中国家4A级景区有孟庙、孟府、孟子林、峄山风景名胜区,国家级3A景区有明代亲王第一陵"明鲁荒王陵景区"、邹城市博物馆、邹城市规划展览馆,人文景观与自然景观交相辉映,形成了独具魅力的"山、水、圣人"综合旅游区,是研究中国与东方文化的"历史博物馆"和著名的文化旅游胜地。2011年邹城市游客人数达到136万人次,旅游总收入达到21.6亿元。

(五) 农业发展现状

邹城市地形地貌复杂,气候温和且四季分明,经长期的自然选择和人工选择,生物资源比较丰富,为农、林、牧、副、渔业的发展提供了良好条件。全市耕地面积8.58万hm^2,山区丘陵占70%。

2011年,全市农林牧渔业总产值实现82.73亿元,增长3.5%。其中种植业产值40.7亿元,林业产值0.45亿元;牧业产值32.58亿元;渔业产值4.06亿元。农林牧渔业实现增加值41.37亿元(图6-7)。

粮油作物主要有小麦、玉米、花生、红薯,2011年播种面积8.87万hm^2,是全国粮食生产先进市。蔬菜种植面积1.27万hm^2,其中设施蔬菜仅382hm^2,食用菌产业蓬勃发

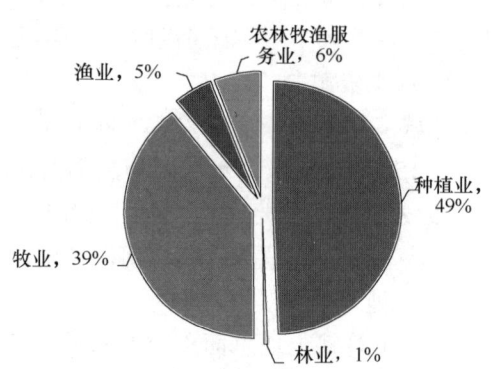

图6-7 2011年邹城市农业产值分布/亿元

展,年出菇已达12万t。养殖业主要有猪、家禽、牛、羊等,是全国生猪调出大县,2011年,生猪存栏40万头,出栏86.3万头,家禽存栏量870万羽,出栏1742万羽,羊存栏40万头,出栏77.4万头,牛存栏3.99万头,出栏3.79万头。林果种植有苹果、大枣、桃、梨、板栗、核桃等,2012年种植面积仅0.8万hm^2。邹城市休闲农业与乡村旅游处于萌芽阶段,主要类型有采摘节庆类、餐饮消费类、休闲体验类,但各种配套设施及管理还不十分规范。

规模化生产方面,截至2011年年底,邹城共建设了13处特色规模瓜菜基地、0.67万hm^2小麦玉米高产创建基地、0.67万hm^2优质出口大花生基地、0.2万hm^2大樱桃基地、0.33万hm^2马铃薯种植基地、30个万只肉鸭养殖基地。建成省级农业标准化基地3处、济宁市级农产品质量安全示范区11处、绿色食

品基地14处、畜禽标准化养殖场40处、标准化水产养殖示范区9处。

截至2011年年底，全市无公害农产品认证104个，绿色食品认证22个，有机食品认证18个；国家农产品地理标志产品5个、山东省名牌农产品3个、山东省著名商标1个，3家企业获得自营出口权。

总体分析，邹城市农业已经形成了"以粮油作物、畜牧养殖、应季蔬菜、特色林果等基础优势产业为主导，以设施农业、休闲农业、精品水果、特色养殖、生态水产、花卉苗木等新兴特色产业为辅助"的发展格局，形成了以"龙头企业+农业合作社+种养大户"的模式，涌现出一批具有特色和活力的种植、养殖、采摘类农业园区，在一定程度上促进了地方农业产业结构的调整和升级，也促进了新技术新理念的引进推广，加速了农业现代化进程。

三、分析研究模型

为了邹城市现代农业发展提出严谨、科学、前瞻的战略目标和可持续的发展策略，规划中针对耕地资源、地力条件、水资源供需平衡分析、畜禽养殖的承载力、农业人力资源及生产组织结构、农业现代化进程等分析模型进行研究评价。

（一）耕地资源分析与评价

邹城市辖区农业耕地面积8.58万hm^2，根据山东农业大学资源与环境学院对"邹城市的耕地地力评价"结果，邹城市耕地地力评价图结果如图6-8，耕地地力等级结果如表6-3所示。

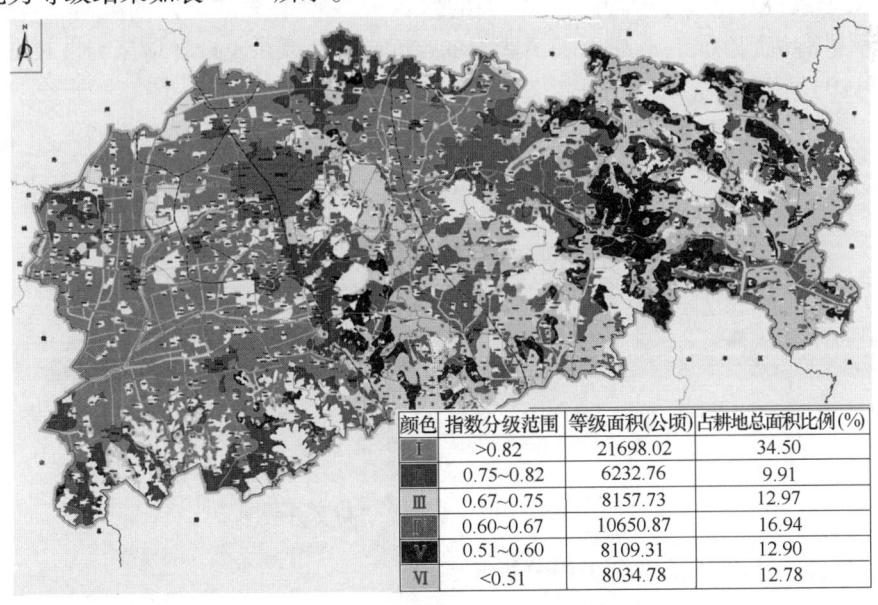

图6-8 邹城市耕地地力评价等级图

表 6-3　　　　　　　　　邹城市耕地地力评价结果面积统计

等级	一级地	二级地	三级地	四级地	五级地	六级地	总计
面积/hm²	21698	6232	8157	10650	8109	8034	62883
百分比/%	34.51	9.91	12.97	16.94	12.9	12.78	100
产量水平/(kg/hm²)	16700	>15200	>13700	>12200	>10700	<10700	

（二）水资源供需平衡分析

邹城市人均占有量 460m³ 左右，为全国人均占有量的 16% 左右，整体属于水资源匮乏区。随着社会经济的发展，水资源将成为制约经济发展的限制条件。

通过统计邹城市各灌区可供水资源总量及各分区的按行业年需水量现状，并根据开源、节流相结合，先生活后生产，先农业后工业的用水原则，增加水资源供应量，确保经济社会对水资源的需求。利用水资源的调度，推广工农业节水措施，减少农业用水量，提高工业水循环利用率，在保证工艺水质的情况下，优先使用中水等措施，在未来的 10 年，在 75% 保证率下，实现供需水平衡。

（三）畜禽的环境容量及承载力计算

根据单位土地的粪便氮、磷量消纳能力来确定承载动物饲养数量计算。结果显示：从氮、磷负荷量及种植业需求量来分析，北宿镇、城前镇、香城镇、张庄镇在一定程度上超负荷；承载空间较大的乡镇包括大束镇、石墙镇、郭里镇和太平镇；对于氮、磷负荷量较大的区域应该考虑畜禽粪便的处理方案，比如说引进有机肥生产厂，进行畜禽粪便的空间转移，减少土地环境压力（图 6-9、图 6-10）。

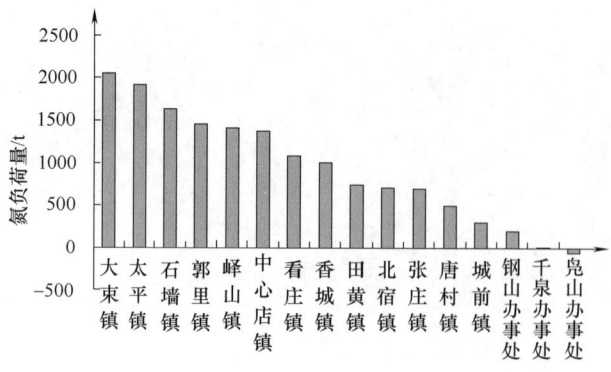

图 6-9　邹城市分乡镇氮负荷量分析图

（四）农业人力资源及生产组织分析与评价

1. 农业人力资源现状分析与评价

目前邹城市乃至全国人均占有耕地资源少，农业劳动力数量过多，小农经

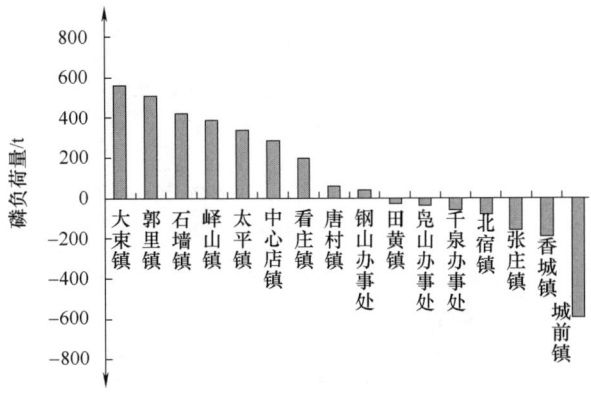

图 6-10 邹城市分乡镇磷负荷量分析图

济特征还十分明显，难以实现农业的规模化、产业化农业经营模式，面临严重农村劳动力有效转移难题。

2. 农业生产组织现状分析与评价

邹城市的合作社半数以上的合作社是以种植、养殖类生产为主，处于农产品的初级生产阶段，加工及销售仍停留在传统层面。产品精深加工、技术含量高、品牌效应大、产品附加值高的合作社还很少。合作社之间缺乏有效的联合，管理不够规范。

（五）现代化进程评价分析

根据邹城市基本情况，建立农业现代化进程评价体系的基础上，根据层次分析法确各指标权重，并根据构建的评价模型，对邹城市现代化进程进行全面评价，结果表明邹城市农业处于初步实现农业现代化阶段。尤其是农业科技现代化水平和农业生态环境现代化水平均处于比较高的阶段，该阶段是现代农业发展较快的一个时期，初步具备现代化的特征；但是农业系统内部以及农业生产、社会经济与生态环境发展尚不协调（表 6-4）。

表 6-4　邹城市现代农业进程评价体系及评价数据

主体指标（准则系）	主体指标权重	个体指标（方案层）	个体指标权重	评价指标单位	现状评价值	标准值	个体指标水平评价值	主体指标水平评价值
农业经济现代化水平	0.26	农业人均 GDP	0.29	元/人	4856.8	28311.3	0.17	0.71
		恩格尔系数	0.57	%	26.63	40	1	
		农业增长指数	0.04	%	16.8	10	1	
		人均购买生产性固定资产支出	0.09	元	47	100	0.47	
农业生产现代化水平	0.5	农业化肥施用量	0.27	t/hm²	0.57	0.37	1	0.7
		农业水利化程度	0.07	%	61.84	96	0.64	

续表

主体指标（准则系）	主体指标权重	个体指标（方案层）	个体指标权重	评价指标单位	现状评价值	标准值	个体指标水平评价值	主体指标水平评价值
农业生产现代化水平	0.5	农用机械动力	0.45	kW/hm²	11.58	30	0.39	0.7
		农业土地生产率	0.07	万元/hm²	6.15	4	1	
		农业劳动生产率	0.13	万元/人	3.11	1.8	1	
农业科技现代化水平	0.13	农业科技成果比重	0.67	%	16.52	20	0.83	0.72
		农业机械化程度	0.33	台/hm²	0.1	0.2	0.49	
农业社会现代化水平	0.06	每万人拥有医护人员数	0.34	—	5.14	30	0.17	0.51
		农民人均纯收入	0.13	元/人	8126	13000	0.63	
		户均电话普及率	0.34	部/百户	70.47	85	0.83	
		农村居民人均居住面积	0.06	m²	34.7	30	1	
		初中以上农民比重	0.13	%	74	90	0.82	
农业生态环境现代化水平	0.04	森林覆盖率	0.56	%	28.8	40	0.72	0.72
		自然灾害成灾率	0.12	%	7	7	1	
		土壤有机质含量	0.32	%	1.22	2	0.61	
合计								0.68

注：初步实现阶段，农业现代化进程综合评价值 $0.6 \leqslant D < 0.8$；基本实现阶段，农业现代化进程综合评价值 $0.8 \leqslant D < 0.9$；完全实现阶段，农业现代化进程综合评价值 $D \geqslant 0.9$

四、目标定位

（一）指导思想

积极贯彻落实科学发展观，以科技进步为动力，以转变农业发展方式为主线，以提高农业综合生产能力、促进农民持续增收为目标，以深化农业标准化、产业化和品牌化为突破口，以质量安全和生态环保为重点，完善粮食、畜牧等优势主导产业的体系，创新涉农经济体经营方式和组织模式，培育与孟子、孟母文化密切结合的地方农业品牌，培养能支撑现代农业持续发展的新型农民，形成一批具有地方特色、促进农业发展的示范园区，充分发挥典型示范和辐射带动作用，促进邹城市建设成为山东省现代农业发展、优质安全农产品的先行区，率先进入基本实现农业现代化阶段。

（二）功能定位

邹城市农业产业占总体经济比重较小，但随着社会经济水平和人民生活水平的提高，农业不仅仅承担着粮食安全、农产品原料的供给功能，更需要满足人们对优质安全农产品，多样化的农产品形态的需求以及优美可持续发展的生态环境的需求。

因此,现代农业在地方国民经济、社会生产生活中的地位和功能在悄然发生变化,而且在"三化同步"发展过程中现代农业的作用会更加重要,未来邹城市农业发展将承担四个主要功能,即农产品安全供给功能、就业与生活保障功能、文化传承与品牌输出功能、农业生态调节功能。

(三) 战略目标

根据山东省现代农业"十二五"规划、邹城市农业"十二五"规划等上位规划及政策的总体要求,结合"邹城市农业现代化进程定量评价模型"对邹城市现代化水平的分析评价,确定邹城市现代农业发展总体目标为"通过三至五年的努力,邹城市农业率先进入基本实现农业现代化阶段";并实现国家级现代农业示范区、山东省农业现代化先行区、鲁南农业文化休闲样板区等具体目标。

(四) 发展指标

根据邹城市现代农业发展功能定位和战略目标,结合山东省现代农业"十二五"规划及邹城市农业"十二五"等上位规划政策要求,对邹城市现代农业的发展指标进行量化,为邹城农业现代化进程提供指标参考。

根据农业现代化评价指标体系对邹城市农业现代化进程提出。

至 2015 年邹城市农业现代化进程综合评价值达到 0.806,农业现代化发展进程由初步实现阶段迈步到基本实现农业现代化阶段。

至 2020 年城市农业现代化进程综合评价值 $D \geq 0.9$,农业现代化发展进程由基本实现农业现代化阶段迈步到完全实现阶段。现代农业水平、农村城镇化、农民知识化建设水平较高,农业生产、农村经济、社会、生态环境之间的关系进入了协调可持续的发展阶段(表 6-5)。

表 6-5 邹城市现代农业发展指标规划(2015 年)

主体指标 (准则系)	个体指标(方案层)	评价指标 单位	2010 年 指标	2010 年 现代化 进程	2015 年 指标	2015 年 现代化 进程	评价 指标 标准值
农业经济 现代化水平	人均 GDP	元/人	4856.80	0.013	8000	0.021	28311.3
	恩格尔系数	%	26.63	0.148	25	0.148	40.0
	农业增长指数	%	16.80	0.010	10	0.010	10.0
	人均购买生产性固定资产支出	元	47.00	0.011	70	0.016	100.0
农业生产 现代化水平	农业化肥施用量	t/hm²	0.57	0.135	0.55	0.135	0.4
	农业水利化程度	%	61.84	0.023	63	0.023	96.0
	农用机械动力	kW/hm²	11.58	0.087	20	0.150	30.0
	农业土地生产率	万元/hm²	6.15	0.035	7	0.035	4.0
	农业劳动生产率	万元/人	3.11	0.065	4	0.065	1.8

续表

主体指标（准则系）	个体指标（方案层）	评价指标单位	2010年指标	2010年现代化进程	2015年指标	2015年现代化进程	评价指标标准值
农业科技现代化水平	农业科技成果比重	%	16.52	0.077	18	0.084	20.0
	农业机械化程度	台/hm²	0.10	0.023	0.15	0.035	0.2
农业社会现代化水平	每万人拥有医护人员数	—	5.14	0.003	15	0.010	30.0
	农民人均纯收入	元/人	8126.00	0.005	15000	0.008	13000
	户均电话普及率	部/百户	70.47	0.017	90	0.020	85.0
	农村居民人均居住面积	m²	34.70	0.004	40	0.004	30.0
	初中以上农民比重	%	74	0.006	90	0.008	90.0
农业生态环境现代化水平	森林覆盖率	%	28.80	0.016	36	0.020	40.0
	自然灾害成灾率	%	7.00	0.005	6	0.005	7.0
	土壤有机质含量	%	1.22	0.008	1.40	0.009	2.0
	现代化进程指标			0.687		0.806	1

注：初步实现阶段，农业现代化进程综合评价值 $0.6 \leqslant D < 0.8$；基本实现阶段，农业现代化进程综合评价值 $0.8 \leqslant D < 0.9$；完全实现阶段，农业现代化进程综合评价值 $D \geqslant 0.9$

（五）空间布局

将邹城市农业发展空间划分为"一心多园三功能组团"的总体布局，即"一心：邹城现代农业科技产业带"、"多园：专业性科技示范园区"、"三片区：现代高效农业组团，休闲体验农业组团，特色生态农业组团"（图6-11）。

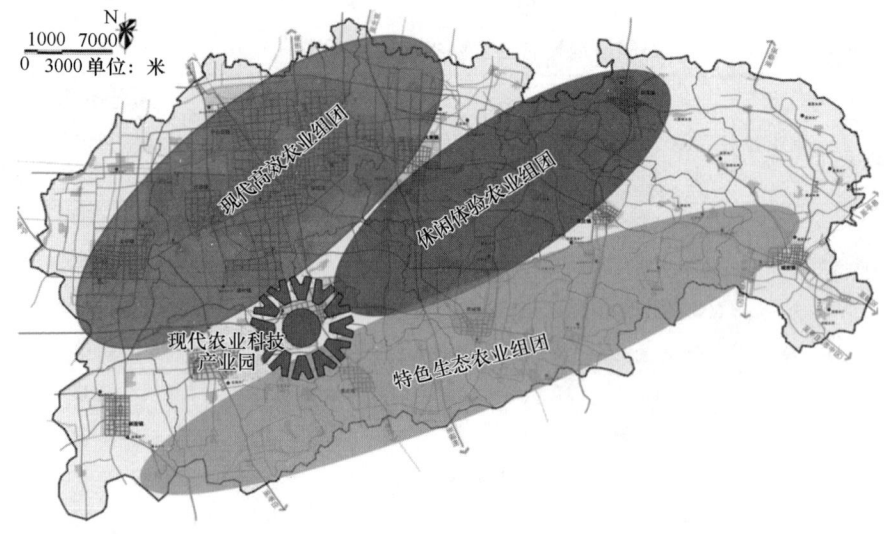

图6-11 邹城市农业产业发展空间总体布局

五、产业发展策略

该规划案例属于以产业经济驱动为核心动力的农业发展模式，同时具有一定的特色资源对农业有促进意义和带动作用。因此，在邹城市现代农业发展总体规划中，重点是挖掘利用本地现有特色农业及特色资源，通过标准化、规模化、专业化、集约化，利用特色资源，打造区域自有农业品牌，逐步形成产业规模效应和增值效应，最终形成特色明显、动力强劲的现代农业发展。

根据现有产业的基础及规划发展目标，按照打造国家级现代农业示范区的总体构想，在确保粮食安全的前提下，充分考虑土地的承载能力，本着构建现代农业优势产业形态和实行外向型发展战略的要求，提出邹城市现代农业发展的优势产业、发展目标、产业布局、建设重点。

（一）产业目标

1. 高效粮油产业

重点稳定小麦、玉米、花生等传统优势基础产业；加大农业基础设施投资力度，推进农业机械化；结合"邹西工业板块发展全力打造千亿级园区"优惠政策，扶持培育粮油产业化龙头企业，建设一批高标准粮油生产加工园区，同时加大招商引资力度，努力实现从粮食生产大市向粮食产业化强市的跨越。

到 2015 年，基本农田保护面积不低于 6.83 万 hm^2，总播种面积稳定在 8.47 万 hm^2 以上，小麦平均亩产达到 450kg 以上，玉米亩产达到 550kg 以上。

2. 精品蔬菜产业

重点发展食用菌、设施蔬菜和马铃薯等三大特色产业；坚持"专业化、规模化、特色化和有机化"的生产原则，加快建设集生产、仓储、运输和销售一体化的蔬菜生产供应基地，打造蔬菜品牌。至 2015 年蔬菜生产总面积 1.67 万 hm^2；其中，设施面积 0.2 万 hm^2；食用菌种植面积 1300 万 m^2、年产鲜菇 20 万 t。

3. 生态养殖产业

重点发展生猪、蛋/肉禽、肉牛、肉羊等四大主导产业，结合水域池塘发展淡水养殖业。到 2015 年，畜业产值占农业总产值的比重达到 50% 以上，规模化饲养畜禽数量占到总饲养量的 90% 以上，优质家禽存栏量达到 1000 万羽，其中蛋鸡存栏量 550 万羽，肉鸡 180 万羽，肉鸭 280 万羽，畜禽年出栏量 2300～2500 万羽；生猪养殖通过集中养殖存栏量稳定在 40 万头，出栏 90 万头；肉牛养殖达到 5.5 万头，乳牛养殖量达到 1 万头；羊存栏 50 万头，出栏 85 万头；全市渔业养殖面积达到 0.27 万 hm^2，养殖产量达到 22500t。

4. 优质林果产业

重点发展樱桃、大枣、核桃等三大类；加快建设集生产、仓储、运输、加工与销售一体化的林果生产供应基地。到 2015 年将林果面积扩至 2 万 hm^2。其中水果 1.07 万 hm^2，干果 0.8 万 hm^2。

5. 休闲观光

到 2015 年，重点发展标准化休闲采摘园 10 处，高标准农家乐 20 处（家），建立规范化、标准化专业合作组织 3～5 家，并推行专业环节服务性企业或组织模式。结合市旅游文化节或活动，每年开展农业类节庆活动 3～5 次。

6. 农产品加工业

重点发展粮食、蔬菜、生猪、禽类等精深加工，大力推进龙头企业的建设，提高农产品加工水平及技术和现代化经营理念。力争到 2015 年，国家即重点农业产业化龙头企业新增 2～4 家；省级龙头企业 5～8 家。新增 2～4 个全国农产品加工示范基地、3 个创业基地和农产品加工研发分中心；规模龙头企业达到 120 家。

7. 现代农业物流业

重点发展农产品物流和农资物流两部分。到 2015 年，建立至少 2 个农产品加工集中区，每个农产品加工重点镇要建立 1 个农产品加工企业园，初步形成与优势特色农业产业生产带相适应的加工布局。

（二）重点农业园区职能结构

规划基于对邹城市现代农业的发展优势分析和空间发展评价，提出了"两个层面、三个等级、六种职能"的农业园区（项目）发展结构模式。两个层面指市级以上的综合功能科技示范园区、市级和乡镇级的专业性标准化生产园区；三个等级是指将农业园区分为三级建设体系，即"核心科技产业园＋专业性科技示范园＋标准化生产示范园"三级模式；六种职能园区指综合型科技园区、生产示范型园区、农产品加工园区、生产性服务园区、农产品物流园区、农业旅游休闲园区等类型。从不同层面、级别、投资主体、职能定位等方面进行了规划，并提出了重点农业园区（项目）建设思路、重点项目、配套工程和技术。以形成重点支撑，多点撬动，全面推进邹城市现代农业发展进程。规划共建设不同类别的标准化示范园区 62 个。

1. 邹城市农业科技产业园

邹城市农业科技产业园规划建设成为邹城市现代农业发展"一核，多园"的核心区，园区将以科技引领与生产示范、品牌孵化与集聚推广、文化传承与科普创新、休闲观光与高效增收为主要功能，建设成为撬动和展示未来邹城农业现代化进程的中坚力量。

2. 专业性科技示范园

专业科技示范园分为科技示范型园区（11 个）、生产服务型园区（8 个）、休闲体验型园区（8 个）、农产品加工园区（5 个）、农产品物流园区（3 个）等五种类型。

3. 标准化生产示范园

建设主体以专业合作社和种养大户为主，普通农户可以通过土地入股或集资建设的形式，参与到园区建设中。以专业化生产合作社为主，通过合作社组织完成对外联系、对内培训的工作，塑造集生产、管理、培训、销售于一体的专业合作社社和种养大户。

（三）农业发展"一镇一策"

在邹城市"规划先行、分类发展"的总体战略指导下，全市13个镇根据功能定位和经济发展方式分为工业（园区）主导型、服务业（城建）主导型和生态农业（新农村）主导型三类。根据各镇街的功能和发展类型，结合自然气候、产业基础、适宜性等条件，对13个镇的现代农业发展方式和特点特色进行总结，以优化产业、错位发展，并逐步形成特色。

依托邹城市农业发展总体目标和策略，结合各乡镇发展步骤和方式，在各乡镇现有产业的基础上，筛选出部分优先建设园区（21个），作为邹城市现代农业发展的优先投资建设和政策扶持项目。

（四）专项规划

为了统筹贯彻邹城市农业产业化发展策略和重点建设项目的实施，通过专题设计了包括农业科技推广专项、品牌农业培育专项、管理组织实施专项、水利专项、耕地质量提升专项、综合生态建设专项；并针对邹城采煤塌陷问题规划了塌陷地复垦利用专题。

1. 品牌农业培育专项

邹城市作为齐鲁文化的发源地，具有孟子思想、孟母、始祖、墓葬、石刻、生态等旅游资源，结合中华母亲节和修学等旅游活动，推出具有地方特色和资源特点的涉农产品及涉农高端服务产品。同时，利用生态休闲时尚产品的开发，带动地方农产品走向精品化、高档化的市场，促进农业品牌的提升和农业综合收益的提高。

2. 水利专项

工程节水与农业节水措施结合，大中小结合，提高用水效率，加强雨水集蓄利用工程建设，高效利用地表水，充分利用雨水，合理开采地下水，劣质水经处理后达到安全使用标准。

3. 耕地质量提升专项

耕地质量提升需要多种措施的结合：一要增加有机质、培肥地力；二要深耕深翻改良土壤；三要加强水利建设，改善灌溉条件，注重农田基本设施建设；四要搞好土地利用规划，合理利用每寸土地。

4. 综合生态环境专项

农业生态环境的保护是农业可持续发展的保障，通过科学实施生态防护林体系工程、村庄垃圾污染治理工程、秸秆综合利用工程、畜禽粪污处理工程，多方面的来维护邹城市的综合生态环境。

5. 塌陷地复垦利用专题

邹城市煤炭资源丰富，是全国八大煤炭生产基地之一，由于煤层的开采，截至 2011 年年底，全市已塌陷土地已近 0.6 万 hm²，在一定范围上将严重影响邹城市农业的可持续发展。

目前邹城市在治理煤矿塌陷地上主要存在政府财政能力有限、补偿机制和治理标准不够明确、深水层耕地复垦难度较大、熟土剥离成本较高等问题。针对以上问题，规划提出了具体实施措施。

第四节　黑龙江宁安：G11 沿线旅游观光农业示范区总体规划（2012—2020 年）

宁安市是黑龙江省一座历史悠久的古城，迄今已有三千多年的文字可考的历史，是满族的发祥地；唐代是渤海国的国都，曾以"海东盛国"誉满东南亚；清代称"宁古塔"，是统辖盛京（今沈阳市）以北广大地区军事、政治、经济、文化的中心城镇。物华天宝、资源丰富、气候温和，素有"塞北小江南"的美誉。

一、项目背景

宁安市处于东北亚经济圈的中心位置，临近绥芬河、东宁、珲春三个国家级开放口岸，属黑龙江省"八大经济区"中哈牡绥东对俄贸易加工区的重要地带，优越的区位条件使宁安成为国际、国内区域经济合作的地理中枢和重要节点。

在世界经济大背景下，东北亚区域经济合作不断深化，国家振兴东北地区经济战略进一步深入实施，黑龙江省对俄、对韩合作"双升级"战略逐步落实，牡丹江打造"沿边开放先导区"正在全面推动沿边开放战略升级，这些有利的内外经济环境为宁安市实现经济社会跨越式发展带来了重大机遇。同时，国内各地对俄贸易竞争加剧、自身经济社会发展水平相对滞后等因素，也使宁安未来农业发展面临更大挑战。

宁安农业历史悠久，传统农业为宁安赢得了国家级、省市级的多项荣誉，响水大米、兰岗西瓜、中华烟叶等特色品牌享誉全国。但是，随着现代化大农业的发展，在工业发达、经济领先的地区，农业发展的相对优势越来越突出，而宁安工业反哺农业的能力不足，导致农业的优势地位正在弱化。对于一个农业大市而言，要实现宁安社会经济迅速崛起，必须创新农业发展理念，立足自身资源和生态优势，走出一条极具宁安特色的现代化大农业发展之路。

宁安市落实中央、省、市的精神，以创新思维和先进理念，提出了以"公园经济"统领宁安城乡统筹，建立"一城多区，一区多园；绿地相隔，绿廊相连"的宁安大公园的宏伟构想。产业支撑是推进城镇化、实现城乡一体化的动力，如何合理统筹城乡产业发展、全面拉开产业框架，是驱动城乡统筹发展，最终实现宁安大公园宏伟构想的关键。

在此背景下，宁安市农业委员会根据全市发展要求，委托中国农业大学农业规划科学研究所组织开展"宁安市 G11 沿线旅游观光农业示范区总体规划"研究。本项目规划涵括宁安市境内 G11 沿线两侧 4.67 万 hm^2 范围内农业用地，期限为 9 年，为 2012—2020 年。

二、基本概况

（一）资源环境优势分析

宁安市位于黑龙江省东南部偏西，张广才岭和老爷岭之间的牡丹江上游谷地，属低山丘陵区，其区域地貌特征为："两岭夹盆地（张广才岭、老爷岭夹宁安、渤海盆地），一湖（镜泊湖）、一江（牡丹江）中间穿。"总的地势为西南高，东北低，四周高，中间低，总面积 7923.9km^2。为温带大陆性季风气候，年平均气温 4.0℃，年降水量 511.2mm。

大规模的火山喷发，改变了宁安市南部地区的地质地貌类型，也为农业生产和生活留下了宝贵的遗产。享誉全国的响水大米生长在火山岩石区，以其独特的生长环境、优良的品质、丰富的文化底蕴而享誉全国，自唐以来为历代贡米，其品牌的无形资产价值不可估量；镜泊湖南部、牡丹江南部等区域构造活动与岩浆活动比较活跃，地热目前有八个勘测点，均处于未利用状态。

宁安市具有丰富的旅游资源，主要包括以贯穿全境的牡丹江、各具特色的水库、湖泊（位于 G11 沿线南端的镜泊湖，是中国最大、世界第二大高山堰塞湖，著名旅游、避暑和疗养胜地，国家级重点风景名胜区，国际生态旅游度假避暑胜地，世界地质公园）、泡泽、占 63.1% 覆盖面的森林为一体的自然生态旅游资源；以唐代渤海时期的渤海文化，清代的流人文化，具有地方特色的民俗文化为一体的历史人文资源；以 G201 国道生态农业旅游观光带，振兴村绿色生态园、渤海响水稻米展示馆为一体的社会旅游资源。

距哈尔滨 320km，距牡丹江 23km，距绥芬河和珲春两个国家级开放口岸 190km，地处两市的中心地带，鹤大公路、牡图铁路纵贯全境，距牡丹江民航机场 19km，是东北亚经济技术交流中商贾往来、物资集散和信息传递的重要区域。

近年来，宁安市国民经济生产总值逐年上升，增长显著。三产结构比为 31.1:35.6:33.3，一、二、三产均衡发展。2011 年统计显示，农林牧渔业总产值为 632173 万元，其中农业种植业占比最大，达到 63.7%。2011 年，全市农村经济总收入达到 61.1 亿元，农民人均纯收入达到 11536 元，比全省高出近 4000 元。

（二）涉农旅游资源分析

宁安市 G11 沿线以其资源环境的独特性、悠久的农耕历史文化，形成了一系列休闲农业旅游资源，大致上分为地域环境与农业利用条件、农业生产、农业庄园、农业农村文化、农业产品五大类，如表 6-6 所示。

表 6-6　　　　　　　　宁安市涉农旅游资源分析表

主类	亚类	基本类型	代表性资源
地域环境与农业利用条件	地表景观	山岭区	张广才岭、老爷岭、鸡鸣山
		平地区	牡丹江冲积平原、渤海盆地、玄武岩、火山石板岩
	水文	河流、湖泊、池沼	牡丹江、镜泊湖（堰塞湖）、玄武湖（渤海风情园）
		瀑布、泉眼	吊水楼瀑布、冷泉、温泉
	气候	水热条件	温带大陆性季风气候。春季短促，冬夏分明，气候和降水量的年际变化幅度大，全年平均气温 4.5℃。积温在 2600~2700℃，无霜期 130~135d，冻土深度达 1.86m，年降水量在 500~600mm
		物候	天气、植被生长、人文活动节律
	土壤	基质	玄武岩、侵入岩
		土类	山地暗棕壤为主要土类，其余为白浆土、草甸土、河淤土、沼泽土、泥炭土、石质土、砂土、水稻土
	自然灾害	气候灾害	低温冷害、旱灾、洪涝灾、霜冻、冰雹、风害、虫害
		地质灾害	沟谷侵蚀
	农业历史文化源流	农耕文化遗址	稻作文化、莺歌岭遗址、石板大米展示
		传统民俗	满族民俗（满族发祥地）、朝鲜族民俗
农业生产	种植业	粮食生产	石板田响水大米生产区、玉米生产基地
		经济作物生产	甜菜、中药材、烤烟种植区（三陵乡八家子村）、亚麻
		瓜蔬生产	万亩无公害设施蔬菜标准园、万亩时令西香瓜标准园、宁安大蒜基地
	林果业	果树	宁安市江南乡寒地果产业园区、东京城镇振兴村的棚室桃和葡萄等
	养殖业	特色养殖	钻心湖冷水鱼养殖（虹鳟鱼）、渤海冷水鱼试验站
		花卉种植	万寿菊、薰衣草、向日葵、红景天
	其他	浆果种植	醋栗（俗称灯笼果）（主要分布在宁安镇葡萄沟村、三陵乡东沟村、石岩镇四合村等地）、葡萄（主要宁安镇红城村、海浪镇宁西村等地）、草莓（宁安镇双桥村）和蓝莓（马河乡东烧锅村）
	农副产品加工业	粮食加工	稻米初加工
		其他加工	牡丹江市鑫鹏肉业有限责任公司、宁安市镜泊湖亚麻有限公司、烟叶公司、宁安市镜泊湖糖业公司

续表

主类	亚类	基本类型	代表性资源
农业庄园	农业庄园	生产为主园区	兰岗果蔬庄园、石岩爱路果蔬庄园、东京城振兴生态农业园
		综合性园区	嘉泰庄园、薰衣草庄园、百花庄园、百鸟庄园、红酒庄园
农业农村文化	传统民俗	演艺	道情、大秧歌、小秧歌、龙灯、狮子舞
		节庆	流头节、萨满祭祀（俗称"跳家神"）、兰岗西瓜节、响水大米开镰节、渤海插秧节、江西流头节、镜泊湖冬捕节、颁金节、薰衣草节、玫瑰节、地下森林节、镜泊山水节、宁古塔文化节、寒地果采摘节、浆果采摘节
		民间工艺	纸扎、满族刺绣、塔彩灯制作、剪纸
	民俗生活	新农村	小朱家、石岩、江西、响水等村
		农家乐	瀑布村朝鲜族农家乐
农业产品	农林畜产品与制品	粮食	响水大米
		菜蔬	兰岗西甜瓜、富龙圆葱、红城大蒜
		果品	寒地果品
	传统手工艺品	实用产品	塔彩灯、纸扎品、满族刺绣工艺品、剪纸工艺品

（三）农业现状分析

宁安市地貌呈"七山一水二分田"格局，境内土壤以山地暗棕壤为主要土类，土质肥沃，物理机械性能好，宜种植各类作物，农业综合开发有很大潜力，"瓜乡""米城""矿泉城""远东一号菜篮子"，其中响水大米曾是唐代贡品的，以粒白如玉，米香四溢驰名中外。地处北纬44°，该地理纬度是世界上著名的芳香产业产区，是世界公认的酿酒葡萄黄金纬度。

宁安市耕地 14.67 万 hm^2，2011 年，粮食总产 84.76 万 t，实现八连增，被黑龙江省政府授予"全省粮食生产先进县"称号。响水大米产区 0.53 万 hm^2，产业发展潜力巨大；果蔬产业是传统产业，历史上有"东园子葱，西园子菜，江南的白菜不用看"之说，历来是牡丹江和远东地区菜篮子。"有机、生态、绿色"的蔬菜产业品牌正在形成。

其他农业产业有，依托稀有的冷水资源发展冷水鱼养殖 $2hm^2$ 多，年产商品鱼 80t，还有梅花鹿、林蛙、蛇、兔、鸽、七彩山鸡等特种养殖业；另外，石岩镇利用牡丹江岸的秀丽景色发展芳香产业，已初见规模，种植万寿菊、薰衣草、百合、玫瑰等；中药种植历史悠久，烤烟种植、甜菜种植具一定规模。

（四）总体评价

综上，宁安市区位优越，上级重视；生态优良，气候独特，旅游极佳；历史悠久，文化多元；农业产业基础好，有比较优势的农产品品牌资源。在上位规划和政策指导下，如何利用已有优势资源，进一步拓展农业多功能性，发展休闲观光农业、体验农业、精品农业、科普农业、景观农业，将是宁安市现代农业发展的主要方向之一。

三、分析研究模型

示范区研究发展整体思路方向是，承接宁安市农业发展上位规划，依托当地资源禀赋（镜泊湖、火山岩、气候、冷泉、温泉等），通过借鉴国内外类似区域发展经验，根据当地需求和农业发展基础，分析农业发展环境，制定出适合示范区的农业发展战略，具体确定发展指导思想和合理的空间布局，在此指引下，采取"农旅双链"的发展模式，分析研究产业发展策略，确定产业发展方向和重点项目建设内容，并制定出示范区顺利进行的实施保障系统。

（一）土地利用分析

示范区现状土地利用类型多样，经济发展与耕地保护之间存在矛盾，在方案设计时，根据第二次全国土地调查数据库的指引，利用软件 ArcGIS 对土地利用类型进行详细分析，确定基本农田集中分布范围以及水系分布情况，为重点项目布局提供依据。

（二）区域品牌发展战略

发展品牌农业，是转变农业发展方式的重要内容，也是发展现代农业的重要标志。示范区通过分析研究体系发展策略、政产学联联动发展策略、差异化发展策略、营运标准策略、创新发展策略，突出宁安 G11 沿线的自然资源特色和主导产业优势，充分挖掘响水大米、兰岗西甜瓜、钻心湖冷水鱼等当地知名度高的特色产品，规模化、标准化生产，加强产品地理标识的注册与保护，巩固扩张特色优势品牌，塑造区域品牌，实现县域经济跨越式发展。融合休闲元素发展休闲农业，建设薰衣草庄园、红酒庄园、百花庄园等休闲农业项目，把农业生产、科技应用、文化艺术等融为一体，拓展农业的经济、生态、社会功能。通过区域整体发展提升项目区的定位及优势资源高效利用，把握未来城市发展脉搏，明确市场圈层，开发具有新意、环境优美、吸引游客的农业休闲项目。

（三）项目开发研究

示范区项目开发采取"573"发展策略，即"五个着力点"：着力发展生态和谐的"农林牧副渔一体化产业"、着力发展健康农产品、着力发展观光生态农业、着力发展庄园经济、着力推广节约型生态农业技术。体现宁安市"七种全新休闲农业产业业态"，包含科技园区、采摘篱园、休闲农庄、民族风苑、山水人家、养生别苑、生态渔村等。"三种农业产业链延伸途径"：提高农业旅游的可参与性，提高观光农业的科技含量，丰富观光产品的内容。

从产业、功能、空间三个层面去思考项目的筛选（图 6-12）。首先，自下而上的将零散的项目分类集合，零星的项目想办法收集更多，可通过构建初步的框架结构，逐步完善，调整项目分类，给框架补充新的内容不断发现新的项目。其次，善于选择，敢于放弃。将项目按效益高低排队，也可按实施难易程度排队，放弃低效的，放弃前景不明、风险超出承受力的，放弃无力投资的或实施困难的，最终形成高效并可实现的金字塔。

1. 自下而上，将零散的项目分类集合

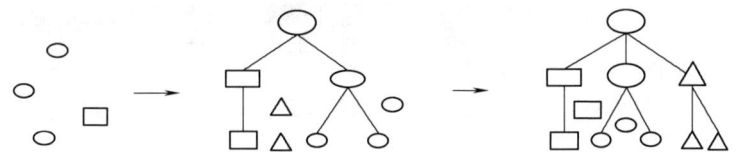

- 零星的项目
- 想办法收集更多

- 构建初步的框架结构
- 不断发现新的项目

- 框架结构逐步完善
- 调整项目分类
- 给框架补充新的内容

2. 善于选择，敢于放弃

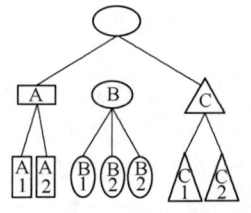 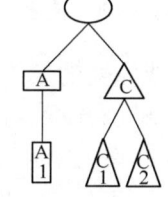

- 将项目按效益高低排序
- 也可按实施难易程度排序

- 放弃低效的
- 放弃前景不明、风险超出承受力的

- 放弃无力投资的或实施困难的
- 最终形成高效并可实现的金字塔

图 6-12　项目筛选模式分析图

（四）发展路径研究与探讨

根据示范区功能定位、战略目标的发展要求，示范区规划建设期内将完善六大发展体系才能实现总体战略目标，即农业生产系统、田园景观系统、生态保育系统、文化活力系统、视线控制系统和旅游服务系统（图 6-13）。

六大发展体系落实在示范区空间"一心、四组团"上，就是针对产业资源、自然资源规划设计不同项目落在相应空间，建立 G11 沿线旅游观光农业示范区的空间骨架，逐步实现农业一二三产业的覆盖和联动发展。

（五）景观塑造模式

在 G11 沿线，整合宁安市优势自然资源、特色人文历史资源，兼顾农业生产、休闲及服务功能，坚持城乡统筹发展，综合考虑景观节点的空间结构和农业产业链布局，以 G11 为根目录，G201 为子目录，将 G11 沿线的旅游观光农业

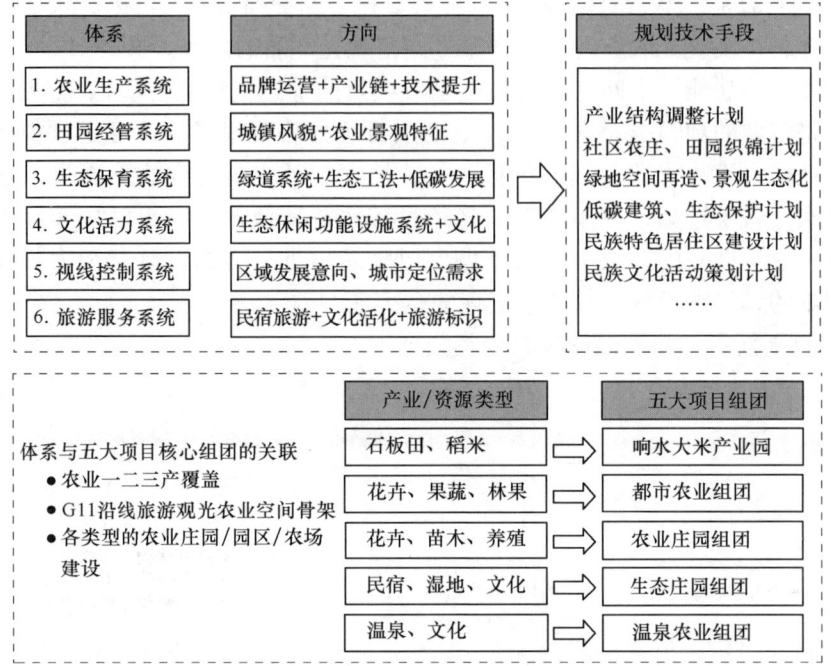

图6-13 宁安市G11沿线旅游观光农业示范区发展体系设计

要素在G201形成完美的整体缩影,按其自然资源、地域特点打造宁安市休闲旅游十二大景观:绿色硅谷、朝满风情、寒地晴雪、兰岗飘香、石岩花海、沙兰驿站、卢城之稻、火山冷泉、翠湖春晓、葡园秋醉、世外桃源、镜泊汤泉。

通过山、水、田、园、岩、路、村、史等八大过渡元素将十二大景观串联起来,打造不同特色景观单元,展现宁安风土人情,组成G11乡村风貌观光游、G201庄园风情体验游、响水绿色产业体验游和镜泊湖休闲生态度假游、牡丹江沿岸生态绿道五条主题游线,最终形成以宁安市G11游客中心为起点、镜泊乡为终点的农业旅游游线,形成宁安市现代农业展示带,再现流人笔墨下的百里山水画廊。全面满足游客"吃、住、行、游、购、娱"六方面的需求,塑造宁安强有力的农业旅游的整体形象、促进G11沿线农业资源和旅游资源的整合,提高资源综合利用率、利于吸引项目投资,加快县域农业建设发展、促进农民增收、现代化农业发展,推动地方经济增长。

四、功能定位与目标

(一)指导思想

基于"庄园经济"的发展理念,发挥特色资源、产业优势与区位优势,以项目撬动产业,以镜泊湖、源丰国际物流园激活市场,突出农业庄园建设、区域品牌升级和城乡统筹发展。科学规划布局,采用"公司+庄园"的投资方式和"庄园+院校"的合作方式，立足农业，以智引资，进行特色农业生产和城乡统筹建设，实现"休闲新农业，田园新生活"的现代农业发展。

充分发挥生态优势，结合唐清遗韵和朝满风情文化资源和镜泊湖品牌效应，把产业、城镇、文化与自然景观完善融合在一起，利用宁安亲山近水的生态优势，沿着 G11 两侧重点发展创意农业、高效农业和民宿旅游业，将宁安农业发展与景观创意设计相结合，塑造安静、休闲、亲近自然的大环境和宁静、怡适、舒心的生活气息，打造"稻香水韵，花海田园"的宁安大公园形象，宣介宁安现代农业展示带和百里山水画廊。

（二）功能定位

根据省市经济发展和农业定位要求，应综合资源禀赋，借鉴国内外都市农业发展的最新理念，集中建设贯穿宁安市南北的高速 G11 沿线，承载生产服务、产业提升、城乡统筹、旅游观光、景观文化、生态保护等六大功能，借助镜泊湖的旅游优势和 G11 交通干线的优势，逐渐实现宁安市休闲农业发展的整体目标。

（三）战略目标

借助宁安市优越的区位、政策和自然资源条件，通过进行合理的规划研究和布局调整，可以通过三到五年时间，打造一批、创新一批特色突出、优势明显、技术高新、设施先进、科研精尖、功能合理、管理科学、运作高效、效益显著、环境融合的现代农业项目群，再通过 4~6 年的时间，不断提升与完善，真正赋予宁安市 G11 沿线以都市化、精品化、特色化、生态化、国际化的特质与魅力，使宁安成为中国农业庄园经济的典型示范区、火山石板岩稻米种植产业区、北国农业旅游与民宿文化体验区、中国设施农业景观展示区。

（四）空间布局

综合前期分析结果，在规划理念的指导下，形成宁安市 G11 沿线旅游观光农业示范区发展的空间结构，可以概括为"一心、一轴、两带、四组团"，形成"核心驱动，主轴贯通，两带联动，组团支撑"的空间发展格局（图 6-14）。"一心"：响水大米种植产业园；"一轴"：G11 沿线景观农业发展轴；"两带"：火山岩石文化衍生产业带（G11 西侧）、宁安市现代农业重点展示带（G11 东侧）；"四组团"：都市农业组团、农业庄园组团、休闲庄园组团、温泉农业组团。

五、产业选择与组团建设

（一）产业选择

宁安市历来以农业占主导地位，根据宁安市 G11 沿线旅游观光农业示范区总体规划指导思想，结合宁安市农业发展现状，遵循统筹区域发展、可持续发展的原则，因地制宜，确定出该市 G11 沿线旅游观光农业产业调整方向如图 6-15 所示。

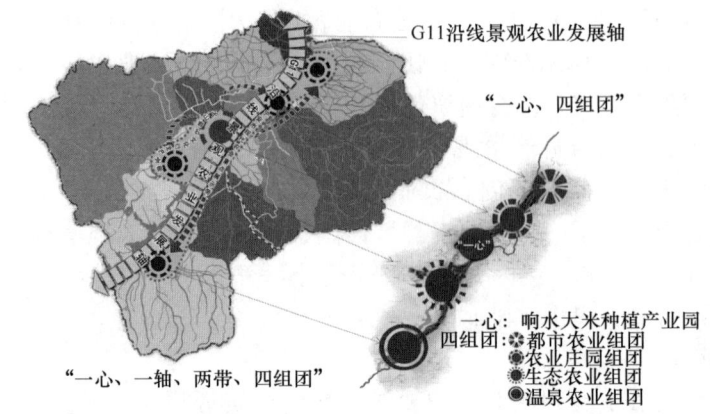

图 6-14 宁安市 G11 沿线旅游观光农业示范区空间结构图

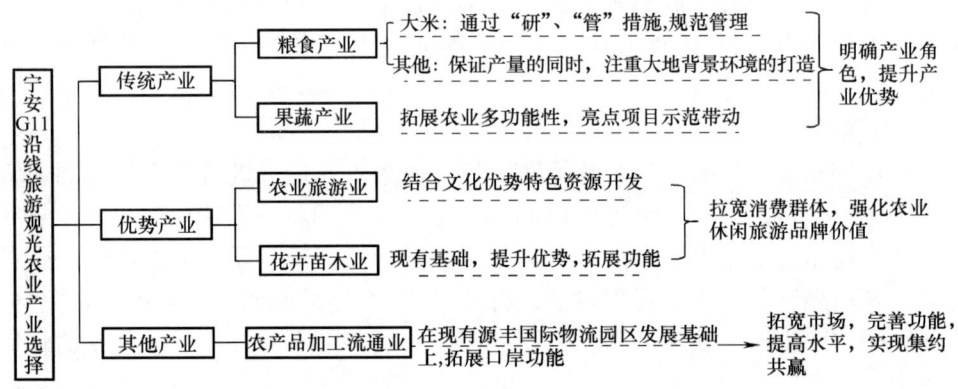

图 6-15 宁安市 G11 沿线旅游观光农业产业选择

宁安市 G11 沿线旅游观光农业产业的选择可以在因地制宜原则基础上结合市场需求的角度来划分和选择，主要有以下三类：

第一类是基于水稻、果蔬等传统优势产业基础上的传统产业，这类产业过去、现在和未来都是拉动区域经济的主导产业，未来主要是通过改变种植品种、种植工艺、经营模式，延长产业链条，发展"庄园经济"，拓展农业多功能性，用亮点项目示范带动的模式来强化产业角色，提高市场占有率，提升产业优势。

第二类包括农业旅游业和花卉苗木业，是基于地质文化、人文、湿地、温泉等优势特色资源开发与基于冷水鱼、寒地果、薰衣草和烤烟等特色种养业有机结合的优势产业。这类产业有一定开发，但是基于现状，提升空间很大，而在未来一定时期内将会成为拉动整个区域经济的驱动力。

第三类是基于宁安源丰国际物流园区发展的农产品加工流通产业，在现有发展基础上，应进一步拓宽市场，扩大交易规模，减少流通环节，建立完善高效、畅通、安全的农产品现代流通体，从而推动宁安经济结构调整，促进外向型经济的发展，提升区域经济竞争能力，最终实现集约共赢。

（二）组团建设

该方案的设计研究，其中一个难点就是产业布局与空间布局相糅合。运用不同区域段的特色表现形式实现，在重点建设"一心两带"观光休闲农业同时，重点建设"四组团"观光休闲农业项目，包括都市农业组团、农业庄园组团、休闲庄园组团、温泉农业组团，每个组团中包含不同的产业。"都市农业组团"重点发展农业观光、休闲农业、采摘农业、生态农业、民俗观光、民宿旅游、保健农业、教育农业等产业，包含 8 个重点项目；"农业庄园组团"发展果蔬产业、芳香产业、大田经济作物等特色产业，包含 12 个重点项目；"生态农业组团"大力发展"生态农业经济"，发展休闲农业产业、生态特色养殖业、花卉苗木业，包含 19 个重点项目；"温泉农业组团"发展文化产业和农业产业相结合，发展休闲农业、特色种植业、特色养殖业。

依据示范区指导思想和发展目标，保障示范区的健康稳定的发展，需加强产业发展体系、农业技术服务体系、旅游服务体系、景观系统、生态环境保护、基础设施保障体系等几个方面的建设，其中：

第一，旅游服务体系建设。应该建立一个具有旅游咨询、导游服务、农业旅游网络、规划展示和农业景观演示等多功能于一体的县域游客中心，把整个县域作为一个完整的旅游产品，依据旅游产业的行、食、住、游、购、娱等六大元素设计项目，塑造统一的区域旅游形象实体，提升县域旅游的核心竞争力。

具体建设完善便捷的道路系统，规划旅游专线，搭建旅游公共服务信息平台，建立完善的导游服务系统，完善项目区特殊人群服务设施、医疗救护、旅游环卫设施、邮电服务等服务设施建设，建设高标准住宿、餐饮、娱乐、购物服务设施，统一规划，统一标识，统一管理，提高规划区旅游接待能力。

第二，景观系统规划建设。沿 G11、G201 构建景观绿化廊道，由北向南，根据不同主题构建特色鲜明的景观斑块，沿线通过创意设计穿插景观小品、服务设施，如雕塑、停车场、休息区等，使其景观化，并将各景观斑块衔接起来，南北相接，东西贯通。

沿着牡丹江和主要通道，构建城市绿道，串联宁安农业十二景。根据生态型绿道、郊野型绿道、都市型绿道所处的不同区位条件以及自然资源、人文资源和现有设施的特征，策划特色鲜明、独具魅力、城乡分野的各类休闲活动，以满足不同层次、不同时间、不同年龄居民的多种需求，有效提升城乡环境的宜居水平。

第三，生态环境保护措施。通过水利设施改善、农业面源污染控制技术、测土配方施肥技术等先进技术和工程手段，减少污染，保护土壤，增加土壤肥力。全面规划，对潜在水体污染采取预防措施；对水体污染源进行综合治理；杜绝生活污水任意排放，规定排放标准，采用雨污分流制；加大农业面源污染控制力度，鼓励畜禽粪便资源化，确保养殖废水达标排放；依据相关法律法规，加强监测管理。在示范区范围内实施"节能、减排"工程，调整能源结构，鼓励使用清洁能源和可再生能源。

第五节 新疆哈密：哈密现代农业园区总体规划（2011—2020年）

一、项目背景

哈密现代农业园区位于哈密市西郊，属于哈密盆地山前倾斜平原下带，地形平坦，占地 0.93 万 hm^2，人均耕地 $1.01hm^2$。园区现有大中型农场 12 个，农户收入主要来源于种植棉花作物，小部分来源于大枣和设施蔬菜收益。园区农田水利设施基本健全，灌溉网络系统基本形成，具备了发展现代农业的基础条件。

哈密市属于资源型缺水地区，为了对水资源进行有效配置，提高资源利用效率，哈密市市委市政府提出了"调粮、压棉、增经、扩草"的农业结构调整思路；在《哈密市西戈壁现代生态农业示范区总体规划》中，明确了园区的发展定位，即"加快推进以大枣为主导产业的高效农业发展，把西戈壁开发区建设成为节水效果好、经济效益高、生态效益显著、功能齐全的现代农业园区"。

为了切实的落实自治区、哈密地区的发展要求，2010 年 11 月，在哈密市委市政府和哈密现代农业园区管委会的委托下，中国农业大学农业规划科学研究所对哈密现代农业园区进行总体规划。期望通过园区建设，实现枣棉产业更替，促进城乡统筹发展，带动哈密市及周边地区现代农业发展，辐射带动新疆乃至西部地区现代农业产业化水平的提高。

二、基本概况

（一）区位交通

园区位于哈密市西郊，紧邻哈密市西部新区，与新民六路相连，距离哈密市 12 公里。周边有罗中公路与 312 国道、兰新铁路衔接，区内有西戈壁公路（014 乡道）和瑞黑公路贯穿，穿过园区。

（二）自然条件

园区位于哈密盆地山前倾斜平原下带，地形平坦，由北向南倾斜，地形坡度逐渐变缓。土壤类型为草甸土，灌溉草甸土亚类，硫酸盐中盐泽化草甸土。部分地块盐化严重。

哈密市地处中纬度的欧亚大陆腹地，具有典型的温带大陆性气候特点。园区地处哈密盆地的平原地带，温热干旱，≥10℃积温为 3700~4500℃，年平均为 4060℃；无霜期为 160~210d，年平均为 182d；年降水量为 10~66mm，年平均为 34mm；年日照时数 3080～3520h，年平均 3360h，极端最高气温 43.9℃，极端最低气温 -32℃。最大冻土深度约 150cm。

园区冬季、春季多西北风和东偏北大风。光照资源丰富，年太阳辐射在 604～669kJ/cm²，一般为 634kJ/cm²。最大值出现在每年 6 月，该月的总辐射量为 77.7kJ/cm²；最小值出现在 12 月，总辐射量仅 23.9kJ/cm²。

(三) 土地利用现状

哈密现代农业园区总占地 0.93 万 hm²，其中土地开发面积 0.77 万 hm²，包括农用地 0.53 万 hm²，人均耕地 1.01hm²。接到项目时，园区内正在开展富民安居工程。

园区内田块平整，作物以大枣、棉花为主，小部分地块进行设施农业生产；约 38% 的土地为荒地，有待开发建设（图 6-16）。

(四) 园区基础设施

园区内有独立的 35kV 变电站一处，移动通信信号已经覆盖园区绝大部分区域，部分边远农场（新世纪农场）信号较差。园区农田水利设施基本健全，共有机井 256 眼，井深 100m 左右，灌溉网络系统基本形成。

(五) 社会经济状况

园区现有大中型农场 12 个，总人口 1300 户、5200 余人，2009 年农牧民人均纯收入为

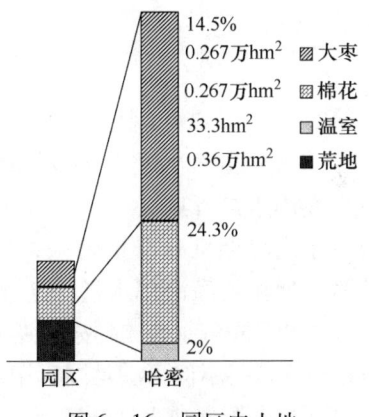

图 6-16 园区内土地利用结构

5785 元。近年，收入主要来源于种植棉花作物，小部分来于大枣和设施蔬菜收益。

三、分析研究模型

园区发展现代农业，主要面临着资源制约、多元主体诉求、市场趋势、产业趋势等四个方面内容，这也决定了园区发展的战略方向与发展策略（图 6-17）。

(一) 资源条件制约

1. 供应量不足与用水结构失调

新疆干旱缺水，农业生产中作物全生育期必须依靠人工灌溉。全疆农业灌溉用水量 450 亿 m³，占国民经济总用水量的 95%，渠系水利用系数 0.52，灌溉水利用系数仅为 0.43。哈密地区水资源可利用量为 16.9 亿 m³，区域内人均水资源量为 2600m³，是全疆人均水资源量的 1/2。水资源最为紧张的哈密市，人均水资源量仅为 1500m³，低于 1700m³ 的国际警戒线。年降水量 33mm，蒸发量却高达 3300mm。无序开荒，灌溉面积过度扩张造成农业用水量过大、用水比例过高，是新疆水资源开发利用过度的根本原因。

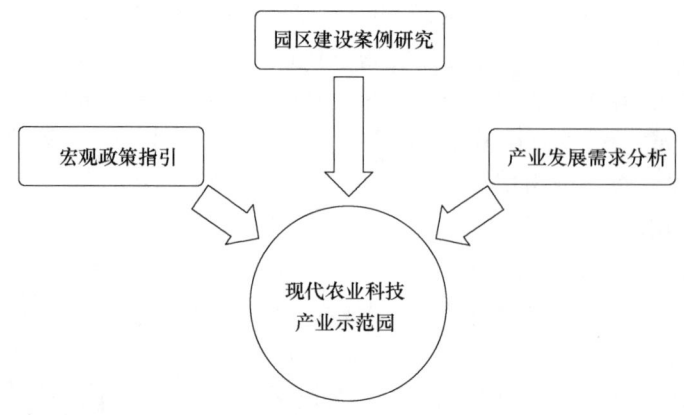

图 6-17 园区建设分析研究

2. 工程性缺水现象明显

园区种植面积近 0.53 万 hm^2，全年用水量以种植业为重，主要集中在 6~8 月。在用水高峰期（6~8 月）园区需水量严重超出园区机井月均供水能力，造成用水高峰期机井严重超采，出水量不足。目前虽然采用了膜下滴灌节水灌溉技术，但亩均灌溉用水量仍达 600~800m^3，远没有发挥出膜下滴灌的节水优势。

如果种植业能够按照哈密地区定额灌溉标准 4800m^3/hm^2 实施灌溉（图 6-18），不但可满足园区用水需求，且可节水约 300 万 m^3。所以园区除了大环境下的资源型缺水外，还有工程性缺水。

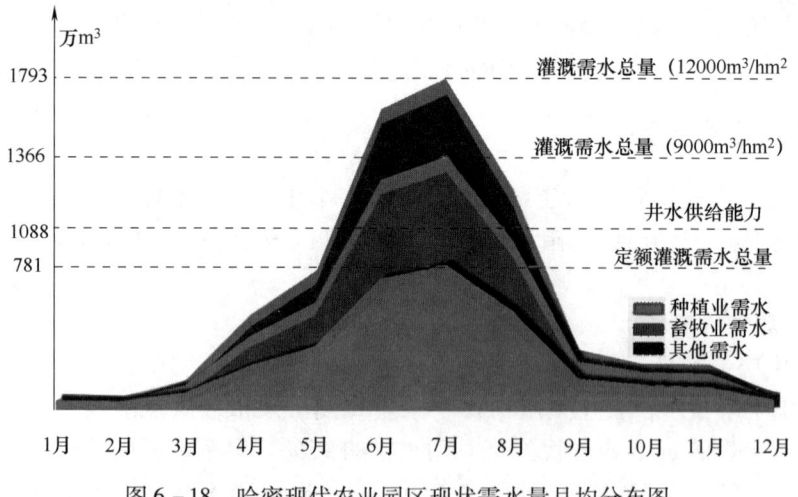

图 6-18 哈密现代农业园区现状需水量月均分布图

3. 农户节水意识不足，耗水作物种植较多

园区内的农户多为牧民和棉农，在农业生产过程中，部分农户存在超量漫灌现象，缺少节水意识。棉花属于高耗水作物，也在一定程度上造成农户耕作管理经验的局限性，对于对先进灌溉技术产生模式认可度不高，并担心严格按照定额灌溉会带来生产风险。

（二）多元主体诉求

与园区建设相关的主体主要包括政府、农户、市场这三个层面，未来园区的发展定位也需要满足这三个主要层面的建设意愿或发展趋势。

1. 政府发展期望

园区前身是哈密市农业综合开发区，2007年成立以来，紧紧围绕地委、行署提出的"调粮、退棉、增经、扩草"的发展思路，加快推进以大枣为主导产业的结构调整，向节水高效"精品园"发展。同时，由于园区属于哈密市城市近郊，还承担着新农村建设，促进城乡一体化发展的功能。

由于开发时间较短，资金有限，园区基础设施薄弱，部分工作开展受阻。未来作为哈密地区现代农业高新技术示范区，希望能在建设发展的过程中，在以下三个方面得到地市及各部门的政策倾斜。

（1）基础设施　田间道路、水利设施、防护林网、农用电网、通信设施；

（2）设施农业　技术服务体系建设、优惠补贴政策落实；

（3）大枣产业　标准枣园建设补贴政策落实。

2. 农民建设诉求

（1）角色转变诉求　园区的经营主体以家庭为主，未来园区内部大面积的规模化林果生产和设施农业生产建设需要农户从牧民转为农民，从棉农转为枣农/果农/菜农；同时也需要具有一定专业技术的管理人员，促使牧民和棉农从主观上接受发展设施农业、林果大枣产业，促进其主动向园区内的技术人员进行请教学习先进的种植管理技术，从而让园区更快地实现区市所要求的跨越式发展目标。

（2）观念转变诉求　除了让园区农户认识发展林果蔬菜的效益之外，还应积极引导发展实施节水灌溉、推广节水定额灌溉制度模式，让农户转变"大水保收"的传统观念。利用园区宣传平台和技术推广平台，让农户认识到保证收益、减少灌溉用水量和生态保护可以同时实现，从而实现区域可持续发展，而且可以间接增加单位面积耕地产值和农民收益。

（三）市场发展趋势

随着地方经济的快速发展，城乡居民的生活水平不断改观，逐渐由"生活温饱"向"安全健康"改变。

城乡居民在追求生活质量、向饮食要"健康"的同时，就形成了新兴的市场需求，农产品的传统市场需求也逐渐分化为多元化的细分新兴市场；随着市场的细分和转换，居民对农业的单一生产农副产品的传统功能逐渐进行了延伸和拓展，逐渐向农业多功能性转换。

这些新的功能需求、市场需求对劳动者的素质都形成了新的挑战，需要哈密现代农业园区的管理者和建设者能适应应对这些外部变化和需求，抓住机遇，迎接挑战，更好地实现市场对接。

（四）产业发展趋势

在产业发展诉求这一块，主要针对哈密市政府的扶持的设施农业和大枣产业进行了分析。

1. 设施农业发展分析

（1）气候条件优越　哈密光照长，温差大，空气好，污染低，具有发展反季节果蔬的气候优势，能够生产出高品质的果蔬产品；

（2）市场需求大　新疆冬季蔬菜近70%靠内地省区调入，且随着喀什和霍尔果斯经济特殊经济开发区及口岸建设，中亚海外果蔬市场需求量更大；

（3）效益显著　设施果蔬生产属于高投入出的科技农业，与哈密地区其他农业产相比较，设施蔬菜亩均利润3051元，是葡萄的1.76倍，棉花的5.15倍，小麦的28.25倍。

2. 大枣产业发展分析

具有发展大枣产业的气候优势和传统品牌地位；种植大枣能够优化种植结构，缓解水资源短缺的情况；大枣属于政府扶持产业，具有政策支持；园区缺少大枣种植历史，经营管理经验有待完善。

四、目标定位

在园区的现状基础以及发展诉求的基础上，在"科学发展、科技引领、注重人才、机制创新"的原则上，规划提出了园区建设的指导思想与功能定位，并期望通过五年努力，将哈密现代农业园区建设成新疆资源节约型现代农业产业区和农业社区的优秀典范（图6-19）。

（一）规划原则

科学发展、转变经济发展方式；科技引领、以项目开发促产业调整；注重人才、"资本"和"智本"的双重集聚；机制创新、多元化"跨越式"稳步发展。

（二）指导思想

全面贯彻党的十七大和十七届五中全会以及中央新疆工作座谈会会议精神，深入贯彻落实科学发展观，按照地区"生态立区、工业强区、科教兴区、南园北牧、增收富民"的发展战略，把发展现代农业作为转变经济发展方式的重大任务，把建设社会主义新农村和推进城镇化作为保持经济平稳较快发展的持久动力，以"现代农业发展之门，跨越式发展之路"的形象为主题意向，围绕发展高产、优质、高效、生态、安全农业的总体要求，结合哈密市农业基础，独特气候资源特征，城市发展需求，立足林果生产、设施园艺、畜牧养殖、农业休闲四大产业和富民安居工程建设，充分发挥辐射带动作用，引领传统农业产业不断改造升级，加速推进农业现代化建设进程，从而将园区建设成为疆内一流的现代农业发展先行区，实现农业跨越式发展。

（三）战略定位

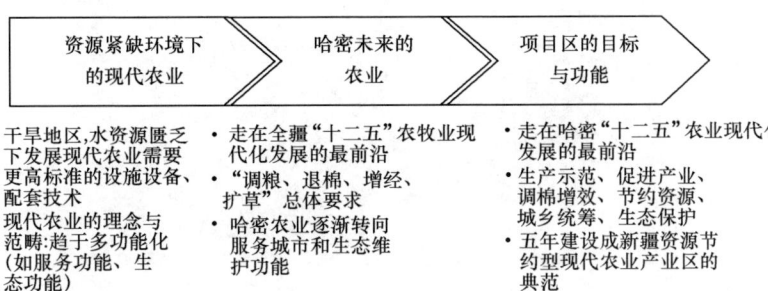

图 6-19　哈密农业园区战略定位

（四）空间布局

为了更好地落实园区试验示范、技术培训等功能，将哈密现代农业园区总体规划为现代农业核心休闲区（核心区）、现代农业产业区和富民安居生活区三部分，如图 6-20 所示。

现代农业核心休闲区作为哈密现代农业园区的核心区，现代农业产业区作为现代农业核心休闲的辐射区，哈密地区和哈密市其他乡镇的农业产业发展区作为哈密现代农业园区的带动区，形成"三级联动"，最终实现全面提升。

1. 现代农业园区核心区

现代农业园区核心区以

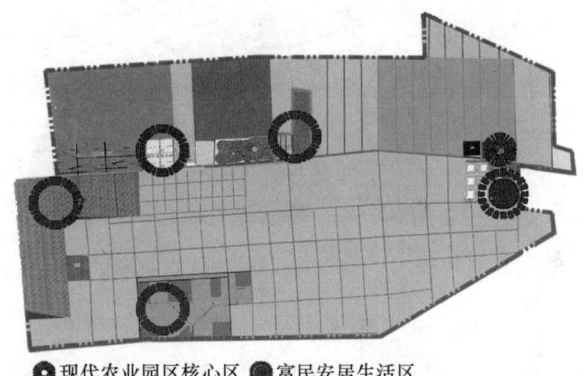

图 6-20　现代农业园区项目布局图

"现代农业发展之门"的形象为主题意向，进行规划设计。以通过核心区的示范展示推广作用，带动现代农业产业区走上"跨越式发展之路"。主要分为综合管理服务区、观光休闲体验区、优新苗木繁育区和新雅精品酒庄四个区（图 6-21）。

2. 现代农业产业区

现代农业产业区分两个层次，即产业先导区和产业标准区。产业先导区作为现代农业产业发展的先行区，优先发展，发挥示范带动作用，主要包括大枣产业先导区和设施农业先导区；产业标准区是园区的主要生产区，包括大枣矮化密植高产园、设施农业生产示范园、现代畜牧养殖综合园和农副产品综合交易市场等（图6-22）。

图6-21　现代农业园区核心区总体规划图

图6-22　现代农业园区核心区总体规划图

3. 富民安居生活区

富民安居生活区包括白石头牧场搬迁点、柳树沟乡搬迁点、富民社区和安居社区。本规划仅对富民安居生活区的位置进行表述，不做为具体规划内容。

五、发展策略

该规划案例属于以特色资源导向为动力的农业发展模式，比较特殊的是该特色资源不是对农业有促进意义和带动作用的优势资源，而是属于具有限制性的劣势因素，即水资源的匮乏。因此，在哈密现代农业园区规划的过程中，最终的因素是水资源的有效高效利用，其次才是农业的发展、现代农业的功能拓展。

（一）水资源持续利用策略

根据园区水资源紧缺的现状，结合园区的产业和发展方向，提出水资源持续利用五大策略，具体内容如下所示：

（1）完善基础设施设备，开展设施设备操作使用的培训、加强节水设施设备的配套和管理、逐步实现全自动化节水灌溉。

（2）落实统一科学的灌溉制度，通过专家制定，园区管委会和农场主参与的方式，完善大枣定额灌溉制度操作细则，确保灌溉制度的落实。

（3）建立标准化灌溉示范田，由政府机构和园区管委会主导，科研单位辅助建设实施，农户积极参与学习，示范带动标准化灌溉。

（4）用经济的手段鼓励节约灌溉，建立经济鼓励补贴，建立节水监督评价体系，完善梯度水价制度等手段，推动农户对节水灌溉的重视。

（5）普及节水重要性与相关节水知识，组织举办世界节水日宣传策划、节水主题农业节庆活动、节水设施设备推广宣传会等多样化的活动。

针对园区建设需求，规划提出了水资源可持续利用模式图（图6-23），并在核心区建设"节水试验示范展示园"，让农户"看得见、学得会"。

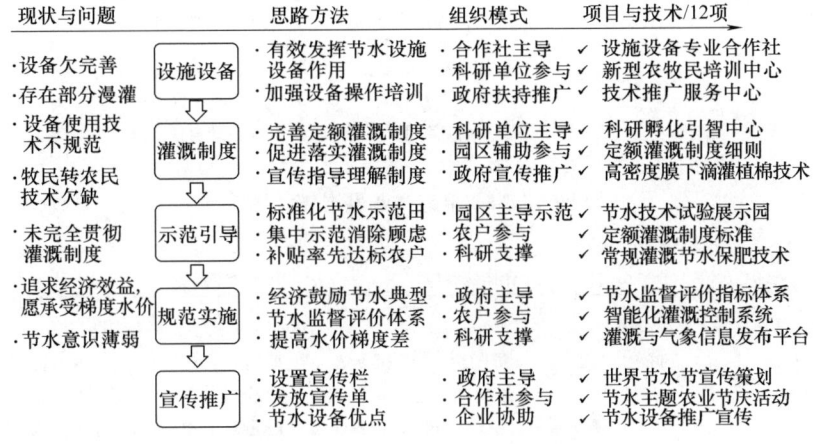

图6-23 水资源可持续利用模式图

（二）设施农业健康发展策略

依靠科技进步，发展无公害、无污染的绿色蔬菜基地，建设哈密市菜篮子；控制常规蔬菜的生产量，引进特色品种，储备发展瓜果产业（图6-24）。

提高采后清洗、分级和包装等商品化处理程度，推行净菜和高档礼品菜上市，提高产品的附加值。

改进加工工艺、更新机械设备，加快发展具有出口潜力的速冻菜、脱水菜、蔬菜汁、蔬菜脆片以及膨化蔬菜和保健蔬菜等，开发野生蔬菜资源。

依托合作社或者涉农服务企业建立"五统一"果蔬发展模式，即"统一种苗，统购农资，统一生产标准，统一采后加工，统一销售"，加强组织培训和专职技术指导服务，掌握定价权，保障菜农收益。

（三）大枣产业快速发展策略

基于当地枣农的生产现状，未来大枣产业主要在以下六个方面做提升（图6-25）。

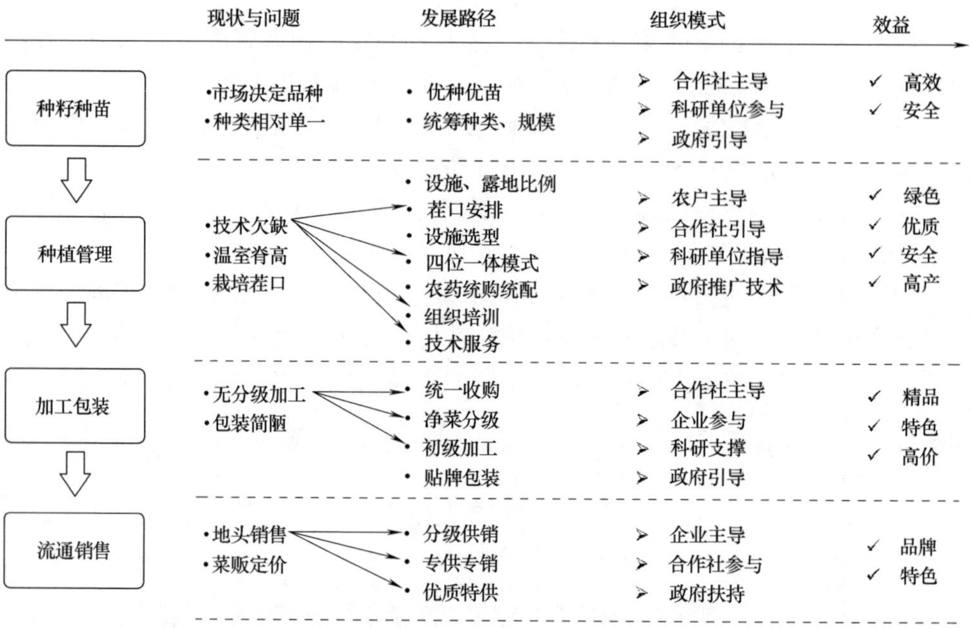
现状与问题
发展路径
组织模式
效益
种籽种苗
•市场决定品种
•种类相对单一
• 优种优苗
• 统筹种类、规模
➢ 合作社主导
➢ 科研单位参与
➢ 政府引导
✓ 高效
✓ 安全
种植管理
•技术欠缺
•温室脊高
•栽培茬口
• 设施、露地比例
• 茬口安排
• 设施选型
• 四位一体模式
• 农药统购统配
• 组织培训
• 技术服务
➢ 农户主导
➢ 合作社引导
➢ 科研单位指导
➢ 政府推广技术
✓ 绿色
✓ 优质
✓ 安全
✓ 高产
加工包装
•无分级加工
•包装简陋
• 统一收购
• 净菜分级
• 初级加工
• 贴牌包装
➢ 合作社主导
➢ 企业参与
➢ 科研支撑
➢ 政府引导
✓ 精品
✓ 特色
✓ 高价
流通销售
•地头销售
•菜贩定价
• 分级供销
• 专供专销
• 优质特供
➢ 企业主导
➢ 合作社参与
➢ 政府扶持
✓ 品牌
✓ 特色

图 6－24　果蔬产业发展模式图

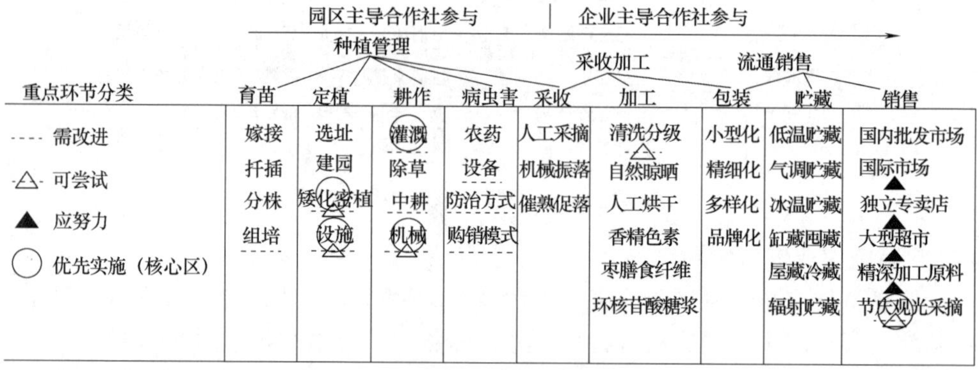
园区主导合作社参与
企业主导合作社参与
种植管理
采收加工
流通销售
重点环节分类
育苗
定植
耕作
病虫害
采收
加工
包装
贮藏
销售
需改进
可尝试
应努力
优先实施（核心区）
嫁接
扦插
分株
组培
选址
建园
矮化密植
设施
灌溉
除草
中耕
机械
农药
设备
防治方式
购销模式
人工采摘
机械振落
催熟促落
清洗分级
自然晾晒
人工烘干
香精色素
枣膳食纤维
环核苷酸糖浆
小型化
精细化
多样化
品牌化
低温贮藏
气调贮藏
冰温贮藏
缸藏囤藏
屋藏冷藏
辐射贮藏
国内批发市场
国际市场
独立专卖店
大型超市
精深加工原料
节庆观光采摘

图 6－25　大枣产业发展模式图

（1）示范科学的生产管理流程，重点生产环节专业化外包（如花期喷水、开甲环剥等）。

（2）按照灌溉制度贯彻落实科学灌水技术流程。

（3）调整矮化密植模式，以适合盛果期机械化操作，试验反季节设施栽培。

（4）尝试引入/建设分级包装加工生产线。

（5）与加工企业需求结合，组培优良苗木，合理配置鲜食、干制品种比例。

（6）与加工企业深度合作，增加产地品牌意识。

（四）园区建设部署

项目部署这一块主要分为两个部分，即现代农业核心休闲区（核心区）和现代农业产业区（产业区）（图6-26）。

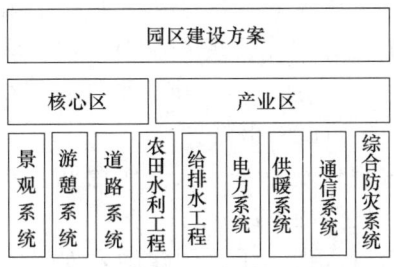

图6-26 园区建设模式示意图

1. 核心区建设方案

核心区占地28hm^2，主要承担着试验示范、推广培训，展示展销、辐射带动，休闲观光、体验互动，科普教育、文化传承的功能。主要项目共包括综合管理服务区、都市农业体验区、优良品种选育区、现代农业展示区，共计17个子项目。

2. 产业区建设方案

产业区占地4866.67hm^2，主要包括大枣矮化密植高产园、设施农业生产示范园、现代畜牧养殖综合园、农副产品综合交易市场这四大分区，共计16个子项目。在每个分区都设置了核心园项目，引领驱动产业发展，例如大枣矮化密植先导园、设施农业科技示范园等。

3. 专项规划建设方案

在园区建设中主要包括景观系统、游憩系统、道路系统、农田水利工程、给排水工程、电力系统、供暖系统、通信系统、综合防灾系统。限于篇幅，不再详述。

第六节 海南乐东：海南尖峰热带农业风情园规划（2011—2020年）

一、项目背景

2010年6月8日国家发改委正式批复了《海南国际旅游岛规划纲要》。2011年3月海南省发布了《海南省国民经济和社会发展第十二个五年规划纲要》（2011—2015年）。依据《海南国际旅游岛规划纲要》及其他主要相关上位规划及政策确定了海南国际旅游岛建设重点发展酒店住宿、文体娱乐、养生休闲、商业餐饮等产业。

2011年8月19日，从农业部传来好消息：海南乐东黎族自治县正式被认定为国家现代农业示范区。乐东也因此成为海南省唯一获得首批创建国家现代农业示范区的市县。

国家现代农业示范区是国家农业部今年开始在全国范围内组织开展的一项工作，是我国在有条件的地方率先实现农业现代化、梯度推进我国现代农业发展的重要举措。全国共有50个县（区、市、垦区）获得认定，乐东是海南省唯一获得首批国家现代农业示范区的市县。

按照农业部关于国家现代农业示范区创建意见，未来5年，乐东农业产值和农民人均纯收入年均增长保持8%以上。

海南省农业厅有关负责人说，乐东创建国家现代农业示范区，不仅加快乐东现代农业发展步伐，还将推动全省农业从传统向现代转变。乐东黎族自治县依托独特的自然景观资源与黎族文化特色，提出规划建设"海南尖峰热带农业风情园"项目，推动特色农业与旅游相结合的新思路。项目选址在乐东黎族自治县尖峰镇与黄流镇的交界区域。充分发挥黎寨文化和国家现代农业示范区优势，保护性开发黎族文化。

乐东黎族自治县位于海南省西南部，东南与三亚市毗邻，西北靠海南新兴工业城东方市。全县国土面积2763.2km^2，海域面积1726.8km^2。全县人口53万人，其中少数民族23万人。

乐东自然条件优越，资源丰富。农业资源、矿产资源、海产资源、旅游资源、人文艺术资源、地理区位等优势明显。

规划面积约0.6万hm^2，东北至国家热带森林公园尖峰岭山脚，西侧以西线高速为界，南至西线高速黄流镇入口。

项目规划期限为十年，近期规划期限2011—2015年，中远期规划期限2016—2020年。

二、基本概况

规划区位于尖峰镇、黄流镇及佛罗镇交界区域，资源丰富，具有良好的自然环境资源及浓厚人文艺术资源。乐东区位优势明显，地理位置优越，交通方便，南靠三亚，北靠东方，有粤海铁路、西线高速公路（环岛西线）贯通，且靠近三亚港口、八所港口和三亚凤凰国际机场，有正待开发利用的岭头天然避风渔港，海、陆、空运都很方便。海南西线高速公路G98、国道G225海榆西线和海南西环铁路从规划区西侧经过。海南西环高铁规划2014年建成通车，西环高铁设有尖峰站。至龙沐湾旅游开发区的道路正规划修建中，规划2012年通车，规划区内道路路网基本形成（图6-27）。

传统黎族建筑材料以竹木材料为主，建筑造型如船形，现在村落内黎族原著建筑已基本消失，主要是现代钢筋水泥建筑。但由于经济发展相对落后，部

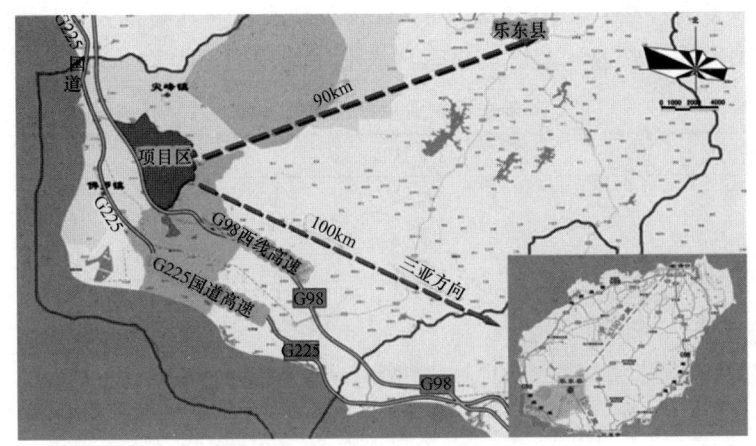

图 6-27　乐东县区位交通图

分村落仍然保持了小部分黎族建筑,但建筑破旧,环境脏乱。

乐东农历三月初三为黎族节,当地政府已把每年的三月三日定为重大节庆活动;大安镇曾荣获"中国民间剪纸艺术之乡"称号,黄流镇被国家文化部命名为"中国民间花灯之乡";千家镇、志仲镇被国家文化部定为"海南黎族传统棉纺、麻纺工艺保护工程试点单位"和"非物质文化遗产保护项目";崖州民歌被确定为国家第二批"非物质文化遗产保护项目"。

规划区的海拔分布为 16.7~165.1m,东北侧沿尖峰岭山脉,从西向东海拔逐渐升高,南侧有卧龙岭,海拔较高。坡度分布为 0°~28°,整体地形较为平缓,大部分主要集中在 5°以下,25°以上的坡度极少,主要分布南部卧龙岭地带,地形较陡峭。全县有八条水系,大小河溪纵横,区内及其周边共有水库 6 个,河流 2 条,雨季水资源较为丰富,春冬季河流水流量较少,生产、生活主要依靠地下水资源。

年平均温度 23~25℃,年降水量 1400~1800mm,光照充足,热量丰富,雨量充沛,轻风无霜,农作物一年可三熟,发展香蕉、反季节瓜菜和南繁育种得天独厚。全县土地面积 27.48 万 hm^2,土质肥沃,现已利用的农业用地约为 15 万 hm^2,尚有大量土地可供开发利用。乐东黎族自治县农业人口 38.7 万人。全县农业用地 24.77 万 hm^2,占县域总面积 89.6%,其构成为耕地 5.58 万 hm^2、园地 2.71 万 hm^2、林地 15.29 万 hm^2。

2010 年粮食作物播种面积 3.33 万 hm^2,瓜菜种植面积 2.13 万 hm^2,香蕉种植面积 1 万 hm^2,民营橡胶 1.73 万 hm^2,大棚哈密瓜 0.23 万 hm^2,木瓜 0.23 万 hm^2,热带花卉 0.07 万 hm^2。全年实现农业总产值 38.9 亿元,同比增长 28.53%。乐东农民人均纯收入 4805 元,同比增长 15.6%。

2008 年 4 月 8 日,胡锦涛同志在视察时充分肯定了乐东黎族自治县热带特色现代农业发展成绩。2010年8月19日乐东黎族自治县被正式认定为海南省唯一的首批国家现代农业示范区。乐东县农业用地规模及类型（表6-7）。

表6-7　　　　　　　　　　乐东县农业用地规模及类型

土地类型	面积/万 hm^2	占比/%
耕地	5.58	22.5
其中：基本农田	4.94	19.9
园地	2.71	10.9
林地	15.29	61.8
其中：生态林地	14.64	59.1
牧草地	0.0023	0.01
水域	1.18	4.8
农业用地	24.77	100

目前，海南省优势农产品分东部、中部、北部及西南部四个产业带。

三、分析研究模型技术

在项目的推进过程中，根据分析的思路与方法首先项目尺度比较大，也按照一个园区来规划，在产业布局上也遇见了很大问题，如产业的空间布局，内部的链接路网设置。由于没有特别准确的地形图，所以很多地方我们都采用以现状路网来串联当中的主要与次要节点。

在方案的规划过程中，涉及规划区内部的高程问题，经过部门之间的互相协作，以GIS等软件模拟出地形地貌等高程特征，并以全面、权威、数据支撑等的事实的依据来表现出规划区内部的高程等特征。

产业布局主要以"一心一寨八园"和"十大特色村"来进行推进与设定，也恰好融合整个乐东县的产业布局，与特色旅游文化相结合。

规划区已有40个33.33hm^2以上的规模种植园，汇集约15种热带特色水果及作物。香蕉、杧果、木瓜、菠萝、槟榔、莲雾、杨桃、热带花卉等都已形成一定规模，结合表6-8海南六种优势农产品产业带分布和乐东自身特点，对规划区热带水果现状分析如下：

表6-8　　　　　　　　　海南六种优势农产品产业带分布

产业带	优势农产品	市县
东部产业带	椰子、槟榔、胡椒	万宁、文昌、屯昌和定安
中部产业带	橡胶	儋州、白沙、琼中、五指山和保亭
北部产业带	香蕉	海口、澄迈和临高
西南部产业带	杧果、香蕉、椰子、槟榔	陵水、三亚、乐东、东方和昌江

海南省优势农产品分东部、中部、北部及西南部四个产业带，其中乐东黎族自治县位于海南省西部产业带，优势农产品主要有杧果、香蕉、椰子、槟榔等。根据上述乐东黎族自治县热带水果业的分析香蕉、杧果、木瓜、龙眼是乐东黎族自治县发展优势产业及重点发展产业，热带花卉产业发展势头强劲，并已形成一定规模优势，结合规划区实际情况与以上分析，香蕉、杧果、菠萝、槟榔、木瓜、龙眼可选作为优先发展产业。如表6-9所示，规划区热带水果一年中的花期和果期较集中，从规划区整体考虑，增加热带花卉产业作为农业旅游资源要素，以弥补规划区热带水果在无花无果期的景观空缺。

表6-9　　　　　　　　　规划区主要水果生长期

种类	花期	果期
香蕉	3~5月	春蕉2~6月；7；6月夏秋蕉
杧果	12月至次年2月	3~4月
菠萝	2~4月	5~7月
木瓜		常年开花结果
龙眼	3~4月	7~8月
火龙果	每年可开花12~15次	4~11月为产果期，谢花后30~40d果实成熟
槟榔	每年开花两次，3~8月，冬花不结果	8~12月
菠萝蜜	每年2月起开花，花期为5个月	6~12月
莲雾	一年两次果，12月，5月	1~2月，7~8月
杨桃	一年四季交替互生，但以7月开花，秋分果熟最佳	

香蕉、杧果产业是规划区的主导产业，因此规划区热带水果产业面临问题主要以香蕉、杧果产业面临的问题为代表，借鉴国内外香蕉、杧果产业发展经验，结合规划区内产业发展现状情况，分析规划区内香蕉产业与杧果产业分别面临的主要问题，总结香蕉、杧果产业面临问题的共性点，判断规划区内热带水果业面临的主要问题，找出解决主要问题的办法，以及解决问题的同时可以延伸发展的一些旅游项目。

香蕉产业主要面临以下几点发展瓶颈：
（1）科技创新能力不强，集成度不高；
（2）采后保鲜、包装条件落后；
（3）人工成本日趋高涨，专业机械化发展滞后；
（4）标准化栽培普及率低，基础设施建设滞后；
（5）以分散种植为主，难以形成稳定、持续的货源；
（6）产业组织化程度较低，产品竞争力弱。

杧果产业面临以下几点发展瓶颈：
（1）组织化程度和标准化生产水平有待提高，龙头企业数量少；

(2) 采后处理、保鲜技术滞后，贮藏设施少，产品质量优劣不齐；
(3) 不重视采后包装，采后商品化处理落后，优质不优价；
(4) 加工企业少，以鲜销为主，受自然灾害与市场影响损失大；
(5) 缺乏信誉度高的品牌，市场竞争力不强；
(6) 芒果产业信息化程度低，出口少。

通过以上分析总结出香蕉、杧果产业面临的主要共同问题、发展对策与可延伸旅游项目，如图6-28。

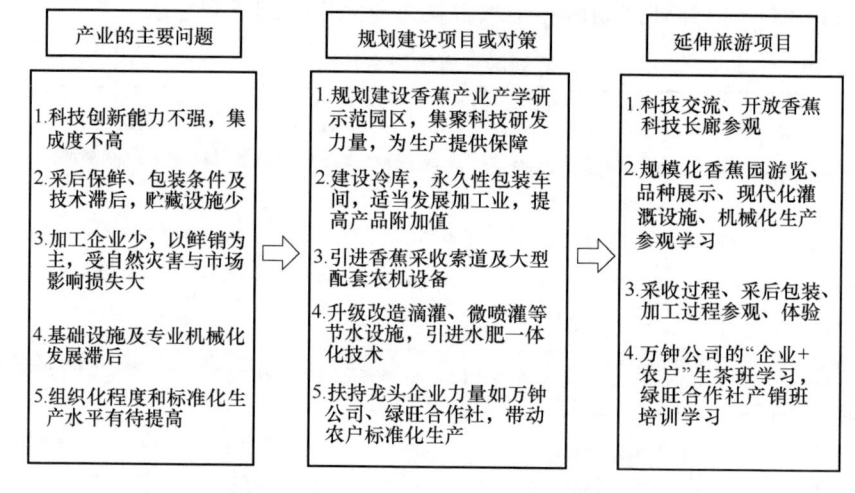

图6-28 产业问题、对策及延伸项目示意图

热带水果产业环节包括前期品种技术研究，即种苗繁育环节、种植环节、加工环节及销售市场环节，目前规划区内热带水果产业加工环节较为薄弱，基本以鲜销为主，且采后保鲜、包装条件技术滞后，商品化处理率比较低，产品附加值较低。此外，在种苗环节与种植环节，也缺乏科技力量与规范化管理，因此，从产业链环节考虑，应着重加强加工环节的发展，以及种苗环节、种植环节的科技、管理力量，热带水果产业链构建示意图如图6-29所示。

依据热带水果产业的各个生产环节，以热带农业产业为基础，可以拓展开发多种类型的农业旅游项目。在种苗阶段，可以拓展科普教育、种苗认养等活动，在生产阶段，可以开展果品采摘、标准化生产技术示范等活动，在农产品加工阶段，可以延伸加工食品安全科普、初级加工体验以及产品定制等活动，同时在此基础上，还可以延伸开发水果餐饮、园艺养生、水果保健，以及利用周边水系、山系等环境资源，开展水上活动、空中活动等，生产阶段延伸项目示意图，如图6-30所示。

规划区规划建设七大热带水果主题园与幸福花卉主题园，针对热带水果与热带花卉，可以开展多样性农业旅游项目，如科普教育、休闲观光、农事体验等，热带水果主题园可以开展果地认养、田间活动、水果饮食制作等多种活动，

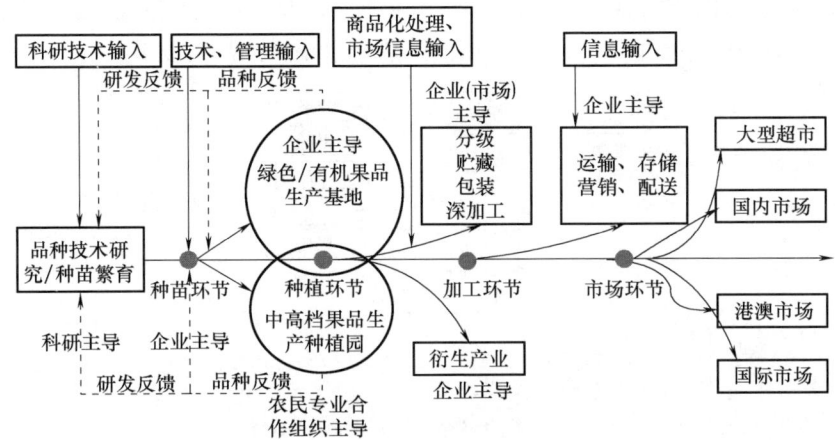

图 6-29 热带水果产业链构建示意图

热带幸福花卉主题园可以开展婚纱摄影、花卉展等活动,产业延伸项目示意图如图 6-31 所示。

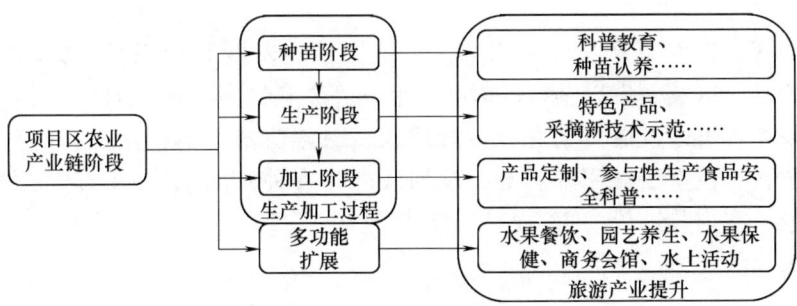

图 6-30 生产阶段延伸项目示意图

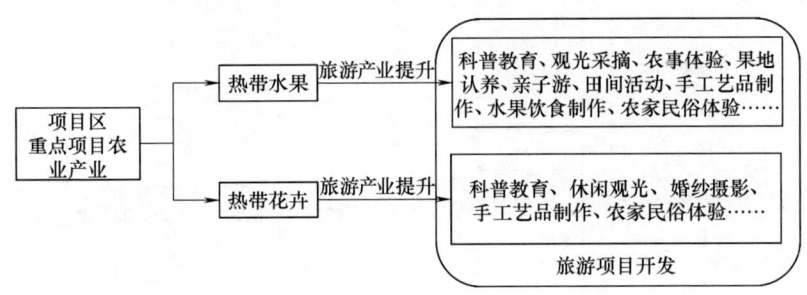

图 6-31 产业延伸项目示意图

热带果树产业不仅有鲜果产品,通过粗加工或深加工业,可以发展果脯、饮料、果酒、化妆品、医用保健品等多种加工产品。加工产品的下脚料可以作为有机肥料、饲料循环利用,热带水果的果皮也可以加工为果胶、中药材、燃料等,树茎或树叶也可以作为有机肥料、或加工为饲料以及一些纺织品使用，规划区热带水果产品示意图见图6-32。借鉴国内外热带水果产品加工发展趋势。

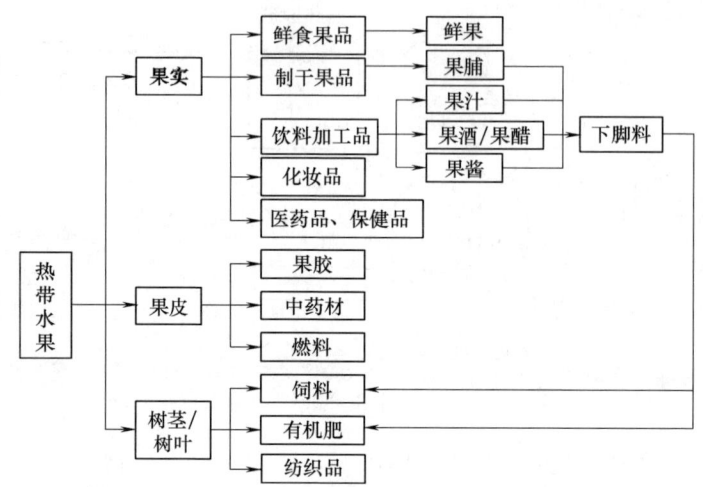

图6-32　规划区热带水果产品示意图

规划区热带水果产品以鲜果为主，近期适当发展制干果品、饮料加工品、纤维纺织品，以及研发以茎秆、树叶、果皮等废弃物为原料的饲料产品。

热带花卉可以发展鲜切花、盆栽植物、绿化苗木等多种产品，同时也可以加工为香料、色素、食用辅料等，规划区内花卉种植面积较小，产品主要以盆花、盆景、室内装饰等为主，产品示意图见图6-33。

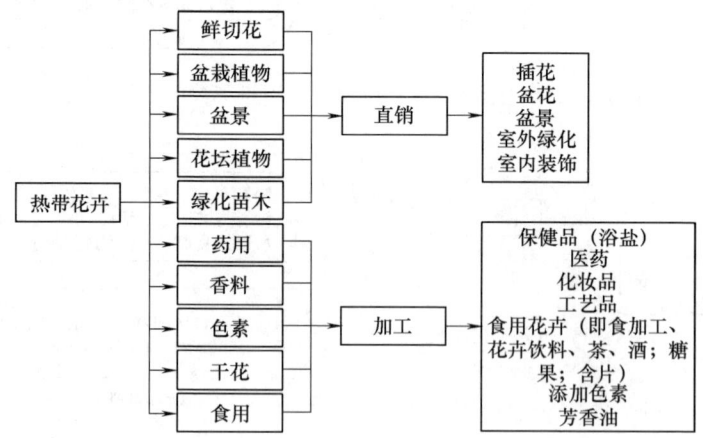

图6-33　规划区热带花卉产品示意图

依据规划区良好农业产业基础，以香蕉产业产学研示范园区的科研力量为依托，重点发展以香蕉、杧果为主的热带水果业，积极培育菠萝、龙眼、木瓜、槟榔、热带花卉产业，有序引导莲雾、杨桃、火龙果、菠萝蜜等热带果业，优化产业布局，规范生产管理，以绿色、有机为产品发展方向，满足市场高档产品需求，同时大力推进热带水果加工业的发展，发展产品多样性与增强市场风险抵抗力。

以农业为基底，快速推进农业旅游业，利用规划区各种热带农产品的优势与特征，开发各种特色旅游项目、服务、产品，"以农促旅"，增加农民收入、改善农村面貌、促进农业发展。

四、目标定位及布局

在海南国际旅游岛建设大背景下，借助建设政策及政府引导支持下，利用规划区的自然地缘优势，将热带农业文化作为休闲旅游全力打造，并将乐东两千年黎族文化元素融入其中，将规划区建设成集海南热带现代农业生产、海南乡土文化风貌、海南热带农业休闲为一体的热带农业风情园，以此引领乐东乃至海南岛农业旅游业的跨越式发展。

力争通过3~5年的努力，将规划区建设成为能集中体现海南热带农业产业发展方向的现代农业区，融入黎族文化，发展独具乐东特色的农业旅游，培育区域旅游产品的品牌知名度，成为海南热带农业休闲旅游的标杆。在完善基础设施和市场知名度建设的基础上，发展以养生健康理念为核心的休闲产业，力争在5~8年内，率先将规划区建设成为环境优美，生态健康，省内一流，全国知名的热带农业休闲区（图6-34）。

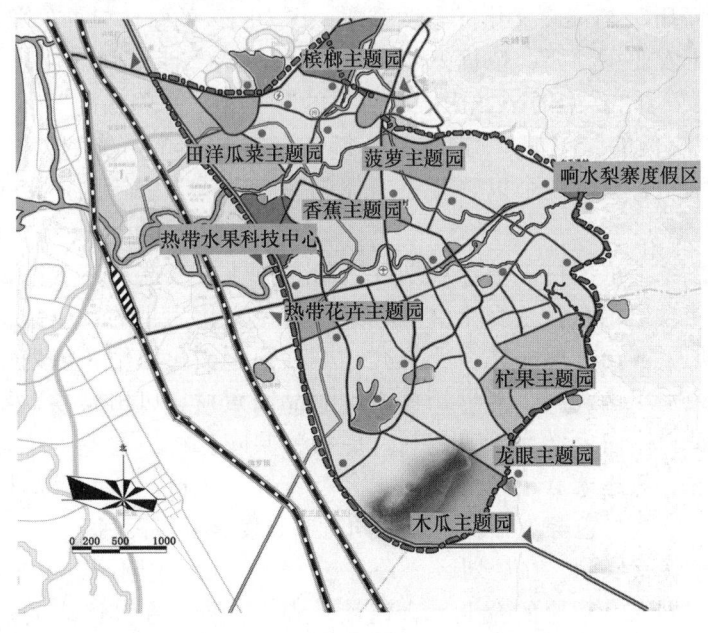

图6-34　乐东区规划项目布局图

五、策略项目

目前，海南旅游休闲业处于初期阶段即观光旅游阶段，具体特点表现为景点的走马观花、自然景观与粗放式旅游地产的特征、一次性消费游客为主，而处于休闲旅游成熟阶段的夏威夷、台湾、马尔代夫等岛国或岛屿具体特点表现为旅游形式以体验与休闲为主、自然景观与不可复制的人文体验生活，如夏威夷草裙舞、原著风情，游客回头率高。

借鉴国内外成功旅游岛区的发展经验，总结海南国际旅游岛发展需要具备三个主要旅游要素，即自然景观的基础保护、原著民族文化的吸引、旅游服务产品的支撑，旅游服务产品是旅游区的重要经济增长点，而乐东黎族自治县具备成熟旅游区的几大基本要素，即"山、海、田"多样性自然景观要素、丰富的原著黎族文化、丰盛的热带农产品。从外部看海南岛旅游业的发展是走自然景观旅游带动农业旅游、农业旅游依附于海南旅游发展的道路，但是从海南内部看乐东旅游业的发展，乐东黎族自治县作为海南省唯一的国家级现代农业示范区，势必引领海南省农业发展方向，它具有海南省最丰富的农业资源，将以热带农业促进休闲旅游业的发展，走热带农业休闲旅游带动海南西线旅游的发展之路。

打造"一心、一寨、八大主题公园及多个特色热带农园"热带水果科技中心主要起到研发、咨询、导游、接待、科普教育、展销等一系列作用。在入口处打造"山海田"与黎族文化标志性雕塑，作为园区的整体对外形象。

八大热带农业主题园，依据八大主题各自产品特性，以"快乐的"香蕉、"运动的"菠萝、"养生的"龙眼、"活力的"杧果、"养颜的"木瓜、"幸福的"花园、"保健的"槟榔、"热情的"椰子为各主题园中心思想，定期举办各种水果主题活动，打造一个以"生态、休闲、健康"为宗旨的热带风情休闲养生度假地。

十大特色乡土浓情村，结合规划区内新农村建设改造，逐步完善村子基础设施建设，建设集乐东特色乡土文化、黎族特色文化为主的乡土浓情村，使游客更为深刻地了解与体验乐东乡土文化、黎族原著文化风情，规划特色乡土浓情村包括山道手工南药村、老邢田旅游纪念品商贸村、凤田黎族歌舞村、翁眉乡土建筑风情村、白毛洋剪纸工艺村、眉报黎族陶艺村、老罗编织工艺村、长田黎锦工艺村、新建黎族山兰酒香村、高圆花灯工艺村。十大村落村以各自建筑、工艺品、饮食特色等为开发重点，同时适当发展乡村民宿。

多个特色热带农园，在规划区"一心、一寨、八大主题园"发展的基础上，鼓励并带动规划区有意愿的企业、合作社及农户，自主在其已有的热带水果园基础上开展农业休闲旅游，如莲雾园、火龙果园、杨桃园、腰果园、蜜瓜园、金钱树园等，结合不同的水果特性开展园区各种观光、采摘等各种体验项目，充分发挥园区的热带水果品种特色，吸引及丰富游客的休闲之旅。

第七节　西藏左贡：左贡县葡萄产业示范园总体规划（2013—2020年）

一、项目背景

　　西藏的农牧业生产，在全自治区国民经济中占有重要的位置。2010年中共中央国务院召开第五次西藏工作座谈会，开启了走有中国特色、西藏特点发展路子的新征程，会议提出：推进西藏跨越式发展，要更加注重改善农牧民生产生活条件，并要把西藏建设成为重要的高原特色农产品基地。《西藏自治区"十二五"时期国民经济和社会发展规划纲要》明确提出：以实施"一产上水平、二产抓重点、三产大发展"的经济发展战略、加快转变经济发展方式为主线，坚持从区情出发，充分发挥自身优势和潜力，推进产业结构优化升级，促进全面、协调、可持续发展。

　　昌都地区位于西藏东部，是西藏的东大门。昌都作为西藏自治区以农牧业为主导的典型地区，大力改善农牧民生活条件成为政府的当务之急。《昌都地区国民经济和社会发展第十二个五年规划及2020年远景目标纲要》提出"强农固本战略"，强调要发挥农牧区的比较优势，促进农牧民从相互贸易中获益，以发挥农牧业特色产业促进农牧民增收。

　　左贡县位于昌都地区东南部，地处两江一河流域（怒江、澜沧江、玉曲河）。《左贡县农牧业发展"十二五"规划》提出立足于玉曲河、怒江、澜沧江流域不同的地理气候与物产资源，按照区域化、规模化、产业化的发展方向，逐步形成五大特色经济区，其中包括以东坝乡、中林卡乡、下林卡乡和绕金乡为主的怒江流域特色经济果品区。

　　左贡县人民政府充分发挥自身优势和潜力，提出大力打造万亩葡萄产业园的规划，以期推动左贡县葡萄的产业化发展，加快推动左贡县一产上水平，提高促进农民增收的同时为西藏地区特色林果业的发展开辟一条新的道路。

　　在此背景下，受西藏自治区左贡县人民政府委托，中国农业大学农业规划科学研究所主持完成本次规划，以科学指导示范园的建设与运营。

二、基本情况

（一）区位交通条件

　　左贡县位于西藏自治区东南部，地处他念他翁山和伯舒拉岭南段，北纬29°40′，东经97°50′，北靠察雅，东依芒康，南接云南德钦，西与察隅、八宿相连；318、214国道横贯全境，具有承东启西、联结南北的区位之便，是历代商贾由茶马古道进出西藏的必经之地。项目区位于左贡县，涉及中林卡乡和下林卡乡两个乡镇；海拔在2600~2700m。项目区内的道路多为砂石路，依山而建路面比较窄。

（二）自然资源条件

1. 气候特征

左贡县属高原温带半干旱气候。降水分布不均匀，夏季降水集中，冬春季气候干燥寒冷。年平均气温为4.2℃，1月平均气温为6.7℃，7月平均气温为13.2℃，日平均气温5℃以上持续时间为176d，日平均气温0℃以上持续时间220d。年日照时数2186h，年太阳总辐射量588kJ/cm^2。

2. 地形土壤

左贡县地势北高南低，海拔最高为3780m，全县平均海拔3750m；项目区海拔在2600~2700m，土壤砂石化严重，肥力比较低，属半农半牧乡。

3. 水资源

左贡县平均年降水量为405mm，全县处于"两江一河"流域内，怒江、澜沧江、玉曲河由北向南呈"川"字型纵贯全境，大小湖泊共78个，总储水量约536万m^3，水资源十分丰富，且盛产多种高原淡水鱼。

项目区夏季6、7、8三个月降雨最多，且雨水比较湍急易造成山体滑坡；项目区内有怒江、玉曲河支流水系；中林卡乡中建有一发电站，相配套的有引水渠、泄水渠、集水池等。

（三）社会经济条件

1. 社会环境

左贡县幅员12750km^2，2011年全县总人口44890人，其中农业人口38013人，牧业人口4929人，非农业人口1948人，农牧业人口占总人口的95.7%。乡村农业从业人员比例大，但当地农牧业专业技术人才队伍匮乏现象比较突出，培养、引进、留住人才及稳定农牧业基层干部队伍面临巨大困难。

2. 社会经济

左贡县2011年实现地区生产总值46612万元，其中一产占28.4%，第二和第三产业产值比重分别是23.9%和47.7%。2011年左贡县农牧民人均纯收入4092元，远低于国家6977元的平均水平。从收入构成分析，2011年左贡县年农民总收入185万元，其中家庭经营性收入150.6万元，对农民的收入贡献率达到了81%，收入结构以家庭经营性收入为主。

（四）左贡县葡萄产业发展现状

左贡拥有着丰富的野生葡萄资源，是中国野生红葡萄之乡，该地区独有的一种野生葡萄称之为黑珍珠，乃于18世纪中叶由法国传教士带入西藏，而如今该品种在法国当地已经绝种，当地人用它来酿造葡萄酒已有300多年的历史。

全县现有野生葡萄2万株左右，年产葡萄在100t以上，野生葡萄树主要攀附在核桃等灌木上，生长处于原始状态，大部分植株的树龄在 20 年以上，该区域的葡萄是生产优质葡萄酒的上乘原料，在全国都是少有的成片野生葡萄群。但目前没有形成规模化、标准化种植。

左贡县农户自酿葡萄酒的历史悠久，葡萄酒文化源远流长。1998 年在县城建立西藏地区唯一一家葡萄酒厂，开始对野生葡萄开发，生产出了左贡纯天然"藏东"干红葡萄酒，其色泽红润、口感清爽，营养价值高，品质达到国家优质葡萄酒生产要求。

三、分析研究模型与技术

（一）建设园区的 SWOT 分析

左贡拥有着丰富的野生葡萄资源，葡萄酒文化源远流长；青藏雪域高原环境和独特的怒江河谷资源有利于塑造高原葡萄独特灵气和风格；左贡高原葡萄酒拥有西藏独特的历史文化品牌资源优势；葡萄酒在西藏地区的市场空间较大。

示范园位于左贡县中林卡乡，区位较远，交通不便，运输成本相对较大；新建园区基础建设难度大，资金占用量大，加大开发难度；示范园所在地左贡县葡萄产业基础薄弱，技术人才缺乏，示范园高效运转难度大。

国家、自治区和地区行署各级政府对农牧业发展极其重视；国家《轻工业调整和振兴规划》及《国家葡萄酒十二五规划》等葡萄产业规划为葡萄酒行业提升产业水平，保障质量安全，实现健康有序发展提供了指导，给葡萄酒产业带来新的发展机遇；葡萄酒消费需求旺盛，葡萄产业正处在生命周期的上升阶段；实施西部大开发战略及昌都地区的投资环境，将有利于资金、技术和设备的引入。

目前国内葡萄酒行业竞争激烈，左贡县如何成功地应用地域文化优势来寻找卖点，在众多产品中将西藏高原特有的葡萄酒推向市场，建立自己的营销策略与模式仍有较大挑战。

（二）定位分析

为促进左贡县万亩葡萄产业示范园的发展，本规划从战略定位、产业定位、功能定位、市场定位等四个维度对园区进行定位研究。从昌都地区和藏东地区经济的发展层面进行战略定位；从左贡县的县域经济发展层面上进行产业定位；从左贡县万亩葡萄产业示范园的发展对区域社会和经济的带动作用进行功能定位；从西藏本地消费和内地市场进行市场定位。

（三）模式研究

西藏左贡县万亩葡萄产业示范园发展将采用"GET 模式"，即"葡萄产业（Grape Industry）+ 生态小镇（Eco - town）+ 旅游景区（Tourist attractions）"（图 6 - 35）。

以涵盖葡萄生产、加工等环节的葡萄产业为核心驱动，整合基础种植、农

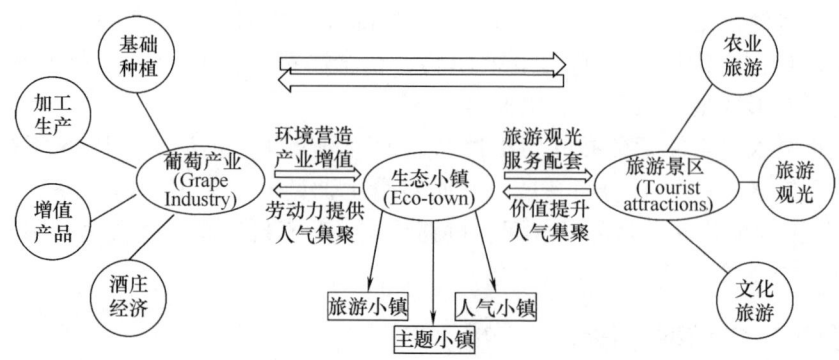

图 6-35 西藏左贡县万亩葡萄产业示范园发展模式图

产品加工、葡萄增值产品及高端葡萄酒产品；利用经济驱动优势，联动旅游景区建设，整合开发葡萄种植区的农业生产、若巴遗址等历史遗迹、藏区民族建筑景观、藏族民族风俗体验，形成独特旅游吸引力，在改善旅游地服务配套设施上，形成生态环境良好、产业形式多样、地域民族特色鲜明的生态宜居小镇，最终打造以西藏文化特色和葡萄酒产业基础的"美丽乡村、生态小镇"。

示范园的开发要通过合理的规划和核心区建设发展，提升区域价值实现持续盈利，逐步构建以葡萄产业为主的符合市场的多元的、灵活的、有序发展的产业，塑造葡萄酒品牌，后期引进企业和资金做到资本运营。具体的开发模式见图 6-36。

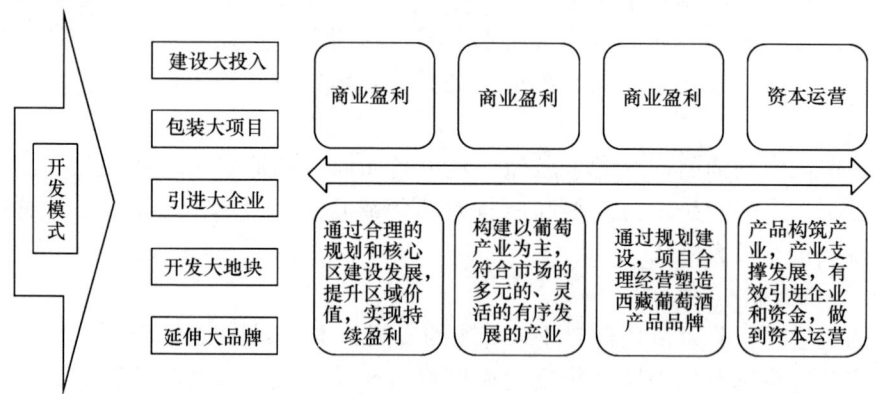

图 6-36 西藏左贡县万亩葡萄产业示范园开发模式图

四、目标定位

（一）指导思想

深入贯彻落实科学发展观，按照自治区"提升一产、壮大二产、做强三产""着力建设特色优势产业大区，努力将资源优势转化为经济优势"的农牧业发展战略,坚持"区域集中、规模做大、质量提升、效益提高"的基本思路,按照优质、高产、高效、生态、安全的原则,充分利用左贡县气候和土地资源优势,挖掘突出西藏文化特色资源和藏东葡萄酒特色优势,通过优良品种和先进设备引进、优新科学技术支撑,在保证生态环境保护的前提下注重规模和效益,促进葡萄产业可持续发展,推进左贡县现代农牧业示范区建设,将中林卡乡和下林卡乡培育成为自治区"一产上水平"的示范县(乡镇)。

(二)发展定位

为了更好地保证左贡县万亩葡萄产业示范园的发展,本规划从战略定位、产业定位、功能定位、市场定位等四个方面进行了园区发展的定位。

1. 战略定位

葡萄产业带动经济发展,特色品牌联动旅游产业,经济发展引领城镇化发展。

(1)通过葡萄产业示范园的建设,逐步扩大形成以示范园为龙头、以藏区野生葡萄和藏区文化为特色的葡萄(酒)产业。

(2)通过打造怒江上游河谷葡萄酒产区,挖掘怒江河谷产区的文化,塑造独具特色的葡萄酒品牌,并结合中林卡历史文化遗址资源和地理气候资源,葡萄种植和葡萄酒加工等环节项目,有效促进旅游节点的打造和旅游活动的开展。

(3)通过葡萄产业和旅游产业的联动发展,带动中林卡及左贡县的经济快速发展,进而促进以中林卡为代表的小型生态城镇的建设发展进程。

2. 产业定位

先启动建设葡萄产业示范园核心区,在技术、品种和管理人员逐步完善的情况下,扩大面积,建设完成万亩葡萄产业示范园,通过核心区建设和万亩葡萄产业示范园的基地建设带动藏东地区乃至西藏自治区的葡萄产业发展。

在以葡萄产业为主的第一产业发展的基础上,带动以葡萄酒加工生产为主的第二产业和以旅游服务业为主的第三产业的联动发展,实现"三产联动"模式,最终实现带动左贡县的县域经济整体发展。

3. 功能定位

左贡县万亩葡萄产业示范园在未来的发展过程中相对于区域农业发展和葡萄产业而言,承载精品生产、产业升级、科技示范、辐射带动、模式创新、增收增效、生态涵养、旅游观光等功能。

4. 市场定位

在酿造葡萄酒品质稳定、生产上规模、产量趋于稳定时,通过大区代理、集中营销、筹建直营店、网上销售等方式,开拓内地市场。葡萄酒主要打造"高原、生态、文化、自然"等特点,利用西藏雪域高原的特色品牌形象,塑造高端葡萄酒的品牌,并适时推出限量酒、酒庄酒等系列产品。

(三) 发展目标

通过 5~10 年的建设发展，建成葡萄产业示范园 666.7hm²，年葡萄酒产能达到 1000t，努力将左贡县打造成为高原特色农产品基地，将怒江上游河谷打造成为具有特色文化和优良品质的高端特色葡萄酒产区；

通过项目的建设发展，将中林卡乡和下林卡乡培育成为自治区"一产上水平"的示范县（乡镇），推进并实现自治区"一产上水平"的农牧业战略要求，推进左贡县现代农牧业示范区建设；促进打造以西藏文化特色和葡萄酒产业基础的"美丽乡村、产业小镇"，推进西藏葡萄产业和葡萄酒产业的可持续发展。

五、产业策略与布局

(一) 策略措施

未来左贡县万亩葡萄产业示范园致力于作为以酿酒葡萄种植和葡萄酒生产加工为主，关联发展畜牧养殖业、沼气工程和生物肥加工等辅助项目，形成产品多元化的发展模式；并以酿酒葡萄生产为基础，以葡萄产业示范园核心区为基地，以万亩葡萄产业示范园为龙头，分期分步辐射发展，逐步带动昌都地区的葡萄种植基地，最终实现战略目标。示范园发展阶段的具体策略见表 6-10。

表 6-10 示范园发展阶段及重点工作

发展阶段	基础建设阶段	市场开拓阶段	品牌建设阶段
时间阶段	2013—2015 年	2016—2018 年	2019—2020 年及以后
基础建设	核心区基本建设完成，包括生产区、葡萄酒生产厂、配套服务区、育苗区、种质资源区和预留发展区	开始有葡萄酒产品，生产区规模扩大，根据市场情况扩大二期酒厂规模	—
运营模式	政府主导、企业运作、农户参与、科研支撑	政府引导、企业主导、农户参与生产	企业主导经营、农户参与生产
市场营销品牌建设	—	以西藏市场为主，占领地方市场，形成知名品牌	在西藏形成稳定销售市场后，逐步开拓内地市场，打造高原特色葡萄酒品牌
重点工作	核心区基础建设、技术体系建设、管理运营团队建设、招商引资	园区二期工程实施建设、产品品牌形象设计、市场营销团队建设	通过多样化的市场营销手段，打造高原特色葡萄酒品牌

(二) 分区建设内容

根据发展策略及总体目标定位，西藏左贡县万亩葡萄产业示范园作为怒江河谷特色葡萄酒产区的典型区，承担着重要作用。作为重点建设的内容，将西藏左贡县万亩葡萄产业示范园分为综合办公服务区、葡萄酒生产加工区、优新品种示范区、酿酒葡萄生产区、示范园发展预留区和城镇发展建设区等六个重点项目（图6-37）进行建设实施。

其中，综合办公服务区、葡萄酒生产加工区、优新品种示范区、酿酒葡萄生产区（部分）作为示范园区的核心区进行建设；示范园发展预留区和城镇发展建设区作为未来发展配套预留区。

1. 综合办公服务区

综合办公服务区位于示范园中部，葡萄酒生产加工区内部，规划占地 0.2hm²，建筑面积 2800m²。

综合办公服务区集示范园综合管理、科研交流、展览展示、培训推广、形象宣传等功

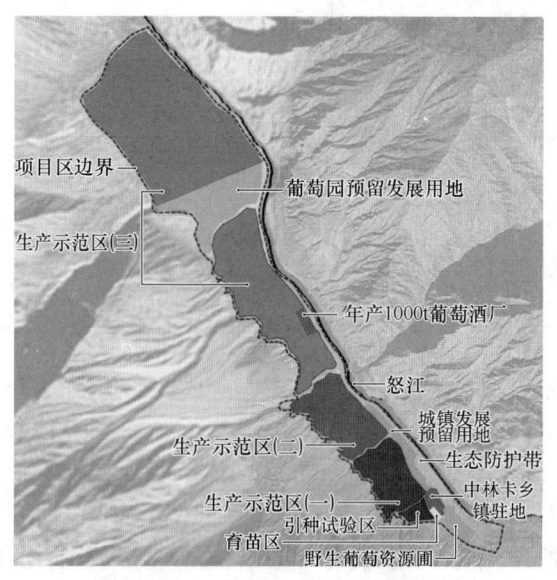

图6-37　西藏左贡县万亩葡萄产业示范园规划布局图

能于一体，建设内容包括综合管理办公楼、葡萄酒文化展示中心、园区接待中心、职工餐饮中心、职工宿舍楼、生态停车场等辅助设施。

2. 葡萄酒生产加工区

葡萄酒生产加工区位于示范园中部，处于怒江河岸平坦开阔区，规划占地 3.33hm²，建筑面积 6220m²。

葡萄酒生产加工区主要结合酿酒葡萄生产区种植的葡萄进行高原特色葡萄酒酿造，通过酿造工艺环节的技术管理提高葡萄酒品质，打造藏东品牌。建设内容主要包括：酿造生产区、酒窖储藏区、配套仓储物流区、员工生活区。

3. 优新品种示范区

优新品种示范区位于示范园南部，紧邻中林卡乡政府，规划占地 8.67hm²。主要为示范园的建设发展提供优良品种并繁育优质健壮的葡萄苗，供示范园补苗和生产规模扩大使用；同时，该区也是野生葡萄资源保存圃；示范区进行新品种引进、中试、品种改良、优新品种育苗等功能，为示范园提供葡萄品种及苗木。

4. 酿酒葡萄生产区

酿酒葡萄生产区是产业园区的主体部分，位于怒江河谷的西南侧；占地面积约 600hm²。该生产基地充分应用优新品种示范区科研成果，进行专业酿酒葡

萄的标准化生产，为葡萄加工生产区提供绿色有机高品质的葡萄原料。具体建设内容包括：标准化生产区、农机具贮存中心、农资仓库用房、管理防护用房、工人休整室、防护林等。

5. 示范园发展预留区

示范园发展预留区位于示范园中部和乡政府驻地附近，预留占地 66.67 hm^2，其中若巴遗址占地约 46.67 hm^2。

规划在中远期，将利用示范园内部丰富的古文化遗迹和神秘的历史传说，培育独具特色的葡萄酒文化，拓展示范园的旅游观光等内容，进行多元化经营。

6. 城镇发展建设区

城镇发展建设区位于示范园南部，怒江岸边，规划占地 13.33 hm^2。

该区将在中远期，作为中林卡乡城镇发展的移民聚居区，完善居民区所需的生活、消费、休闲的功能的同时，充分结合示范园葡萄产业的发展需求，营造本地文化，特别是传统酿酒文化氛围。建设内容主要包括居民区、居民活动中心。

第八节　北京市通州区：潞城镇都市型现代农业产业发展总体规划（2007—2017 年）

一、项目背景

《北京城市总体规划》（2004—2020 年）确定了"两轴－两带－多中心"城市空间新格局。通州区作为北京东部地区的桥头堡，在北京城市发展格局中具有重要的地理位置。潞城镇是通州区的核心城镇之一，农业是潞城镇经济发展的基础，农村是潞城镇全面建设小康社会的重点，农业现代化是潞城镇现代化建设的重要组成部分，制定一个与工业化、城市化发展相匹配的农业现代化发展规划十分必要。虽然潞城镇农业和农村经济发展取得了长足的进步，初步具备了基本实现农业与农村现代化的基础和条件，但仍面临着许多新情况、新问题和新挑战。2007 年 6 月，中共潞城镇委、镇政府委托中国农业大学北京市富通环境工程有限公司，农业规划科学研究所组织有关专家研究制定该镇农业产业总体规划。

规划编制组对潞城镇进行了实地考察调研，在与潞城镇领导和干部群众充分交流的基础上，经过认真调查研究和与专家研讨，对潞城镇农业产业建设的基础条件、背景依据与发展潜力进行了认真分析，提出发展"都市现代生态景观"农业作为潞城镇农业与农村现代化建设的发展方向。

本规划方案在分析研究了潞城镇农业发展基础和发展背景意义的基础上，提出了潞城镇农业产业发展的指导思想、基本原则、规划目标，重点明确了该镇农业产业发展的功能定位、空间布局、实施战略以及近期重点建设项目，同时指出农业生态环境保育、农业服务体系与基础设施建设、规划实施保障等方面的措施。

规划编制工作得到了中共潞城镇委、镇政府的高度重视，得到了镇有关部门，各村党支部、村委会的鼎力支持和帮助，保证了规划编制工作顺利完成！

二、基本概况

（一）自然条件

潞城镇地势平坦，自西北向东南倾斜，海拔最高点 27.6m，最低点仅 8.2m。其土质多为潮黄土、两合土、沙壤土，土壤肥沃，质地适中。该地区属大陆性季风气候区，年平均温度 11.3℃，降水 620mm 左右。

（二）地理交通状况

潞城镇位于通州城区东侧，是北京通往天津、秦皇岛等地的必经之路。京哈、北京六环高速公路贯穿境域，与北京城市中心有便捷的城市干道及轨道交通连接，且内部交通便捷。

（三）面积及人口

潞城镇域面积 70.76km^2，耕地面积约 0.3 万 hm^2，户籍人口近 47000 人，其中农业人口 33000 人，占总人口的 70% 以上，非农业人口 4000 人，外来常住人口 1 万余人。

（四）社会经济状况

潞城镇总体经济实力处于通州区中游水平，但经济发展呈加速之势。潞城镇 GDP 总量由 2000 年的 2.4 亿元增长至 2005 年的 8.1 亿元，2005 年，农民人均纯收入达到 7750 元，税收则大幅攀升，地税翻番，为地方社会经济建设和工业反哺农业提供了财力保障。

（五）农业产业发展状况

镇内粮食、蔬菜、林果、花卉、畜禽等产业基础较好，每年为京城市场提供上亿吨农副产品，是北京市主要的产粮区和蔬菜供应基地。2005 年一产总产值达 2.6 亿元，占全镇 GDP 的 14.5%。该镇的观光农业、休闲农业在近几年也得到了迅速发展，为解决当地剩余劳动力、提高农民收入起到了重要的作用。

（六）规划范围与规划期限

本规划的范围主要是潞城镇域约 0.25 万 hm^2 的农业用地，重点涉及东堡、七级、大营、东小营、南刘庄、东各庄、前榆等 34 个村域农业用地。

本规划期限为 2007—2017 年，共 10 年。

（1）近期（2007—2012 年）：5 年，重点推进阶段；

（2）中期（2013—2017 年）：5 年，全面发展阶段；

（3）远景（2017 年以后）：基本实现阶段。

三、分析研究模型、技术

(一) 技术路线

本次规划在充分调研实地现场，系统整理收集资料的基础上，通过农业产业发展的 SWOT 分析，提出潞城镇农业产业重点解决的问题，得出农业产业的功能定位、圈层模式、空间布局、发展战略以及战略实施阶段，进而深入阐述潞城镇旅游农业、食品工业、绿色蔬菜、林果花卉、优质粮食及健康养殖六大农业产业规划具体内容，并提出农业生态环境保育、农业服务保障体系、农业基础设施等产业发展支撑体系的建设措施，提出近期重点建设的项目内容，制定出规划实施的保障措施（图 6-38）。

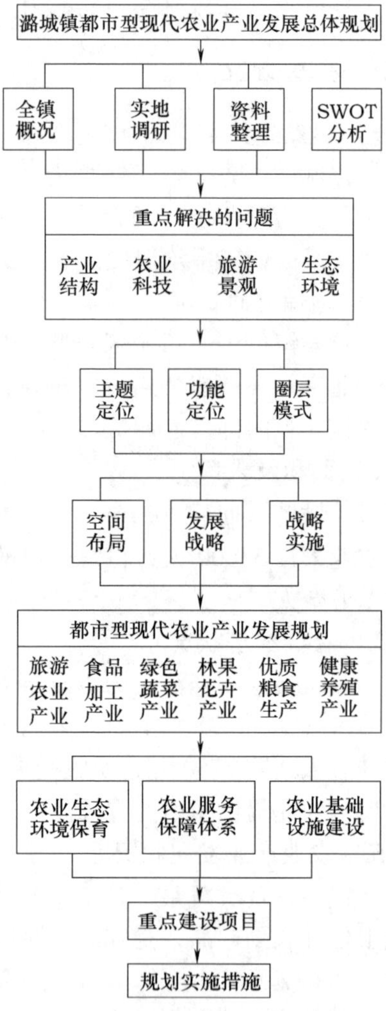

(二) 农业产业发展的 SWOT 分析

1. 优势和机遇

两河文化深远，田园风光自然气韵诱人；消费市场巨大，区域产业整合态势显现；对外交通便捷，镇域社会经济发展良好；扶农政策优惠，农业集群发展初步形成；紧抓大好机遇，助推潞城农业发展。

2. 劣势与威胁

增收机制尚未形成，强化旅游农业三产功能势在必行；备受资源成本约束，实现产业升级是农业发展难题；高效农业还未形成，综合效率有待提高；生态压力骤然增加，环境建设问题突出；周边竞争日渐升温，品牌产业未获发展先机。

(三) 重点解决的问题

潞城镇农业产业具有市场、交通、生态、文化、经济基础等方面的优势条件以及

图 6-38 潞城镇农业产业总体规划的技术路线

环渤海经济圈、新城建设、奥运经济发展机遇，目前存在的产业结构、资源利用、综合效益、竞争压力等方面的劣势和威胁，这些将成为潞城镇农业由城郊型向都市型转变的迫切要求，故本次规划围绕"都市、现代、生态、景观"四大主题，遵循规划指导思想和目标，抓住该镇农业产业发展中的主要矛盾，重点解决产业结构优化、科技水平提高、旅游农业开发及生态环境改善四大方面

的问题。

四、目标定位及布局

（一）功能定位与圈层模式

1. 功能定位

根据《通州区潞城镇镇域总体规划》（2006—2020）对城镇的发展功能定位：通州新城的行政服务中心，东部发展带上重要的休闲旅游区域和通州新城东南部的绿色产业基地。结合潞城农业产业基础与市场前景，"亲水休闲、都市田园"的主题定位，潞城镇都市型现代农业产业发展将承接"景观生活、和谐生态、高效生产"三大功能。

2. 圈层模式

结合潞城镇土地利用规划、农业资源分布、现有产业布局以及规划思想、主题定位、发展目标、功能定位等，确定潞城镇的农业圈层式发展模式，即以通州新城为核心构建人文生活圈层、观光休闲圈层和原生农业圈层，进而形成了产业过渡区、产业发展区和产业协作区三大板块。

（1）人文生活圈层（产业过渡区）人文生活圈层（产业过渡区）指通州新城规划范围内的镇域面积，目前为潞城镇中心区，包括以孙各庄、后屯、常屯、召里、古城、胡各庄等20多个村庄。该圈层的农业用地将逐渐转变为城市建设用地，将来会成为新城的一个组成部分，人口将不断聚集，服务业、工业将继续得到发展。

重点发展与城市的人文、生活功能相协调的运河文化展示、生态涵养地、农业体验园、市民农园等，做到城中有农、农中有市、城乡融合、和谐共荣，合理安排近期建设项目和新城远期发展需要。

（2）观光休闲圈层（产业发展区）观光休闲圈层（产业发展区）是指新城规划范围以外，以东堡、卜落堡、东刘庄、岔道、八各庄、大小甘棠、前后榆等区域为核心。该地区抓住新城发展的契机，充分发挥自身的区位和资源优势，着重发展以潮白河风景旅游、民俗风情园、观光度假、休闲采摘、农业综合开发区等为主的旅游农业，建成都市型现代农业的核心层和典型区。

（3）原生农业圈层（产业协作区）原生农业圈层（产业协作区）是指潞城镇东南部地区，包括大小豆各庄、大小东各庄、太子府、康各庄、谢家楼、肖庄等。该区域具有良好的蔬菜生产、粮食种植、林果栽培、畜禽水产养殖基础，而且蒙牛乳业、北京豆制品二厂、全聚德仿膳等数家著名企业已落户食品农民就业基地（原甘棠镇区附近），大幅度提高周边食品工业发展。

该地区重点发展规模化、科技化、专业化、标准化的优质粮食生产、高效设施蔬菜种植、林果培育、健康畜禽水产养殖、食品工业等项目，兼顾生态、生活功能，实现农业高效生产功能，对接市区消费市场，辐射带动全镇及周边乡村农业产业、农业经济。

（二）指导思想

以通州新城"濒水宜居和区域服务"两个大局来定位，以科学发展观为指导，围绕潞城镇"都市、现代、生态、景观"主题内容，以产业化项目为载体，以"人文生活、观光休闲、原生农业"三大圈层模式，完成都市农业生产、生态、生活功能转型，构建"两带、两轴、多组团"的农业产业格局，采用差异化的精品打造、多元化的招商引资、合理化的分期运作方式，实施"城乡一体化""科技兴农""结构调整""错位发展""产业化经营""可持续发展"六大战略，以潞城镇旅游农业为主线，全面提升食品工业、绿色蔬菜、林果花卉、优质粮食及健康养殖等基础产业门类的综合生产能力，促进潞城镇一二三产产业联动，将其打造成北京市、环渤海地区乃至全国旅游农业的知名品牌和都市型现代农业的优秀典范。

（三）主题定位

规划以展示潞城镇运河文化、田园景观及民俗风情为核心，对镇域环境氛围与人文气息进行了深度挖掘与高度概括，经系统研究与比较分析后给出主题定位是："运河亲水休闲地，都市田园生态城。"

这一主题定位强调了"两个坐标"和"两个特性"。"两个坐标"是强化运河概念突出潞城特色。"两个特性"是强调"亲水休闲"和"都市田园"，即借助运河开发的大背景突出潞城镇农业景观的异质性和水文化的独特性，高度融合了人文情怀与时尚休闲、郊野风光与都市风貌的差异特质，通过亲水休闲产业提升都市现代农业的层次和形象，给游人留下深刻的印象。

上述主题定位共同传达了潞城镇的八个特征，即"文化性、生态性、差异性、体验性、时尚性、舒适性、亲人性、原生性"。展示出潞城镇"文化为魂，河流为魄，生态为体，田园为衣，风情为魅，时尚为媒"，以旅游农业为主的多元化产业形象。

另外，规划建议：主题定位可采用向社会公开征集的形式，最终由专家评判决定。

（四）规划目标

1. 总体目标

围绕规划指导思想，优化农业产业结构，重点培育旅游农业优势主导产业，带动其他农业产业基础门类的联动发展。通过休闲观光、农业高科技园、绿色农产品生产基地等项目的建设，实现景观生活、和谐生态和高效生产主体功能，构建"两带、两轴、多组团"的农业产业格局，建成国家级旅游农业知名品牌和都市型现代农业的优秀典范。

2. 具体目标

潞城镇农业发展将以食品工业、绿色蔬菜、林果花卉、优质粮食生产、健康养殖等为产业项目基础，重点发展旅游农业，实现农业综合效益发展目标。按照潞城镇"十一五"国民经济和社会发展规划，提出的国民生产总值年均递增 17%，农民人均纯收入年均递增 10.5% 计算，2012 年该镇农业总产值预计达到 17.61 亿元，2017 年预计达到 27.66 亿元；力争 2012 年农民人均纯收入达到 15000 元，2017 年达到 23000 元。

（五）空间布局与发展战略

1. 空间布局

潞城镇将充分发挥各村庄的地理位置、自身资源优势，构建"两带、两轴、多组团"的农业产业布局，打造"运河亲水休闲地，都市田园生态城"。

（1）"两带"——运河文化休闲带与运减-潮白都市田园风情带　运河文化休闲带，重点发展运河文化游、观光度假、养生创意等项目，做到经营方式多样化、游人参与娱乐化、文化色彩浓郁化，突出运河文化品位和特色。

运减-潮白都市田园风情带充分利用运潮减河、潮白河流域带上的水文、地质、地貌、植被、气候、用地等资源，在沿河滩涂、较宽水面及河道内侧较大农业用地重点发展河滩运动、探险寻奇、民俗休闲、康体娱乐、森林氧吧、野营度假等项目，加强和壮大观光农业内涵，通过扶持指导、分期实施、稳步推进，使之成为农业旅游的精品项目和特色项目。

（2）两轴——差异产业发展聚合轴和旅游农业聚合轴　主要是指连接新城镇区西北—东南纵向差异产业聚合轴和连接北运河-潮白-运减河西南—东北横向旅游农业聚合轴。结合圈层模式和板块推进，通过差异产业聚合轴串连旅游农业、食品工业、绿色蔬菜、林果花卉、健康养殖等产业，利用旅游农业聚合轴，强调潞城发展旅游农业的重要性，两轴共同提升潞城农业产业整体形象。

（3）多组团——多个产业聚集区　主要是指以村域相对优势产业为基础，全镇统筹规划，形成"一村一品"或"多村一品"农业产业格局，发展各具特色的、各类功能的高标准农业区，着重发展潞城镇沿河两岸的旅游农业产业区、林果花卉产业区、东南部食品工业产业区、健康养殖产业区、优质粮食作物产业区和绿色蔬菜产业区，以点带面，形成各优势产业区的规模效益，从而引导、带动全镇农业总体水平和农业产业的升级。

2. 发展战略

根据镇域总规中明确提出新城外"强化三产、整合二产、优化一产"的产业发展定位以及潞城镇重点解决的农业产业问题，本次规划提出的功能定位、圈层模式、空间布局，必须实施以下六大战略。

（1）实施农业结构调整战略，优化农业产业组合　潞城镇应围绕旅游农业主线，发展绿色蔬菜、精品林果、优质粮食生产、健康养殖、食品工业等产业。加快旅游农业产业发展，重点建设观光农园、生态农庄、民俗体验园、林果采摘园及风景旅游区等项目；调整林业生产结构，培育和发展育林苗木，加强沿河防护林带、城乡绿色长廊、农田保护林、生态公益林等建设；稳定控制高效、生态、安全畜禽水产养殖，结合旅游农业，重点发展观赏特禽、小型动物、特色水产垂钓等项目；加强食品工业发展，提倡食品优质安全。

（2）实施城乡一体化战略，促进区域经济全面发展　中央提出"工业反哺农业、城市带动农村"建设和谐社会战略，而北京正可以利用城市化水平较高的优势，促进城乡一体化，促进农民转业，资本优化配置于农业领域。潞城镇应通过规划控制和政策导向，引导功能定位，发展符合首都经济发展方向的旅游农业、食品工业、绿色蔬菜、林果花卉等产业。依托首都科技、人才、资金、信息等方面的优势，以城乡消费需求为导向，接受环渤海区域经济的强大辐射，增强为新城和首都服务的功能，有效促进都市型农业与城市经济的互动、协调发展。

（3）实施科技兴农战略，提高农业科技含量　潞城镇应抓住京郊农业具有科技优势，实施科技兴农战略，抢占北京都市农业发展制高点，提高农业综合生产能力。在依靠生产要素的合理配置、科技进步和提高劳动者素质时，深化改革，消除制约农村经济发展和农民增收的深层次矛盾，实现农村经济的健康增长。一是要加快农业科技创新体系建设，提高自主创新能力，根据潞城镇实际，积极加强与国内外知名农业科研院所、高等院校开展广泛联系，并与之建立紧密的科技合作关系；二是建立健全潞城镇农业科技推广和信息服务体系，围绕主导产业、优势产业的发展，加快新技术、新成果的推广应用，做强做精；三是加强农民专业技术和职业教育培训，造就新型的农业劳动者队伍，不断提高农民的科技文化素质，为经济发展注入持久活力。

（4）实施错位发展战略，提升农业品牌竞争力　目前，北京周边地区都市农业产业以采摘、休闲观光为主，趋同现象严重，各地在发展都市农业的过程中大都照搬其他地区的发展模式，没有针对自身的区位、资源优势进行深入发掘，与周边竞争的压力加大，经济效益不突出。潞城镇都市农业的发展必须实施错位发展战略，积极与周边地区实现合理分工，突出大运河所具有的历史、文化韵味，在都市旅游农业发展中应强调"运河文化休闲游和都市田园风情游"，提升旅游的文化品位，增加趣味性，提高参与性，培育潞城镇品牌唯一性，提升区域农业产业的核心竞争力，走出一条可持续发展的"第三产业强镇"之路。

（5）实施产业化经营战略，提高农业综合经济效益　产业化经营是农业发展的一般规律，我国的小农户家庭农场是世界上最小的农业生产单元，单个农户在农业生产的信息、资金、技术及市场等方面处于劣势，产业化经营是增加农业经济效益、提高农业抗风险能力的有效途径。潞城镇农业应建立优势农产品生产体系、加工体系、市场体系的有机链接，实施农业产业化经营。一是扩大蔬菜、林果、花卉优势农产品生产规模，加快其区域化布局、专业化生产的基地建设；二是大力引入和培植具有较强辐射带动能力的种养加及旅游业龙头企业，按照"扶优、扶强、扶大"的原则，通过技术改造、资产重组、企业改革等措施，加速资本集聚，促进资源和品牌整合，增强龙头企业的市场竞争力；三是加大旅游农业的发展力度，让部分农民退出农业转而从事其他产业，提高土地利用率，转移农村劳动力；四是采取"公司＋农户"的形式或"公司＋基地＋农户"的形式，建立和培育农民自己的专业合作社、专业协会等经济组织。

（6）实施可持续发展战略，大力发展农业循环经济　潞城镇应保持人的需求与生态环境良性循环的一致性，就必须突破传统农业生产经营方式和理念，树立生态农业循环经济思想，坚持人口、资源、经济、社会的可持续发展战略，保证资源利用的人际公平和代际公平，进一步保护和合理开发利用镇域水、土、生物等资源，加强农田、林地、水域、河滩环境保护和生态建设模式，实现资源利用的减量化和再利用，努力建设资源节约型和环境友好型社会。

（六）战略实施阶段

潞城镇农业产业发展分为重点推进、全面发展和基本实现三个阶段。

1. 重点推进阶段

时段：2007—2012 年。

这个阶段的主要任务是：用都市型现代农业的发展理念转变常规农业的思想观念。围绕规划制定潞城镇各产业具体的实施方案，申请立项。通过重点项目的实施启动推进都市型现代农业的建设，加快农业社会化服务体系和农业基础设施建设，为潞城都市型现代农业构建基础框架。

2. 全面推进阶段

时段：2013—2017 年。

这个阶段的主要任务是：都市型现代农业建设由局部示范向全镇范围推进，"两带－两轴－多组团"的农业产业格局基本实现。

3. 基本实现阶段

时段：2017 年以后。

潞城镇域范围内全面建成都市现代生态景观农业，呈现生产高科技化、结构高级化、产品精深加工化、经营一体化、发展可持续化的发展特质。

五、都市型现代农业产业发展策略

（一）都市型现代农业产业发展策略

潞城镇具有得天独厚的区位优势、旅游业资源和农业生产基础，十分适合发展都市型现代农业产业。本次规划将其划分为旅游农业、食品工业、绿色蔬菜、林果花卉、优质粮食和健康养殖六大产业门类。本章详细研究产业门类的发展基础、思路、目标及近期建设项目等内容。

1. 旅游农业产业规划

依据《通州区休闲旅游产业发展总规》中提出的潞城镇结合未来新城行政中心建设，重点开发文化休闲、康体养生和环镇水上游览，打造"运河水镇"旅游品牌的功能定位和开发指向。该镇旅游农业应充分挖掘已开发和待开发资源，围绕"运河亲水休闲地，都市田园生态城"的主题定位、"人文、休闲、原生"圈层发展模式和"两带、两轴、多组团"的农业产业总体格局，用具体项目将旅游的概念内涵渗透到食品工业、蔬菜粮食生产、林果花卉种植、健康养殖各项农业基础产业门类中，兼顾通州区及镇内旅游休闲产业发展，近期突出建设"运河文化休闲带"和"都市田园风情带"两带上的重点项目，强调运河文化开发建设，满足游客"吃、住、行、游、购、娱"的需求，尽快树立旅游农业的特色和品牌，将潞城镇建设成为运河文化内涵深厚、都市田园风情浓郁、休闲旅游产品体系完整，具有较强吸引力的运河文化旅游胜地和北京东部农业观光休闲度假基地。

力争2012年年接待海外旅游者（包括驻京使馆人员、外国员工等的休闲游以及来京参加各种会议，尤其是各大院校、各公司对外交流的外国客人）20万人次，旅游外汇收入达到2000万美元，力争2017年达到50万人次，旅游外汇收入达到5000万美元；力争2012年接待国内旅游者150万人次，国内旅游收入达到3亿元，力争2017年达到300万人次，旅游收入达到6亿元；同时带动其他基础产业门类的综合效益，增加旅游从业人员5万人以上，使旅游农业成为潞城镇经济发展的第一支柱产业。

以潞城镇"两河相拥，多沟渠相连"的整体景观格局和林果、粮田、设施、民居等农业景观资源为依托，借助北运河、运减-潮白两河，镇区主要交通干道，结合景观特征、游赏方式、游人结构、游憩规律等要求，兼顾相近区域的游线衔接，有针对性地设置"五条不同专题游线"，串连相应的旅游项目（表6-11）。

近期建设项目共16个，其中当前整饰项目有大营旅游度假村、水梦园度假区、运河生态公园、宗教景观游览区、古城文化遗址、蒙牛乳品园；新建项目有生态涵养地、生态湿地公园、观光度假区、养生创意园、休闲采摘园、风沙源森林公园、潮白河风景旅游区、民俗风情园、京东农业体验园、农耕文化体验园。

2. 食品工业产业规划

以食品农民就业基地为依托，扩大建设规模，提高园区的硬件软件水平，制定优惠政策，加大招商引资力度，吸引国际国内的大型农产品加工企业进驻园区，对园区企业进行细分和产业聚集，在基地内部建设蒙牛乳品园、畜禽肉类加工、果蔬深加工、特色农产品加工配送等项目，打造食品工业园中园。近期重点建设蒙牛乳品园，大力发展工业旅游，让消费者参观和了解乳品企业运作和生产的全过程，开阔眼界、增长知识，放心消费。将食品工业园打造成北京乃至环渤海地区的有名的食品工业集中地和食品工业旅游基地。

表 6-11 主题游线与项目组织

序号	名称	交通	类型	特点	项目
1	运河文化休闲游线	汽车/自行车/畜力/徒步/漂流	观光游/文化游/休闲游	集中展示运河文化与自然景观的线路	运河生态公园、生态涵养地、观光度假区、生态湿地公园、休闲采摘园
2	都市田园风情游线	汽车/自行车/畜力/徒步/漂流	观光游/休闲游	集中展示民俗风情与人文风貌的线路	古城文化遗址、潮白河风景旅游区、宗教景观游览区、民俗风情园、风沙源森林公园
3	农业差异体验游线	汽车/自行车	观光游	展示不同农业产业景观界面差异的线路	大营旅游度假村、都市农业综合开发区、农耕文化体验园、优质粮食种植示范区、健康水产养殖示范区
4	现代农业展示游线	汽车/自行车/畜力/徒步	观光游/休闲游	展示现代高科技农业总体风貌的线路	农业高新技术示范区、优质林果培育基地、蒙牛乳品园
5	养生观光度假游线	汽车/自行车/畜力/徒步	观光游/休闲游	展示都市景观农业旅游场所的线路	京东农业体验园、水梦园度假区、养生创意园、高尔夫俱乐部

一是企业数量要增加、产值要增长。争取到2012年，食品工业业主要经济指标翻番，企业数量达到50家，销售收入达到9亿，2017年企业数量达到80家，销售收入12亿。

二是有效提升园区竞争力。生产十个全国名牌，在园区内自身培育一个上市公司。

三是解决就业功能进一步凸显。力争到2012年从业人员数量达到1.4万人，2017年就业人数增加到2万人。

近期建设项目有蒙牛乳品园（当前整饰项目）。

3. 绿色蔬菜产业规划

潞城镇应继续抓好蔬菜生产的主导产业，主要面向北京及京津塘区域市场，调整叶菜、茄果菜、瓜菜等产品内部结构，加强绿色无公害设施蔬菜生产、加工、营销。同时结合潞城镇旅游农业，延伸产业链，依据"两带、两轴、多组团"产业总体布局，在武家瞳、李瞳、燕山营、凌家庙现有设施蔬菜的基础上，重点建设农业高新技术示范区，安排名、优、特、新蔬菜品种展示、栽培新技术示范、蔬菜科普培训、种植体验、设施采摘等项目，辐射带动前瞳、侉子店、东前营及周边区域设施农业的发展，并沿宋郎路两侧发展蔬菜生产，全面开发蔬菜产业多功能，提高产品附加值和科技含量，建成京东绿色蔬菜生产供应基地和示范中心。

（1）蔬菜产业　潞城镇蔬菜产业的发展前5年为快速发展阶段，主要关注量的提升，到2012年潞城镇蔬菜的种植（复种）面积达到2333.33hm²左右，其中瓜菜类播种面积在现有89.87hm²的基础上提高到266.67hm²，茄果类种植面积达到400hm²，蔬菜总产值达到1.75亿元；后5年则着重偏重蔬菜产业整体水平的提高，到2017年年蔬菜种植（复种）面积达到2666.67hm²，产值提高到2.5亿元以上。

（2）设施蔬菜产业　到2012年潞城镇设施蔬菜种植面积在2005年257.53hm²的基础上达到333.33hm²，使设施蔬菜的产量由占目前总量的6.5%增加到40%，产值所占比重提高到50%以上，到2017年设施蔬菜种植面积达到533.33hm²，产量比重增加到75%以上。

近期重点建设项目是农业高新技术示范区、都市农业综合开发区和京东农业体验园。

4. 林果花卉产业规划

围绕"两带、两轴、多组团"产业总体布局，花卉产业可依托福盛苑花卉公司，向东小营、七级、黎辛庄具有良好花卉种植基础的三个村集中发展，形成通州区中高档花卉生产基地。

林果种植应以生态适应性和资源条件为基础，丰富品种结构，强化生产基地建设，利用现代生物技术和高效设施，加快苗木、果品品种的选育和生产，加强设施建设，完善果品苗木质量监督标准。同时应结合"运河文化休闲带"上的生态涵养地、观光度假区、生态湿地公园、休闲采摘园和运减－潮白河"都市田园风情带"上的潮白河风景旅游区、民俗风情园等重点项目建设需要，根据景观园林布局设计要求，改造原有果园、苗圃，分层次分主题种植不同种类、不同色彩的林木和果树，突出步移景异、季相变幻、高低错落的效果，增加旅游农业景点的观赏价值和采摘趣味，提高林果产业的附加值。

花卉产业加大对花农的引导和支持力度，将潞城镇的花卉做大做强，到2012年花卉的种植面积由目前的36.67hm²增加到53.33hm²，产值达到0.35亿元，到2017年进一步增加到66.67hm²，产值达到0.6亿元。

林果产业是潞城镇的优势产业，在整个通州区占有相当大的地位，到2017年，林果面积将稳定在800hm²左右。2012年和2017年产值分别达到1.06亿元和1.5亿元，重点加强引导，加大综合开发利用和规模整合力度，特别是积极推进林果生产和生态建设与观光、休闲、采摘、旅游相结合，使之成为该镇又一个突出农业产业。

近期建设的项目是优质林果培育基地、休闲采摘园。

5. 优质粮食产业规划

由于粮食作物生产单位效益较低，且生态条件和耕作技术要求较高，故将粮食作物种植布局向镇域东南部重壤、中壤的村庄集中，结合粮食作物调整方向，粮食生产向提供农业生产资料和工业专业原料供应商转变，重点在大小东各庄、肖庄发展优质专用粮食和粮食籽种种植，加强标准化中低产田改造，提高优质粮食作物种植技术水平，建立技改和成果项目储备库。

2012年将粮食作物规模调减至533.33 hm^2，产值在单位效益增加的推动下达到2000万元，在2017年规模控制在333.33 hm^2，产值保持在2000万元。

近期建设的项目是优质粮食种植示范区、农耕文化体验园。

6. 健康养殖产业规划

围绕潞城镇旅游农业发展主线，控制畜牧、家禽、渔业养殖集约化规模，加快良种繁育，调整畜禽渔产品结构，注重生态环境的保护和利用，畜牧业推出北京六环，实施农业循环经济的养殖模式。为避免污染和疫病，较为集中的畜禽养殖项目应放在镇域南部，村民密集区下风下水区域，与产粮区、产菜区结合，便于就地转粮为肉和转粪为肥，水产项目则应着重在具有良好水产养殖基础的康各庄、太子府发展。同时结合旅游农业开发项目，设置特色小动物观赏、休闲垂钓、观赏渔业、捉蟹摸鱼等趣味活动，增加旅游农业收入，提升养殖业附加值。

控制缩减畜禽养殖规模，力争2012年产值达到0.6亿元，2017年实现0.8亿元，肉类产量分别达到4000t和5000t，生猪退出第一畜产品位置。乳牛产业保持快速增长势头，2012年产值达到3000万元，2017年继续发展至5000万元，产量由目前的63t分别增至100t和150t。

渔业产值在2012年和2017年分别达到500万元和600万元，将潞城镇健康水产养殖基地建成通州地区水产养殖的示范点。

近期建设的项目是健康水产养殖示范区。

（二）保障措施

潞城镇都市型农业产业发展保障措施体系主要包括农业生态环境保育与治理、农业服务保障体系建设、农业基础设施建设、规划实施的保障措施四个方面。此处主要阐述前两个。

1. 农业生态环境保育与治理

目前，潞城镇内农业生态环境良好，但随着城镇化的加速推进，镇内工业将会得到长足发展，镇内居民的生活消费也会逐渐向城市看齐，家用轿车等将会逐渐在镇内普及，未来工业发展所产生的工业废弃物和居民生活消费产生的生活垃圾、污水及汽车等产生的尾气将会给目前的生态环境造成巨大压力，因此应当及早采取措施，充分重视各种可能会对农业生态环境造成破坏的因素，务实生态环境保育与治理，加强生态农业体系建设、绿色有机生产基地建设、生态农业技术推广建设、生态农业模式建设。

2. 农业服务保障体系建设

农业服务保障体系建设是一项覆盖全镇、涵盖人口、经济、社会、文化、生态各方面的综合性、系统性工程，虽然潞城镇农业和农村经济发展取得了长足的进步，初步具备了基本实现农业与农村现代化的基础和条件，但仍面临着许多新情况、新问题和新挑战。要承担起都市型现代农业所具备的生态、生活、生产和展示功能，还需要加大资金、劳动力等基本要素，科技、市场开拓等新型要素投入，从而构建起全面的支撑体系。

包括农业信息服务体系、农业标准化体系、农产品质量检测体系、动植物疫情防控体系、农产品市场流通体系、农业专业合作经济组织体系、新型农民培训体系7个方面的建设。

第九节　河北玉田：河北省玉田县现代农业示范区总体规划（2010—2020年）

一、项目背景

2010年河北省农村工作会议在石家庄召开，省长陈全国在讲话中指出，要围绕确保粮食生产不滑坡，做到目标明、思路清、措施实、机制好；要毫不动摇地重视和抓好粮食生产；要做到调结构、兴产业、促转移、强县域；要坚持以现代农业为先导，在发展特色农业上下工夫，在发展现代畜牧业上下工夫，在发展水产业上下工夫；要选好主导产业，大力发展牛乳、肉类、粮油、蔬菜、果品五大加工业。会议还指出要培植龙头企业，壮大产业规模，建好生产基地，努力建设一批规模较大、设施完善、特色明显的农业产业化生产基地。

玉田县属河北省农业大县，2008年以来，县实施"百村推进计划"，为现代农村建设积累了一些经验，但由于建设地零散、规模小、辐射力不强，未能取得很好的成效。面对当前玉田县农业农村发展所遇到的紧急形势与问题，县领导意识到需要下大力量整合全县农口及相关部门资源，从而连片推进县新农村建设。因此县委、县政府确定玉田镇、虹桥镇、亮甲店镇、唐自头镇、林头屯乡、郭家屯乡、陈家铺乡七个产业发展基础较好且相对集中的乡镇，组建成现代农业示范园区。深入落实中央精神，重点发展现代农业，强化农业农村基础设施，促进农业产业发展，保持农民增收，来推动示范园区及玉田县农业农村经济发展。

二、基本概况

玉田县现代农业示范园区的核心区包括河北玉田县玉田镇、虹桥镇、亮甲店镇、唐自头镇、林头屯乡、郭家屯乡、陈家铺乡7个乡镇，共辖154个联建村，总面积392km^2，耕地面积2.47万hm^2，总人口27.2万人，农业人口约20万人。

2008年，全县粮食播种面积7.98万hm^2，粮食单产379kg，总产45.42万t，与上一年相比增长2.4%，粮食产值达10亿元。主要种植作物是小麦、玉米、甘薯、大豆、绿豆、红小豆等。其中小麦播种面积2.55万hm^2，玉米播种面积4.53万hm^2，水稻播种面积266.67hm^2，马铃薯播种面积0.49万hm^2，大豆播种面积2680hm^2，红小豆和黑绿豆主要是满足订单农业的需求，约有133.33hm^2。

玉田县土壤肥沃，发展蔬菜种植优势明显，1995年被誉为"菜篮子"产品生产先进县。2006年以来蔬菜播种面积连年增长，到2008年播种面积已达到3.27万hm^2。2006—2008年县平均蔬菜总产量约为263.86万t，且2008年蔬菜总产值达34.75亿元，比上年增长22.13%，产值连年提高；在玉田县的农业战略政策中，蔬菜产业已被县委、县政府确定为县域经济中的两大支柱产业之一。

2008年，玉田县设施蔬菜播种面积达0.79万hm^2，占蔬菜总播种面积23.8%，以中小棚为主，日光温室蔬菜播种面积为0.29万hm^2，占设施蔬菜36.5%，主要分布在玉田镇、亮甲店镇和虹桥镇。据调查分析得出乐亭县设施蔬菜面积为1.67万hm^2，占全县设施蔬菜面积约为43.1%。至2009年年底，日光温室土地耕整机械化程度达40%；普遍采用草帘子进行保温，近30%日光温室安装了自动卷帘装置，但大部分日光温室尚无加温系统。

养殖业发展中，瘦肉型猪产业为玉田县农村经济的支柱性产业。到2008年，全县生猪存栏达到80万头，养猪业实现产值13.06亿元，占农村经济总收入的40%以上，是县农村经济发展的一大支撑产业。已建成年出栏万头规模以上的商品猪场21个，存栏千头规模以上的养殖小区91个，存栏百头以上的猪场（户）168个，户均年出栏20头以上的养猪专业村150个，年出栏10头以上的养猪专业户2万个。全县现已发展养猪协会3个、生猪营运组织70个、经纪人520人，龙头企业的发展壮大，加快了全县瘦肉型猪产业发展进程，全县瘦肉型猪产业从业人员达3.5万户，共计15万余人，整个瘦肉型猪产业化率达60%以上。

2008年，以鸡为主的家禽年饲养量255.9万只、出栏125.7万只，蛋鸡存栏128.57万只，产值1.3亿元，占县牧业产值的5.99%；牛存栏4.18万头、出栏2.83万头，其中乳牛存栏0.43万头，年产鲜乳7500t，产值2400万元，占县牧业产值的1.11%。以鸡为主的家禽业生产基本上都采用规模化、设施化养殖，养殖规模均在1000~10000只。

目前，县园林花卉产业涉及苗木繁育、园林绿化设计与施工、高中档造型苗、容器苗、花卉、草坪生产、培育、销售等各环节，由农业生产转向工业化生产，逐步建立起完善的产业链。

玉田县域内有豪门园林、唐山春添园林、绿园苗圃、山庄苗圃等二十几家苗圃企业，均分布在102国道沿线和县城周边。其中，豪门园林具备国家一级资质，有苗木生产基地266.67hm²，被省、市、县三级政府授予农业产业化重点龙头企业，年生产苗木约100万株，年生产花卉50万盆，分别销往华北、东北和北京、天津、上海、广州、沈阳等各大城市，企业规划截止到2030年带动农户发展苗圃面积达到2万hm²。

2009年全县果树种植总面积0.69万hm²，果品总产量6万t，总产值1.2亿元。其中苹果种植面积0.47万hm²、安梨种植面积180hm²、小枣种植面积605.33hm²、葡萄种植面积333.33hm²、核桃种植面积333.33hm²，规模种植已见成效。

玉田县已经培育了一批龙头加工企业，有唐山双汇食品有限公司（主要从事生猪屠宰、分割、冷藏、肉制品加工）、唐山顺新食品有限公司（以生产糕点馅料、月饼、各种食品原辅料为主）、唐山汇源食品有限公司（以小包装甘栗仁、小甘薯、红小豆深加工为主）等三家农产品加工企业和唐山金玉农产品综合交易中心（大型农产品商贸和物流中心），2006年被省政府确定为首批农产品加工示范基地。

三、分析研究方法——示范园区主导产业选择

主导产业是指在某一特定区域产业结构中处于主体性的战略地位，能对其他相关产业的发展起引导和带动作用，并具有广阔的市场前景和较强技术创新能力的产业。主导产业发展的规模和水平在一定程度上决定着整个玉田县经济发展的规模和水平，正确选择主导产业是提升玉田县经济综合竞争力的关键因素，它不仅有利于促进玉田县产业结构的调整与升级，而且有利于发挥玉田县经济的比较优势，实现资源的优化配置。

对于玉田县的主导产业的选择，选择了几个参数，包括产业比重、产业集中指数和产业专业化系数。

1. 产业比重分析

2012年玉田县粮食总产量52.7万t，蔬菜总产量288.8万t，畜禽产值17.8亿元，全县生猪存栏达到89.5万头，养猪业实现产值11.8亿元，各产业比重见表6-12。

表6-12　　　　　　　　2008年玉田县产业产值比重表

	总产值/亿元	产值比重/%	生猪占畜禽产业比重/%
蔬菜	48.4	48.1	—
生猪	11.8	11.7	36.1
粮食	13.6	13.5	—
第一产业总产值为100.7亿元，其中猪的饲养产值为11.8亿元			

从上表可以看出，蔬菜和畜禽是玉田县的优势产业，占农业总产值的74.1%。生猪产值占畜牧产值的26.1%，蔬菜发展主要得益于玉田县优越的区位及丰富的自然资源，畜牧业发展主要得益于玉田县的养殖历史悠久以及生猪加工企业的带动作用。

2. 产业集中指数分析

农业主导产业的产值一般在农业总产值中应占有较高的比重，产值规模与唐山市相比的比较优势可用产值集中指数来反映。该指标值大于1表明产业具有规模优势，见表6-13。

表6-13　　　　2012年玉田县产业产值集中指数表

项目	占玉田县产值比重/%	产业集中指数
蔬菜	15.7	1.42
生猪	3.8	1.79
粮食	4.4	1.03

从上表可以看出玉田县蔬菜、生猪和粮食产业规模相对于唐山市具有明显的规模优势，规模优势顺序为生猪>蔬菜>粮食。

3. 产业专业化系数分析

专业化系数是用来表示农产品商品生产能力的指标，专业化系数越高，表示该产业的产品在唐山市同类产业中专业化生产程度越高（表6-14）。

表6-14　　　　2012年玉田县产业专业化系数表

项目	玉田县人均占有量（t/人）	唐山市人均占有量（t/人）	产业专业化系数
蔬菜	4.22	1.88	2.24
生猪	0.12	0.06	1.85
粮食	0.77	0.42	1.83

从上表可以看出，玉田县蔬菜、生猪和粮食产业的商品生产能力在唐山市均处于优势位置。优势顺序为"蔬菜>生猪>粮食"。

通过分析可以看出，玉田县主导产业的优势顺序是"蔬菜>生猪>粮食"。玉田县产业中应以蔬菜、生猪两大产业为主导产业，在政策与资金方面给予一定倾向。

四、目标定位及布局

（一）指导思想

以科学发展观为指导，坚持生态优先、科技引领、产业优化等原则，依据玉田县现有农业基础、优越地理条件和安全绿色农产品的需求，立足玉田县蔬菜、畜禽、粮食、林果、园林花卉、农产品加工六大产业，优先发展蔬菜、畜禽优势产业，带动发展粮食、林果、园林花卉、农产品加工产业，提升科技水平、加强基础设施建设、完善产业体系，培养新型农民，充分发挥示范区典型示范和辐射带动作用，引领传统农业产业改造升级，实现玉田县现代农业可持续发展。

（二）战略定位

建设成为京津唐现代农业示范基地、打造京津唐农产品加工物流中心、成为生态循环农业重点展示平台、京津唐绿色农产品供应中心、国家级现代农业生产示范区。

（三）空间结构及布局

构建"一心一带两环"的产业空间格局，"一心"指以玉田县中部的加工园区的加工物流中心；"一带"指玉田县北部的林果产业带；"两环"指两大主导产业经济环，分别是玉田县中部蔬菜产业经济环与外围畜禽产业经济环。

在近期，落实"一园四区四基地"的项目布局，"一园"指农产品加工园区，"四区"指瘦肉型猪、鸡、牛、甲鱼四个片区，"四基地"指蔬菜、园林花卉、果品、粮食四个基地。

示范区将以"一园四区四基地"近期项目为核心，带动"一心一带两环"格局的构建与示范区的快速发展。

五、产业策略及产业布局

稳定发展粮食生产、重点发展以"玉田包尖白菜"为特色的蔬菜业、大力建设以"瘦肉型猪"为主的养殖业、积极开发园林花卉产业、有序引导经济林果产业、加快推进农产品加工业、全面培育生态农业旅游业。

（一）稳定发展粮食生产

粮食产业主要包括粮食籽种的繁育、高标准的生产、产后初深加工、战略储备和市场销售等环节。目前玉田县粮食产业正按照这个普遍的产业链进行。经过研究发现，玉田县粮食产业的籽种繁育阶段比较薄弱，优良粮食籽种较少，粮食生产环节机械化较低。因此一方面粮食优质籽种需加强发展，加大力度。另一方面粮食种植需全面机械化，结合优质籽种的研究，发展特色小杂粮生产。

根据分析，粮食产业应以"小麦、玉米"为主，以"胭脂米"等多种精品小杂粮为特色，重抓良种繁育、基础设施建设，努力建设高产、优质、高效的粮食生产区（图 6-39）。

（二）重点发展以"玉田包尖白菜"为特色的蔬菜业

据以上分析，蔬菜产业应充分发挥"玉田包尖白菜"地理标志在市场竞争中的优势，加大蔬菜籽种、种苗繁育力度，重点发展以"玉田包尖白菜"为特色的蔬菜产业生产环节，形成种植规模化、生产标准化、产品品牌化、经营市场化的生产格局（图 6-40、图 6-41）。将示范区蔬菜产业打造全国知名的"玉田包尖白菜"特色生产示范区。

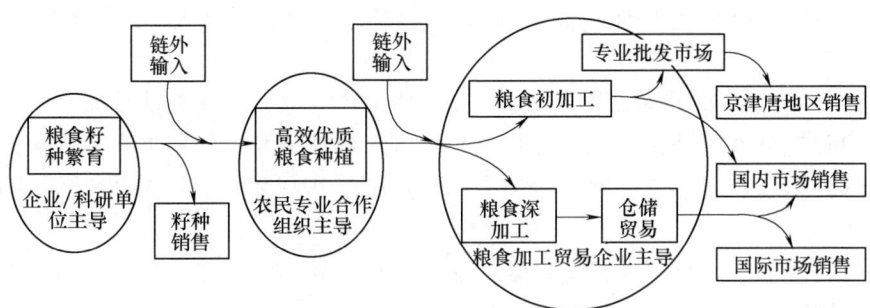

图 6-39　粮食产业链的主导产品及其产业链示意图

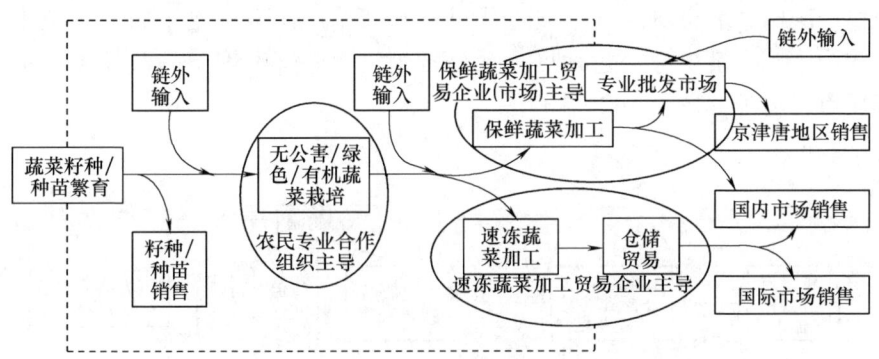

图 6-40　蔬菜产业链的主导产品及其产业链示意图

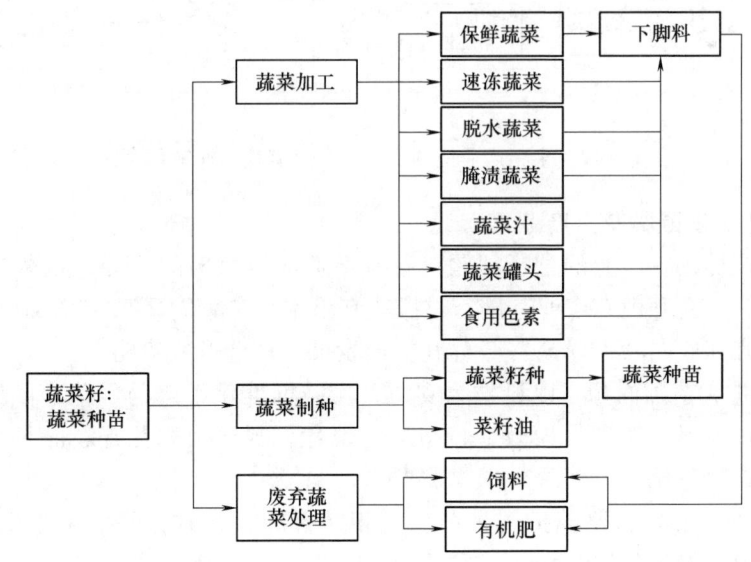

图 6-41　蔬菜产业链产品树示意图

（三）大力建设以"瘦肉型猪"为主的养殖业

将示范区打造成全省规模化、标准化生猪养殖的先进典范，打造成全国优质瘦肉型猪生产示范基地。围绕瘦肉型猪养殖大县向养殖强县的跨越发展为主线。

（1）重点打造良种猪供应基地、商品猪生产基地、生猪肉食品加工产业区；

（2）充分发挥种猪示范区优势，开展抗病育种研究，培育抗病优良种猪；

（3）适度扩大示范区肉鸡、奶牛养殖规模，积极发展以"中华鳖"为特色的水产业；

（4）发展农、林、牧紧密结合的循环产业、积极发展低碳农业，达到节能减排的效果。

玉田县生猪产业链产品以京津唐市场为主要目标市场，向外拓展周边市县，部分供应国内高端市场。其中父母代母猪和仔猪产品以满足玉田县本地生猪养殖需求为主，少量供应周边地区；无公害生猪、冻鲜肉副产品及加工品定位以京津唐市场为主（图6-42、图6-43）。

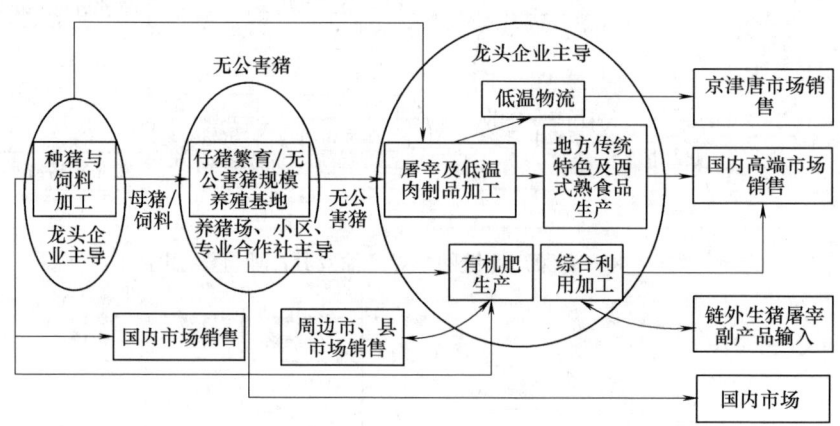

图6-42　生猪产业链的主导产品及基地产业链示意图

（四）积极开发园林花卉产业

通过园林花卉产业的分析，园林花卉产业应以政府为主导，以豪门等园林企业为龙头，提升现有产业基础，重抓花卉苗木种苗繁育环节，增加科技投入，使园林花卉产业向"产学研"一体化方向发展。产业开发策略。

（1）扩大苗圃面积，以科技为支撑，实施标准化生产与示范，依托龙头企业带动农户发展，实现规模效应，引进、繁育、驯化园林花卉新品种，实现品种多样化、特色化。

（2）探索市政道路养护与种苗生产相结合的新模式，降低苗木生产成本，减轻市政道路绿化负担。

（3）适当推广林粮兼种模式，引导农户在粮田周围种植苗木，由园林企业统一订单收购，使农户实现林粮双丰收。

（4）组建园林花卉合作社和园林花卉交易市场，充分发挥龙头企业的规模

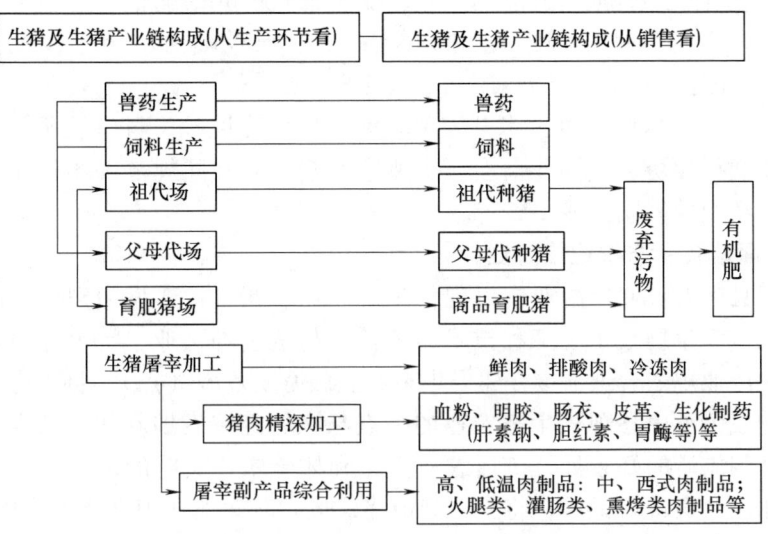

图 6-43 生猪产业产品结构示意图

示范与引领作用,加快园林花卉产业化步伐,实现农户、企业、市场的有效对接。

(五) 有序引导经济林果产业

林果产业应以四大干鲜果产业基地为基础,完成对各大林果产业基地的品种结构改造、技术更新,以京津唐地区为主要目标市场,大力发展绿色高档应时鲜果,同时推进苹果出口贸易的发展。产业发展策略。

(1) 发挥政府带动作用、企业龙头驱动作用、专业合作组织的服务作用,通过土地流转,整合林果分散种植区域,形成规模集聚效应。

(2) 加强基础设施和现代装备建设,抓好种苗工程,建立优质核桃苗圃,实施规模化核桃嫁接品种繁育,年出圃量达万株。

(3) 以优质核桃、苹果为主,通过基地升级改造、规模生产、绿色有机产品认证树立地方精品品牌,扶持和帮助企业、协会,做大出口创汇。

(4) 将果品产业与周边旅游资源相结合,发展农业观光采摘等农业旅游项目。

(六) 加快推进农产品加工业

示范区产业基础,加工产业应以粮食、生猪、蔬菜产业为主,建设精深加工生产线,开发玉田县粮食、生猪、蔬菜产业的多种加工产品,树立系列产品品牌。产业开发策略。

(1) 按照国际化、现代化、信息化的标准,在陈家铺建设农产品加工园区,形成优势产品和特色主导产业,提高农产品标准化、专业化、集约化水平。

（2）重点发展优质肉制品加工业、粮油加工业和果蔬加工业。

（3）加大招商引资力度，引进以精深加工为核心、加工和贸易纵向一体化的企业进驻园区。

（4）积极争取政府对技术开发的投入，同大专院校、科研院所的联姻，引导企业建立行业协会、同业商会、企业家协会等，共同规范市场秩序，促进农产品加工产业的健康发展。

（七）全面培育生态农业旅游业

玉田县生态农业旅游业应以现代生态农业、新农村建设为契机，以现代农业管理技术、生物技术、工程技术为依托，与蔬菜种植业、特色养殖业、林果业等相关产业规划合理衔接，建设生态农业旅游示范园（点），将生态农业旅游产业打造成为玉田县现代生态农业的亮点与区域经济发展新的增长点，同时成为市民休闲旅游的好去处、传播农业文化和体验农业文明的乐园。打响"环京津旅游休闲度假带"品牌，将玉田县最终建成"环京津休闲产业带"的重点县、京津唐的后花园。

为了统筹贯彻玉田县农业产业发展策略和重点建设项目的实施，规划设计了道路交通系统工程规划、高标准农田工程规划、农田水利工程规划、电力电信工程规划、组织运作与支撑体系规划等专项内容。

第十节　安徽涡阳：涡阳县国家现代农业示范区总体规划（2011—2020年）

一、项目背景

《中共中央国务院关于加大统筹城乡发展力度进一步夯实农业农村发展基础的若干意见》（中发〔2010〕1号）中明确提出要按照稳粮保供给、增收惠民生、改革促统筹、强基增后劲的基本思路，把统筹城乡发展作为加快全面建设小康社会的根本要求，把改善农村民生作为调整国民收入分配格局的重要内容，把扩大农村需求作为拉动内需的关键举措，把发展旱作农业、高效节水农业、循环农业和特色优势产业作为转变经济发展方式、推进现代农业的重要途径。

安徽处于中部区域的东部，沿江近海，紧临中国经济最具活力和潜力的长三角地区，具有承东接西的区位优势，在推进中部六省一体化战略发展上具有得天独厚的条件。从这个角度看，安徽的区位在中部地区无疑是最具优势的。"十一五"以来，安徽在国家强农惠农政策的强力推动下，农业建设取得了新进展、新成就，农业生产不断跃上新台阶，已把科技进步和创新作为农业现代化发展的首推力量，推进农业经济增长方式由要素驱动型向创新驱动型的根本转变,走创新型崛起之路。

安徽涡阳,地处淮北平原腹地,涡河中游。北靠河南省永城市、淮北市濉溪县,南临利辛县,西靠亳州市谯城区,东临蒙城县。国土总面积2107km²,是中国典型的农业大县。涡阳县是国务院批准的对外开放县市之一,有着老子故里、生态绿城、能源新城等诸多名片,具有中国苔干之乡、国家粮食生产百强县、安徽省历史文化名城等荣誉称号。涡阳县是国家商品粮生产基地之一,作为安徽省第一个小麦亩产千斤县,涡阳县粮食产量八年来不断提高。2003年以来,涡阳县连续六年被评为全国粮食生产先进县;2009年、2010年蝉联全国粮食生产先进县标兵;2011年,粮食再获丰收,面积为24.18万hm²,粮食总量达到137.2万t。粮食,已然是涡阳最靓的"名片";涡阳,也一再是皖北粮仓的"耀眼明珠"。

近年来,在国家工业化、城镇化、农业现代化"三化"协调发展战略指导下,涡阳县提出"振奋精神鼓实劲,围绕重点抓工作,集中力量办大事,强化措施抓落实,顽强崛起上台阶"总体要求,确定了"全省争先进、皖北创一流"的发展目标。"十二五"期间,涡阳县将深入贯彻落实科学发展观,以"加快发展、争先进位、率先崛起"为主题,坚持科学发展、统筹发展、转型发展、开放发展、和谐发展,大力实施"1311"强县富民行动计划,即,围绕"全省争先进、皖北创一流"为目标,有"打造皖北工业强县""建设老子文化名城"和"共创和谐文明家园"为三大任务,用"统筹涡阳发展示范区平台"为保障,实施以"基础建设""工业强县""现代农业""教育振兴""阵地建设""人文关爱""农民进城""城乡宜居""健康卫生"和"平安涡阳"为十大支撑工程,全面推进涡阳的城市化运营战略(图6-44)。

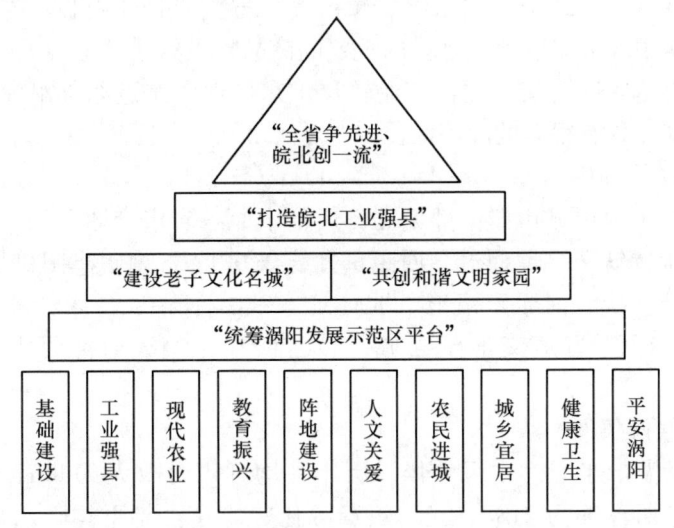

图6-44 "1311"强县富民行动计划——统筹涡阳发展示范区平台

在中央同步推进工业化、城镇化和农业现代化作为政策导向下，作为国家商品粮生产基地之一的涡阳县，统筹城乡发展已经成为推动县域社会经济发展的根本要求。

在此大背景下，2010年11月涡阳县委、县政府、县农业委员会特委托中国农业大学成立课题研究小组，组织有关专家和规划人员开展本次规划编制工作。

从涡阳县国家现代农业示范区的总体规划到安徽·涡阳陈大现代农业综合示范区总体规划、再到楚店镇粮食产业示范园总体规划，是一个从宏观到微观、从整体到局部、层层落实的系统工程，既把握了涡阳县远景农业发展的战略方向，又指出了近期建设的重要抓手，有力保证了本次规划的科学性、前瞻性和可操作性。

二、基本概况

全县国土总面积2107km^2，辖25个镇（场），377个村，总人口149.6万人，其中农业人口133.99万人，耕地面积13.17万hm^2。

全县农业特色鲜明，农作物质优量大，盛产粮、油、棉、中药材和猪、牛、羊、鸡、鸭、鱼等多种大宗农副产品及土特产，被列为全国优质粮、优质棉生产基地和全国粮食生产百强县。

1. 战略区位分析

涡阳县位于淮北平原，北向连接环渤海经济圈，东向融入长三角发展，西向融入西部开发，南向连接珠三角经济圈，中居中部地区崛起的良好区位。

涡阳地处安徽西北部，位居皖、豫、鲁三省交界处，南临江淮平原，北接中原腹地，属中部战略要地，是我国重要的商品粮供给地。

涡阳县自然属性连接南北，产业转移承东启西，东近东部沿海经济区，西邻中原经济区，具有很好的经济区位。

2. 交通区位分析

涡阳县位于中原城市群中部偏北，通往中原各省市交通便利，区位优势明显；徐阜、永青铁路穿境而过，西距京九线仅60km，南距阜阳机场80km。高速公路西连济广线，南通宁洛线，北倚连霍线，东靠京台线。济祁高速横跨南北。S202、S307省道交汇于县城，涡河横穿全境，通淮河入长江，四季通航。

3. 自然气候条件

涡阳属暖温带半湿润季风气候，历年平均日照时数为2140h，年平均气温14.6℃，无霜期较长为218d，光、热资源比较丰富。年平均降水量830mm左右，年平均风速为3.4m/s，夏季盛行东南风，冬季盛行北风、西北风，春秋季多偏东风。

矿产资源丰富，含煤区面积 565km²，占全县总面积 1/4 以上，已探明的煤炭储量多达 32.5 亿 t，被列为全国 13 个亿 t 能源基地的第八主产区，开采区形成大面积地质塌陷。

土壤瘠薄，易涝易旱，适耕期短，有机质含量较低，普遍缺氮少磷。涡阳县农用地在全国范围属低产田类别，分等为 9-14。全县高、中、低产田等地所占比例分别为 12%、77%、11%，中低产田比例过重。

涡阳是安徽省历史文化名城，灿若星辰的历史文化名人有老子、尹喜、伍子胥、范蠡、庄子、黄石公、张良、嵇康、陈抟等。名胜古迹众多，有老子故里天静宫、新四军纪念馆、尹喜之墓、范蠡墓、嵇康墓、陈抟老祖的卧迹等。

生态旅游资源有生态湿地 66.67hm²、梨园、兴华农庄等。

水资源丰富，境内主要水系有涡河、武家河、界洪河、芡河、包河、北淝河、西淝河、涡包河、浍河等，顺地势自西北流向东南。其中，古老的涡河流经涡阳 50km，流域面积 1280km²，占全县总面积的 61.2%，沿涡阳入淮河可直通长江，四季通航；包河流经涡阳境内 23.5km，流域面积 280km²；北淝河流经涡阳境内 15.8km，流域面积 285km²；西淝河流经涡阳境内 8.0km，流域面积 262km²。

涡阳县水资源主要是以降雨为补给源的地表水和地下水，另有涡河、包河等河道的过境客水水源。涡阳县地表水主要分布在涡河流域、包河流域、北淝河流域和西淝河流域内的沟、河、塘中。地表水资源量为 4.016 亿 m³，地下水资源总量多年平均为 4.178 亿 m³，可利用水资源总量为 7.03 亿 m³。

4. 社会经济分析

"十一五"期间，涡阳县综合实力显著提升，2009 年、2010 年连续两年被评为全省科学发展先进县，全市县区综合考核连续两年第一。2011 年年底，全县生产总值 152.9 亿元，年均增长 12.9%；财政收入 13 亿元，年均增长 33%；全社会固定资产投资 77 亿元，年均增长 30.2%；城镇在岗职工人均工资 3.31 万元，年均增长 20.7%；农民人均纯收入 6076 元，年均增长 16.3%。

全县社会经济具体表现为：

工业经济快速壮大。通过大力实施"126"行动计划和"工业百十亿工程振兴计划"，共实现工业增加值 186.4 亿元，年均增长 24%。

现代农业持续发展。粮食生产连续八年喜获丰收，自 2009 年以来，先后被评为全国粮食生产先进单位、全国粮食生产先进县标兵、全省粮食生产"三大行动"先进县；农业产业化步伐加快，培育省市级龙头企业 57 家、省级名牌农产品 4 个、农村专业合作组织 650 家；林业生产成效显著，先后被评为全国绿化模范县、全省集体林权制度改革先进单位；农业基础设施不断加强，累计投入建设资金

2.06 亿元，新增和改善有效灌溉面积 2.33 万 hm²、除涝面积 2.67 万 hm²，建设旱涝保收田 5 万 hm²。

第三产业繁荣活跃。社会消费品零售总额累计完成 265.7 亿元，年均增长 18.1%。"万村千乡"和"新网工程"扎实推进，新建和改造农家店 150 家；道源文化旅游成效初显，老子文化生态园建设全面启动，国际老子朝圣大典、老子国际高端论坛和全国老庄研讨会成功举办，天静宫 3A 级景区和道源国家湿地公园申报成功。

5. 规划范围与期限

项目规划区为整个涡阳县县域农业用地。规划期限：2011—2020 年。近期：2011—2013 年（重点突破期）；中期：2014—2015 年（快速推进期）；远期：2016—2020 年（持续发展期）。

三、产业选择方法

（一）产业结构调整

调整思路：调整重点转向以强化薄弱环节为主的功能性调整，主要是提高农产品产值、农产品社会地位和分配效应，增强全县农业发展的协调性和外部效应。实施"突破关键环节"的战略，重点突破科学种养、品牌培育、技术服务、产业链完善等制约产业结构优化升级的关键环节和生产性服务业，切实推进现代农业，促进产业结构升级和经济发展方式的转变。为此，涡阳县现代农业产业最后形成四大格局：

1. 产业结构优化格局

通过品种改良、技术改进、产业链延伸、功能拓展等产业提升途径，最终实现粮食产业规模化，生态养殖规模化，精品果蔬、养生药材和园林花木产业多元化。

2. 企业组织合理化格局

借助现有龙头企业，比如正宇面粉、双轮集团等，搭建平台，引进与培育具有市场竞争力、拥有特色品牌的大型企业，与有发展潜力的中小企业协调配套发展，改变过去企业多、小、散的组织运作格局。

3. 复合化格局

在粮食、果蔬、养殖、药材、花木等产业规模化发展基础上，推进各产业全产业链建设，逐步实现内源性发展与外源性发展相结合的格局。

4. 融合化发展格局

通过农业现代化发展，促进农副产品加工业和农业旅游业发展，加强新农村社区建设，实现农业产业化、服务业现代化相互支撑、共同促进的融合格局。

（二）产业选择依据

涡阳县农业特色资源丰富，文化底蕴深厚，产业门类多样，粮食、苔干产业有一定的规模化基础，但目前仍处于由传统农业向现代农业转变的前期，农业生产在县域经济及农民就业增收中还占很大比重。在中部六省一体化实现过程中，要实现涡阳农业经济的跨越式发展，需借助产业结构调整和制度模式创新等外力来推动这一进程，以促进全县"1311"强县富民行动计划顺利进行。

在国家现代农业示范区建设进程中，主导产业具有极其重要的作用。其选择的依据需要遵循：第一，要有利于资源利用、区域协调发展、重点项目的选择；第二，要有利于发展战略的转换与生产要素的重组；第三，要有利于由粗放型的数量扩张向集约型的质量发展转变；第四，要有利于区域经济由暂时不平衡增长逐步实现均衡协调发展。主导产业的选择必须遵循"市场导向原则、因地制宜原则、生态开发原则、比较效益原则、城乡统筹原则、政府引导与农民自愿原则"六项原则。

（三）主导产业选择

在以上依据与原则指导下，对涡阳县国家现代农业示范区的主导产业进行选择，最终选择出高效粮食、精品果蔬、生态养殖三大主导产业，以及园林花木、生态旅游、特色林果三大协同产业。

受经济社会作用力的影响，主导产业将影射出系列衍生产业和外围产业，如通过主导产业的发展，带动农副产品加工流通、农耕文化推广、农事体验、科普教育、生态旅游、休闲养生等产业的发展，从而为基础产业注入生命力和社会责任感，促使基础产业持续发展。

（四）三条产业发展主线

1. 以小麦、玉米为主的优质高产粮食产业主线

充分利用粮食资源优势，深度挖掘粮食产业的社会和商品属性，坚持优质粮食"六化"发展思路，在实现稳产、高产、优质、节本增效的基础上，积极培育粮食市场、壮大龙头企业、拉长产业链条，以市场需求为导向，开发健康谷物产品，努力提高粮食产品的附加值。

2. 以苔干为主的特色果蔬种植业主线

大力发展苔干等能凸显当地优势和特色的果蔬，加强基础设施建设，扩大规模，集中连片，发展现代化经营，建设全产业链，开发多功能化产品，实现特色产业优势化。

3. 以牛、猪、羊、鸡、特种水禽为主的健康生态养殖业主线

依托现有养殖基础和饲料加工业基础，结合道源养生文化，挖掘适合当地的保健养殖产品，科学调整养殖结构，加大屠宰加工能力，走特色养殖致富道路；标准化建设良种繁育基地和规模养殖基地，遵循"粮-牧""林-药-禽"

"猪-沼-菜"等循环发展模式，提高资源利用率，增效创收。

（五）三条产业发展

1. 以养生药材、药用药材为主的优质中药材种植业

涡阳地处亳州市，借助亳州"药都"之誉，利用区位优势，稳定传统亳药种植基础，以市场为导向，发展多样化的中药种植业，调节种植品种结构，提升药材品质，发展中药加工业和药花观赏旅游，健全中药产业链。

2. 以园林花卉、绿化苗木为主的园林花木产业

以政府为主导，以老子生态文化园花卉苗圃基地建设为依托，园林花卉种植大户和龙头企业为带动，提升现有产业基础，加强园林花卉的品种引进、筛选及驯化、培育，以保证优质园林花卉的不断更新和繁育。增加科技投入，促进园林企业与科研院所的科技合作，使园林花卉产业向"产学研"一体化方向发展。

3. 以道学养生、休闲观光为主的生态农业旅游业

依托涡河的生态环境资源和老子养生文化园，结合现代化粮食、果蔬、畜牧、园林花木、现代农副产品加工等产业的多功能，开展特色品种展示、现代农业科技示范、观光采摘、科普教育、加工体验、养生休闲、产品定制等农业旅游项目，促进农业一产与二三产的有机结合，增加农业效益。

四、目标定位及布局

（一）指导思想

在涡阳县"1311"统筹发展战略指导下，进一步加强农业基础设施建设，积极推进涡阳县现代农业建设，有序地实现工业化、城市化和农业现代化协调发展。涡阳县现代农业建设需要遵循现代农业、生态农业、特色农业、高效农业、循环农业的发展理念，构建种养循环发展、一二三产联动的能源链条、产业链条，重点发展粮食产业，着重提升绿色果蔬业、健康养殖业、养生药材业等潜力产业，科学实现农业结构战略性调整；合理有效地配置农业生产要素，优化农产品区域布局，发挥农业的多功能作用，加快农业生产方式转变，对产业链薄弱环节加强管理和投入，促进优势产业升级，打造地方特色农产品品牌，提高农产品的市场竞争力；加强农业社会化服务体系建设，扩大农业的生产规模、服务规模和组织规模，加快农业产业化经营步伐，持续高效地发展涡阳县现代农业，最终实现农业增效、农民增收。

（二）功能定位

在上位规划的指引下，涡阳县国家现代农业示范区的建设发展中将承接粮食保障、产业提升、辐射带动、科技引领、生态保护、就业增收六大功能。

（三）战略目标

涡阳县现代农业的发展，将借助其交通及区位优势和重要的农业产业地位，在国家政策和省市各级政府部门的全力支持下,由涡阳县政府全力推动示范区建设和发展,挖掘潜力产业和优势产品,积极培育区域品牌。

在建设涡阳县国家现代农业示范区的同时,积极与国家宏观产业政策对接,充分利用政策的扶持,在发展农业现代化的同时,促进工业化、城市化同步发展,加快探索具有涡阳特色的三化统筹发展道路,引领亳州市甚至安徽省三化同步发展。战略发展目标为:国家大型商品粮基地标准化示范县、国家健康食品(小麦)原料生产基地、国家生态循环农业示范县、国家级有机蔬菜(苔干)产业一体化生产基地、安徽省现代农业产业创新试验基地。

(四)空间结构

综合前期分析和战略定位结果,示范区规划的空间结构为"一轴、一心、六核、三片",在此空间结构下进行粮食、果蔬、养殖、生态旅游等产业的现代农业示范区及重点项目布局,通过园区示范和重点项目带动,逐步实现一轴牵引、一心拉动、六核驱动、三片联动的县域建设格局。

"一轴"——涡河生态农业发展轴。以涡河的生态环境景观打造为依托,沿涡河建设现代粮食产业、蔬菜产业、水产养殖产业的展示带。

"一心"——老子生态文化园。以3A景区天静宫为核心,结合老子健康养生理念,建设休闲观光农业产业园,以园林景观产业园为背景,发展健康果蔬种植展示、采摘,示范带动现代化农业新技术和新方向。

"六核"——分别是楚店镇、西阳镇、高炉镇三个省级粮食产业核心示范区,陈大镇现代农业综合示范区,涡南镇循环经济产业核心示范区,牌坊镇综合产业核心示范区。通过六个核心示范区的建设,带动涡阳县三大片区优质粮食、设施果蔬、生态养殖、花木药材等重点产业区的建设,促进全县粮食、果蔬、养殖、园林花木、生态旅游、农副产品加工与流通等产业的跨越发展,实现一二三产联动发展,全面提升县域社会经济水平,促进涡阳县工业化、城镇化、农业现代化的协调发展,完成"打造皖北工业强县""建设老子文化名城"和"共创和谐文明家园"的总体任务,致力实现"全省争先进、皖北创一流"的战略目标。

安徽涡阳楚店省粮食产业核心示范区、安徽涡阳西阳镇省级粮食产业核心示范区、安徽涡阳高炉镇省级粮食产业核心示范区:立足现代粮食产业发展方向,以健康食品的市场需求和资源节约型生产理念为导向,结合楚店镇、西阳镇、高炉镇三个乡镇的粮食产业发展基础及特色,完善基础设施建设,立足粮食产业,植入先进种植技术和设施设备,改变传统粮食种植方式,提高新型农民粮食种植技能,增强农业科技贡献率,提高粮食生产能力,实现粮食产业高产、优质、安全、健康的生产效益以及综合资源利用效率的提高。

安徽涡阳陈大现代农业综合示范区：坚持城乡统筹发展，在"三化"协调发展政策指导下，以精品农业、高效农业、生态农业、休闲农业为开发理念，依托现代农业科技装备和先进管理理念，重点提升粮食产业，大力发展蔬菜、苗木花卉、中药养生产业，培育水产、果树产业，建设农村新社区，提升各产业链的加工与流通环节，通过重点项目带动、多元招商引资、分期滚动开发，将项目区建设成为规划布局合理、生产要素积聚、设施装备先进、科技水平领先、经营机制完善、辐射带动力强的综合性现代农业示范区，辐射带动全县乃至皖北地区现代农业发展，促进三化发展（图6-45）。

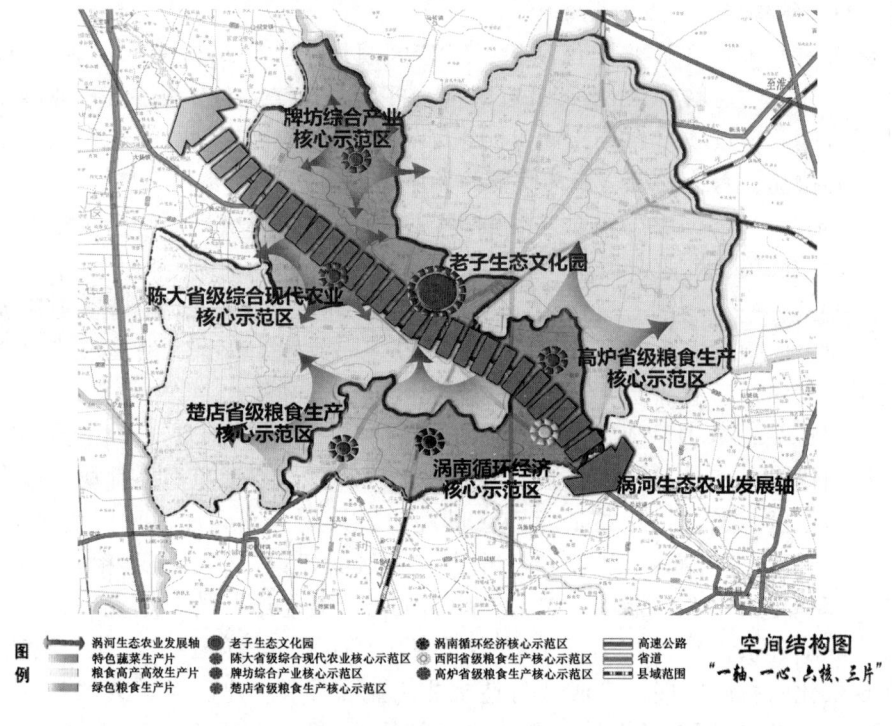

图6-45 涡阳县现代农业发展空间格局图

安徽涡阳涡南镇循环经济产业核心示范区：遵循生态农业、循环经济的发展理念，重点建设循环经济产业园，提升粮食产业，引进设施园艺产业，重点发展生态养殖业，植入加工物流业，适当发展农业旅游业，构建种养加循环发展、一二三产联动互促的能源和产业链条，形成生态养殖、设施园艺、高效粮食、加工物流四大支柱产业，兼具观光展示和科技培训功能。

安徽涡阳牌坊镇综合产业核心示范区：按照"高产、优质、高效、生态、安全"的要求，强化农业科技支撑，切实转变农业增长方式，加快产业结构调整，努力提高农业综合生产能力，确保粮食供给；强化优势特色高效农业和产业化经营，确保农业增效，农民增收；努力推动工业反哺农业、城市支持农村和城乡一体化发展，创新体制机制，充分调动多方积极性，共同促进园区建设。

"三片"——特色蔬菜生产示范片：大力发展苔干、养生药材等能凸显当地优势和特色的果蔬种植，加强基础设施建设，扩大规模，集中连片，现代化经营，全产业链建设，开发多功能化产品，实现特色产业优势化；优质粮食生产示范片：按照"优质、生态、安全"的要求，着眼"规模农业、无公害农业、标准农业、生态农业、效益农业"的发展方向，调整优化现有粮食产业布局，依托已获认证的优质粮食产品的市场作用，将现有粮食产业调整为优质化生产，加强涡阳优势产业的区域布局；粮食高产高效生产示范片：改造中低产田，提升高产田比例，深度挖掘粮食产业的社会和商品属性，坚持优质粮食"六化"发展思路，在实现稳产、高产、高效、节本增效的基础上，积极培育粮食市场、壮大龙头企业、拉长产业链条，以市场需求为导向，提高粮食产品的附加值。

五、产业策略及产业布局

重点提升粮食产业，大力发展蔬菜、苗木花卉、中药养生产业，培育水产、果树产业，建设农村新社区，提升各产业链的加工与流通环节，通过重点项目带动、多元招商引资、分期滚动开发，将项目区建设成为规划布局合理、生产要素积聚、设施装备先进、科技水平领先、经营机制完善、辐射带动力强的综合性现代农业示范区，辐射带动全县乃至皖北地区现代农业发展，促进三化发展。

（一）稳定粮食生产，实现粮食产业化经营

对于优势产业——粮食的发展，要依托现代屯粮田、高产攻关、高效节水灌溉、测土配方施肥等建设项目的基础，在稳面积、提单产的前提下，调整粮食品种结构、品质结构、加工结构，逐年增加优质专用粮食种植比重，发展健康粮食、绿色有机粮食，提倡粮食的健康食用方式，引领国内粮食消费发展的新方向，实现与其他粮食主产区及粮食标兵县的差异化发展，形成区域主导产业的特色化发展，增强竞争力。

在涡阳县现有粮食产业发展基础上，以粮食企业、合作社为龙头，以粮食生产者为主体，以市场为导向、科技为动力，将粮食生产的产前、产中、产后等环节连接起来，进行产业链薄弱环节重点突破：加强粮食良种繁育、提升种植技术、缩短流通途径、提升加工能力、完善加工产品结构、培育知名品牌，实现产业化经营。

粮食产业重点建设项目：国家级商品粮标准生产示范带、优质高效小麦种植区、国家级绿色食品原料（小麦）生产示范基地、小麦良种繁育基地、小麦万亩高产创建示范片、吨粮田现代农业示范区、玉米高产创建示范项目、粮食现代化仓储物流加工项目八类项目（图6-46）。

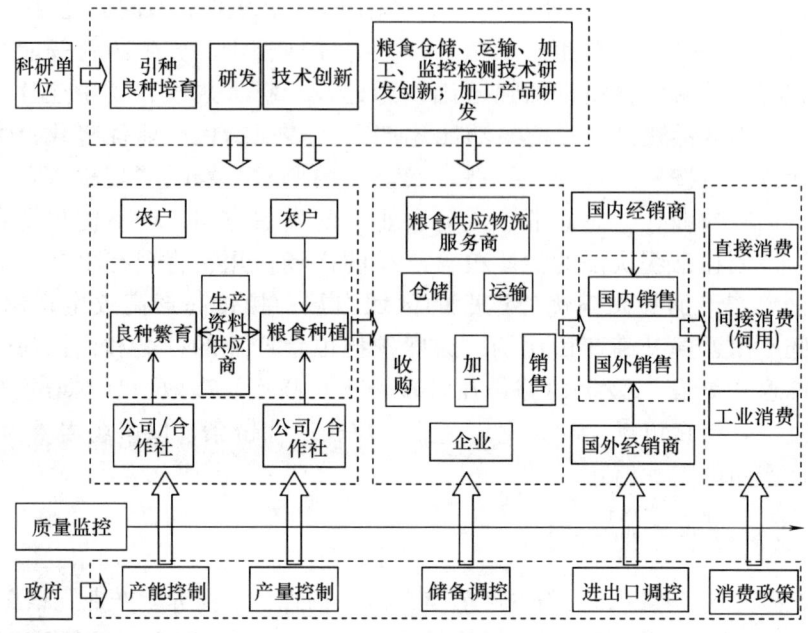

图 6-46 粮食产业链构建

（二）重点发展以"苔干"为特色的蔬菜产业

依托涡阳县的区位优势，借助"涡阳苔干"这一具有国家地理标示产品在市场竞争中的优势及杨瓦房小芹菜等百年历史的优质蔬菜品种，以特色优质蔬菜种植为主导产业，建设种植规模化、生产标准化、产品品牌化、经营市场化的生产格局，完善蔬菜产业链，实现涡阳县特色蔬菜产业的优势化发展，打造全国知名的有机蔬菜（苔干）产业一体化生产基地和亳州市绿色无公害果蔬生产示范区。

实施"无公害食品行动计划"，增强种苗繁育能力、机械化水平，实现苔干的产业化发展，特色品牌营造、做大涡阳苔干品牌；积极培育大型蔬菜龙头企业，加强与蔬菜物流企业的联系；扩大露地与设施果蔬种植面积，提高蔬菜种植效益；发展生态循环农业，促进有机蔬菜种植；建设产品质量检测站，实现蔬菜生产全程监测；发展蔬菜的休闲观光采摘功能（图6-47）。

大力培育蔬菜加工产业龙头企业，发展蔬菜产品保鲜与加工，完善蔬菜产业链。确保从蔬菜种苗繁育、标准化生产、加工、检测、贮藏、运输到蔬菜销售终端各环节达到无公害、绿色或有机的安全保证。蔬菜产业链的系列产品包括鲜食蔬菜和加工型蔬菜两大类。蔬菜加工方式主要有保鲜、速冻、脱水、腌渍等（图6-48、图6-49）。

规划设置0.67万hm^2国家级有机苔干产业化生产基地、绿色蔬菜种植示范区等项目。

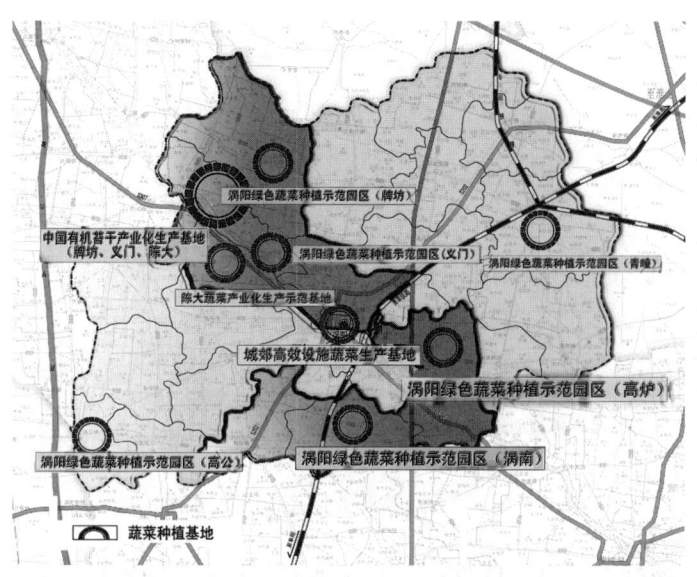

图 6-47　精品果蔬产业重点项目分布图

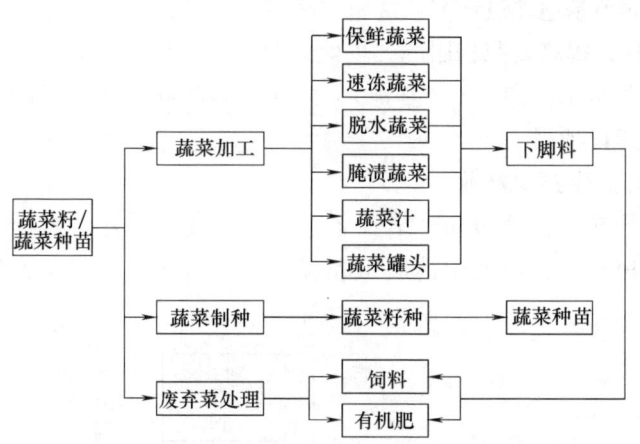

图 6-48　蔬菜产业链的主导产品及其产业链示意图

（三）优化提升畜禽健康养殖业

以涡阳县畜牧资源优势为依托，以老子养生理念为指引，大力发展黄牛、生猪养殖业，引导开发具有养生价值的畜禽产品，面向长三角消费市场，打造具有涡阳特色畜禽产品品牌，在省市畜禽良种繁育中心等龙头企业的引领下，建设全省规模化、标准化的健康养殖基地。同时，结合农业基础设施建设、农业产业化经营项目建设，配套建设饲料加工、粪便无害化处理、标准化屠宰，形成特色畜禽产业链，增强畜产品市场竞争力。

构建以无公害以上标准和地方特色养殖为主导产品的集团与基地产业链。

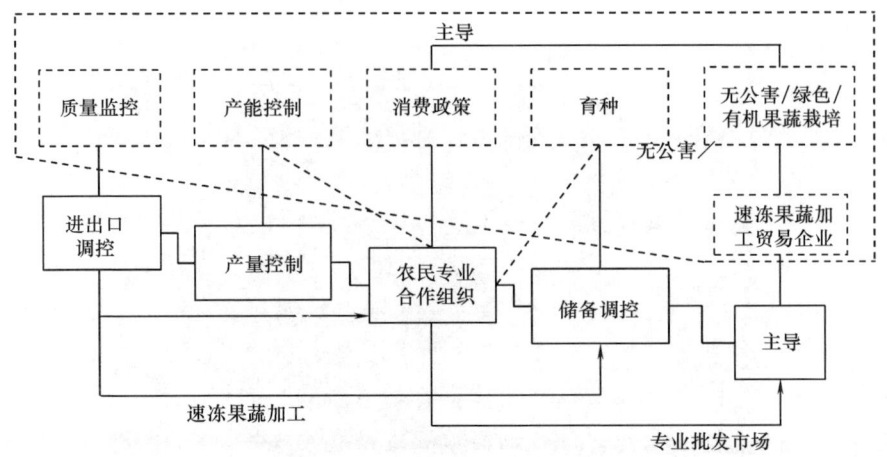

图 6-49　蔬菜产业链产品树示意图

该产业链为双核型产业链，核心之一是以龙头企业主导的繁育、饲料加工、综合利用、屠宰加工、市场销售带动环节，另一核心是养殖场、小区和农民养殖专业合作社主导的养殖基地建设环节。遵循"粮-牧""林-药-禽""猪-沼-菜"等循环发展模式，提高资源利用率，增效创收。

特色畜禽养殖示范园（7个基地）、循环种养示范园（5个基地）、畜禽产品加工流通体系建设项目。

（四）有序引导养生药材产业

以市场为导向，合理布局，结合老子养生文化，采用现代化种植技术，发展优质中药种植基地，以及中药展示和养生文化宣传，建成国家级中药养生基地（图6-50）。

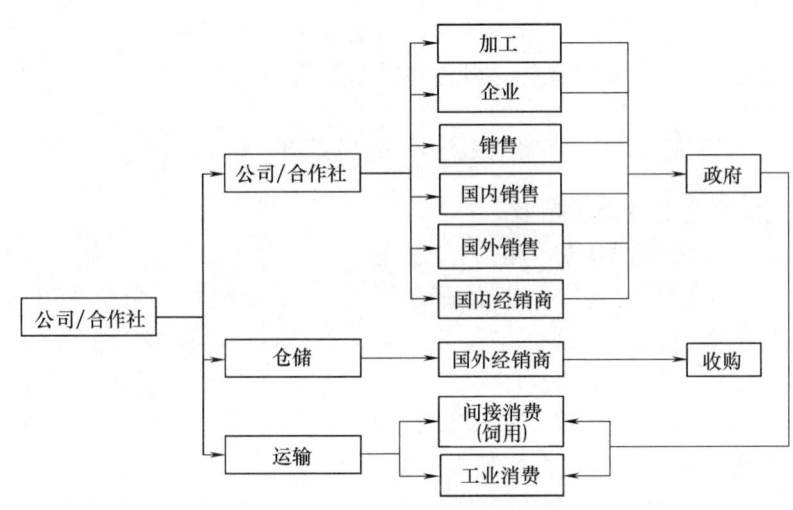

图 6-50　中药产业链构建

中药产业的产业链构建，围绕涡阳中药种植传统优良品种，以中药种植大户和企业为龙头，构建中药繁育种植核心，主要经过种植、储运、加工、包装等环节，由制药企业构建加工销售核心，或者构建集种植、储运、加工、销售于一体的中药种植产业链，实现中药的产业化发展经营。

陈大国家级养生药材生产基地——规模化药材种植基地，丰富种植品种，改进种植技术，强化基础设施建设，集中生产药用、养生等中药材，同时根据不同药材开花的季节特征，结合涡阳老子文化、生态农业旅游等开展药膳养生文化活动。

（五）积极开发园林花木产业

以政府为主导，以名、特、优花卉生产为龙头，依托现有园林花木基础，植入先进培育技术和经营模式，打造全省、市园林花卉产业的"领头军"，实现产业规范化、品牌化，最终打造成为安徽省的园林花卉生产示范基地。每年组织实施市级科技成果推广项目1项以上，成功转化1~2项新技术成果，新品种、新技术应用覆盖率达到95%以上。

种苗培育：在政府的引导和支持下，园林花卉企业与科研机构相结合，加强园林花卉的品种引进、筛选及驯化、培育，以保证优质园林花卉不断更新和繁育。

标准化生产加工：发展以农村合作组织或龙头企业为主导的产业化生产方式，建立大规模的园林花卉产品标准化生产基地，扩大苗圃面积，进行集约化、规模化、规范化生产。

产品销售：以市场为向导，以龙头企业和农合组织为主体，建立园林花卉交易中心，积极实施订单销售。

设置陈大竹柳生产基地、陈大园林花木种植基地、陈大林果苗木种植示范区、园林花木交易中心、休闲观光农业产业园等项目。

（六）全面培育沿涡河生态农业旅游业

以发展现代生态农业、新农村建设为契机，与高效粮食、精品果蔬、生态养殖、中药种植、园林花木等相关产业规划合理衔接，充分挖掘老子养生文化底蕴，与健康、生态、安全的消费理念为导向，对接亳州市涡河生态旅游、道源文化旅游规划，提升改造涡河景观带，建设生态农业旅游示范园（点）、带，将生态农业旅游产业打造成为涡阳现代生态农业的亮点与区域经济发展新的增长点，同时成为市民休闲旅游的好去处、传播农业文化和体验农业文明的乐园。

规划设置道源国家湿地公园、涡河生态文化旅游带、陈大道源养生基地、禾景原乡城邦、禾景滨河景观带、涡河游船码头、楚店镇现代粮食产业展示区等项目。

第十一节　湖北掇刀：荆门喜民园现代多功能农业示范区总体规划（2009—2020 年）

一、项目背景

党的十六届四中全会提出了关于城乡和工农业关系发展变化的"两个趋势"的重要论断，党的十七届三中全会提出了"三个进入"的重要论断，推动城乡生产要素优化组合、缩小城乡差别、实现城乡共同繁荣；湖北省加快农业科技创新、提高农业综合生产能力、探索农业资金高效利用模式，打造国内领先的现代农业示范区，推进新农村建设和城乡一体化发展；荆门市贯彻党的十七届三中全会精神，坚持农业产业化、农村城镇化、农业机械化和服务社会化"四位一体"，扎实推进农村改革发展，力争荆门市现代农业发展和社会主义新农村建设走在湖北省前列的要求。

示范区的建设是掇刀区在新的起跑线上"创建全省城乡一体化发展示范区，努力实现经济弱区变强区、行政小区变靓区、近郊乡村变城市、城乡分割变一体"的战略抉择；是掇刀区形成"三圈融城乡、联动促一体"的一体化发展新格局的迫切任务；是掇刀区狠抓"四大片区"建设，努力建设"喜民园"休闲观光农业旅游区的具体要求。

有利于荆门市、掇刀区在国家"中部地区崛起"的战略机遇和湖北省实施的"两圈"建设战略机遇中快速发展，特别与国家循环经济试点和湖北省"一带两圈"发展战略相呼应，为掇刀区加强与省内各大城市合作，吸引国内外相关企业投资发展提供新机会。

这些因素促进了示范区建设的必然趋势，湖北省荆门市掇刀区人民政府，高瞻远瞩，委托中国农业大学农业规划科学研究所进行示范区的研究和规划，通过规划促进示范区的三生一体和谐发展，最终促进农业、农村和城市可持续发展。

二、基本概况

示范区位于荆门市掇刀区，面积约为 $1560hm^2$，距离荆门市中心城区 1.2km。东南部濒临黄山林场，西南部紧邻十里花卉苗木长廊，东北部为丘陵林地，西北至毛家湾，中部及东部分别有观音湖和培公湖，独特的地理区位造就了示范区"依山傍水临城"之优势。示范区对外交通便利，西部是 207 国道，东部有襄荆高速公路，东北部有 219 省道。

示范区内涉及斗立、官堰、兴隆、龙王四个行政村，共 800 户，3000 人。示范区内产业结构单一，主要以农业为主，尤其是粮油作物种植，2008 年人均收入 5590 元，主要来源为出外打工、水产养殖业以及粮油种植业。

示范区种植业主要以水稻、油菜、小麦、棉花、花生和玉米等传统种植为主，其中春夏季主要种植水稻、玉米、棉花等，秋冬主要以小麦和油菜为主；果树种植面积总体较少，且产品结构单一，基本以柑橘和桃树为主。近两年，在龙王和兴隆两村开始小规模种植桃树，但效益不明显，生产的柑橘以批发或零售方式销售，价格较低，效益不稳，技术管理水平差。

龙王村蔬菜生产以露地种植为主，保护地栽培较少，经营模式以分散经营为主，规模户少，且多为自产自销，相比之下，兴隆村设施蔬菜业初具规模，发展以日光温室为主要设施类型、以茄果类反季节蔬菜为主要品种的蔬菜种植。

林业生产中，一部分是生态林，主要集中在斗立、官堰和兴隆三村，以马尾松为主要种植品种，另外一部分是花卉苗木，规模较小，仍处于起步阶段。

示范区内水网密布，水域及水利设施用地约 183.13 hm^2，占 11.7%，主要包括观音湖、培公湖、鱼塘、坑塘、漳河水库三干渠及二分干渠等。观音湖占地面积 74.33 hm^2，是示范区重点打造区域。水系较为发达，适于水产养殖，但目前示范区内鱼类养殖品种较单一，产量低；畜禽养殖主要集中在兴隆村和龙王村，其他两个村家禽养殖基本上以零星的家庭散养为主，总体而言，示范区养殖规模相对较小，养殖大户较少。

喜民园现代多功能农业示范区东至培公祠，西达 207 国道，南接黄山林场，北抵斗立林场，中部为观音湖，面积约为 1560 hm^2，距离荆门市中心城区 1.2km。

为与荆门市"十一五"规划、《荆门市城市总体规划》（2005—2020 年）、《荆门市中心城区旅游总体规划》及《荆门市掇刀区城乡一体化发展示范区总体规划》（2009—2020 年）相对接，使本次规划具备较强的可操作性和良好的弹性，本规划期限为 6 年。

（1）近期　2009—2010 年，示范区试点发动阶段，承接掇刀城乡一体化步入轨道，试点启动；主要以公共政策和机制创新为基点，初步建立示范区城乡一体化推进机制。

（2）中期　2011—2013 年，示范区产业化发展阶段，承接掇刀城乡一体化快速推进，产业化发展；主要以示范区重点项目的投资建设来推动多项工作取得突破性进展，促进掇刀区高速发展。

（3）远期　2014—2020 年，示范区城乡一体化和可持续发展阶段，承接掇刀城乡一体化全面实现，示范区进入可持续发展阶段。

三、分析研究方法

（一）规划重点解决的问题

1. 如何对接城市功能，协调荆门发展，推动区域城乡一体化？

未来掇刀区发展的重点是高品位打造新城市"核心圈",把掇刀中心城区建成"活力新城、实力新城、魅力新城",多点面打造城市"扩展圈",把掇刀近郊建设成为特色工业的聚集地和休闲旅游的目的地。全方位打造新农村辐射圈,在掇刀远郊大力发展高效农业,培育新型农民,建设现代农村。

示范区处于城市扩展圈,是建设促进城市空间布局的战略性调整,实现中心城市向区域城市的转型,是城市实现空间拓展的战略选择,示范区发展在人口聚集和素质、产业选择与功能对接、土地开发与利用、区域统筹协调、公共服务发展等诸多方面面临挑战,示范区的建设应从区域经济社会联系的角度,研究促进中心城区与示范区,实现区域功能的有机融合。

示范区建设还要从探索土地流转方式,健全社会保障机制、统筹城乡规划入手,整区推进城市化,努力创建城乡一体化示范先行区。

2. 如何优化农业产业价值,创新模式,打造国内一流的农业旅游品牌?

合理的产业结构可以提高农业资源配置效率和农业生产效率、促进农业发展,增进农民收入,进而推动社会主义新农村建设。示范区按照特色化、标准化、组织化的要求,以现代工商管理理念和方式推进农业产业化,促进产业增值,形成核心竞争力。示范区要引导龙头企业与农户建立紧密的利益联结机制,不断规范农民专业合作经济组织的发展,提高龙头企业和农民专业合作经济组织辐射带动农户的能力。

同时发展花卉苗木、绿色蔬菜、生态农业观光园,开发赏花、瓜果采摘、休闲体验等多种形式旅游项目,加强旅游景点建设,培育休闲旅游品牌,促进传统农业向休闲旅游经济发展,使之成为体验田园生活、回归自然的国内知名"农业休闲旅游的目的地"。

3. 如何整合挖掘农业资源和文化,提升示范区环境品质和开发价值?

围绕建设"人文掇刀",构建具有地方特色和时代精神的文化事业,充分挖掘三国和荆楚历史文化,开发喜民园品牌,打造"双关文化"(观音文化和关公文化)。同时围绕鄂西生态文化旅游圈的发展战略,借助荆门中心城区文化旅游发展契机,充分发挥掇刀三国旅游线和三峡旅游线节点区位优越,突出农家乐乡村游品牌、休闲娱乐品牌、关公文化品牌,努力培育花园、建设庄园、打造乐园、美化家园,将掇刀建成鄂中乃至全省的休闲之都,将示范区建设成为鄂西生态文化旅游圈的一个亮点。

4. 如何通过农业示范区的建设,全面提升掇刀的总体形象?

示范区是加快城乡一体化发展步伐,进一步推进城乡一体化体制机制创新,完成一批具有示范性试点成果的起点,因此示范区现代农业的发展应不断更新发展观念,提升掇刀区农业科技水平、产业产值、带动能力,塑造掇刀现代农业面貌,发展规模高效的现代农业,探索培育新型模式和机制,在荆门市及湖北省提升总体形象。

5. 如何平衡开发和生态保护的关系，达到示范区可持续发展战略？

示范区的建设应以优化资源利用为核心，以提高效率和降低废气物排放为目标，大力发展循环经济。加强示范区及周边生态环境建设，建立污染防治监控管理体系，加大对示范区内各种污染源的整治力度，强化节约用地意识。实现污水集中处理、达标排放和垃圾减量化、无害化分类处理。提倡节约用水，推广应用节水新技术。利用生态湿地、秸秆沼气等加强区内的自然净化能力，消纳、降解一些有害物质。

(二) 规划技术路线

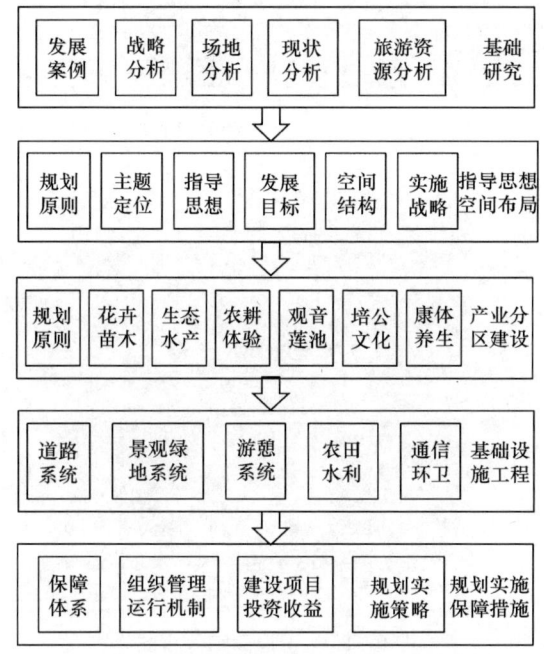

图 6-51 示范区总体规划技术路线图

(三) 方案构思与比选

通过场地空间分析，如图 6-52 所示，以核心区乌龟山、东部和西南低丘为空间轴线，以核心区与各功能发展片区为空间视线通廊，由示范区东北求雨山、桃花山、东南尖山、西南低丘，及中部乌龟山，形成的山体空间脉络，和区内观音湖、培公湖、漳河三干渠、二分干渠以及坑塘形成的水系空间纹脉，共同组成了示范区"山环水抱""藏风聚气"的良好风水佳地。

通过用地价值评价，如图 6-53 所示，示范区西部团林铺镇区、北部掇刀市区的城镇功能对场地的辐射较大。喜民园路、207 国道及其复线是示范区对外联系的重要交通路线，其两侧是具有较高公共价值的开发区域。示范区的生态功能是由公共开发价值较高区域向腹地逐渐增强，汇合成山体、水体价值区及生态价值核心区。

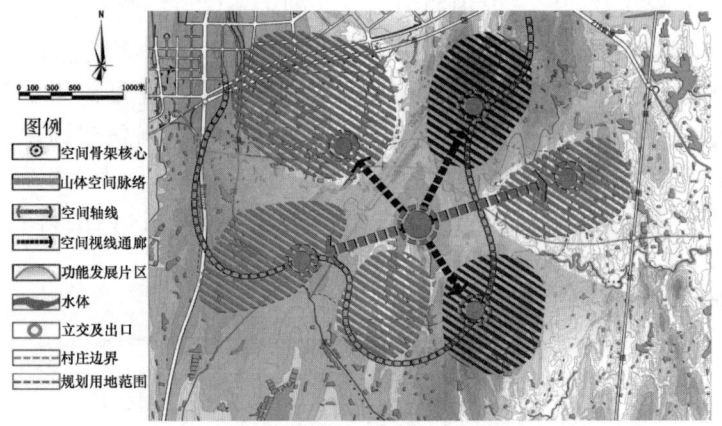

图 6-52 场地空间分析图

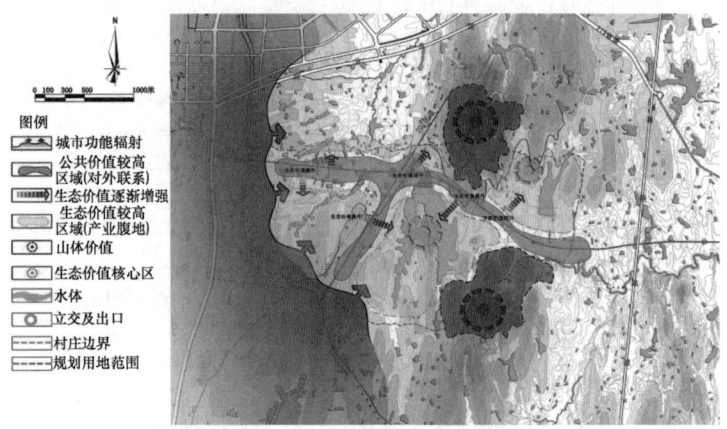

图 6-53 用地范围分析图

1. 方案一——"莲开六瓣、花香一芯"

以莲花"六瓣"为六个功能区块、以"一芯"为一个核心区共同支撑的空间骨架，将山、水、田、村、路融为一体，形成莲花绽放的景观格局和整体视觉效果。

2. 方案二——"生态洲岛、楚韵灵风"

◆ "岛"状的产业功能片区。结合现状水系，由点连线，形成生态水体。

◆ 以山谷、道路交通为区分载体，形成突出西、中、东三大片区，并以水系、绿带串联三大片区。

◆ 中央观音像绿岛散发光影，辐射水库，强调发散景观空间格局。

◆ 城市功能带动（生态保养产业区）。

3. 方案三——"溪湖灵山、水岸农家"

◆ 蝶形结构，四翼发展，道路为轴，绿色为底。

◆ 以区域内部十字交叉道路为核心,划分为四个片区。

◆ 四片区结合现状特点,以溪流、池塘、湖光、山色为不同主题,结合新农村建设。营造水岸农家的地方特色。

分别从因地制宜性、创意性、可操作性、经济性、有利于产业发展性、生态可持续性六个方面,对以上三个方案进行了评价和对比:

从方案的创意性上看,方案一抓住了示范区地形的核心价值和卖点。"莲开六瓣、花香一芯"的空间格局与核心区"观音坐莲"的独特地貌,通过中国传统的观音文化无形而有机地联系在了一起,此种巧合独一无二、立意新颖,对示范区整体形象和旅游品牌的打造极其有利,这也是另外两个方案望尘莫及之处。

从方案的可操作性上看,方案一中七个功能分区的空间格局与示范区产业和用地现状结合更为紧密,形成以休闲养生娱乐核心区为核心、辐射带动周边其他六个产业功能区的联动发展格局,且七个功能分区内部形成各自较为独立的系统,有利于项目分期开发建设和政府招商引资,也有利于中远期与城市功能的对接和融合。通过比较,方案二与方案三对空间格局的划分在可操作性上稍逊一等。

从方案的生态可持续性上看,方案一的设计思路基于现状而又高于现状,充分尊重了示范区现状的山水田村路等资源分布基础,在此基础上深度挖掘、合理开发,对示范区内的山体、水系、动植物、气候和土壤等资源破坏性最小。此外,方案一的因地制宜性、经济性以及产业发展适宜度也较高。

通过对比,方案一综合评分最高,故选择"莲开六瓣、花香一芯"作为示范区空间形象的最佳方案,见表6-15。

表6-15　　　　　　　　三方案关键指标对比表

方案对比指标	方案1	方案2	方案3
因地制宜性	4	4	4
创意性	5	3	5
可操作性	5	4	3
经济性	4	4	2
有利于产业发展	4	3	4
生态可持续性	5	4	3
合计	25	22	21

注:每个指标有0、1、2、3、4、5六个等级分值。单项满分5分。综合满分30分。分值越高。综合评价越高。

四、目标定位及布局

(一) 指导思想

示范区以科学发展观为指导,坚持城乡一体化,以示范农业、休闲农业、精品农业、生态农业为产业基础,对"水产养殖、设施果蔬、花卉苗木、加工物流、生态林建设、粮油作物"六个产业门类进行结构调整和价值提升。同时，以"七彩喜民园"为主题定位，以"莲开六瓣、花香一芯"为空间形象，重点建设观光工业园、花卉苗木园、生态水产园、农耕体验园、观音莲池、培公文化园、康体养生园七个功能分区，通过精品化项目包装、滚动式分期开发、多元化招商引资、合理化管理机制、现代化设施服务，建立起新农村建设、城乡统筹、组织运营三大创新农业的示范模式。

（二）主题定位

七彩喜民园

汉月掇刀·七彩农耕

汉月掇刀，示范区文化精髓。三国文化誉天下，关公灵魂系掇刀。关公魂，掇刀之魂，中华民族之魂。"汉月"一词，映照示范区悠久的三国文化；"掇刀"二字，诉说充满神秘色彩的关公史事，又生动描述了示范区所在地——崭新的掇刀区。"汉月"是历史，"掇刀"是现在，"汉月掇刀"是千年文化古韵与掇刀现代文明的结合与升华。

七彩农耕，示范区品牌特色。"农耕"二字点出示范区的现状与特色，展现现代农业技术，再现传统楚地农耕，并保存地域特色鲜明的农村民居，古今结合、城乡一体、传统与现代并存；"七彩"二字以示范区七个功能分区、七种主题色调构成的七种颜色来强化示范区"农耕"的气息和色调，使示范区到处充满生态、时尚、浪漫、休闲的独特气质。

"汉月掇刀，七彩农耕"，高尚典雅的文化精髓与特色鲜明的品牌气质完美融合，铸就荆楚门户一道亮丽的都市农业休闲圣地。

同时，鉴于"喜民园"这一口碑在本地深入民心，已具备良好的品牌建设基础，故将"七彩"一词与"喜民园"珠联璧合，最终形成"七彩喜民园"这一寓意喜庆、通俗易懂、朗朗上口、色彩鲜亮活泼、内涵丰富多元的对外宣传主题形象和口号。最终使喜民园的来访者产生"览掇刀汉月，追忆三国关公雄风。品楚地农耕，体验七彩时尚生活"的美好情怀。

通过规划建设，将示范区建成为荆门经济实力、文化风貌及生态农业的窗口和基地，形象生动、极具说服力的荆门城市名片，掇刀先进模式推向湖北、带向全国的典范。

（三）发展目标

1. 总体目标

通过 8~10 年的努力，将示范区建设成为与湖北省地区性中心城市相匹配的荆门生态科技文化功能区、鄂西生态文化旅游圈重要的休闲农业示范区、湖北省城乡一体化与制度模式创新的最优示范区、知名的国家 AAAA 级旅游景区。

2. 具体目标

（1）近期目标（2009—2010年） 示范区起步初期阶段，承接掇刀城乡一体化步入轨道，试点启动；主要以公共政策和机制创新为基点，初步建立示范区城乡一体化推进机制。

经济效益：示范区的基础设施建设，制定配套公共政策，建立示范区运作机制，进行招商引资，以一产和农业观光旅游为主，经济效益初见端倪。

社会效益：①示范区的建设投入后基础设施的城镇化可达到70%以上；②示范区的建设可提供1000个就业岗位；③区内农民人均年纯收入达7500元以上；④示范区自来水普及率100%，生活用燃气普及率100%，有线电视入户率为100%，社会保险参保率为95%；⑤示范区现代农业科技贡献率提高3个百分点以上；⑥年接待参观考察人次达到10万人次以上。

生态效益：①示范区沟渠改造、河流疏导、稻田改造、湿地保护、发展生态种养殖等，完善示范区环境修补能力；②减少农药、化肥对土壤和水质污染，并采取污染处理；③示范区内生活垃圾无害处理率为80%，空气二级以上为300d，污水处理率为45%，秸秆综合利用率80%以上。

（2）中期目标（2011—2013年） 示范区集中建设阶段，承接掇刀城乡一体化快速推进，产业化发展；主要以示范区重点项目的投资建设来推动多项工作取得突破性进展，促进掇刀区高速发展。实现示范区成为与湖北省地域性中心城市相匹配的荆门生态科技文化功能区、鄂西生态文化旅游圈重要的休闲农业亮点。

经济效益：示范区逐步由一产向三产转化；中期末GDP达到10亿元以上，其中旅游服务业收入4亿元以上。

社会效益：①示范区城镇化可达到75%以上；②提供就业岗位5000个左右，带动示范区周边万名农民就业；③区内居民人均年纯收入达1.5万元以上；④示范区居民基本享受同等水平社会保障，社会保险综合指数参保率达到95%以上；⑤示范区农业科技贡献率提高5个百分点以上；⑥年接待旅游人次达到30万人次以上，其中周边市县游客10万人次以上。

生态效益：①开展农业循环经济试点5个，城镇生活污水沼气净化工程2处、秸秆生物质能利用工程2处，秸秆综合利用率提高到80%；②示范区内生活垃圾无害处理率为90%以上，空气二级以上为310d，污水处理率为50%以上，秸秆综合利用率90%以上。

（3）远期目标（2014—2020年） 示范区全面完善阶段，承接掇刀城乡一体化全面实现，示范区进入可持续发展阶段；实现湖北省城乡一体化与制度模式创新的最优示范区、知名的国家AAAA级景区的最终目标。

经济效益：示范区三产产值占到80%以上；示范区远期GDP达到20亿元以上，其中旅游服务业收入10亿元以上。

社会效益：①城乡二元结构完全破除，城乡差别基本消除，示范区城镇化达100%；②直接提供就业岗位10000个以上，辐射带动周边市区县数万名市民农民就业；③区内居民人均年纯收入达2.5万元以上；④示范区居民社会综合参保率为98%；⑤农业科技贡献率提高8个百分点以上；⑥年接待旅游人达到50万人次以上，其中省外旅游者10万人次以上。

生态效益：全面改善示范区内生态环境，实现农业产业可持续发展；城市生活垃圾无害化处理为100%，空气二级以上天数为320d，污水处理率为75%以上，秸秆综合利用率为100%。

（四）实施战略

1. 积极实施城乡统筹发展战略，率先实现城乡一体化示范先行区

坚持统一规划、分层设计、阶段实施、逐步推进，打造优势互补、各具特色、互促共进、同步发展的示范区，共同构建有机统一的城乡一体化发展示范区，确保"两年初见成效、三年基本成型、到2020年全面实现"。

2. 重点发展农游合一的科技产业化，打造具备区域影响力的品牌农业

以科学发展观为指导，以城乡一体化为战略，以"农游合一"为主题，以休闲农业、科技农业、示范农业为主线串联园艺种植、水产养殖、花卉苗木、粮油作物等产业领域，调整产业结构，提升产业档次和价值空间，打造具有区域影响力的特色农业典范。

3. 挖掘抓住三国与荆楚的历史特征，凸显荆门掇刀文化精髓和灵魂

以"挖掘、引进、定格"为建设思路，以"三国文化"为核心，荆楚文化、农耕文化为重点，集中建设核心区，以"三国重要战事"为线索，以掇刀事件为实例，梳理荆门历史文化源流，挖掘历史文化史实，联络区外域外历史文化事件，还原历史风云，追忆古人业绩，凸显掇刀区域文化精髓。同时，在核心区建设中，应充分利用独特的观音地貌以及观音文化，打造休闲养生度假中心。

4. 始终坚持示范区可持续发展方向，加快构建生态农业示范支撑体系

处理好产业与生态的关系，重点做好生态建筑、生态能源、生态食品、生态设施、生态管理，全面体现生态环境。例如，新农村建设时民舍需采用太阳能技术、雨水收集技术、建筑材料节能环保，垃圾采用集中无害化处理技术，生态停车场，生态道路，生态的管理模式和机制等。

5. 不断创新运作管理机制和模式，以项目滚动开发带动区域提升

因地制宜，便于操作，在示范区布局功能区块和具体项目的发展上分不同层次，设备设施上根据需要分出档次，项目建设需兼顾近期建设和远期发展，局部利益与整体利益的统一，区域划分根据地貌地形和功能需要分开动区和静区。

根据示范区的功能定位、空间布局以及产业定位，结合示范区主题形象对田园布景和农业发展的要求，将水产养殖、设施果蔬、花卉苗木、粮油作物4个产业类别与具体项目有机结合，并进行合理布局，在示范区内设置六个相互

支撑的功能区,并在六个功能区的中心部位设置以农业休闲为主的核心功能区。如图 6-54 所示。

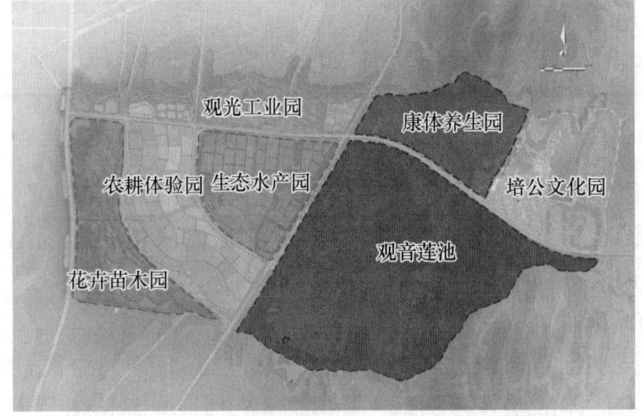

图 6-54 示范区总平面及功能分区图

五、产业策略及产业布局

(一) 分区定位及策略

表 6-16　　　　　　　　示范区功能分区及面积一览表

序号	功能分区	占地面积/hm²	占园区总面积/%	所含项目/分区
1	观光工业园(西北部)	96.67	6.2	国家级现代园艺科技博览苑、兴隆新村社区、湖北农产品加工物流中心
2	花卉苗木园(西部)	150	9.6	花卉苗木交易中心、花卉科普馆、种苗培育中心、滨水景观带、花卉苗木长廊
3	生态水产园(中南部)	147.33	9.4	湖北工厂化水产养殖示范基地、湖北鱼文化博览园

续表

序号	功能分区	占地面积/hm²	占园区总面积/%	所含项目/分区
4	农耕体验园（西南部）	192.67	12.4	农耕文化馆、农耕体验园、土特作坊、荆楚农耕文化广场、米酒吧、稻田种养园、甘蔗林、油菜观赏园
5	观音莲池（中部）	533.33	34.2	憩水园、关公园、滴水园、水一方、戏水园、栖凤园
6	培公文化园（东部）	170.27	10.9	培公文化教育商业区、"培公湖"度假山庄
7	康体养生园（北部）	133.33	8.5	"雨林三国"森林拓展基地、桃花山庄、自驾游营地
8	道路及其他用地	137.4	8.8	—
9	合计	1561	100.0	—

1. 观光工业园

观光工业园发展定位：国家级现代园艺科技示范展示基地、湖北省新农村建设与农业旅游有机结合典范、鄂中农产品物流网络枢纽、荆门市生态有机设施果蔬生产基地——"魅力兴隆村，快乐观光园"。

2. 花卉苗木园

花卉苗木园定位：鄂中地区花卉苗木交易中心、荆门市风尚美丽的都市花环、荆门市生态休闲的绝佳目的地——"时尚花海、生态长廊"。

发展策略：借势发展，强化生态、产业基础；依托生态，形成观光休闲产业集群。

3. 生态水产园

生态水产园定位：湖北省工厂化水产养殖基地、鄂中地区著名生态水产观光体验区——"水岸渔乡，金色钓鱼湾"。

发展策略：升级改造鱼池坑塘，常规特色品种均衡发展；展示鱼文化地域特色，构建休闲渔业产业链条；构建五大技术支撑体系，通过建立种苗选育体系、饲料体系、检疫体系、设备体系、质量管理体系，来支撑水产养殖业的现代化发展；提升生态环境质量标准。

4. 农耕体验园

农耕体验园定位：荆门市稻田立体种养示范基地、荆门市环城农业景观采风基地——"稻香四野，漫步农耕史"。

5. 培公文化园

培公文化园定位：荆门市青少年教育基地、荆门市培公文化主题园——"溪湖灵韵，山水故乡"。

发展策略：传承培公历史文化，大力发展科普教育、休闲创意产业；注重生态环境保护，树立生态和谐文明可持续发展理念；以地域特色文化凝聚人气，打造文化氛围浓厚的宜居之地。

6. 康体养生园

康体养生园定位：荆门市南城区绿色屏障、荆门市民森林运动公园——天然氧吧，仙居桃花源。

发展策略：以生态涵养为基础，充分发挥其绿色屏障和天然氧吧作用；以康体娱乐业为突破，促进产业转型和功能转变。

7. 观音莲池

核心区取名"观音莲池"，是示范区"七彩喜民园——汉月掇刀·七彩农耕"的主题定位和"莲开六瓣，花香一芯"的空间形象的联系与呼应，是以湿地环境为席，以水域山林为引，以济世观音为形，以云长掇刀为魂的示范区核心。

"观音莲池"的景区形象是："娟秀莲池"。

"观音莲池"的景区主题是：①"双圣来归，共襄美地"；②"明水田园同赏析，悠然长河共忆往"；③"山水清丽，秀岛幻化神奇；史事钩沉，掇刀凝聚华章"。

（二）专项规划

为了统筹贯彻示范区发展策略和重点建设项目的实施，规划设计了道路交通系统工程规划、高标准农田工程规划、农田水利工程规划、电力电信工程规划、组织运作与支撑体系规划等专项内容。

（三）旅游产品体系

依托掇刀区良好的自然环境和悠久的历史文化，以"七彩喜民园——汉月掇刀·七彩农耕"为主题定位，"莲开六瓣、花香一芯"为空间形象，"六瓣"为观光工业园、花卉苗木园、生态水产园、农耕体验园、培公文化园、康体养生园，"一芯"为"观音莲池"休闲养生核心区。在此产业功能分区基础上，示范区的产品设计为基础旅游产品、特性旅游产品、拓展旅游产品等三大类，如图 6-55 所示。

根据示范区的资源分析与定位，构建以下四大主要旅游产品体系：

观光型旅游产品：观光工业园、花卉苗木园、生态水产园、农耕体验园、培公文化园、康体养生园、核心区栖凤园、核心区憩水园、核心区滴水园、核心区关公园、核心区水一方、核心区戏水园；

文化旅游产品：生态水产园、农耕体验园、培公文化园、核心区滴水园、核心区关公园；

生态旅游产品：康体养生园、核心区栖凤园、核心区憩水园；

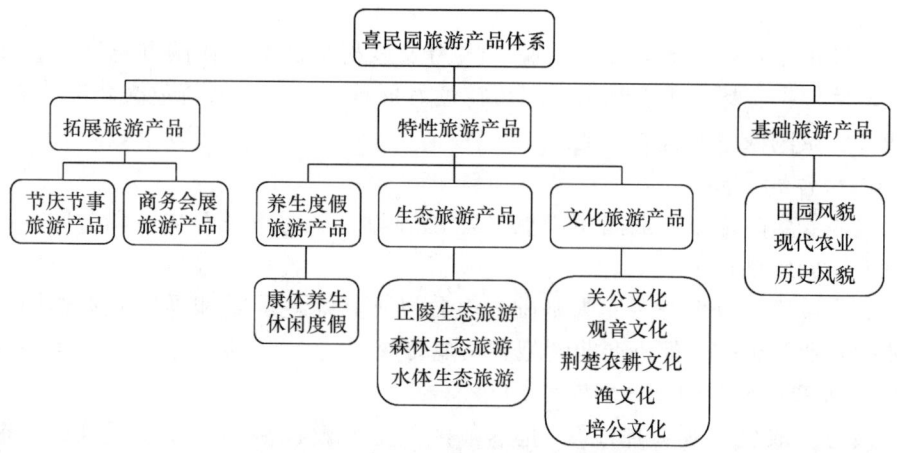

图 6-55 旅游产品体系示意图

养生度假旅游产品：康体养生园、核心区栖凤园、核心区憩水园、核心区水一方。

（四）游憩线路

以掇刀"莲开六瓣，花香一芯"的整体景观格局和粮田、蔬菜、花卉、民居等农业景观资源为依托，落实示范区"农游合一"发展思路，借助喜民园路、207国道及其复线、示范区主要交通干道，结合景观特征、游赏方式、游人结构、游憩规律等要求，兼顾相近区域的游线衔接，有针对性的设置农业四季游和文化游两大主题五条游线，串连相应的农业项目，见图6-56。

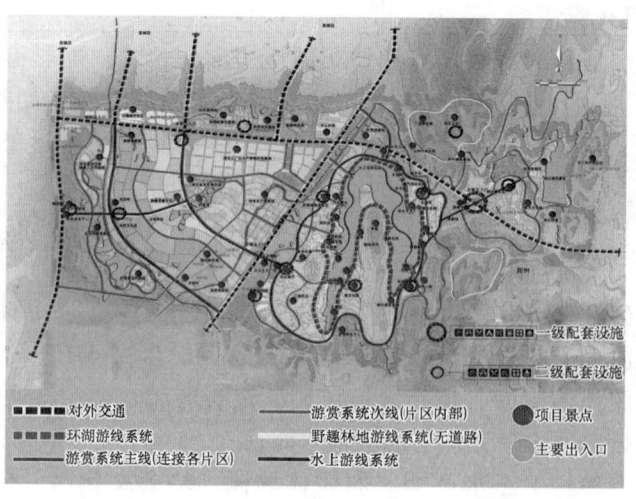

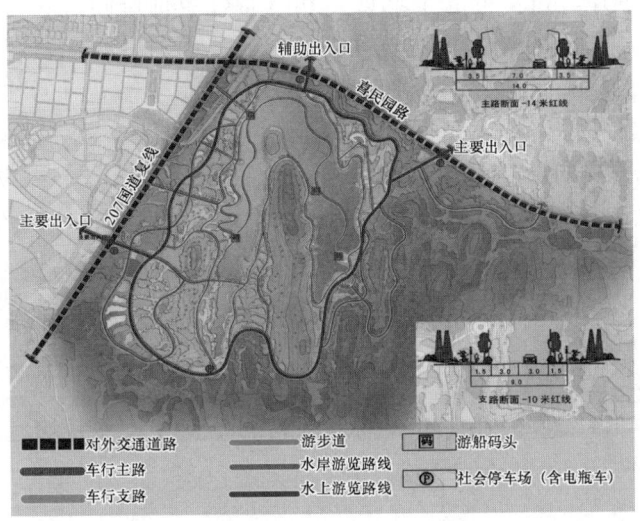

图 6-56　示范区及观音莲池核心区游憩系统规划图

第十二节　福建南平：海峡两岸（南平）现代农业合作示范区概念性规划（2008—2020 年）

一、项目背景

海峡两岸农业合作试验区始建于 1997 年，它是两岸农业合作的一种新模式。其主要是通过开辟专门的区域，实行优惠政策，对台湾农业优良品种、先进技术和管理经验进行引进，进而发挥其试验、示范、辐射作用，开展各种交流活动，为两岸农业交流合作搭建良好平台。

福建是海峡西岸经济区建设的主体，具有对台交往的独特优势，是两岸交流合作的前沿平台。当前，两岸关系出现重大的积极变化，为海峡西岸经济区加快发展和开展与台湾地区合作提供了重要机遇。支持福建省加快海峡西岸经济区建设，是进一步发挥福建省比较优势，实现又快又好发展的迫切需要；是完善沿海地区经济布局，推动海峡西岸其他地区和台商投资相对集中地区发展的重大举措；也是加强两岸交流合作，推进祖国和平统一大业的战略部署，具有重大的经济意义和政治意义。

南平作为福建农林大市，在资源开发、绿色食品和生态旅游农业发展上具有得天独厚的条件。从战略区位上说，南平位于海西经济区内龙岩－三明－南平一线上，是"海西经济区山海互动、纵深推进、连片发展"的最佳前锋，是海峡两岸精英开展现代农业交流合作的最适区域之一。《国务院关于支持福建省加快建设海峡西岸经济区的若干意见》和《福建省促进闽台农业合作条例》的出台，也进一步突显了南平作为"福建北大门，承东启西、南接北联的联系纽带、要素汇集的核心腹地"的吸收职能与示范职能缺一不可的独特使命，为南平发挥优势、加快两岸现代农业合作带来新的历史机遇。

根据"统筹规划、各有侧重、发挥优势、整体推进"的可持续发展原则，以现代农业和农业产业化为目标，以科技合作为先导，充分发挥南平的资源、区位优势和台湾农业资金、技术、人才和管理经验等方面的优势，以浦南高速相连的五夫、小松、王台三个点为突破点，以点带面，推进南平现代农业和农业产业化的发展进程。

《海峡两岸（南平）现代农业合作示范区概念性规划》是示范区规划范围内建设项目的指导性文件，凡在本规划范围内的投资建设项目均应符合本规划的规定和要求。

二、基本概况

南平是长三角经济区、珠三角经济区、海西经济区三区共振，承东启西、连接南北的重要支撑节点，是海西经济带动效应向内陆纵深发展过程中必不可少的核心功能区域。

南平市内河通航里程 600 多 km，境内闽江及其支流水运航道畅通，500t 级轮船可直航福州马尾港，连接海运。除已开通的福银高速、京福高速、浦南高速公路外，目前正在规划建设的还有宁武高速等 9 条高速公路，将纵贯南平全境，形成发达的高速网络。与此同时，205、316 国道在南平交汇，5 条入闽公路已经通车，加上鹰厦、来福和横南三条出省铁路横穿境内，三通空港——武夷山机场改扩建并开通了北京、上海、香港等 20 多条航线，基本形成了以公路、铁路、水路、航空为骨干的便捷的运输网络。

南平属中亚热带海洋性湿润季风气候，年平均气温 17.9~21.2℃。年降水量 1430~2032mm。全市年日照时数为 1668~1972h，地处武夷山脉，境内山峰耸峙，低山广布，河网密集，土壤肥沃，有利于农作物的生长。

南平历史悠久，文化积淀深厚，是福建开发最早的地区之一，闽越文化的摇篮，距今达 2000 多年，历史上人才辈出，被誉为"闽邦邹鲁"和"道南理窟"。

南平是我国南方主要林区之一，素有"绿色金库""杉木之乡""竹子之乡"之称，林地面积占全省的 1/3，森林覆盖率达 74.7%，是海峡西岸经济区的绿色腹地，中国南方的生态绿谷。

优越的自然条件奠定了南平市丰富而独特的生物资源，近年随着农业产业结构的调整，多种经营迅速发展，成为全省茶、果、食用菌、畜禽、淡水鱼、烤烟、油料等重要产区。其中较有市场潜力的特色农产品开发正在兴起，成为农民增收的新亮点，如蔬菜、食用菌、畜产品、水果等生产已出现新的发展势头，为发展现代农业及对台农业合作奠定了良好的基础。

本次规划的示范区是指以三个综合园为代表、为先行的，南平下辖的五县四市一区中的广大农业区域，南平农业区域总面积约 2.4 万 km^2。三个综合园的总面积 365km^2，分别为武夷山五夫园 176km^2、建瓯市小松园 81km^2、延平区王台园 108km^2。

本次规划主要针对五夫园、小松园及王台园。五夫园涉及武夷山市五夫镇内五夫、五一、兴贤、翁墩、田尾、大将、溪尾、典村、古亭、茅厂 10 个行政村，小松园涉及建瓯市小松镇内上元、穆墩、湖头、李园、定高、小松、良种场等六村一场，王台园涉及延平区王台镇内王台、姜口、井窠、溪后、新坑、元圩、山尾、洋坑、罗坍、蕉坑 10 个行政村，以外围各村行政边界为项目区边界。

为与《福建省建设海峡西岸经济区纲要》《南平市城市总体规划》《大武夷地区旅游发展总体规划》（2008—2020 年）相对接，使本次规划具备较强的可操作性和良好的适应性，本规划期限为 10 年。

三、分析研究方法

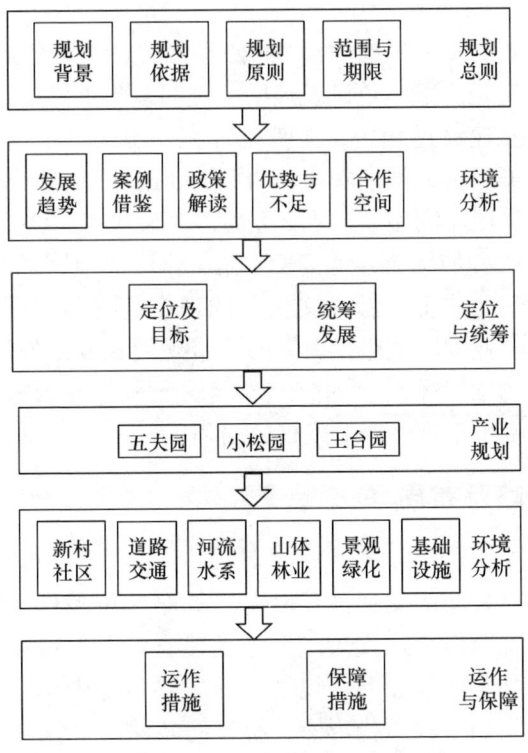

图 6-57　规划技术路线图

四、目标定位

近年来，随着海西经济区的提出，国务院、福建省纷纷出台了一系列支持海西经济区建设的意见和政策，这预示着海西经济区将成为继长三角、珠三角、环渤海等经济区之后，中国又一大经济区域和中国经济增长新引擎。南平位于南平－三明－龙岩一线上，是"海西经济区山海互动、纵深推进、连片发展"的最佳前锋，南平现代农业的发展应紧紧抓住海西经济区建设所带来的政策、资金、人才等机遇。

长三角经济区作为我国最重要的区域，其定位在于我国参与国际竞争的一个桥头堡。其辐射影响不只在于长江出海口及沿江内陆，也在一定程度上辐射带动了南平经济发展。

基于以北接长三角，南连闽东南和珠三角，背靠广袤的浙赣内陆腹地，前瞻台湾海峡的区位优势，南平提出了打破行政区划界线，实施山海协作，"南接北联、重在北联"的思路，主动参与邻近区域经济的产业分工，特别是承接长三角的资金和产业转移。

综合宏观背景研究和南平发展现代农业及对台农业合作的分析，示范区的主题定位为：借海西东风，搭武夷快车，实施"三精"开发理念，打造海峡两岸（南平）现代农业的展示合作基地。

在南平现代农业的发展过程中，"海西经济区""大武夷旅游经济圈""长三角经济圈"的界定是影响示范区发展的关键因素与重要桥梁。

在示范区的开发建设过程中，尤其是五夫、小松、王台三个综合园及专业园，应始终贯彻精美山水、精细农业、精深文化的"三精"开发理念。

南平现代农业发展将利用"海西经济区""大武夷旅游经济圈""长三角经济圈"三大经济圈的叠加优势，承接长三角、台湾等地区的农业高新技术转移，按照"精美山水、精细农业、精深文化"的理念进行示范区开发，加快探索具有南平特色的优势农业发展道路，引领南平市现代农业的发展，最终建设成为：海西现代农业交流的前沿平台、国家级现代农业科技的示范区、新农村改革试验示范的先行区、南平市现代农业发展的引领区。

五、统筹发展策略及布局

（一）空间结构形态

从示范区三个综合园的交通区位状况、战略区位条件、城镇发展基础、农业资源开发，链接海西经济区发展纲要、福建省农业发展规划、南平市城市总体规划、土地利用总体规划等上位规划，形成"借势牵引、北融中跃南拓、主轴延展、腹地支撑"的空间结构形态，统筹海峡两岸（南平）现代农业合作示范区空间体系发展。

1. 借势牵引

依托"武夷山大旅游核心、武夷山三通空港、海西重要通道、海西绿色腹地"等强大优势，主动利用国家对"三农"和海西经济区利好政策，发挥海峡两岸、福建省、南平市科技、人才、信息、服务等高等级要素集聚对示范区现代农业发展带动和辐射作用。

2. 北融中跃南拓

依托南平市现有农业发展格局，遵循南平市域"开拓通道，多极推动，整合资源，集聚发展"的发展思路，示范区的发展将结合三个综合园的优势条件，进行职能分工，在空间格局中实现"五夫的北融、小松的中跃、王台的南拓"发展模式。

北融——五夫积极融入武夷双世遗旅游体系；

中跃——跨越式发展小松现代科技农业；

南拓——拓展王台生态型农林产业功能。

3. 主轴延展

继承"南平加强市域纵向主轴提振"的建设理念，依托示范区现有的农业资源、交通区位状况及南平市总体发展方向，示范区五夫－小松－王台通过浦南高速形成一条现代农业发展统筹轴，向东对接台湾，向北联系长三角、向南承接珠三角，实现三区联动。

4. 腹地支撑

五夫将对武夷山市、建阳市、光泽县等，小松对建瓯市、顺昌县等，王台对延平区等广大农业区域，在良种繁育、科技种养、休闲旅游、运作模式、农民组织、模式试验机制创新等方面发挥其辐射、示范作用，各区县建设若干现代农业专业园来支撑整个示范区共同发展，最终带动南平现代农业的发展。

（二）农业多功能统筹

"农业不仅具有食品保障功能，而且具有原料供给、就业增收、生态保护、观光休闲、文化传承等功能。"从农业多功能角度来看：

五夫园利用其临近三通空港，大武夷旅游核心，区内深厚的朱子文化底蕴、莲茶特色产业等，实现朱子文化传承、田园养生、产品销售等功能。

小松园利用其原有国家级现代农业园的设施基础及科技基础，通过高新硬件的提升，在现代农业科技、信息、经营等方面实现科技示范、转化推广等功能。

王台园利用其沟域经济的特点，在五个沟谷分别进行五种农产品的标准化生产，为南平农业提供样板工程，实现标准展示功能。

示范区内各专业园则在三个综合园的带动下，实现农业原料生产供应，农民就业增收等功能。

因此，示范区通过五夫、小松和王台三个综合示范园及专业园差异发展，功能互促互补，最终形成"三园支撑，圈层带动"的功能格局，引领南平现代农业，辐射带动长三角、珠三角及海西经济区农业发展（图6-58）。

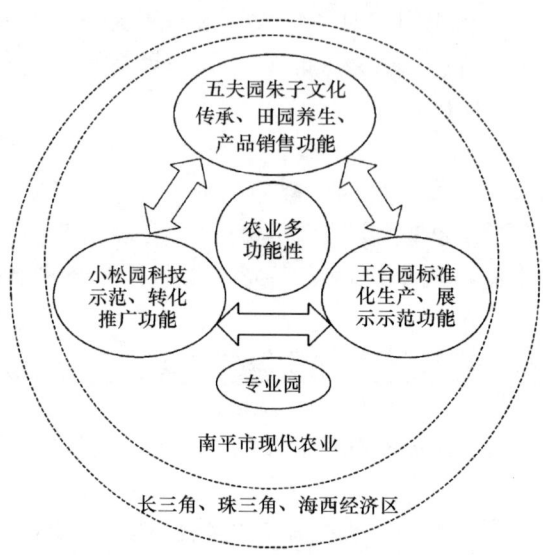

图6-58　南平示范区功能体系构建

（三）职能分配

示范区五夫、小松、王台三个综合园在遵循"低碳经济、绿色经济、循环经济"的条件下，按照"统筹规划、各有侧重、发挥优势、整体推进"的原则，从总体定位和目标出发，根据各个项目区的资源、立地等条件，建设五夫园的"朱子文化、生态莲茶"；小松园的"科技农业、良种繁育"；王台园的"绿色农林、标准展示"。

1. 五夫园——朱子文化、生态莲茶

挖掘五夫理学文化的渊源和旅游价值，结合生态莲田、武夷岩茶等农业资源，以"朱子文化、生态莲茶"为主题，通过朱子文化带生态莲茶产业发展，把五夫打造成为"具有理学文化底蕴的农业生态园"，积极融入到武夷山自然文化双世遗核心旅游及海峡旅游体系之中。

五夫园采取"窗口经济、前店后厂"的模式，把五夫打造成为武夷山的一张名片。

2. 小松园——科技农业、良种繁育

发扬原有农业科技园区基础及优势，以"科技农业、良种繁育"为核心，引入台湾特色果蔬品种、精细农业技术、台湾经营模式等，重点发展果蔬良种繁育，辐射带动周边，加强闽台科技农业交流，实现小松现代科技农业跨越式发展。

小松园采取"内建平台、外联基地"模式，内建平台是指在内建设"科技示范和良种繁育"平台，外联基地是指向区内、区外跨区域联系产业化基地，最后形成1+N模式。

3. 王台园——绿色农林、标准展示

利用王台"绿色金库"的良好生态环境和沟域特征，以"绿色农林、标准展示"为核心，在五谷重点发展杉木、花卉、水产、烟叶、畜牧、果品等标准化、专业化生产，为南平农业发展提供样板工程。王台园采取"企业集群、规模经营"模式，实现农林产业化、现代化、标准化发展（图6-59）。

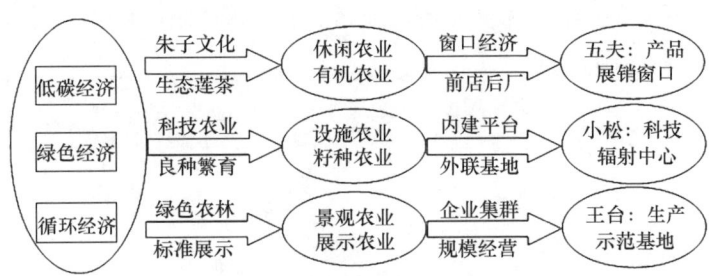

图6-59 三个综合园现代农业的发展思路

（四）开发思路与布局

1. 五夫园产业开发思路

根据总体目标和对五夫园空间、产业发展等综合考虑，规划五夫园的产业空间结构为"一心一轴五片区"（图6-60）。

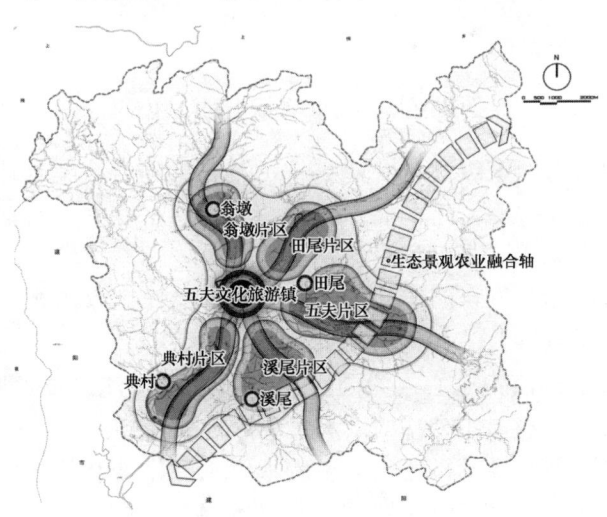

图6-60 五夫产业空间结构图

"一心"：以五夫文化旅游镇为核心。"一轴"：生态景观农业融合轴，打造浦南高速沿线优美的五夫生态田园景观形象，另外利用浦南高速便利交通拉近大武夷距离，加速融入大武夷旅游、海峡旅游。"五片区"：典村、翁墩、田尾、五夫、溪尾等村域内的莲茶产业区。

近期合作项目有五夫文化旅游镇、海西莲产业示范园、台海茶文化合作园。

2. 小松园产业的开发思路

根据总体目标和对小松园空间、产业发展等综合考虑，规划小松园产业空间结构为："一心"：国家级现代农业科技辐射中心。"一轴"：科技农业发展跨越轴，以小松溪和瓯松公路为轴线，在小松溪沿岸的平整土地上发展蔬菜良种繁育，辐射周边地区，提高海西经济区良种覆盖率，从而带动周边地区科技农业的发展。"两带"：经济林果种苗产业带，在小松盆地边缘的山体两侧发展经济林果种苗繁育（图 6-61）。

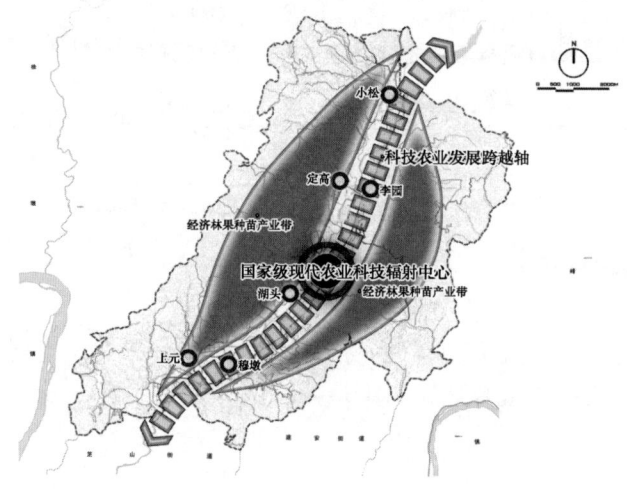

图 6-61 小松园产业空间结构图

近期合作项目有国家级现代农业科技示范园、闽台蔬菜种苗合作基地、闽台经济林果种苗合作基地。

3. 王台园现代农林产业开发思路

根据总体目标和对王台园空间、产业发展等综合因素考虑，产业空间结构确定为"一心一带五谷"：

"一心"：以王台镇为中心，为园区提供农产品物流、技术服务及接待等。"一带"：王台村到禾村沿王台溪的滨水景观休闲带。"五谷"：杉之谷、花之谷、鱼之谷、烟之谷、果之谷。杉之谷以溪后杉木王和丰产林为核心，辐射带动林业绿色旅游的发展；花之谷位于罗源，通过本地与台商合作，打造南平市花展示繁育基地；鱼之谷位于禾村，通过水产养殖出口发展外汇经济，发展垂钓及餐饮产业项目；烟之谷依托山尾至井窠段的现有烟叶产业基础，建设现代烟叶生产示范园区；果之谷位于罗坍、洋坑沟域沿线的缓坡，果园结合现有的生猪养殖，发展"猪-沼-果"循环经济，申报加入碳交易项目，发展低碳经济。

近期合作项目有杉之谷、花之谷、鱼之谷、烟之谷、果之谷（图6-62）。

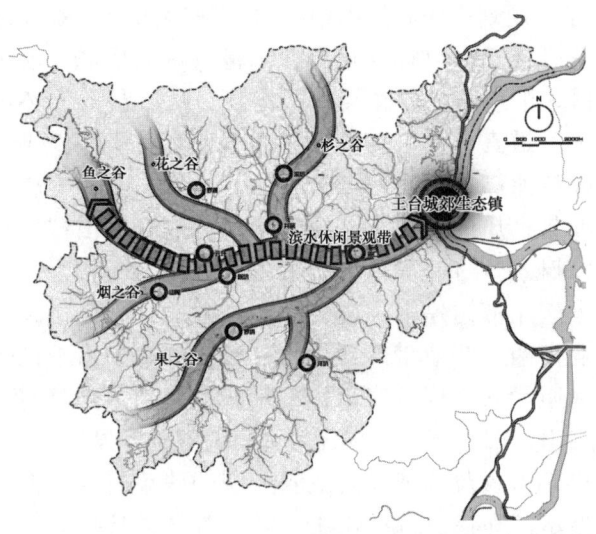

图6-62 王台园产业空间结构图

（五）专项规划

为了统筹贯彻示范区发展策略和重点建设项目的实施，规划设计了集镇和中心村规划、道路交通系统规划、河流水系规划指引、山体林业规划、景观绿化系统规划，以及农田水利、给排水、电力工程、环保工程和防灾预警工程的基础设施工程专项规划。

第十三节 贵州遵义：乐意蔬菜现代高效农业园区规划（2013—2017年）

一、项目背景

《关于做好省级现代高效农业示范园区创建申报工作的通知（黔农计〔2012〕125号）》中提出，贵州省将在政府的强力推动下，按照"资金集合、项目集中、要素集聚、效益集显"的要求，用3~5年时间，集中力量在全省创建100个左右规划布局合理、生产要素集聚、科技和设施装备先进、经营机制完善、经济效益显著、示范作用明显的现代高效农业示范园区，使之成为促进全省农业结构调整、推动特色优势产业上规模上水平的重要抓手，成为农业对外开放和招商引资的重要平台，成为全省农业主导产业集聚的功能区、先进科技转化的核心区、生态循环农业的样板区和体制机制创新的试验区。在推动全省山地现代农业加快发展的同时，为园区建设发展提供契机。

"十二五"期间，遵义市委、市政府决定进一步加大蔬菜、辣椒产业的培育力度。在"十二五"规划中明确提出把蔬菜、辣椒作为"农业八大产业"中的两大产业进行打造。遵义市以标准化产业示范园区为引领，着力打造六大产业带，即：红花岗区、汇川区、遵义县、桐梓县、绥阳县、仁怀市中心区域保供蔬菜产业带，正安、道真、务川、杭瑞高速延伸夏秋蔬菜产业带，红花岗、汇川、遵义县、桐梓兰海高速沿线蔬菜产业带，赤水、习水、仁怀、余庆低海拔区域冬春蔬菜产业带，凤冈、湄潭、新蒲新区杭瑞高速沿线蔬菜基地带，以及中东部 10 万 hm^2 辣椒产业带。

在遵义市六大产业带构建中，遵义县涉及中心区域保供蔬菜产业带和兰海高速沿线蔬菜产业带两大产业带的建设，具有发展蔬菜产业的独特优势和巨大潜力。一是品质和质量安全优势突出；二是淡淡蔬菜生产优势突出；三是名优特蔬菜开发优势突出；四是产销成本优势突出；五是开发潜力大。

为了更好地指导乐意蔬菜现代高效农业园的建设发展，充分发挥园区对蔬菜产业发展的典型示范和辐射带动作用，秉承遵义县县委县政府"全力推进规划引领战略，加快城乡统筹一体发展"的总体要求，组织开展遵义县乐意蔬菜现代高效农业园园区详细规划编制工作。

二、基本概况

（一）社会经济

2012 年石板镇完成农业总产值 14123 万元，南白镇完成农业总产值 12145 万元，龙坑镇完成农业总产值 11956 万元，三合镇完成农业总产值 28976 万元。

农业园区内农民收入主要来源为农作物（水稻、烤烟、玉米、蔬菜等）种植、畜牧养殖及农闲时的外出务工，区域社会经济状况与全县情况大体相似，2012 年农民人均纯收入 7272 元。其中从事蔬菜种植业的农民有 4500 余人。

2012 年遵义县全县完成地区生产总值 203.06 亿元，增长 24.3%。其中第一、二、三产业分别完成 34.16 亿元、100.87 亿元、68.03 亿元，分别增长 11.2%、30.6%、22.2%。其中，完成农业总产值 57.9 亿元，农民人均纯收入 7720 元。

年种植蔬菜 3.25 万 hm^2（商品蔬菜 2.16 万 hm^2），种植辣椒 3.70 万 hm^2，完成收购烟叶 31.6 万担，经济作物稳步扩大，全县种植业结构继续优化，粮经比从上一年的 53∶47 调整为 42∶58。

全县 46 家农产品加工企业完成产值 38.5 亿元，销售收入 38.1 亿元；农村专业合作社达 210 家，会员 1 万余户；规模流转土地 1.47 万 hm^2。完成土地开发整理 460hm^2，通村、通组公路建设有序推进，完成 9 座病险水库除险加固，遵义灌区一期工程实施了水泊渡总干渠后半段及谢家、龙坪等三条支渠建设，完成总干渠 17.7km，支渠 79.3km。为农业现代化发展奠定了基础。

(二) 蔬菜产业基础现状

蔬菜产业已经成为遵义县加快产业结构调整，推动"四化同步"，建设社会主义新农村，构建和谐社会的最为重要的产业之一。全县作为遵义市最大的蔬菜保供基地县，2012 年蔬菜种植面积 3.25 万 hm^2（其中设施蔬菜面积 666.67hm^2），产量 112.8 万 t，产值 12 亿元，农民人均种菜收入 1060 元，占农民人均收入的 16% 以上，从业人员 14.5 万人，种植面积达 333.33hm^2 以上的基地镇 12 个，种植蔬菜面积达 66.67hm^2 以上的基地村 48 个，2012 年外销蔬菜 72.6 万 t。

遵义县蔬菜产业已基本形成产加销一体化格局。2008 年成立遵义县现代农业科技园，2010 年在"南白-三合"沿线建设设施蔬菜栽培基地 533.33hm^2，引进遵义市龙驰生物科技有限公司、贵州远辉公司、遵义华富公司等 8 个公司入驻科技园，园内基础设施完善，龙驰生物科技有限公司为全县蔬菜种苗供应提供了保障；2011 年招商引入山东寿光王瑞宇果蔬专业合作社人员入驻遵义县，成立寿丰绿光蔬菜有限公司，采用异地育苗移栽的种植模式种植番茄、茄子、苦瓜等系列蔬菜，标准化生产、品牌化销售，对市场产品进行深加工和分级包装，带动遵义县原生态、绿色有机蔬菜产业健康发展，实现良好的社会效益和经济效益；遵义县拥有黔北最大农产品批发交易中心——遵义绿色农产品交易中心；经过几年的努力，全县设施、露地蔬菜发展得到进一步提升，产品已稳定进入成渝、两广市场。

(三) 自然条件

农业园区所在地区属中亚热带季风气候，气候湿润、四季分明、冬无严寒、夏无酷暑，热量资源丰富、雨量充沛，具有短日照、弱辐射、高湿度和土壤条件各异的特点。年平均气温 14.6℃，最高气温 36.7℃，最低气温 -4℃，无霜期 283d，年日照时数 1145h，多年平均相对湿度 82%。多年平均最大瞬时风速 16m/s，实测最大瞬时风速 18m/s。年平均降水量 1043mm，最大年降雨量 1391.3mm，最小年降雨量 781.6mm，5~9 月降雨相对集中，多年平均降雨量 697.7mm，5~6 月降雨量最为集中，多年降雨量 324mm，区内降雨年际变化不大，年内时空分布不均，光、热、雨同季，利于作物生长。

遵义县境内河流属于长江流域，乌江、湘江、赤水河过境。农业园区内有 4 座水库，其中核心园区邻近水泊渡水库，是浒洋水库的下游灌溉区，水资源丰富。全县土地资源丰富，土壤划分为 6 大类 15 个亚类，主要以黄壤土类、水稻土类、紫色土类为主，耕作土壤主要分布在海拔 800~1200m，土壤肥沃，有机质含量高。

(四) 土地利用与基础设施现状

农业园区分布于石坂镇、南白镇、龙坑镇、三合镇四个乡镇，现有耕地

1.31万hm²，其中水浇地0.56万hm²，旱地0.75万hm²，主要农作物有水稻、玉米、烤烟、蔬菜（辣椒）等。"十一五"期间，园区投资7860万元，完成高标准农田建设566.67hm²。

其中石板镇片区（400hm²）有机耕道11.71km，灌溉渠23.18km，排灌渠7.15km。山塘6个，库容4.5万m³，提水站9个，人引工程1个，已流转土地140hm²。南白镇片区（133.33hm²）有机耕道8.1km，灌溉渠7.5km，排灌渠9km。山塘12个，库容4.5万m³，提水站4个，人引工程7个，已流转土地160hm²。三合镇片区（133.33hm²）有机耕道12.1km，灌溉渠13.2km，排灌渠8km。山塘21个，库容12万m³，提水站5个，人引工程5个，已流转土地213.33hm²；龙坑镇片区（133.33hm²）有机耕道14.5km，灌溉渠7.2km，排灌渠14km，山塘5个，库容3.8万m³，提水站6个，人引工程7个，已流转土地100hm²。

截至2012年，园区内种植蔬菜面积1866.67hm²（其中设施蔬菜面积166.67hm²），产量9.24万t，产值11760万元；平均亩产单产3290kg，最高达4200kg，平均亩产值达4200元，最高达7300元，户均种菜收入12100元，人均收入2500元；农机总动力4.8万kW。以石板镇片区为例，石板镇乐意村全村面积17.5km²，辖19个村民小组，总人口4083人，劳动力2160人，耕地面积296.7hm²，主要种植水稻、烤烟、玉米等。邻近水泊渡水库，水源保护、生态优势突出，土地耕作层保护较为完整，地势平坦，交通方便，水资源丰富，农田水利设施较好，有种植蔬菜的历史，年均种植蔬菜133.33hm²左右，养殖业发展较好，为蔬菜园区发展提供了良好的有机肥。2008—2012年，乐意村蔬菜产业发展取得了规模扩增，产业增效，农民增收，产量产值攀升，成果转化提高的好成绩，被列入遵义市市民"菜篮子"保供基地。

三、分析研究方法

（一）园区建设的有利条件

农业园区中心距离遵义市35km，县内公路、铁路四通八达，遵南大道、海尔大道将县城与市区相连，北距重庆260km，南距贵阳110km，距贵阳龙洞堡国际机场约136km，川黔铁路、210国道、326国道、兰海高速公路、崇遵高速公路、遵赤高速公路和正在兴建的杭瑞高速公路横贯东西南北，为园区的蔬菜运输提供了便利条件，区位优势明显。

园区位于水泊渡水库准保护区范围内，水泊渡水库作为遵义市生活饮用水水源地，其准保护区内生态环境良好，适宜发展生态、安全农业；夏秋季节气候凉爽、温度较低。遵义县素来都有"天然空调"的美称，园区受水库小气候的影响，在发展夏秋反季节蔬菜方面独具优势；园区地势平坦，耕作条件较好；名、特、优野生蔬菜资源丰富，为引种选育及栽培奠定了基础；园区内农户历来有种植蔬菜的传统，具有一定的产业基础。

作为全国蔬菜区域发展规划中云贵高原夏秋蔬菜重点区域之一，遵义县蔬菜有着广阔的市场空间，借势贵州省创建100个农业产业化示范园区的有利契机，依托优越的区位和自然条件、较好的产业基础及完善的产业链，加强与中国农业大学、贵州省农业科学院等科研单位的紧密合作，在县委县政府大力整合涉农项目资金的扶持下，园区的蔬菜产业正迎来新一轮历史性重要发展机遇。

（二）园区发展的制约因素

农业园区内劳动力组织化程度低，还不能满足现代农业发展的需要；同时，由于山地农业资源分布分散的特点，农业生产以传统露地农业生产为主，结构相对单一，农业科技水平不高。

区内蔬菜产业化经营已形成一定基础，但市场化运作能力不足，产前、产中、产后的上下游产业链利益联结机制有待深化加强，现代化市场与物流体系建设相对滞后，抗风险能力有待提高。

现有龙头企业在区内初步形成集聚，但还未形成强有力的辐射带动效应，企业自身发展与市场拓展能力需要提升，带动产业升级发展需要突破。

农业园区社会资本的投入强度不够，社会化组织程度不高，农业信息、农业科技推广、农技服务、农资供应、金融信贷等服务体系尚未健全，发展现代农业，需要政府的财政与政策支持。

以上因素都制约着园区现代农业进一步的发展进程。因此，区域内产业发展亟需积极转变传统方式，以遵义县乐意蔬菜现代高效农业园为平台，统筹规划，乘势突破。

四、目标定位及布局

（一）指导思想

贯彻党的十八大要求，落实贵州省蔬菜产业发展十二五规划的部署，响应贵州省常年菜地圈建设的需求，以科学发展观为指导，立足于遵义市乃至贵州省农业资源特点和农业产业发展需求，以保障城市安全优质蔬菜供给、水源地生态环境保护和促进农民增收为根本目标，以科技示范与高效生产为支撑，以农产品品牌培育为特色，调整产业结构，整合并延伸产业链条，拓展观光休闲功能，培育高品质、高效益的特色蔬菜产业，实现产业的升级与飞跃。

在市场定位上，农业园区规划紧扣省内外夏秋淡季市场，在满足蔬菜保供基地功能基础上，坚持市场导向和效益优先原则，秉承生态循环、绿色环保理念，转变传统农业发展方式，充分发挥生态、气候优势，引入标准生产体系，重点发展绿色、有机蔬菜的高效生产。

在科技上，通过与省内外科研院所对接合作，将石板镇片区建设成为引进国内外适宜的先进农业生产技术和科技产品的展示平台，创新发展机制，建立健全管理技术体系与社会化服务体系，吸引优质龙头企业与优秀农业科技人才，综合提高农业效益,促进农民增收致富,建设贵州一流、西南领先、全国先进的现代高效蔬菜农业园区。

(二) 建设目标

立足于遵义市乃至贵州省农业资源特点和农业产业发展需求,以保障城市安全优质蔬菜供给、水源地生态环境保护和促进农民增收为根本目标,力争通过5年左右的努力将农业园区建设成为:遵义市现代农业科技推广示范基地,贵州省安全优质蔬菜生产示范区,西南山区现代农业发展模式创新引领区。

(三) 园区布局

根据产业发展策略及功能定位,农业园区规划为核心园区(含核心展示区)和生产示范区两部分,整体形成"一心三区多园"的空间布局。具体空间布局与规模如图6-63及表6-17所示。

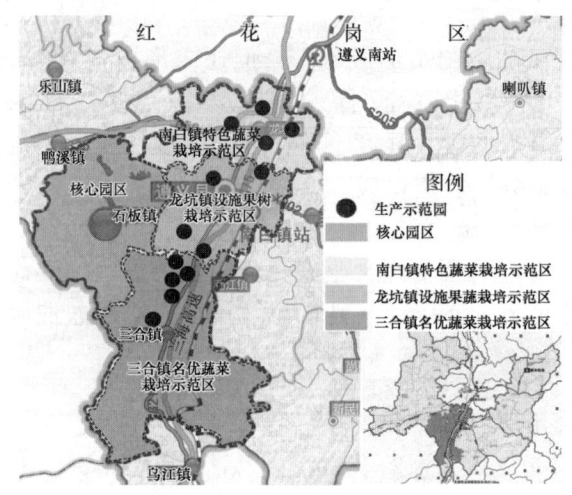

图6-63 园区空间布局图

表6-17　　　　园区(800hm²)功能分区面积表

序号	分区名称		位置	规模/hm²	性质
1	核心园区("一心")		石板镇	乐意村、池坪村、天旺村	400	新建
2	生产示范区("三区")	南白镇特色蔬菜栽培示范区	南白镇	民主村、后坝村	133.33	提升
3		龙坑镇设施蔬菜栽培示范区	龙坑镇	苏池村、金鼓村	113.33	提升
4		三合镇名优蔬菜栽培示范区	三合镇	长青村、堰河村	133.33	提升
	总计		—	—	800	—

"一心"是指核心园区，作为整个农业园区的中心枢纽及展示窗口，为产业示范区提供科技示范的核心驱动力（图6-64）；

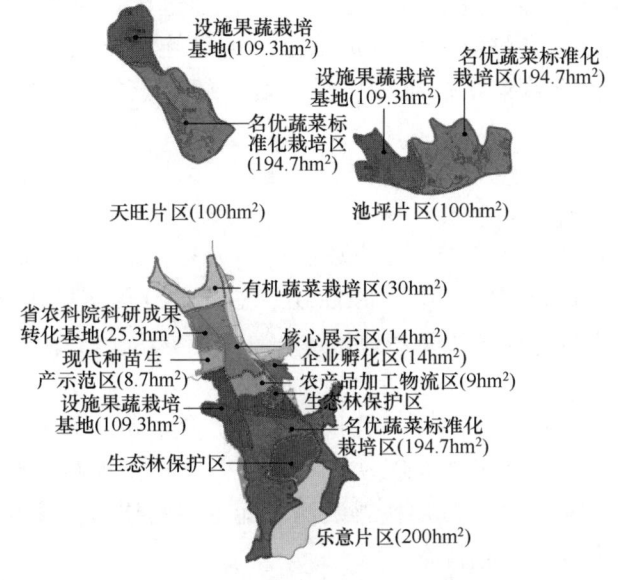

图6-64 核心园区平面布局图

"三区"是指在南白镇、三合镇、龙坑镇三个镇产业基础条件较好的片区形成生产示范区；

"多园"是指在"三区"内以现有产业基地为基础扩建提升形成生产示范园。

五、产业策略及产业布局

从"创新、统筹、梯度、可持续、多维度"五个方面制定园区蔬菜产业发展策略。

1. 创新发展

针对目前蔬菜产业面对的主要问题和市场需求的变化趋势，按照"六创"的思路，从品种引进、科技示范、标准化管控、信息平台建设、冷链物流体系建设、调整茬口安排六个方面入手，实现品种创新、科技创新、标准创新、平台创新、流通体系创新及栽培模式创新，综合提升农业园区的蔬菜产业发展能力。提出相应提升策略，提出农业园区核心园区明确的建设内容，以科技引领产业发展，通过生态循环体系建立实现安全优质蔬菜生产，打造贵州蔬菜、特色生态的产品品牌形象。

（1）品种创新 在持续发展辣椒、香葱等地方优势蔬菜基础上，引进芳香蔬菜、紫色蔬菜、彩色蔬菜、保健蔬菜、药用蔬菜等国内外名特优稀蔬菜新品种。

(2) 科技创新　展开与中国农业大学、贵州省农业科学院等科研院所的全面合作,加大新品种引进和示范推广力度,健全优良种苗供应体系;示范推广设施蔬菜规范化栽培技术;引进示范当前设施蔬菜尖端技术;发展新型高效种植模式;治理蔬菜生产重大关键问题,解决抗灾、减灾、避灾和连作障碍。

(3) 标准化创新　建立标准生产和检测体系,推行质量控制管理,建立蔬菜瓜果质量安全全程追溯制度;建立无公害、绿色、有机蔬菜产品产地标识运营体系;加快建立蔬菜产品质量安全检验检测体系,制定农残超标处理标准及蔬菜质量安全信息通报制度,建立 ISO9001、ISO14000 体系;开展绿色和有机产品认证、国家地理标志认证以及产地认定。

(4) 平台创新　组建一个链条完整、信息灵敏、覆盖面广的信息收集发布、运作系统,作好信息收集、整理、分析、预测、发布和反馈工作,让蔬菜生产能够直接依据市场信息做到有的放矢,避免盲目生产,提高生产效益;建设应用测土配方施肥信息系统,以加快普及测土配方施肥技术为核心,着力提高测土配方施肥技术覆盖率、到位率。

(5) 流通体系创新　加大仓库建设,如保鲜库、冷藏库的建设,增加温控设备和防潮设备,降低储运成本;加快蔬菜流通的信息化建设,建立现代化物流信息系统,以实现蔬菜物流各环节的实时跟踪、有效控制与全程管理,并逐步搞好信息处理与发布工作,配套市场信息咨询服务。

(6) 栽培模式创新　为获得理想的经济效益,充分利用种植设施和有效光照,科学安排利于土壤改良和土壤肥力提高、减轻病虫害发生的茬口;优化品种结构,坚持合理轮作,将目前的每年一到两茬,引导调整成一年两到三茬。

2. 统筹发展

通过产前、产中、产后的联结和融合,形成产加销、工农商一体化的发展格局,并建立完善的技术服务体系,统筹谋划、协调投入、规范管理、积极探索,将蔬菜产业提升上一个新的台阶。统筹发展体系如图 6-65 所示。

3. 梯度发展

按照科技凝聚、层级辐射、跨越发展的思路,农业园区在空间结构上分为三个层次,即遵义县乐意蔬菜现代高效农业园区核心展示区(14hm^2,位于石板镇乐意村)、核心园区(含核心展示区共 400hm^2,位于石板镇)和生产示范区(40hm^2,分别位于南白镇、三合镇、龙坑镇三个乡镇)。

三区之间通过科技对接、品牌对接和服务对接实现联接,并以此为纽带,带动周边十二个乡镇的 3333.33hm^2 蔬菜产业区和全县的 13333.33hm^2 蔬菜产业的发展。

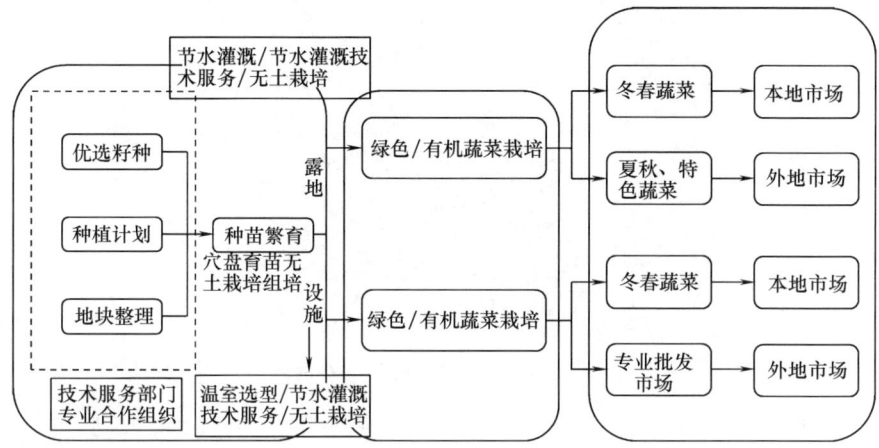

图 6-65 统筹发展策略

核心展示区位于核心园区中部,规划占地 14hm²。鸟瞰图见图 6-66,平面图见图 6-67,功能分区见图 6-68。

图 6-66 核心展示区鸟瞰图

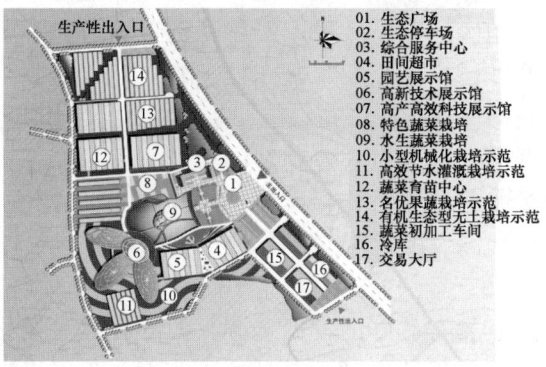

图 6-67 核心展示区平面图

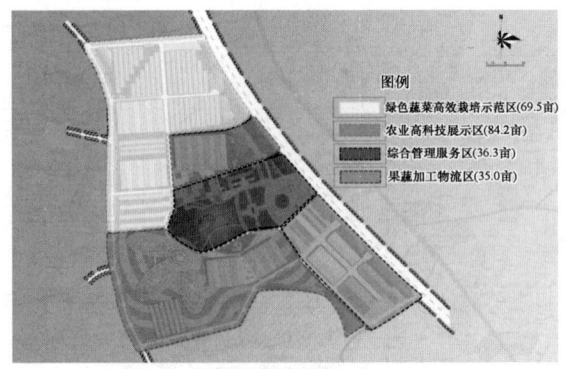

图 6-68 核心展示区功能分区图

核心展示区整合技术、人才、资金和信息等资源，以"推科技、融生态；建模式、供优菜"为主题，以构建生态农业科技高地为根本目的，按照"科研引智、辐射推广"的发展思路，对接省内外科研院所和知名科技园区，跟踪国内外先进科学技术，结合区域冷凉蔬菜产业发展，通过合理规划、科学管理，建设成为集科技研发、技术推广、科技展示、旅游观光为一体的综合性功能区，贵州省休闲农业与乡村旅游示范点，成为贵州蔬菜产业科研、推广、宣传的窗口。同时，作为农业园区的核心驱动力，通过集聚推广的手段指导引领，并辐射带动周边产业的跨越式发展，同时拓展农业的多功能性，促进产业融合，进而形成可持续发展的产业体系。

随着遵义县城镇化与工业化进程的推进，现有"南白-三合"蔬菜产业带逐渐向城市靠近，农业发展空间日趋减小，为保证遵义县蔬菜产业持续稳定发展，根据现状调研、规划原则与产业发展策略，在已有的产业基础上，农业园区以位于石板镇相对集中的 400hm² 核心园区为重点建设内容，紧跟现代农业发展趋势，打造具有科技性、创新性及推广性的产业龙头核心。

核心园区位于核心展示区周边，是科技扩散的优先传播平台。产业示范区是农产品生产基地和农业科技成果的示范推广基地，通过吸取核心园区的新技术、新品种，在核心园区技术、品种、人才、资金、培训等要素的带动下，通过重点项目的引入和"园区+企业+合作社+农户"等运作形式，在政府引导和扶持下，进行蔬菜的标准化生产和示范，率先在九个乡镇起到示范作用。

遵义县蔬菜产业的发展通过农业园区的科技引领、品牌宣传和技术服务进行衔接辐射，实现遵义县蔬菜生产标准化、规模化和品牌化，完成遵义县蔬菜产业的调整和升级，提高农民收入。

4. 可持续发展

农业园区蔬菜产业具有良好的发展基础，但存在品种结构单一、现代化水平低等问题，蔬菜产业化经营发展不充分、不完善，为促进当地蔬菜产业化发展，可通过加大科技投入、发展低碳农业，提高蔬菜产业现代化水平，实现农业生态系统、蔬菜产业的可持续发展。具体措施包括：

（1）科技兴农　积极应用和推广先进蔬菜生产、加工、运输等科学技术，以种源为基础，科技为支撑，发展新型农业，如生态农业、种子工程等，促使蔬菜产业可持续发展。蔬菜产业化发展的科技支撑体系应包括开发研究体系、推广服务体系和经营管理体系。一方面要根据蔬菜产业发展规划，对现有的蔬菜科研和技术推广体系进行改造、更新；另一方面要用高新技术装备武装蔬菜科技研发、技术推广机构，使他们具备开展科技服务的功能、手段和平台，从而提供发展蔬菜产业化所需的优良种苗、物资材料、生产技术、采后处理、贮藏、加工、包装技术，以及仓储、运输、贸易、生产经营信息等服务。

（2）农业生态系统可持续发展　根据园区农业生态系统的实际情况，发展循环农业，促进农业循环经济发展；加快推进农业结构调整；加强农业科学技术的研究和推广力度。采用轮套作、间作等生产模式，提高复耕指数、提高土地利用率、提高产品品质与产量。

（3）低碳生态发展　推行绿色农业生产，减少化肥的使用，示范推广测土配方施肥技术；提倡病虫害的物理、生物防治，减少农药尤其是剧毒农药的使用。实行秸秆堆沤还田，禁止焚烧；推行生态处理废弃物；建造沼气池，使粪水通过腐熟减少污染，形成的沼液是优质有机肥，沼气可以用来燃烧、照明，减少秸秆的燃烧和煤的使用，减少二氧化碳的排放；推行生态生产，减少、禁止农药、化肥的使用；采用雨水收集系统，增加可利用水量，加强污水处理，实现水资源的循环利用。

（4）农业现代化发展　利用连栋温室等现代化农业设施，采用小型机械化设备，运用喷灌、滴灌等节水灌溉系统，应用先进的现代化农业科技，加快农业现代化进程，改变传统农业生产方式，促进产业规模化、专业化发展。

（5）农业人才资源　结合科技项目引进，加强与省内外大专院校、科研单位及农业园区的合作，一方面积极引进优秀农业人才，另一方面建立培训机制，培养具有现代农业意识和专业技能的本地农业人才，为产业发展提供持久动力。

5. 多维度发展

通过挖掘蔬菜文化、打造创意景观、拓展流通模式、培育蔬菜品牌等多个维度发展蔬菜产业，拓展产业功能，提升产业文化内涵及经济价值。

（1）文化挖掘　生产绿色安全蔬菜，发展绿色生态产业，建设生态园区环境条件，体现蔬菜绿色生态文化。从古人采集渔猎到新石器时期的垦田栽培，从夏商周时期蔬菜园圃业的产生到战国秦汉时期蔬菜商品性生产的出现，从魏晋南北朝及隋唐时期蔬菜栽培的发展到贾思勰《齐民要术》的问世，再到宋元明清时期蔬菜著名产地和集中产区的形成，展现蔬菜的起源、演化与发展的脉络及相关习俗；搜集整理少数民族饮食文化中蔬菜的特色内容，设计再现少数民族饮食文化内涵，促进蔬菜产业与饮食文化融合；体现蔬菜的营养保健功能，如量化常见蔬菜包含人体所需的多类维生素、矿物质、碳水化合物、有机酸、芳香物质等营养成分，开发增强身体抵抗能力、防癌等保健功能的蔬菜品种，促进蔬菜产业发展。

（2）景观创意　以蔬菜为主体，将高新农业科技与景观艺术结合，打造创意蔬菜景观小品，采用竹木材料进行支架造型建造，通过各种艺术造型设计，塑造集观赏性、艺术性于一体的蔬菜架、蔬菜长廊等造型景观，展现现代农业的艺术美感和丰富多彩的蔬菜品种；温室连廊可采用叶子、年轮、枝丫等植物造型，建设南瓜、番茄、白菜等形象的休闲设施小品。

（3）流通模式　建设信息化交流与交易平台，通过蔬菜分级包装和标识，规范储存、运输、销售等流通环节，应用现代流通技术，以信息化手段建立质量可追溯系统，发展农超对接平台，建立蔬菜冷链物流体系，加强对冷链物流的安全追溯、温度控制以及保质期、新鲜度的精细化管理；构建畅通的市场流通体系（图6-69），保障蔬菜产业经济效益实现。

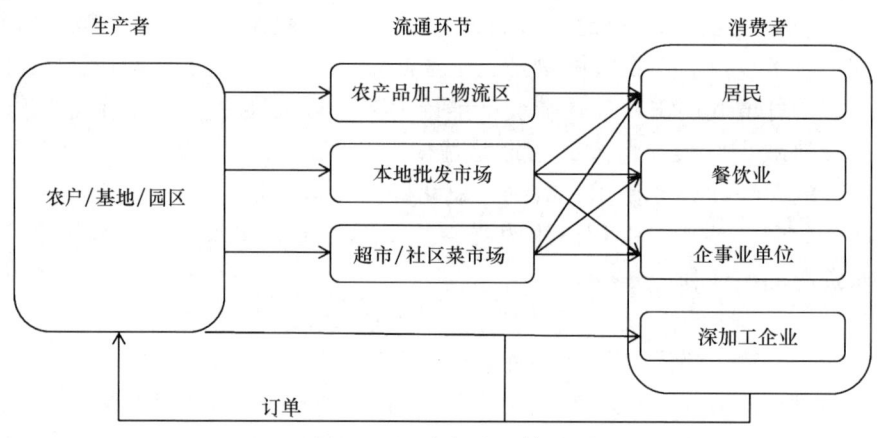

图6-69　市场流通体系

（4）品牌培育　采用无公害、绿色、有机生产标准，进行生产标准认证，生产高质量的名优蔬菜，提高市场占有率；强化质量管理，建立质量追溯体系，以高质量产品占领市场、发展壮大品牌；通过农产品交易市场、超市、网络等多渠道进行品牌推广，提高产品市场影响力；标准化生产，规范化运营，整体提升产业发展水平，提高品牌美誉度。

第十四节　四川南充：营山县现代农业示范园区总体规划（2012—2020年）

一、项目背景

为促进农村经济和现代农业产业化的发展，南充市"十二五"规划中提出，加快推进特色产业基地建设，以龙头企业为依托，建设国家优质商品粮油基地、国家优质商品猪战略保障基地、中西部优质蚕茧基地、中国甜橙基地、优质蔬菜基地以及国家新增千亿斤粮食工程。发展高产、优质、高效、生态安全农业，建成基础配套良好、主导产业突出、建管机制合理、综合效益明显、示范作用显著的国家农业示范园区，带动全市现代农业跨越式发展。

营山县是典型的农业大县，十二五规划纲要提出，依托营山现有资源，以标准化做优农业、规模化做强农业为发展方向，发展壮大畜禽、水产、粮油、蚕桑、果蔬五大特色农业，努力建设特色鲜明的现代农业示范园区。这为示范园区现代农业发展提供了有力的政策支持和难得的机遇，但发展中依旧存在农业基础薄弱，特色产业不鲜明，龙头企业引领作用弱，农业标准化工作仍处于初始阶段，标准化项目少，规模小，效益差等问题。

为了解决好当前所出现的农业发展问题，以促进农业更好、更快的发展，营山县政府于2012年7月委托中国农业大学农业规划科学研究所编制《四川省营山县现代农业示范园区总体规划》，通过规划明确示范园区的发展方向与目标，确定科学合理的农业产业结构。

本规划结合当地的地形、农业资源、气候，提出了营山县现代农业发展战略，为营山县成为区域特色明显、产业协调发展、生态可持续的现代农业示范园区提供了方向性和指导性依据，使示范园区在产生良好的社会、经济、生态效益的同时，能辐射带动周边县（市、区）乃至成渝地区现代农业的快速发展。

二、基本概况

（一）规划基础

全县总面积约$1633km^2$，示范园区总规划面积0.59万hm^2，涉及济川、东升、骆市、茶盘和双溪5个乡镇的26个村、268个社、10292户。

规划范围为示范园区内的农业用地，并对示范园区发展思路、功能定位、总体布局、功能分区、专项体系规划、组织管理模式、运营保障体系以及投资估算等内容进行规划。

示范园区规划期限为9年，2012—2020年。

（二）区位交通

营山县地处四川盆地东部，嘉陵江和渠江流域之间，北与仪陇县相连，东北与平昌县挂角，东南与渠县相邻，西南与蓬安县接壤，距南充88km，距成都291km。地理坐标为东经$106°21'45''\sim106°58'10''$，北纬$300°54'36''\sim310°24'25''$，幅员面积$1632.9km^2$。五条公路连接蓬安县、渠县、仪陇县、广安市、达州市。S204省道穿过营山，使得营山东可达达州，西可至成都。

达成铁路东西贯穿营山，是沪汉蓉快速通道的重要组成部分。达成铁路使营山直接与全国大城市接轨，将带动营山经济的发展。

新规划的两条高速公路：南大梁高速公路（南充－蓬安－营山－渠县－大竹－梁平）预计2014年通车，现名G42（沪蓉高速公路南梁段）；巴广高速公路（巴中－仪陇－蓬安－营山－广安）2011年年底已开工建设，预计2014年年底建成通车。正在计划的渝川陕高速公路将通过营山，建成后将使得营山直接连接重庆、西安，对营山经济起着重要的促进作用。

围绕成渝经济区发展，四川提出了"一极一轴一区块"的区域发展战略。营山是成渝通道轴和环渝腹地的重要组成部分。营山县是四川省城镇体系"五轴"中"成－遂－南－达城镇发展轴"的组成部分。

营山县位于南充市域东北部，"达成经济发展轴上"，是南充达州经济通道上重要的一环。项目区位于营山县城东南，紧邻发展新区，区位优势突出。

（三）自然资源条件

1. 气候条件

营山县属中亚热带温暖湿润季风气候。夏热冬暖，雨水充沛，四季分明，春早秋短。

营山县年平均气温17℃，最高年平均气温17.8℃，最低年平均气温16.4℃，气温年际变幅不大，气温较稳定。一年之中最热月为7月，月均温27.8℃；最冷月为1月，平均6.1℃。极端最高气温为40.3℃，极端最低气温为-4.7℃。年平均无霜日301d，开始日期为2月15日，终日日期平均为12月12日。日均气温5℃以上持续时间342d，积温6207.5℃。日均气温稳定通过10℃持续时间259d，活动积温为5499.0℃。

营山县年累积平均日照数为1290.1h，最多年日照时数为1769.8h（1978年），最少年日照时数为1250.6h（1961年）。各月中日照时数最长是8月，平均为230.8h，最少是12月，平均为57.3h。3月下旬至9月上旬是日照时数较多的时期，各旬日照时数在40h以上。7月下旬至8月上旬，日照时数最多，平均为84h。11月中旬至2月下旬，是全年中日照时数最少的时期，各旬平均日照时数在25h以下，其中12月中旬日照时数仅17.2h。

营山县雨水充沛，全年降雨量达到1079.7mm，1~3月、11~12月降雨量较少，降雨主要集中在6、7、8月，平均降雨量能达到169.1mm。

2. 水资源条件

营山县境内无大江大河，最大的江河为流江河，县境内河段长度105.28km，此外还有三条较大的河流，分别为营山河、思凤溪、消水河。

水资源主要由当地地表径流、过境地表径流和地下水三部分组成，多年平均水资源总量为10.95亿m^3。营山县多年平均地表径流量以5.98亿m^3计算，人均占有水资源仅687m^3，是全省人均占有水资源1006m^3的68%；人均可利用水资源约103m^3，仅占全省人均可利用水资源343m^3的30%。

截至2011年12月，全县共有各类水利工程2409处，其中中型水库2座，小（一）型水库14座，小（二）型水库91座，山平塘石河堰2154处，电力提灌站148处，总蓄、引、提水总量达0.854亿 m³，有效灌面1.71万 hm²。

3. 土壤条件

营山县土壤分别有水稻土、紫色土、黄壤、潮土等4个土类、9个亚类、15个土属、32个土种，有利于多种粮经作物种植。

营山县耕地地力分四个等级。其中，一级地面积为3596.29hm²，占耕地总面积的9.74%；二级地面积为9786.35hm²，占耕地总面积的26.51%；三级地面积为4935.27hm²，占耕地总面积的40.46%；四级地面积为8597.22hm²，占耕地总面积的23.29%，分属国家地力等级中的二、三、四、五级地。

营山县耕层土壤pH变幅为6.0~8.8，其中水田土壤pH变幅为6.0~8.8；旱地土壤pH变幅为6.0~8.6，全县酸性土壤619.46hm²，占耕地总面积的1.68%；中性土壤10515.45hm²，占耕地总面积的28.49%；碱性土壤25748.43hm²，占耕地总面积的69.74%；强碱性土壤32.47hm²，占耕地总面积的0.09%。

营山县耕地土壤养分多集中在3、4级水平。土壤有机质含量在7.1~30.9g/kg，平均值为16.5g/kg，其中水田为7.1~30.0g/kg，平均16.5g/kg，旱地为9.0~30.9g/kg，平均16.4g/kg，含量中等，多集中在4级范围内，占耕地总面积的83.39%。

4. 地形地貌

营山县地跨盆北低山和盆中丘陵两个地貌区，地势北高南低，略向东南倾斜。境内地层平缓，方山地形显著，地形以丘陵为主，低山次之，冲积平坝较小。全县平均海拔450m左右，一般相对高度为200m左右。东部陈大山寨，主峰高达889m，为全境之巅；最低点在四喜乡于家滩，海拔254.7m，绝对高差634.3m。从北面而南依次出现低山、丘陵、浅丘平坝地貌，在南部边缘又有低山、丘陵点缀（图6-70）。

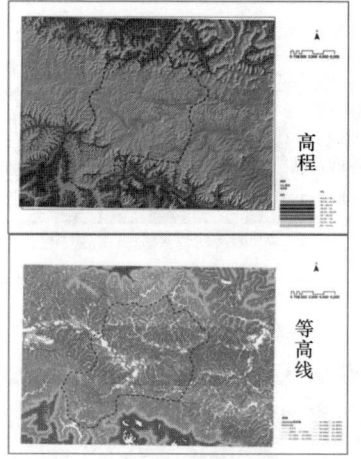
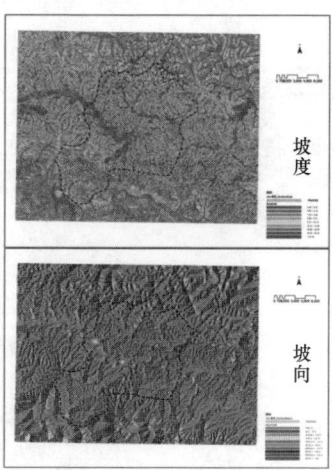

图6-70 营山县地形地貌图

(四) 社会经济条件

营山县经济社会发展态势良好，经济实力明显增强。工业经济总量和质量大幅跃升，近年来，营山县大力发展现代农业，先后被评为全国粮食生产先进县，全国生猪调出大县，中央财政小型农田水利重点县，全省现代畜牧业培育重点县，全省优质油菜、柑橘、蚕桑特色效益基地县等。

2008—2010 年，营山县生产总值逐年递增，如图 6-71 所示。营山县经济总产值总体呈上升趋势，经济稳步发展，为农业发展创造了良好的经济环境。

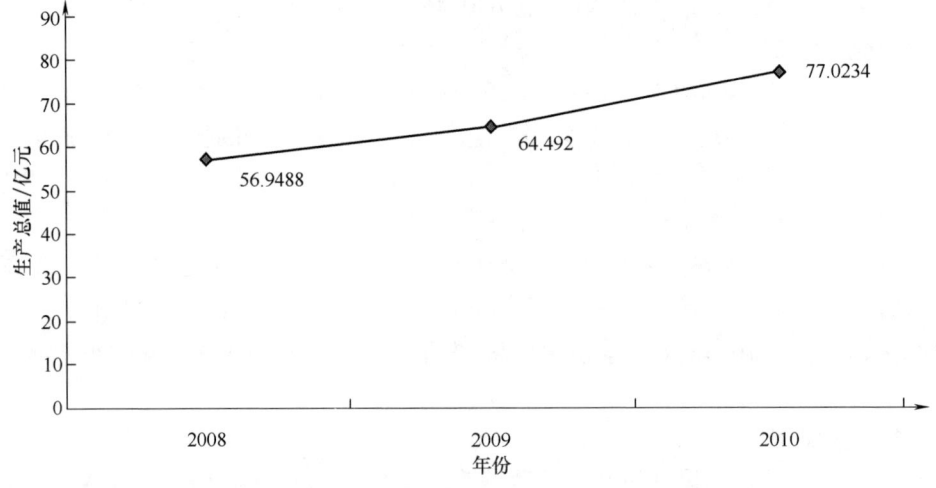

图 6-71 2008—2010 年营山县生产总值

2010 年营山县财政总收入 40791 万元，三产比例为 30∶46∶24（图 6-72）。2008—2010 年，第一产业比例呈上升趋势，第二产业增产幅度较大，第三产业增长较缓（图 6-73）。

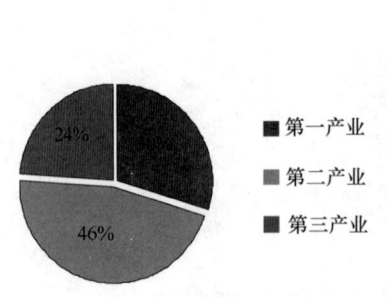
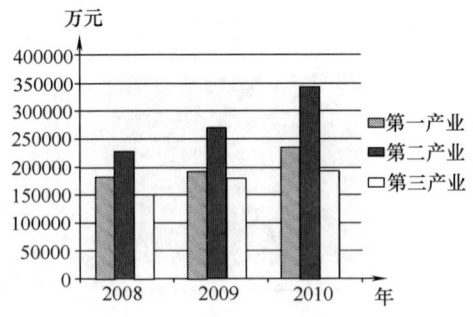

图 6-72 2010 年营山县三产结构　　图 6-73 2008—2010 年营山县三产结构变化

2010 年营山县农村居民收入来源中，家庭经营收入为农民收入的主要来源，约占 71%，工资性收入占 29%。家庭经营收入中以牧业收入为主，其次是农业收入，如图 6-74 所示。营山县现有农村劳动力主要集中在农林牧渔业上，占 59%，如图 6-75 所示。

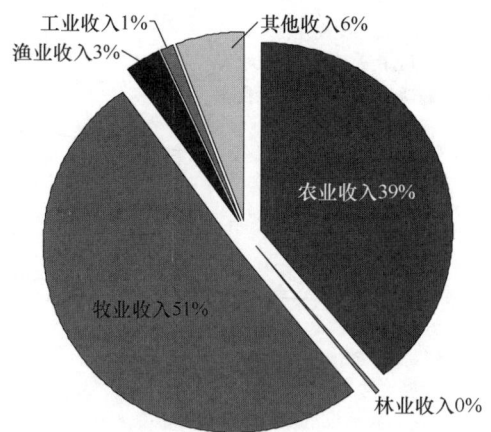

图 6-74　2010 年营山县农民家庭经营收入情况

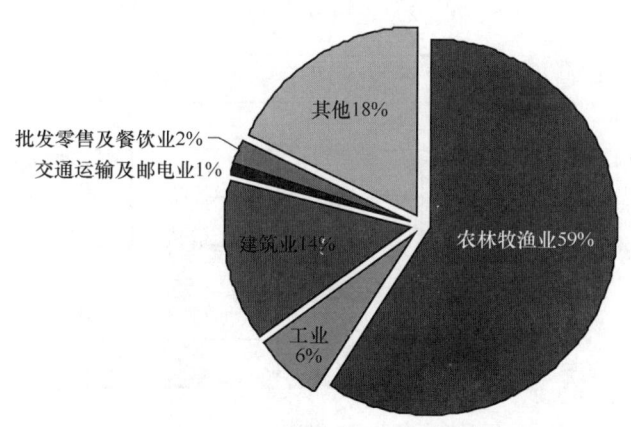

图 6-75　2010 年营山县农村劳动力分布

全县辖 53 个乡镇、657 个村委会、5866 个社，总人口约 95.77 万人，其中农业人口约 78.37 万人，约占总人口的 84%；非农业人口为 17.40 万人。2008—2010 年营山县城镇居民可支配性收入与农村居民可支配性收入均呈上升趋势，2010 年营山县城镇居民人均可支配收入 19109.00 元，农村居民可支配性收入 10046.82 元，农民人均纯收入 6469 元，低于全国农民人均纯收入的 6977 元（图 6-76、图 6-77）。

（五）农业发展现状

营山县地处四川盆地东部，嘉陵江和渠江流域之间，其多层次的地形和适宜的气候，为动植物的生存繁衍提供了良好的环境。

营山县是四川省农业大县，全县耕地面积 5.68 万 hm^2，人均耕地面积 0.91hm^2。高产农田面积 1.78 万 hm^2，占耕地面积的 31.3%；中低产田土面积为 3.9 万 hm^2，占耕地面积的 68.7%。目前基本上形成了畜禽、粮油、水产、蚕桑、

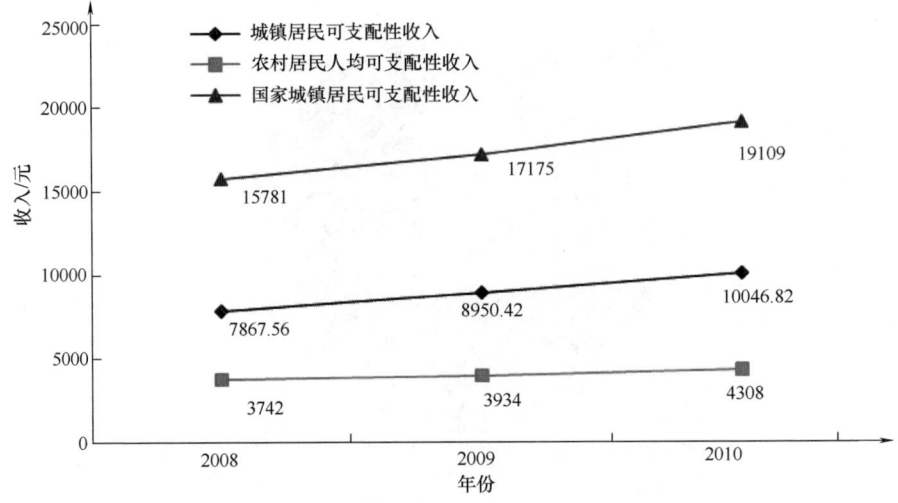

图 6-76　2008—2010 年营山县收入情况

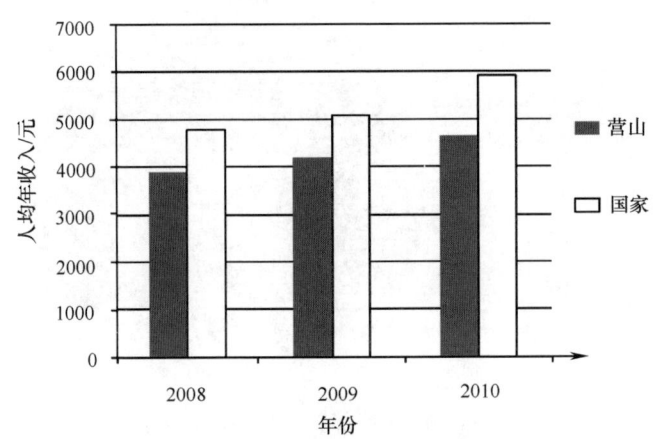

图 6-77　2008—2010 年营山县农民人均收入

果蔬五大农业产业（图 6-78）。

大宗的粮食作物有水稻、小麦、玉米、红苕、高粱、豌豆、胡豆、大麦和黄豆等。经济作物中，红麻、苎麻、黑瓜子、油菜、花生颇负盛名。禽畜业以生猪、山羊、鸡鸭著称，其中猪鬃、猪皮、猪羊肠衣、山羊板皮是大宗的传统出口原料，现已形成 10 大类 25 个优质商品基地，被列为全国山羊基地县和瘦肉型猪基地县。

2008—2010 年，牧业和种植业稳中

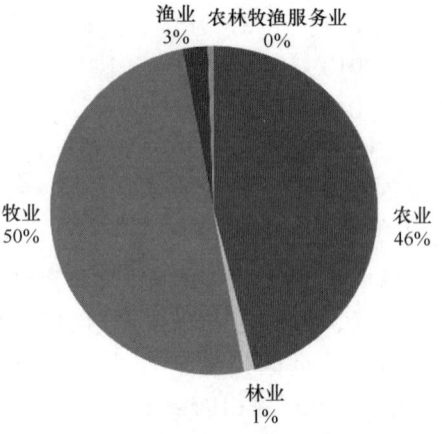

图 6-78　2010 年营山县农林牧渔产值

有升，无明显波动。2010 年的产值数据显示，牧业占总产值的 50%，种植业第二（含林果产业），占 46%，林业、渔业和服务业所占比重都很小（图 6-79）。

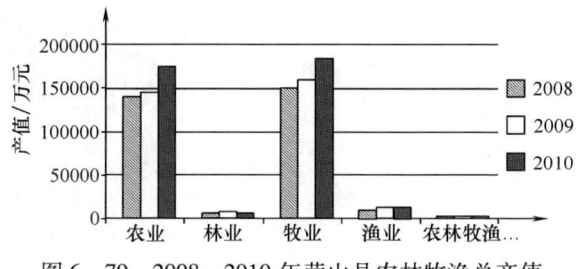

图 6-79 2008—2010 年营山县农林牧渔总产值

1. 粮食产业

粮食作物分为大春粮食作物和小春粮食作物，主要以大春粮食作物中的水稻、玉米、红苕以及小春粮食作物中的小麦种植为主，其他粮食作物种植面积较小。

营山县是水稻生产大县，水稻常年种植面积 2.5 万 hm^2，产量 17.5 万 t。2008—2010 年，营山县水稻以及小麦产量保持均较平稳，2010 年稻谷总产量为 180635t（单产 7215kg/hm^2），小麦产量为 85690t（单产 5141kg/hm^2）。

县内有优越的气候条件满足水稻种植，目前已形成一定的品牌，有多家大米加工企业入驻，但四川省地形复杂，丘陵多，生产中仍存在机械化程度偏低、土地规模化连片经营难、水稻生产现代化进程慢、示范和推广力度不大等问题。

小麦作为重要的旱粮作物，在丘陵区旱粮的增产中起到了至关重要的作用。营山县是旱粮作物种植区的重要一站，目前已在新店、法堂、大庙、回龙、增产等 5 个乡镇建设了 2 个万亩小麦作物高产创建示范片。示范片建设实行"四统一"，狠抓抗病高产优质良种示范推广，全面推广了"小窝疏株密植技术、秸秆还田免耕技术、测土配方施肥和病虫草害综防"等小麦高产田管技术，辐射带动大面积生产，为全县 1.6 万 hm^2 小麦丰产打下了扎实基础。

2. 林果产业

2011 年营山县各类水果栽植面积 0.7 万 hm^2，总产量 4.8 万 t，产值 1.8 亿元。其中柑橘 0.5 万 hm^2（占水果生产面积的 71%），产量 4.1 万 t，产值 8200 万元；其次是梨，种植面积 0.11 万 hm^2，产量 0.09 万 t，产值 1800 万元；其余主要种植桃、葡萄、枇杷等。全县有合亿、宏林、绿辰、锁水冰糖柚等果蔬专业合作社 32 个。现有冰糖柚、梨、葡萄、油桃等 6 个品种获得无公害农产品，并已注册使用"云山"牌冰糖柚商标，2011 年营山县在营万公路的新店镇、法堂乡、朗池镇实施并完成了万亩血橙产业园的建设（图 6-80）。

3. 畜牧业

2008—2010 年，营山县生猪存栏量基本保持平稳，2010 年生猪存栏量为

726000头，其次是山羊及大牲畜，2010年营山县山羊存栏量为203000头，大牲畜存栏量60995头（图6-81）。

营山县是生猪生产大县，2009年被列为四川省50个现代畜牧业重点培育县，四川省48个生猪战略保障基地重点建设县之一。营山县通鸿猪业有限公司位于黄渡镇燕垭村，与广东东进农牧集团、营山五四机械公司强强联合，87户农民用20.07hm²土地入股，兴建了南充市最大规模的生猪养殖基地。

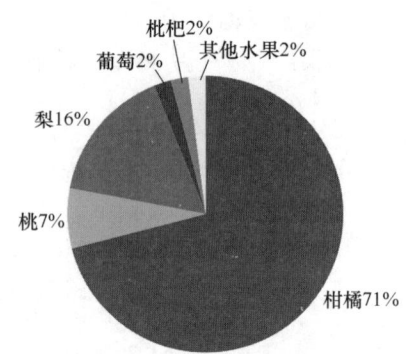

图6-80 2011年营山县各类水果生产面积

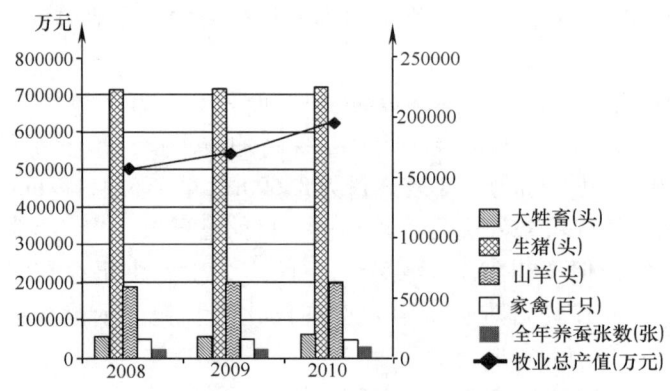

图6-81 2008—2010年营山县畜牧业发展情况

黑山羊是营山县的特色养殖业，营山县境内草山坡面积广，有突出的养殖优势和良好的养殖基础。"营山黑山羊"证明商标已获得国家工商总局成功注册。县内绿辰公司从事黑山羊种羊繁育，存栏核心种羊1500只，年可提供种羊4000多只。

四川水禽出栏量、水禽肉产量均居全国第一位，约占全国的1/5。营山气候温润，无霜期长，自然资源条件适宜；溪河纵横，林草茂盛，饲料丰富；以水田农业为主，农业耕作制度为水禽养殖提供了条件。

4. 蔬菜产业

2008—2010年营山县蔬菜种植面积呈上升趋势，单产保持平稳状态。2010年，营山县蔬菜播种面积1.96万hm²，蔬菜总产量295968t，总产值5.6亿元。

5. 示范园区农业发展现状

示范区内粮食作物以水稻为主，其中以骆市镇粮食作物种植面积最大。2010年粮食种植面积2505.87hm²，总产16522t，其中水稻种植面积1373.13hm²，总产为10504t，如图6-82所示。

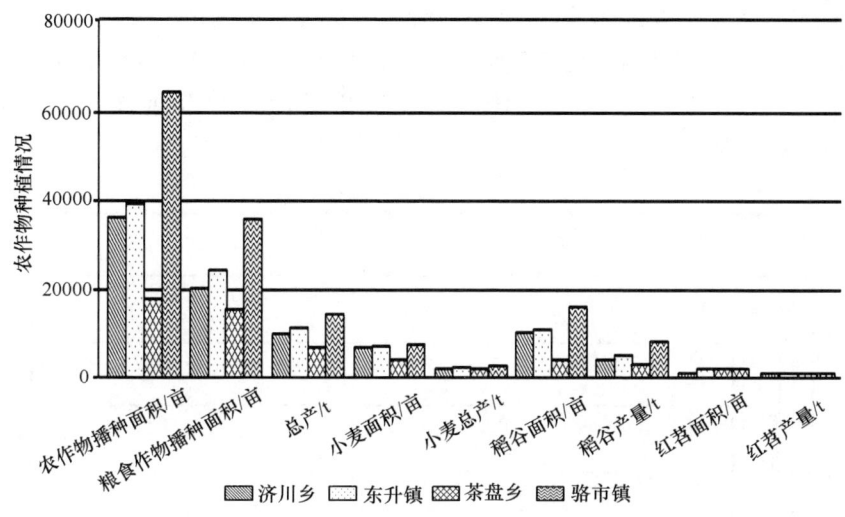

图 6-82 2010 年示范园区农作物种植情况

示范园区内果树种植主要集中在东升镇，其次是济川乡和骆市镇。2010 年东升镇果园种植面积 238.6hm²，水果产量为 3493t，其中柑橘产量 77t，如图 6-83 所示。2012 年在东升镇锁水村、济川乡黄桷村将实施 66.67hm² 冰糖柚示范园建设，在东升镇东升村、桂花村、玉帝村将建 200hm² 塔罗科血橙新系示范园。

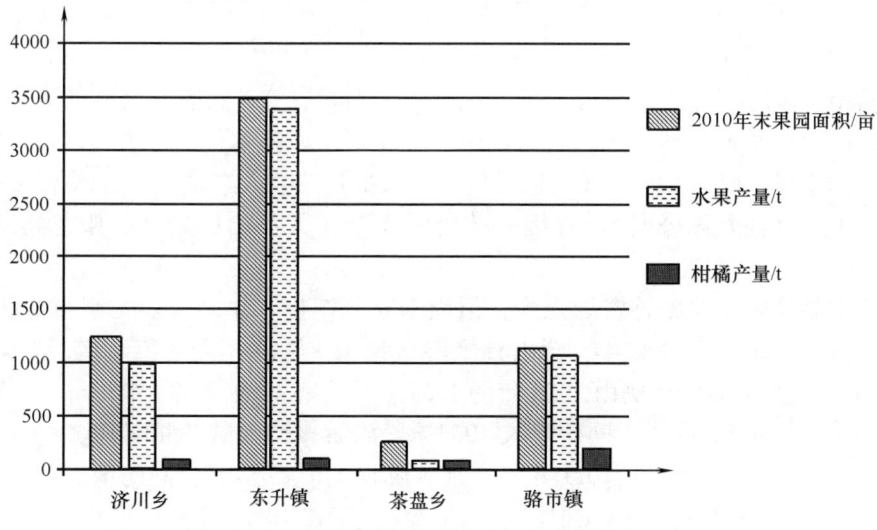

图 6-83 2010 年果园面积、产量及主要水果产量

2011 年示范园区畜牧业发展情况：出栏肉猪 118 万头、肉牛 3.27 万头、肉羊 55 万只、肉禽 1246 万只、肉兔 72 万只，与 2009 年对比分别增长 10.11%、35.12%、9.78%、22.12%、10.77%；生猪、牛、山羊、家禽、兔年末存栏分别达到 7349 万头、6.10 万头、20.91 万只、463.40 万只、10.60 万只，其中母

猪达到 6.31 万头，与 2009 年对比分别增长 1.93%、4.99%、3.72%、2.89%、2.91% 和 1.77%，肉类和禽蛋产量分别达到 11.9 万 t 和 2.1 万 t。畜牧产值达到 28.93 亿元，占农业总产值的 64.10%，比 2009 年的 50.09% 增长 14 个百分点，农民人均牧业现金收入 3507 元，如图 6-84 所示。

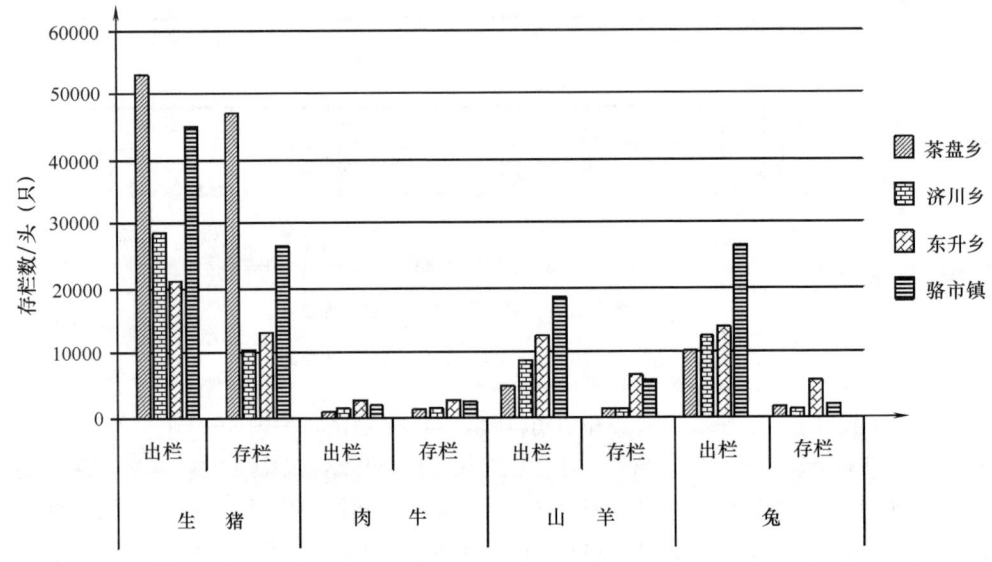

图 6-84　2011 年营山县示范园区畜牧业发展现状

6. 涉农旅游分析

营山县旅游资源丰富，有"蜀北名山""小峨眉""仙迹"之称的太蓬山，风景如画的望龙湖森林公园、骆市陵园、回龙塔、幸福水库"营山十景"和名扬全国的千里渠以及造型精美的回龙塔等一大批自然、人文景观。有国家 AA 级风景区 1 个（西月湖公园），省级森林公园 2 个（太蓬山风景区、望龙湖森林公园）。

营山县休闲农业旅游资源众多，但尚未充分挖掘，休闲农业与乡村旅游发展潜力巨大。2005—2009 年，营山县旅游总收入、旅游人数逐年递增，旅游总收入相当于全 GDP 的比例由 2005 年的 1.57% 增长到 2009 年的 4.06%；2010 年实现旅游收入 4.65 亿元，同比增长 29.2%，旅游接待人数 7.43 万人次，同比增长 22.8%（图 6-85）；2011 年共实现旅游收入 6.73 亿元，同比增长 45.7%，旅游接待人数 95.4 万人次，同比增长 31.6%；2012 年 1~9 月，营山实现乡村旅游收入 4.4 亿元，同比增 32.6%，乡村旅游接待人数 51.3 万人次，同比增长 12.1%。良好的旅游环境为营山县观光休闲农业的发展提供了强大了市场契机。

主要存在问题：①缺乏政府对农业旅游资源开发的宏观控制和有力指导，投资决策的随意性较大；②基础设施和服务设施不完善，如道路标识不明显、民宿接待条件较差、布局不合理等；③模式相对较为单一、缺乏地方特色和新

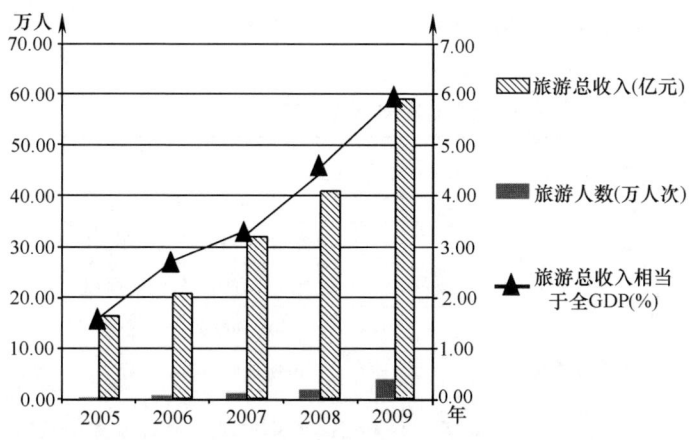

图 6-85　2005—2009 年营山县旅游基本情况

的创意，使旅游业缺乏吸引力；④资源的市场转化率较低，未形成全省具有市场竞争力的旅游产品；⑤乡村文化内涵挖掘不足，发展方向不明确，缺乏有力的宣传促销策略。

三、分析研究方法

（一）营山县农业现代化进程评价

对于农业发展，合理划分现代农业的阶段，不仅有利于明确农业不同阶段的发展目标和主要任务，而且能更清楚地认识到农业在整个国民经济中的地位。准确定位农业所处的不同阶段，可以更直接地掌握各区域农业发展的现状，从而为农业经济和农村社会的发展选取适合的战略。因此，对现代农业发展进行科学的阶段划分及区域定位，具有重要的理论意义和实践价值。

本规划结合国家现代农业示范园区发展与建设进程评价指标体系，结合营山县的特点，提出了营山县实现农业现代化的 6 项主体评价指标，23 项个体评价指标，对各层评价指标权重进行调查，并用层次分析法（AHP）计算各指标权重。然后根据我国实现现代化的目标和营山县农业现代化发展的具体情况，确定营山农业现代化进程评价标准值，如表 14-1 所示。根据农业阶段发展理论及四川省、营山县农业现代化发展水平，本规划将农业现代化实现程度分为五个发展阶段：准备阶段（农业现代化进程综合评价值 $N < 30$）；起步阶段（农业现代化进程综合评价值 $30 < N \leqslant 50$）；初步发展阶段（农业现代化进程综合评价值 $50 < N \leqslant 70$）；基本实现阶段（农业现代化进程综合评价值 $70 < N \leqslant 90$）；发达阶段（农业现代化进程综合评价值 $N > 90$）（表 6-18、表 6-19）。

从各个个体指标对现代化影响程度，及个体指标评价值来看，目前农业基础设施建设水平对营山县农业现代化进程影响较大，其次为农业机械装备水平及政府投入力度，这两个指标的提升对目前营山县农业现代化水平的提升起着至关重要的作用。

表6-18 现代农业发展与建设评价指标体系

一级指标	权重	二级指标	权重	测算指标		
				指标名称	权重	单位
物质装备水平	20	农业基础设施建设水平	12	高标准农田面积占耕地面积的比重	8	%
				每万人拥有的设施农业面积	4	亩
		农业机械装备水平	8	农作物耕种收综合机械化率	4	%
				万亩耕地农业机械总动力	4	kW
科技进步水平	15	农业科技服务水平	5	每万名农业劳动力拥有的农技服务人员数	5	人
		农业劳动力素质	4	持专业证书农业劳动力占农业劳动力的比重	4	%
		科技推广应用水平	6	农业主推技术覆盖率	6	%
经营管理水平	15	规模化经营水平	6	土地适度规模经营比重	3	%
				畜牧规模化养殖比重	2	%
				水产标准化健康养殖比重	1	%
		农业组织化水平	5	农业产业化组织带动农户比重	2	%
				农户参加农民专业合作社比重	3	%
		社会化服务水平	4	农林牧渔服务业产值占农林牧渔业总产值的比重	4	%
支持水平	15	本级政府投入力度	8	本级财政支农增幅与财政经常性收入增幅比值	8	倍
		上级政府投入力度	7	财政支农投入占农林牧渔业增加值的比重	7	%
产出水平	20	粮食生产水平	5	粮食单产	5	kg/亩
		农业生产水平	5	劳均农林牧渔业增加值	2	元
				每万亩耕地农林牧渔业增加值	3	万元
		农产品质量安全水平	5	农产品质量安全抽检合格率	5	%
		农民收入水平	5	农户人均家庭经营纯收入	5	元
可持续发展水平	15	耕地保护水平	5	耕地保有率	5	%
		水资源利用水平	5	农田灌溉水有效利用系数	5	
		节能减排水平	5	单位能耗创造的农林牧渔业增加值	5	万元/t标准煤

表 6-19　营山县现代农业示范园区与国家现代农业示范区标准对比

	国家农业示范区	营山现代农业示范园区
政策	土地利用符合国家法律法规和政策；尊重农民意愿，保护农民权益	符合要求
资源/区位	处于农业部优势农产品区域、大中城市郊区、特色农产品区域规划范围内	四川省处于全国水稻、小麦、玉米、马铃薯、油菜、柑橘、肉牛、肉羊、生猪、出口水产品十大农产品优势区域；营山县处于全国生猪优势农产品区域
产业	主导产业清晰，能够体现农产品生产优势与特色；主导产业化水平高，产业拉动作用明显	畜禽、粮油、水产、蚕桑、果蔬五大农业主导产业；产业化经营率30%以上
规模	生产条件、环境承载能力、技术应用和管理水平相匹配，处于本省前列；规模应辐射带动一定区域范围，引领带动现代化农业发展能力强	农产品生产基地少而小，规模不大、质量不高、特色不明，企业总量少，产业层次低，缺乏竞争力
种植	综合机械化率平原地区80%以上、山区50%以上；良种覆盖率基本达100%，单产高于当地平均水平20%以上	2012年四川省综合机械化率35.84%
养殖	应具有规模化、标准化生产设施和污染处理设施，符合标准化规模养殖；畜禽个体生产能力高于当地平均水平20%以上	2011年营山县标准化畜禽养殖小区170个，各类规模养殖场已达7695户；营山县标准化养殖场占全县规模养殖场80%以上（标准化比重80%）
科技	土地产出率、资源利用率和劳动生产率明显高于周边地区；培育和带动一批科技示范户、种养大户和农机大户；生产科技水平处于当地领先水平，能够引领周边主导产业的发展	小麦高产技术推广覆盖率达100%
培训/推广	至少有1家省级以上科研教育或技术推广单位作为合作单位	符合要求
展示	具有相应规模的新品种、新技术展示示范区	具有展示示范区、品种技术示范推广区
安全	具有较完善的标准化生产和质量控制体系；主要农产品通过无公害农产品认定或绿色食品、有机食品认证；"三品一标"产地认定占食用农产品产地总面积30%以上；农产品质量安全例行监测总体合格率94.8%	营山县建成10个农业部认证的无公害农产品和10个省畜牧食品局认证的畜产品生产基地
环境	农业生产与生态环境协调发展，各项生态环境指标均达到国家标准，产业和环境可持续发展。农业废弃物综合利用率69%	近5年来，营山县累计完成公路绿化340km、植树22.5万株、河渠绿化3540km、植树186万株。森林覆盖率达到34.5%，城市生活污水和垃圾处理率分别达到73%和83%

续表

	国家农业示范区	营山现代农业示范园区
运行机制	建设主体清晰，管理部门明确，规章制度健全	管理部门明确，规章制度健全
基础设施	示范区内水、电、路等基础条件配套完善	示范区一期先导区基本完成路网、水网、排污管网等配套设施建设

（二）营山县与国家现代农业示范区比较

国家现代农业示范区是以现代产业发展理念为指导，以新型农民为主体，以现代科学技术和物质装备为支撑，采用现代经营管理方式的可持续发展的现代农业示范区域，具有产业布局合理、组织方式先进、资源利用高效、供给保障安全、综合效益显著的特征。农业部要求对国家现代农业示范区实行"目标考核、动态管理、能进能退"的考核管理机制，对建设成效显著、示范引领作用明显的国家现代农业示范区将加大支持力度。

（三）总体评价（SWOT 分析）

1. 优势

政策优势：营山县属川陕革命老区，是西部典型的"老、少、边、穷"省级贫困山区县，国家对于西部开发、老区扶贫有很大的政策支持，四川省、南充市也高度重视农业发展，不断加大扶持力度。

区位优势：营山县位于四川盆地东北部，地处成都、重庆、西安三角经济区腹地，项目区位于营山县城东南，紧邻发展新区，区位优势突出，同时营山县是四川省城镇体系"五轴"中"成－遂－南－达城镇发展轴"的组成部分，这些条件都将极大地促进营山县的经济发展。

资源优势：营山县多层次的地形和适宜的气候，为动植物的生存繁衍提供了良好的环境。县域内植物资源丰富，种类繁多、产量大，盛产多种水果，也是生猪、山羊、鸡鸭等重要生产地。

2. 劣势

营山县基础设施建设不完善，农业产业基础薄弱，特色不鲜明。

营山地形主要以丘陵为主，地形较为复杂，给农业的规模化生产带来了阻碍。

目前营山县现代化农业科技水平较低，从事农业生产的技术手段较为落后，标准化项目少，规模小，效益差。

营山县农业科技人才资源缺乏，各种要素聚集能力较弱；目前在当地从事农业劳动的主要为中老年，青壮劳动力大量外出打工，导致营山县从事农业劳动的人口趋近老龄化。营山县农业信息、服务体系、推广体系不完善。

3. 机遇

成渝经济区的崛起，对于营山县的经济发展起到积极作用：首先，确立了这一区域在全国产业布局中的重要地位，这对于正处在工业化和城镇化加速推进的营山而言，是一个大好的历史机遇。其次，随着成渝经济区的建立，可将现代产业发展与现代城镇发展紧密结合起来。最后，不仅中央会加大对区域的政策支持力度，而且有利于引起国内外投资者关注。

高速交通的连接，将改变营山县的交通劣势，让营山县融入成渝两小时经济圈、南充半小时经济圈，对于营山县农业物流的输入、输出起到联通作用。

"大南充"建设将加快推进中小城市和中心城镇建设，培育、提升集聚和辐射功能；构建以特大城市为中心，以中小城市为纽带，以中心城镇为支撑的现代城镇体系，从而进一步带动产业的分工和转移。

4. 挑战

营山县经济综合实力较弱，而发展现代农业需较大资金，如何提高该县的经济实力，是营山县面临的一个较大的挑战。

营山县地处成都、重庆、西安三角经济区腹地，即将建成的两大高速公路将交汇于营山县，将存在"边缘化"和"过路经济"隐患，如何利用当前的区位优势做好营山县规划，以促进经济的快速发展将是一个巨大挑战。

营山县劳动资源分布较为分散，总量分布不平衡，而且青壮年劳动力转移就业趋势明显，农村劳动力供求关系紧张，如何匹配营山县产业劳动力需求与劳动力严重缺乏之间的矛盾也是发展现代农业的一大挑战。

四、目标定位及布局

（一）指导思想

贯彻中央文件要求，落实四川省关于加快建设现代农业示范区的决策部署，借助西部大开发的历史机遇，瞄准成渝经济区高端化、精细化产业发展需求，充分依托营山县农业资源特点，调整产业结构，优化产业布局，立体打造营山县现代农业示范园区，逐步形成集优质农产品生产、科技示范、教育培训、休闲观光、文化传承等功能于一体的营山模式，促使营山全县农业向标准化、特色化、专业化、品牌化、生态化转变，实现"生产、生活、生态"和谐发展的现代农业新格局。力争经过三到五年的发展，将园区新村综合体打造成为四川省现代化新村家园典范，创建全省领先的蔬菜、有机水稻、生猪、珍稀林木示范基地，使血橙、黑山羊达国内一流生产水平，大大加快营山县的农业现代化进程。

示范园区在产业布局上遵循"产村相融"的发展思路，将新村建设与产业发展同步统筹规划，实现新村建设和现代农业产业基地建设的共同发展。一方面突出新村建设，推进产业发展，完善基础设施配套，加强公共服务；另一方面，通过产业发展来打造新农村，健全农民培训和社会化服务体系，形成产业集群，充分利用优惠政策，吸引资金、技术、人才集聚，打造一批产业特色鲜明、基础设施完善、生态可持续改进的复合型新农村试点，最终形成新村建设带动产业发展、产业发展促进新村建设的发展格局。

（二）功能定位

营山县农业产业占总体经济比重较大，随着社会经济水平和人民生活水平的提高，农业不仅仅承担着粮食安全，单纯农产品原料的供给功能，更需要满足人们对优质安全农产品，多样化的农产品形态的需求以及优美可持续发展的生态环境的需求。因此，农业在地方国民经济、社会生产生活中的地位和功能会更加重要。

在此背景下，对营山县的农业发展方向、发展速度以及发展方式应进行适当的调整和完善，未来营山县农业发展将承担六个主要功能：食品安全、产业集聚、教育培训、生态保护、辐射带动、就业增收。

（三）战略目标

1. 南充市农业科技示范推广平台

引进新品种、新技术、新模式，建设标准化精品农业示范园区，通过示范园区的示范带动作用，有效促进辐射范围农业发展及农民的增收，使营山县成为南充市农业科技示范推广平台。

2. 四川省城乡统筹、三生一体样板区

在四川省推进城乡统筹的政策指引下，通过示范区的建设强化城镇中心、培育重点乡村，扩大公共服务设施和基础设施的覆盖范围，推进营山县城乡统筹发展。利用示范园区产业集聚优势，拓展新农村职能，大力发展休闲农业和农产品加工业，走特色化、高端化的高品质生态农业道路，形成"生产、生活、生态"和谐发展的"村园一体化"发展新格局。

3. 国家级现代农业示范园区

在党的十八大精神指引下，贯彻"四化同步"的发展战略部署，采取合理的农业产业发展布局和产业发展策略，以现代产业发展理念为指导，以新型农民为主体，以现代科学技术和物质装备为支撑，采用现代经营管理方式，按照国家级现代农业示范园区的建设标准来打造营山县现代农业示范园区。

（四）空间布局

根据《营山县国民经济和社会发展第十二个五年规划》对营山县发展定位及功能要求，结合示范园区地形、海拔、土壤、气候等自然资源状况，经济发展水平以及区位、交通、劳动力等社会资源状况，示范园区整体采用点面结合，以点带面，突出重点的空间发展策略。

在点上形成"一心、四园"，面上形成"一带、两区"的创新发展模式。"一心、四园"作为营山县五个近期重点建设项目，对"一带、两区"起到科技引领、技术推广和示范带动作用。示范园区主要以蔬菜、有机水稻、优质林果、生态循环养殖业为主要产业，通过"一心、四园"重点项目的带动，以及"一带、两区"后期建设的不断完善，将形成功能完善、高产高效的现代农业产业新格局。最终实现点面统一、主导产业连片发展的新模式，打造出一个集科技、特色、生态为一体的现代农业示范园区，促进整个营山县农业的改革和发展。

"一心"：即先导区，占地300hm²。先导区是整个示范园区最先启动建设的区域，优先选择在产业基础好、发展意愿强的玉帝村、深井村和洞庭村进行。先导区内部包括新农村社区、科研管理培训区、现代农业示范园区三个功能分区。新农村社区是"村园一体化"发展的综合载体，随着先导区现代农业产业的集聚，新农村社区将配套完善的基础服务设施和公共服务设施，打造宜居、宜业、宜游的全新新农村社区形象。科研管理培训区是科研引智平台、技能人才输出基地，也是科技企业孵化及农牧业龙头企业引进中心。一方面科研管理培训区通过现代信息化管理，实现对员工管理、生产管理、贸易洽谈的智能化、数字化、网络化，及时获取外界信息，加快与外界的联系，促进科技的不断更新；另一方面通过农业科技展示园的建设进行技术推广、生产示范、交流合作，普及农业科普知识，提高农户农业技术水平，推动先进科技的应用，促进营山县农业的快速发展。现代农业示范园区以发展高效、现代、科技、示范的特色农业为发展目标，通过引进国内外最新技术和装备，以良种繁育、精品果蔬种植、生态农业循环示范、食用菌工厂化生产为主导，在起到科技引领、示范带动整个先导区农业发展的同时，将加快营山县现代农业产业结构的调整。

"四园"：即核心园，占地400hm²，包括特色蔬菜标准化产业园66.67hm²、林果科技示范园133.33hm²、润丰循环农业示范园133.33hm²、黑山羊良种繁育示范园66.67hm²。突出营山县地处丘陵地区特点，同时结合营山县农业发展现状，在空间布局上建设形成"南畜牧、北农林"的四个标准化、特色化示范园，与先导区结合，充分发挥"一心、四园"的示范带动作用，引领营山县向科技化、特色化、生态化的现代农业方向发展。

"一带"：即高效农业产业示范带，占地766.67hm²。基于示范园区中部为地势平缓的平坝地区，且交通区位优势明显（北部紧邻204省道，即将开通的两条高速公路穿过高效农业产业示范带），结合营山县良好的水稻种植基础以及高档、反季节蔬菜供应不足的现状，大力发展有机水稻和绿色有机蔬菜为主的高效农业。加强基础设施建设，配套设施农业生产，形成高效安全、集中连片的农业生产带；引进最新科技和装备，推进全产业链建设，优化资源开发利用，辐射带动周边县市高效农业的发展。

"两区"：即南区和北区，南区为生态循环农业示范园区，北区为优质林果标准化栽培区，在核心园的科技引领及示范作用下带动"两区"的建设和发展。

优质林果标准化栽培区：占地2466.67hm²。根据营山县产业基础和本地栽培习惯，在品种选择上坚持适宜性及效益为原则，主要发展血橙为主导的林果产业，积极发展珍稀林木、冰糖柚等潜力产业，实行分级销售、多元化服务、品牌化服务，不断促进营山县林果产业向规模化、精品化方向发展。

生态循环农业示范园区：占地2400hm²。建设以生猪为主的现代化规模养殖业，扶持龙头企业及专业合作社，辐射带动营山县养殖业的规模化、标准化发展。依托营山县良好的生态环境，积极发展健康养殖，保障畜产品供给和质量安全（表6-20，图6-86）。

表6-20　　　　　　　　　空间布局占地面积表

功能分区	分区名称	面积/hm²	备注
一心	先导区	300	
四园	林果科技示范园	133.33	面积不计入合计范围
	特色标准化蔬菜产业园	66.67	面积不计入合计范围
	润丰循环农业示范园	133.13	面积不计入合计范围
	黑山羊良种繁育示范园	66.67	面积不计入合计范围
一带	高效农业产业示范带	766.67	含四园中的特色蔬菜标准化产业园
两区	优质林果标准化栽培区	2466.67	含四园中的林果科技示范园及黑山羊良种繁育示范园
	生态循环农业示范园区	2400	含四园中的润丰循环农业示范园
合计		5933.33	

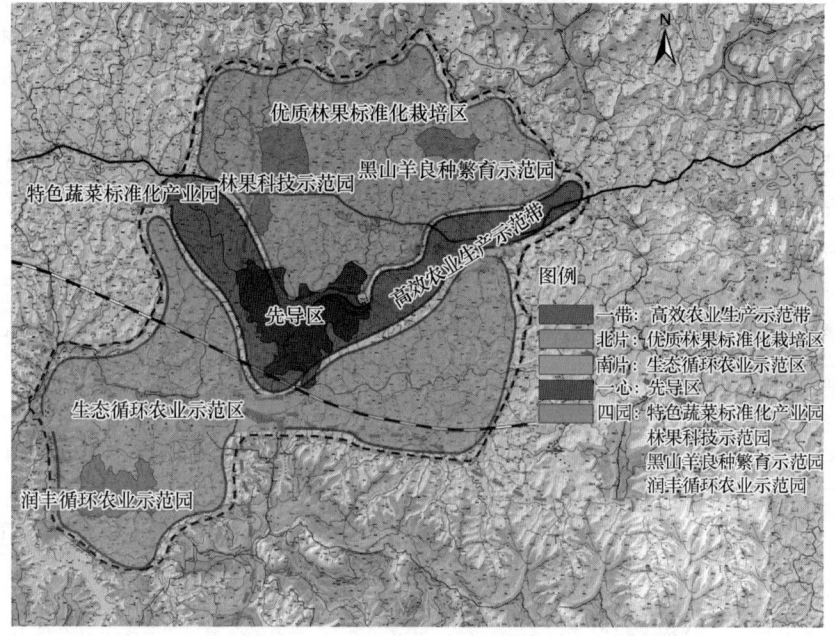

图6-86　示范园区空间布局图

五、产业策略及产业布局

（一）产业发展思路

以示范园区建设的战略目标为出发点，结合营山县农业产业基础、当地种植习惯以及产品市场前景，经过专家研讨评分（表6-21），最终形成营山县农业产业发展思路。其中主导产业选择规模较大、市场竞争力强、经济效益高，对其他产业和整个区域经济发展有较强带动作用的产业；特色产业主要选择具有明显的地方特色和较强竞争优势，发展速度快，经济产值效益明显的产业；

支撑产业主要选择涉及范围广、产值比重较大，在一定时间范围内趋于稳定的产业；潜力产业主要选择具有广阔的市场开发前景，适合当地生产发展，有一定地域优势的产业。

表 6-21　　　　　　　　　　营山县农业产业筛选评定表

产业类型	现状种类	现状特征	市场趋势	核心竞争力	专家建议	综合评分
粮油	水稻、玉米、小麦、红苕、油菜	传统、小块农业	全国市场化	一般	保障粮食安全；提升水稻品质	三星
林果	血橙、冰糖柚、核桃、葡萄、油桃、梨	南北皆宜；特色不突出	重视产地品牌化；发展深加工产品	强	符合区域定位；优先发展血橙	五星
	珍稀林木	基础薄弱；种植面积增长快	市场需求量大；要求规模化种植			
蔬菜	苦瓜、番茄、茄子、黄瓜、豌豆、辣椒	露地大秋菜和特色菜为主；设施生产成本较低	地区结构性短缺；追求安全和高品质	中	设施作为补充，瞄准反季节市场和高档市场	四星
畜禽	生猪、黑山羊、水禽、肉牛	现代化水平低环境压力较大	呈现刚性增长保障安全和品质	中上	以草食畜牧业为主，优先发展黑山羊	五星
水产	—	—	—	一般	—	—

根据产业选择原则和专家意见，营山县农业产业定位如下（表 6-22）：

表 6-22　　　　　　　　　　营山县农业产业发展定位表

分类	产业	主要种类
主导产业	林果产业	血橙
特色产业	草食畜牧业	黑山羊
支撑产业	粮油产业	有机水稻
	畜牧产业	生猪
潜力产业	蔬菜产业	绿色、有机蔬菜
	林果产业	珍稀林木

1. 主导产业：血橙

在现有的血橙种植基础上，力争经过 3~5 年的建设，实现营山县 0.67 万 hm^2 血橙的标准化、规模化生产，打造高品质血橙品牌，面向全国市场，带动营山县林果产业结构的调整，提高农民收入。

特色产业：黑山羊

经过 2~3 年的发展，将示范园建设成为全国知名的黑山羊良种繁育基地，不断提高"营山黑山羊"的知名度；2013—2015 年，为全国提供至少 20 万头优质黑山羊。

2. 支撑产业

（1）水稻　水稻种植是营山的传统产业，在原有生产基础上，力争经过2～3年的建设，保证优质有机水稻亩产达730kg以上，形成万亩有机水稻的生产规模，满足成渝市场有机大米的需求。

（2）生猪　以绿色、生态猪为生产目标，2013—2015年每年为全国供应至少10万头的高品质商品仔猪和肉猪。

3. 潜力产业

（1）蔬菜　以绿色蔬菜生产为主，配合高档、反季节蔬菜，进行标准化、规模化生产，供应当地市场和成渝市场。

（2）珍稀林木　以种苗繁育和标准化珍稀林木栽培为主，定位成渝市场，经过3～5年的建设，打造全省领先的珍稀林木示范基地。

（二）产业布局

根据示范园区土地现状和现有农业资源，在充分考虑示范园区现代农业生产及示范展示需要的基础上，按照示范园区"一心、四园、一带、两区"的空间布局，进行了项目的设置，凝练了以下各个分区的重点项目，以期带动示范园区乃至营山县现农业的快速发展。

1. 一心——先导区

先导区位于东升镇玉帝村，占地300hm^2。先导区以"促产业转型升级、建社会主义新村"为理念，采用"大村扩容、小村合并"的形式，以优势农业为发展方向，发展产业链高端环节，以农业科技创新为依托，实现农业产业集聚，高端品牌打造。展示现代农业的高新农业技术、优新品种、先进农业设施设备，培训新型职业农民，培育新兴涉农企业。通过对先导区300hm^{2}土地统筹规划，打造集生产、生活、生态、科研于一体的现代农业科技创新基地，推进城乡一体化，建立适宜营山县的现代农业及城乡统筹发展模式。

由政府出台优惠政策并通过示范园区与金融和风投机构建立合作关系，吸引大量农业科研单位、农业科技型企业入驻，鼓励农业技术人员入园创业。形成集聚效应，孵化现代农业企业及品牌，培育农业科技企业集群（表6-23，图6-87）。

表6-23　　先导区规划提要

规划建设重点	新农村社区；科研管理培训；现代农业示范区
产业发展类型	资本密集+技术密集型
产业组织模式	企业化运作
土地经营方式	规模化流转
产业形态	园区农业、会展农业、精品农业、体验农业、科普农业、景观农业
规划目标	提高居民幸福指数；建立科研引智体系；实现现代农业科技示范推广；树立农业休闲旅游形象

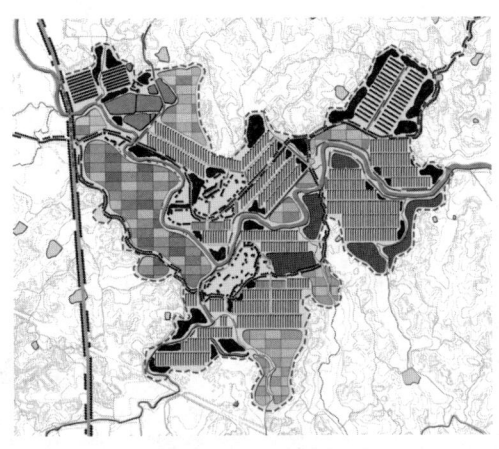

图 6-87　先导区总平面布局图

2. 四园——核心园

四大核心园区均位于营山县产业基础较好、有良好地域优势的生产区，园区的建设坚持因地制宜原则，充分利用了现有的农业资源优势。四园包括：林果科技示范园、特色蔬菜标准化产业园、润丰循环农业示范园、黑山羊良种繁育示范园，总面积约 400hm^2。园区的建设在起到科技引领、技术推广和示范作用的同时将辐射带动"一带、两区"的发展，最终引导整个营山县走上高效、集约的农业发展道路，促进经济的快速发展。

3. 一带——高效农业产业示范带

位于示范区中部，占地面积 766.67hm^2。利用示范区中部较平坦的地势，大力发展以蔬菜、有机水稻为主的高效现代农业，建设营山县高效农业产业示范带（图6-88）。高效农业产业示范带承载有机水稻种植、设施农业设施设备展示、设施农业生产技术的示范、果蔬标准化规模化生产、绿色有机农产品生产等功能，体现现代农业高效、节能、集约等特点。

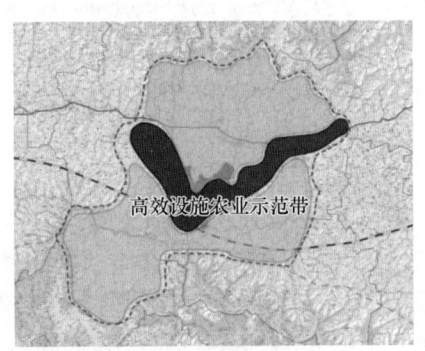

图 6-88　高效农业产业示范带分布图

发展思路：高效农业生产、现代科技引领、示范培训、安全生产。

发展方向：该区重点发展以特殊风味类、鲜食类的绿色有机农产品为主，包括蔬菜、有机水稻、设施水果、设施花卉、芳香植物的生产与展示，在采用机械化生产和高效节水灌溉等现代农业技术的同时，大力引进、培育和推广优良品种，尤其是耐弱光的、适宜棚栽的优良品种，努力提高集约化供种（苗）能力。打破单一推进模式，全方位协调发展，生产名特优稀产品，供应成渝市场及全国市场。

组织模式：发挥政府带动作用，引入龙头企业及科研院所，带动当地设施农业发展。

生产方式：主要采取"公司＋基地＋农户"的生产方式，通过规模化生产绿色有机农产品。

特色经营：打造绿色有机农产品品牌，走中高端消费市场；发展以"农业观光＋科研展示＋采摘娱乐"于一体的休闲项目。

4. 北区——优质林果标准化栽培区

位于示范区北部，充分结合北部原有产业基础及地形地貌特征大力发展以血橙、冰糖柚等为主的标准化优质林果，集科研、试验、技术展示、品种推广等功能于一体，带动营山县林果产业的升级发展，占地面积 2466.67hm^2（图 6-89）。

发展思路：创新品牌、标准生产、发挥特色、开拓市场。

发展方向：重点发展以塔罗科血橙为主导的林果产业，提升核桃、葡萄等优势产业，积极引导冰糖柚、珍稀林木等潜力产业，扩大林果业的机械化种植，构建高品质生产基地。

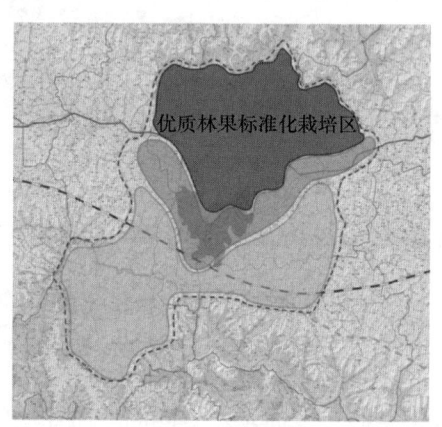

图 6-89 优质林果标准化栽培区分布图

组织模式：发挥政府带动作用，扶持及引入龙头企业，培育专业林果合作组织，整合林果分散种植区域。

生产方式：加强基础设施建设和现代装备技术使用，通过基地规模化生产、绿色有机产品认证树立地方品牌。

特色经营：打造高品质血橙品牌，实行农超对接。干果主推精深加工发展，以礼品化产品和高附加值产品，走入高端休闲旅游及消费市场。同时将林果产业与县域及周边地区的旅游资源相结合，发展农业休闲、观光、采摘等现代农业旅游项目。

5. 南区——生态循环农业示范区

位于示范区南部，占地面积 2400hm^2。依托润丰公司等龙头企业，结合营山县畜牧业产业特点，发展以循环生态养殖为主的农业示范区，进一步提高畜牧业综合生产能力，保障畜产品供给和质量安全，大力发展规模养殖、健康养殖、生态养殖，构建现代畜牧业产业体系（图 6-90）。

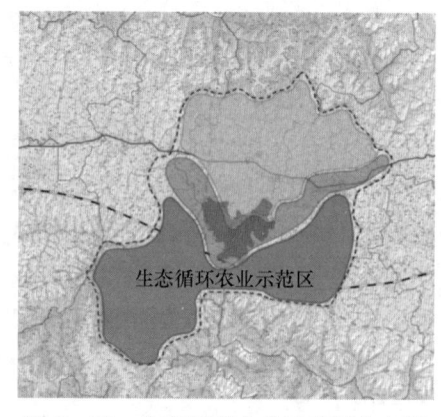

图 6-90 生态循环农业示范区分布图

发展思路：规范养殖、鼓励特种、适度发展、生态循环。

发展方向：发展以黑山羊、生猪为主导产业的养殖业，引导集约化生产和农村适度规模经营，重视和支持生态、低碳畜牧业的发展，提高畜产品品质。通过专业服务合作社/组织协会，加强防疫检疫、新技术技术推广，加强生态安全畜牧业技术的推广。引导和规范专业合作组织，通过依托畜禽专业大户（如润丰、通旺、绿辰生态等龙头企业）辐射带动周边畜牧业标准化生产，为成渝地区及全国市场提供更多、更优质的畜禽产品。

组织模式：推广"政府+龙头企业+金融机构+担保机构+协会+养殖户"的产业化运作模式，逐步形成点状分布、规范养殖、特色鲜明的发展格局。

生产方式：合理规划养殖企业的选址，适当控制生猪、肉牛等养殖业整体规模，规范养殖场的配套设施，保护周边生态环境，重点打造良种牲畜供应基地，大力推进产品品牌建设。

特色经营：实行农林牧结合，发展生态循环养殖业，提高资源利用率，优化农村产业结构。

（三）专项规划

为了统筹贯彻示范区发展策略和重点建设项目的实施，规划设计了道路交通系统工程规划、高标准农田工程规划、农田水利工程规划、电力电信工程规划、组织运作与支撑体系规划等专项内容。

第十五节　内蒙古乌兰察布：乌兰察布现代农业科技产业示范园总体规划（2011—2015年）

一、项目背景

内蒙古是我国重要绿色农牧产品生产区，乌兰察布市为内蒙古自治区重点发展的蔬菜供应基地，特别是马铃薯产业发展势头强劲，并已成为当地传统的优势产业，产业化格局已初步形成。2009年，乌兰察布市被中国食品工业协会命名为"中国马铃薯之都"。

随着乌兰察布市城乡一体化的快速推进，农牧业产业化结构的全面发展，传统农业向现代农业的转型，现代农业将由以户为单位的单一生产功能逐渐向规模化、高效化、精品化、多功能的现代化大农业系统方向发展，并能将生产性、生活性、生态性融于一体综合发展。

为了抓住国家大力发展现代农业的有利契机，基于乌兰察布市农业产业的发展现状及趋势，内蒙古恒信实业集团特成立内蒙古嘉恒农业科技有限公司，决定建立以"马铃薯种薯产业"为核心的现代化生态农业和高科技绿色产业相结合的现代农业科技产业示范园区。为此，内蒙古嘉恒农业科技有限公司委托中国农业大学农业规划科学研究所即北京市富通环境工程有限公司进行示范园区的总体规划，期望通过园区建设，强化乌兰察布市的马铃薯优势产区的品牌，提高"中国马铃薯之都"的综合影响力，辐射周边马铃薯产业发展，促进农民增收、农业增效，带动乌兰察布市现代农业产业升级。

二、基本概况

（一）实施单位

园区建设单位为内蒙古嘉恒农业科技有限公司，从属于内蒙古恒信实业集团。内蒙古恒信实业集团有限责任公司是一家以"为客户提供安居乐业场所为己任，逐步在相关领域实现多元化发展"的民营企业。经过十年的快速发展，恒信实业集团逐渐构筑起了以房地产开发、路桥市政基础建设、装备制造、酒店旅游、能源、投资六大产业。

内蒙古嘉恒农业科技有限公司在恒信集团的带领下能够充分发挥集团的管理优势、人才优势和资本优势，将乌兰察布市现代农业科技产业示范园规划建设为引领地方农业发展、带动地方农民致富的现代农业综合园区。

（二）区位交通

示范园区位于乌兰察布市集宁区马莲渠乡大拾号村，地处呼、包、银经济隆起带和京津唐经济圈的结合部，属环海经济区的范畴。示范园区东距北京320km，距天津港400km，西接内蒙古自治区首府，距呼和浩特130km，南距煤都大同100km，距我国北方最大的陆路口岸二连浩特300km。

京包线、集二线、集张线、集通线、丰淮线五条铁路贯穿乌兰察布市，其中京包线、集二线、集张线、集通线四条铁路在集宁区交汇。乌兰察布市境内东西方向有丹拉、二广两条高速公路、南北方向有110、208国道和呼满省际大通道交汇集宁。

（三）土地利用现状

园区总面积746.33hm²，包含农业用地和未利用地，其中农业用地700.8hm²，未利用地46.07hm²。耕地面积683.2hm²，全部为旱地。农田水利及农村道路总面积17.6hm²（图6-91）。

（四）园区自然气候条件

1. 气候条件

示范园区属中温带干旱大陆性气候。特点是：春季风大少雨而干旱，夏季温暖多雨，秋季冷凉而早霜，冬季漫长寒冷。年平均气温为3.8℃，年内最高气温33.5℃，最低气

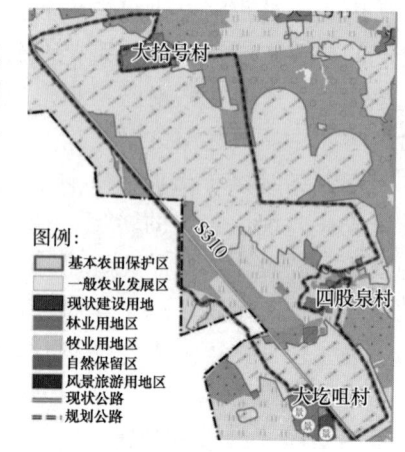

图6-91 示范园区土地利用现状图

温－32.4℃，历年日最低气温平均日数199d。全年无霜期132d，最短105d。全年风向以西北风为主，年平均风速3.7m/s，夏季盛行偏南或偏东风，冬春秋季盛行西北风，全年平均大风日48d，最多达92d，历年扬沙日15d，最多可达44d，最大风速33m/s。全年冻结期180d左右，最大冻土层深度184cm。

2. 土壤情况

示范园区地处中温带半干旱草原栗钙土地带，土壤属栗钙土类。由于境内地形、水文地质等区域性因素的差异，伴随着产生了不同的附加成土过程，据此，又分为暗栗钙土、草甸栗钙土、粗骨栗钙土三个亚类。母质类型有基性岩、酸性岩的残坡积物、第三纪红色泥岩和第四纪的冲洪积物。示范园区栗钙土成土母质为各种岩类的残坡积物，冲洪积物，有机质含量为1.18%～5.55%，全氮0.12%～0.29%，碱解氮20～210mg/kg，土壤自然肥力一般，有水侵蚀，风侵蚀现象。

3. 水文水源

因没有渠系连接进入示范园区，示范园区水源主要来自地下水。根据当地已打井的实践经验，地下水单井涌水量一般为20～60m³/h，为HCO_3-CaMg型水，矿化度0.7～1.60g/L，pH为7.7～8.3，略显碱性，储量大，水质好，可灌溉、饮用。

示范园区多年平均降水量345mm，分配不均匀，主要集中在7、8月，占全年降水的54.64%，时有暴雨发生。年内平均蒸发量为2179.6mm，约是降水量的5.8倍，尤为3～5月，蒸发量达到降水量的15.1倍，相对湿度仅40.3%。

4. 自然灾害

集宁区自然灾害发生频繁，常见的自然灾害有水、旱、风、病虫四种。水灾包括内涝、山洪和冰雹，多发生于6～8月。旱灾主要发生于春季，以丘陵及平原地区为重。病虫害的发生常受地形复杂、气候多变的影响。低温和早霜是这一地区的主要自然灾害。

(五) 社会经济状况

示范园区所属马莲渠乡总面积89km²，现辖7个村委会、27个村民小组；总户数10054户，人口3.10万人，总耕地面积1200hm²，其中菜地面积666.67hm²。马莲渠乡农民人均纯收入达到3900元。

示范园区所在大拾号行政村，包括8个村民小组，总户数755户，总人口3150人，劳动人口1663人，人均年收入达到2080元，低于平均马莲渠乡农民纯收入。

三、分析研究方法——园区建设指引分析

(一) 宏观政策指引

我国在不同层面上的规划都对种薯产业发展给出了明确的指导意见，种薯

产业在政策上面临着重大的历史机遇。

1. 2011年，国务院在《关于进一步促进内蒙古经济社会又好又快发展的若干意见》对内蒙古的农业发展提出以下要求：发展现代种业，提高农业机械化水平，提倡保护性耕作，大力发展旱作节水农业；完善现代农业产业体系，发展高产、优质、高效、生态、安全的现代农业，推进农业生产经营专业化、标准化、规模化、集约化；发展设施农业和都市观光农业，支持赤峰、通辽、乌兰察布等地区建设绿色、有机蔬菜基地；把马铃薯列入国家良种繁育补贴范围，逐步扩大马铃薯原种生产补贴规模，对种植马铃薯脱毒种薯给予良种补贴。

2. 2011年，《内蒙古自治区国民经济和社会发展"十二五"规划纲要》明确提出要大力发展现代农牧业，提高农牧业综合生产能力；调整农牧业结构，扩大高产、优质、高效、生态、安全农作物种植面积，将绿色有机蔬菜基地建设列入农牧业十二五重点工程；推进农牧业产业化经营，深入实施优势农畜产品区域布局规划，加快马铃薯、玉米、番茄、肉牛、肉羊等优势农畜产品产业基地建设，大力推进农业现代化，大幅度提高农民收入水平，建设农村美好家园。

3. 2011年3月，《乌兰察布市国民经济和社会发展第十二个五年规划纲要》明确提出要构筑绿色农畜产品生产加工基地，打造"中国马铃薯之都"。

（二）国内马铃薯产业发展水平

马铃薯宜粮宜菜，营养全面，被誉为"地下苹果"和"第二面包"，是世界上四大农作物之一，仅次于小麦、玉米、水稻。

2010年，我国马铃薯种植面积520.53万hm^2、产量8154万t，其中种植面积超过33.33万hm^2的省份包括内蒙古、贵州、甘肃、四川、云南、重庆，总种植面积达337.66万hm^2，占全国马铃薯种植面积的65%。我国90%以上的马铃薯是作为蔬菜鲜食，加工食品消费比例很小，从人均消费马铃薯来看我国马铃薯消费量还比较低，人均消费35kg。与发达国家相比，我国马铃薯产业发展还存在着较大差距，主要体现在以下六个方面：

（1）单产水平低 脱毒种薯覆盖率低、种植方式落后等原因导致我国马铃薯单产水平维持在$14t/hm^2$，仅相当于美国的1/3。

（2）缺乏健全的脱毒种薯检测体系。缺少权威的种薯检测、认证、监督和管理机构、检测科技落后等原因导致我国脱毒种薯质量不高。

（3）加工专用型品种不足 在世界范围内，马铃薯加工增值是马铃薯产业发展的主导方向，而我国马铃薯产业长期以鲜食为主，缺乏加工专用型品种。

（4）保鲜贮藏技术落后 我国保鲜贮藏技术的落后和保鲜贮藏设备的落后，导致我国马铃薯贮藏损耗率远大于发达国家。

（5）马铃薯产业化水平不高 中国马铃薯加工产品主要是马铃薯淀粉和马铃薯粉丝等，加工途径有限，品种不多，附加值不高，每年需从国外进口大量马铃薯制品。

（6）法规及行业标准不健全　我国马铃薯行业相关法律法规和行业标准目前还不健全，在很大程度上制约了马铃薯产业的发展。

（三）乌兰察布马铃薯产业发展现状

内蒙古是我国重要绿色农牧产品生产区，其中乌兰察布市凭借其冷凉干燥、昼夜温差大等适宜马铃薯生长的气候条件，以及土壤沙性、地块平整等利于马铃薯栽培实现机械化的土地现状成为我国重点发展的马铃薯基地。目前，全市耕地面积75.33万hm^2，马铃薯种植面积稳定在26.67万hm^2左右，总产鲜薯440多万t，种植面积和总产量在全国地区级单位位居第一，占内蒙古自治区马铃薯年均种植面积和产量的近1/2，约占全国马铃薯年均种植面积和产量的6%，是全国重要的种薯、商品薯和加工专用薯基地。

乌兰察布市目前已经建成大型马铃薯交易市场11处，年交易量10多亿kg，鲜薯销售遍及山东、江苏等20多个省市以及俄罗斯、马来西亚等国家。2009年3月，乌兰察布市被中国食品工业协会正式命名为"中国马铃薯之都"。2011年，乌兰察布市政府在国家工商总局注册了乌兰察布马铃薯地理标志证明商标，同年农牧民人均纯收入5100元，其中人均来自马铃薯产业的收入达到1500元左右，占到种植业收入的53%，占农牧民人均纯收入的30%。

同时，乌兰察布市现有6个种植面积2万hm^2以上的县级基地（四子王旗、察右中旗、察右后旗、商都县、化德县、兴和县），多家马铃薯产业集团，如希森马铃薯产业集团，他们充分利用气候、地理优势发展势头强劲，积极发展种植培育，并已成为当地传统的优势产业，产业化格局已经初步形成；另一方面，马铃薯加工链条也日渐完善，拥有亚洲最大的马铃薯全粉生产企业内蒙古富广食品有限公司。

（四）产业发展现状小结

乌兰察布市气候冷凉，雨热同期，适合马铃薯繁育和生长，是我国地级市中马铃薯种植面积最大的，也是马铃薯的优势产区和传统产区，但与国际马铃薯产业相比还存在一定差距（表6-24）：

表6-24　　　　　　国内外马铃薯产业指标对比分析表

序号	相关指标	国际	国内	乌兰察布市
1	单产水平	荷兰为50t/hm^2 美国为42t/hm^2	14t/hm^2	23t/hm^2
2	脱毒种薯覆盖率	90%	25%	35%
3	脱毒种薯检测体系	具备完善的检测、认证体系	缺少权威的种薯检测、认证、监督和管理机构，检测方法落后	尚无国家级权威检测机构
4	机械化水平	多在80%以上	6.5%左右	10%

续表

序号	相关指标	国际	国内	乌兰察布市
5	专用薯比例	50%以上	6.5%左右	8%左右
6	贮藏损失	15%	18%	15%
7	产业化水平	产业化水平较高；产业链完善	较低，产业链条短	产业链各环节松散
8	规模化生产程度	高	规模小	集约化生产规模小
9	品种构成	各类用途品种较全	以鲜食为主，缺乏加工专用型品种	加工专业型品种占比低
10	种质资源	资源丰富，建有大型马铃薯种质资源库	种质资源相对缺乏，起步较晚	品种相对单一，缺乏专一性加工品种
11	加工转化率	45%	10%	18%
12	生产组织形式	专业化协会	农户分散经营为主	农户分散经营

（五）马铃薯产业链分析

马铃薯产业链长，包含了育种、种薯繁育、标准化生产、病虫害防治、栽培技术、质量监督检测、加工体系、市场信息等环节（图6-92）。

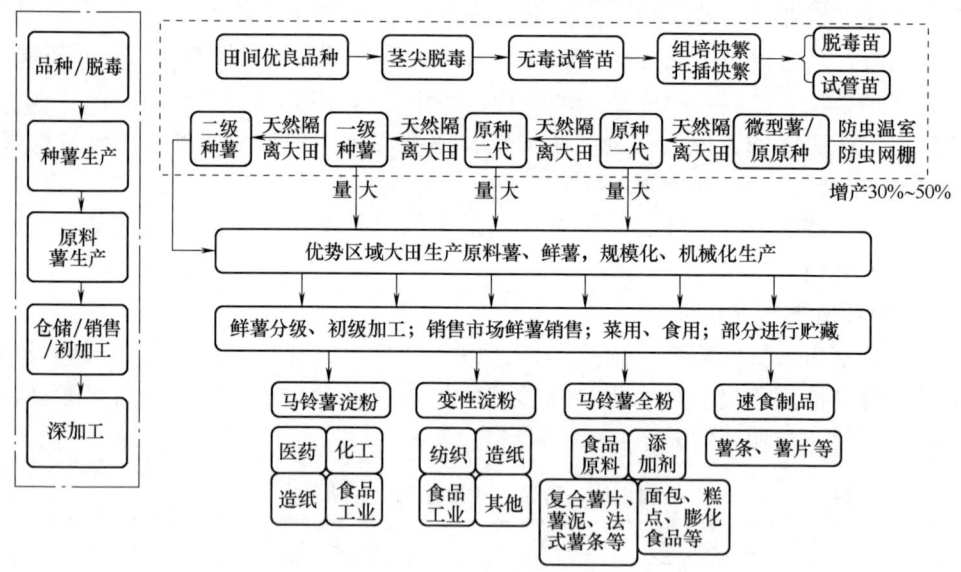

图6-92 马铃薯产业链细分结构图

我国马铃薯种植长期以传统菜薯和淀粉加工为主，适宜加工马铃薯全粉和薯条、薯片的品种种植量少，产业化、规模化发展速度缓慢，符合专用加工型马铃薯质量标准要求的高品质薯短缺。既存在农民"卖薯难"，又存在一些大马铃薯加工企业"买薯难"的问题。在专用加工型马铃薯种植面积、脱毒种薯覆盖率、加工转化率及高质高产方面，与发达国家相比还有很大的差距。产业链各环节没有形成有效衔接和配合，从而制约了马铃薯产业的发展。

通过国内外马铃薯产业发展情况对比分析，综合分析马铃薯产业链各环节发展情况，结合乌兰察布市马铃薯产业发展现状及自然气候优势，园区选择以马铃薯种薯产业为主导产业，符合国内外马铃薯产业发展趋势，符合乌兰察布市马铃薯产业发展规划，园区发展前景广阔。

四、目标定位及布局

结合国内外马铃薯产业现状，与发达国家相比，我国马铃薯产业发展还存在着较大差距，存在着诸如单产水平低、加工专用型品种不足、产业化水平不高等问题。

虽然国内已有少数企业涉足种薯行业，力图通过培育高品质无毒种薯来提高我国单产水平，研发新品种来促进产业化水平，但是，其产量远远无法填补国内种薯的需求缺口，其科技水平更无法弥补国内目前的空白。

一方面只有业务综合的大企业才能做大做强，而现有企业没有实现育繁推一体化，品种和品牌的影响力没有获得大众青睐；另一方面，资金实力不够雄厚都成为了掣肘因素。与此同时，国家对外资进入种子产业做了限制，外国种子企业仍积极在中国布局。

考虑项目区各项条件，综合以上现状和因素分析，为乌兰察布市现代农业科技产业示范园明确规划思想与原则指明了方向，为确定战略定位与目标奠定基础，为制定发展策略与指标提供了参考。

（一）规划原则

科技引领、循环发展；产业为本、战略为势；产业引智、因智引资；以开放促开发、以创新促发展；生态性、文化性、可持续性；高效益、品牌化、国际化。

（二）指导思想

将园区作为企业战略发展中的重要起点，借助内蒙古马铃薯产业基础优势，结合乌兰察布市物流贸易中心优势，坚持以市场需求为导向，以科技研发为核心，品种引进和技术推广为途径，重视农业科技人才，积极与国内外马铃薯科研院所及专家交流合作，引进国内外先进的马铃薯优新品种和生产加工工艺，利用乌兰察布市特殊的冷凉气候条件和产业规模，科学规划以马铃薯种薯产业为核心的现代农业科技示范园区。

同时，利用园区的区位和自然环境优势，辅助发展以马铃薯文化为主题的现代农业观光休闲活动项目；与现代综合物流园紧密合作，积极参与本地农业基地建设，将示范园区建成集有机农业生产、微型薯生产和品种推广、科技示范、农业观光为一体的农业科技产业示范园区。

（三）功能定位

（1）精品生产、品牌孵化功能；

（2）科技培训、人才集聚功能；

（3）组织创新、制度引领功能；

（4）区域引领、辐射推广功能。

（四）战略目标

1. 企业发展总体目标

立足马铃薯产业，通过种薯做大，利用物流做强，延伸后端加工；以乌兰察布市马铃薯微型薯生产基地为基础核心，布局地域性种薯基地，加强与国际马铃薯企业合作，引进品种、技术、设备和管理模式，逐步成为马铃薯种薯产业龙头企业，打造马铃薯种薯产业航母。

2. 园区总体目标

园区作为企业发展战略中重要的一环，将通过三至五年的努力，将现代农业科技产业园区建设成为国内一流的：现代化微型薯生产基地、马铃薯科技研发推广基地、现代农业科技示范推广基地、农业基础设施标准化示范基地、"低碳、循环、绿色、环保"示范园区，进而促进乌兰察布市以马铃薯产业为主的现代农业产业的发展升级。

五、发展策略及空间部署

（一）发展策略

未来嘉恒农业科技有限公司致力于作为以马铃薯产业为主龙头企业，将以马铃薯种薯生产为基础，以乌兰察布市现代农业科技产业示范园为总部基地，分期分步辐射发展，逐步实现战略目标（图6-93）。

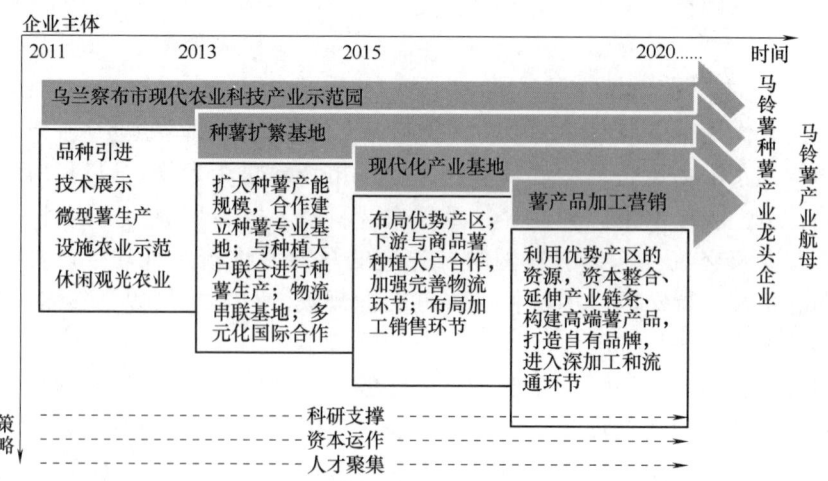

图6-93 企业中远期发展策略路线图

近期，通过乌兰察布市现代农业科技产业示范园的建设发展，开展马铃薯脱毒组培苗、原原种、原种的生产，并与相关科研单位开展技术合作，掌握种薯产业的部分优良品种及产业关键环节。通过技术合作和兼并收购的方式扩大种薯生产，在马铃薯优势产区建设种薯生产示范园；与种植大户联合建设种薯扩繁基地，并适时介入种薯生产物流环节，将基地进行串联。

中远期开始商品薯种植示范性，同步组建市场部，与省市开展"商品薯种植示范性基地"的发展合作，为商品薯的生产、加工环节进行提前布局；策略性进入商品薯流通领域，与乌兰察布市"马铃薯之都"的战略相匹配。利用优良的马铃薯品质和丰富的原料进入食品环节，如新特产品研发生产；根据市场变化及发展趋势进入其他环节，如加工流通环节，构建高端薯产品品牌，延伸薯产业链条。

（二）空间部署

根据乌兰察布现代农业科技产业示范园的规划原则，明确指导思想，从定位出发，结合企业和园区的发展总体目标与发展指标，按照战略步骤，进一步规划园区建设。园区分为综合办公服务区、马铃薯脱毒繁育区、设施园艺示范区、世界马铃薯文化休闲园、马铃薯仓储物流区、有机马铃薯生产示范区和优新种薯扩繁区七个区。具体布局如图6-94所示。

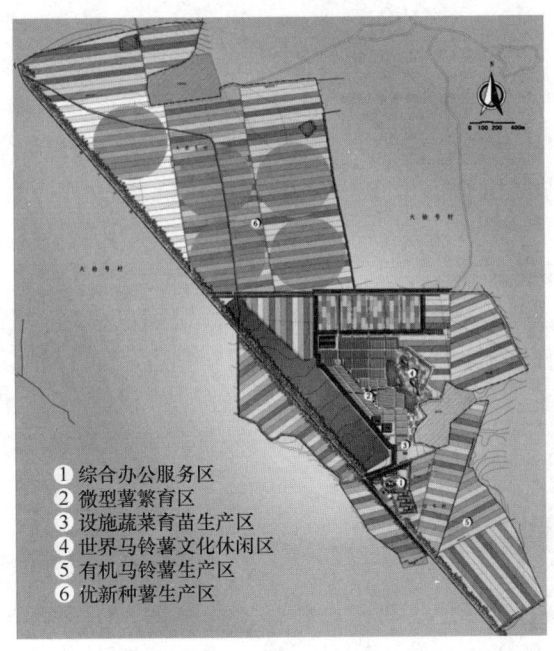

图6-94　乌兰察布市现代农业科技产业示范园总体规划布局图

（三）近期园区建设部署

1. 综合办公服务区

规划占地6.13hm²，为园区的综合管理、科研交流、展览展示以及科技培训，以及大型会议提供基础设施设备。主要规划项目包括综合管理办公楼、世界马铃薯博物馆、接待中心和供暖中心。景观游赏项目为生态停车场和服务区内的绿化设施。

2. 设施园艺示范区

规划占地 $2hm^2$，规划建设设施蔬菜育苗与设施园艺展示中心和马铃薯栽培技术展示中心两部分，以满足项目区周边蔬菜用苗需求为导向，以建立高品质蔬菜生产基地为核心，承载着推广无公害蔬菜生产标准和高新马铃薯种植技术，打造面向北京的绿色农产品基地的任务，从而辅助品牌建设。

3. 马铃薯脱毒繁育区

规划占地 $76.87hm^2$，为现代农业科技产业示范园原原种（微型薯）生产活动的核心区域，也是园区生产的关键环节，是引领地区发挥地区气候自然优势、发展马铃薯种薯产业的重要支撑平台，同时配备高水准的相关配套设施。主要规划项目包括马铃薯组培中心、智能连栋温室区、日光温室种薯区、微型薯分级包装区、种薯繁育配套设施、单体塑料拱棚区、单体网室繁育区和种薯智能储藏库等。

4. 世界马铃薯文化休闲园

规划占地 $19.33hm^2$，该功能区通过马铃薯文化的科普性展览展示，开发农业的休闲、观光和展览展示等非生产性功能，从而提高农业综合生产效益。基于现代农业运作理念，高标准规划休闲农业体验区，充分挖掘农业的观光采摘、科普教育、休闲娱乐功能，提高农业关注度，从而促进现代农业产业的进一步发展。主要规划项目包括：历史文化景观园、优新品种园、瓜果长廊、科普基地。

5. 马铃薯仓储物流区

规划占地 $14.33hm^2$，建筑面积 $66402m^2$，建设成为大型智能仓储设施，为种薯的正常销售前的缓冲阶段提供了可靠的场所，既储存种薯，也可收购薯农种植的商品薯，用以调节市场需求，稳定商品薯市场价格，保护薯农的利益，同时提高马铃薯生产相关设施的场所，从而促进整个马铃薯种薯行业的发展。种薯智能贮藏库可贮存种薯43万t。

6. 有机马铃薯生产示范区

规划占地 $13.33hm^2$，按照有机农产品的生产要求和标准，采用优良马铃薯品种和耕作技术，生产绿色、有机马铃薯。一方面，供应公司高端客户群，实现专供、特供，丰富高端马铃薯产品；另一方面，提高马铃薯产品价值，并作为有机生产示范基地，推动周边农业生产的现代化进程。

7. 优新种薯扩繁区

规划占地 $494.33hm^2$，该功能区主要承担种薯的生产任务，是种薯扩繁规模化生产的主体部分。通过采用标准化、机械化耕作方式，同时根据场地条件设置圆形喷灌机、膜下滴灌、集雨灌溉试验等灌溉方式，体现节水、节能理念，构筑生态环保的生产理念，充分提高马铃薯产业的科技含量，充分体现现代农业的特点，从而进一步促进乌兰察布市的农业发展进程。

（四）远期园区建设部署

随着近期发展规划的逐步实施，园区脱毒种薯生产初步达到预期目标，企业品牌初步树立后，区域影响力逐步扩大。在此基础上为促进企业的长足发展，充分发挥土地生产潜力，提高资源利用率和综合生产效益，需要延长马铃薯产业链，获取后端收益。

以上主要从完善产业链条、促进公司战略目标实现的角度，对公司中远期可以涉足的项目进行简要定性的规划说明，以保证公司产业发展的完整性、高效性和可持续性。

远期主要推进以下项目。

马铃薯推广项目：为提高马铃薯在传统认知中的位置，推广马铃薯文化，树立企业品牌，通过借鉴美国马铃薯产业发展经验，在园区的中远期建设中设立马铃薯推广中心，在推广马铃薯的同时扩大企业品牌效应。

绿色无公害商品薯生产：在马铃薯原种生产初具规模后，利用乌兰察布市的雄厚的马铃薯产业基础，按照"企业＋专业合作组织/种植大户＋农户"组织结构，逐步开展绿色无公害马铃薯的生产销售环节。

轮作作物高效生产区：结合乌兰察布市农业生产现状及自然气候条件，进行合理轮作。轮作作物选择以大麦、荞麦、豆科牧草以及早熟大豆为主的杂粮。大田管理方面，每年应对薯田周围进行环境治理，主要是消除可交叉传播病毒的茄科作物和开黄花作物。

马铃薯深加工及物流：充分利用园区脱毒组培苗及原原种种薯生产优势，采用与农牧民合作的生产方式，生产鲜食、加工用优质商品薯，通过丰富马铃薯鲜食品种和提升马铃薯产品档次，提高马铃薯在我国食品结构中的地位，促进马铃薯产业的深层次发展。